교수·학습과 하나되는

형성평가

Formative Assessment for Classroom Practice

| 김성숙 · 김희경 · 서민희 · 성태제 공저 |

학지사

저/자/서/문

'우리 함께 책을 씁시다!' 의기투합하여 일을 시작하였기에 금세 책이 나오리라 생각했는데 어느덧 2년이 지난 한 여름이 되어서야 결실을 맺게 되었다.

2013년 8월 한국교육과정평가원 창립 15주년을 기념하는 단행본 '2020 한국 초·중등 교육의 향방과 과제' 중 한 장인 '학습지향적 평가를 위한 형성평가 실천'을 함께 집필한 것이 오늘의 자리를 만들게 된 단초가 되었다. 삶의 자리가 다른 네 명의 저자는 단지 '학습을 위한 평가(assessment for learning)'라는 키워드에 매료되어 바쁜 일정에도 불구하고 각별한 열정으로 함께 모였다. 집필을 시작하기에 앞서 이 책은 과연 누구를 대상으로 어떤 내용을 담아 어떻게 작성해 나갈 것인지 진지하게 논의하였다. 교육평가를 전공한 네 명의 관계는 동료, 선후배, 스승과 제자로 각자 연륜과 경험이 다양하다. 하지만 최근 학생평가의 패러다임 변화에 대하여 전적으로 공감하면서, 이 책을 접하게 될 대학, 대학원, 그리고 연수원 학생과 선생님들이 이해하기 쉽고 교수·학습 현장에서 바로 적용할 수 있는 이론과 실제가 함께 담긴 친절한 가이드북으로 만들자는 데 뜻을 같이 하였다.

21세기를 살아가면서 우리 사회가 요구하는 가장 바람직한 인재상은 창의적 인간이다. 창의인재를 '다양한 정보를 적극 활용하여 여러 분야의 지식과 기술을 새로운 방식으로 융·복합할 수 있는 사람'으로 정의한다고 한다. 이렇게 정의는 내릴 수 있지만 실제 이런 사람이 되려면 어떤 역량과 기능을 갖추어야 할지 막막하다. 그동안 많은 연구를 통해 제시하고 있는 미래사회에서 필요한 핵심역량은 비판적 사고, 문제해결력, 소통능력, 협력적 관계, 언어능력, ICT 활용능력 등이고, 세계 각국에서 이러한 역량들을 갖춘 인재를 기르기 위해 그 해결방안을 학교교육 안에서 모색하고 있다. 이러한 시대적 요구는 교과 교육과정의 변화를 유도하며, 학생에게 맞춤형 교수·학습 방법을 적용하도록 이끈다. 하지만 새로운 교수·학습 방법을 제대로 작용하려면 학생에 대한 평가 영역과 방법의 대전환이 필요하다는 것으로 귀결된다. 이때 형성평가의 기능이 재조명 받기 시작한 것이다.

형성평가는 이미 교육현장에서 익숙하게 사용되고 있는 용어이며, 활동이지만 교수·학습이 진행되는 과정 전반에 걸쳐 학생의 학습을 향상시키고 학습동기를 증진시킬 수 있는 방법으로 부각되면서 그 활용 범위가 확대되고 있다. 학생의 학습을 증진시키기 위해 이제는 더 이상 학습결과에 대한 평가에 의존하는 것이 아니라 교수·학습을 위한 평가에 초점을 두고, 더 나아가 학습 그 자체로의 평가를 강조하게 되었다. 즉, 현재 학생이 처한 위치를 파악하고 목표에 도달하게 하는 가장 적절한 방법이 형성평가인 것이다. 형성평가에서는 '무엇'을 '어떻게' 도달하느냐가 언제나 중요하며, '어떻게'는 '무엇'을 지속 가능하게 하기 때문에 더 중요하다고 할 수 있다.

정동에 위치한 연구실 창밖에 고즈넉이 서 있는 하얀 러시아 공사관 탑을 보니 문득 아관파천 사건이 떠오른다. 명성황후가 일본인들에게 시해당한 후 고종과 왕세자가 왕궁을 버리고 저곳에서 1년여의 시간을 보내다가 1897년 국호를 대한제국으로 고치고 왕을 황제라 칭하며 독립제국임을 선포하였다. 왕궁을 곁에 두고 저곳에서 고종이 어떤 마음이었을까 헤아려 본다. 120여년이 지난 오늘 덩그러니 남겨져 있는 탑을 보며 그동안 이 책을 집필하면서 우리 교육의 미래를 논하고 우리 학생들의 행복을 바라며 함께 고민했던 저자들의 만남의 시간이 주마등처럼 스쳐간다. 우리의 고민을 들어주면서 조언과 충고를 아끼지 않은 동료들을 일일이 열거할 수 없지만 이 자리를 통해 깊은 감사를 표한다.

무엇보다도 처음부터 끝까지 한결같은 마음으로 집필해 온 저자들 모두에게 감사의 뜻을 전한다. 가장 가깝기 때문에 소홀해지기 쉬운 든든한 지원군인 가족에게 항상 고맙고 미안하다. 그리고 교육 분야의 우수한 도서를 가장 많이 출간한 학지사에서 출간하게 되어 기쁘고 김진환 사장님과 관계자 분들께 감사드린다. 마지막으로 이 책을 출간하면서 우리 학생 모두가 학교교육을 받으며 행복한 삶을 실현할 수 있는 데 조금이라도 기여하게 되기를 간절히 기원한다.

2015년 8월

일 / 러 / 두 / 기

10여년 전부터 형성평가는 교실에서의 새로운 활용으로 주목받기 시작했지만 이미 교사와 학생에게 익숙한 개념이었기에 이제는 형성평가를 어떻게 적용하는 것이 학생들의 학습을 증진시키는 데 실제적으로 기여할 수 있는지 안내가 필요한 시점이다. 따라서 저자들은 이 책에서 다음과 같은 내용으로 형성평가의 이론과 실천을 함께 구성하였다.

제1장은 교육평가의 새로운 패러다임을 전망하면서 교육평가관의 변화를 포함한 교육평가의 새로운 동향을 제시한다.

제2장은 교수·학습과정과 함께하는 평가의 유형, 즉 진단평가, 형성평가, 총합평가의 목적, 특징, 절차를 비교한다.

제3장은 형성평가 기능이 어떻게 재조명되면서 이론적으로 진화하였는지 설명하면서 형성평가를 재정의하고, 교실에서 활용할 수 있는 실천전략을 제시한다.

제4장은 학생의 수준을 이해하기 위해 필요한 다양한 정보수집 방법을 소개한다. 특히 그동안 실제 교실에서 평가의 기능으로 간과해 왔던 학생의 얼굴표정, 목소리, 몸짓, 태도 등 행동관찰 결과를 어떻게 의미 있는 정보로 활용할 수 있는지 정리하였다.

제5장에서는 형성평가에서 가장 중요한 역할이 교수·학습에 대한 피드백임을 강조하면서 다양한 피드백 유형에 따라 교수·학습 상황에서 어떤 기능을 주고받는지 상세하게 설명하고, 성공적인 피드백이 갖추어야 할 조건을 고찰한다.

제6장은 형성평가에서 어떻게 수행평가를 활용하는지를 제시한다.

제7장은 이론적인 설명을 넘어서 형성평가를 실제로 어떻게 적용하는지, 교수·학습 상황에서의 일반적 절차와 함께 도구개발 과정을 설명한다.

제8장은 시기와 기능에 따라 적용 가능한 다양한 형성평가 실행 기법을 소개한다.

제9장과 **제10장**에서 언어영역과 수학, 과학영역에서 각각 적용할 수 있는 형성평가 사례와 미국 차세대 평가의 형성평가 사례를 제시한다. 더 다양한 적용 사례를 개발하지 못한 것이 아쉽지만 다음 개정판에서 보강할 것이다.

제11장은 최근 선진국을 비롯하여 주시되고 있는 온라인 형성평가의 설계, 문항개발, 시행, 채점, 결과보고 과정을 소개한다.

제12장은 형성평가가 성공적으로 자리매김하기 위해 학생과 교사는 어떤 모습으로 가야하며, 기술적으로 어떤 지원체제가 구축되어야 할 것인지를 제안한다.

차 / 례

제2장 교수·학습 진행과정과 평가 / 35

제3장 형성평가의 재조명 / 47

제10장 과학 및 수학 영역 형성평가의 적용 사례 / 275

제11장 온라인 형성평가와 결과 보고 / 297

제12장 형성평가의 성공적 적용 / 331

제 1 장

교육평가의 새로운 패러다임

1. 교육의 개념
2. 교육평가
3. 교육평가의 새로운 동향

1 교육의 개념

'교육이란 무엇인가'에 대한 논의는 지속적으로 다양하게 이어져 오고 있다. 이러한 교육에 대한 다양한 관점은 교육이라는 단어가 나오게 된 어원을 살펴보면 쉽게 알 수 있다. 우선 한글의 어원을 풀이하면 **교육**은 '가르치다'와 '기르다'의 합성어로 구성되어 있다. '가르치다'는 '갈다'와 '치다'의 합성어로 경작의 의미를 포함하며 '사육하다', 그리고 '생성한다'는 의미를 지닌다. 또한 '기르다'는 '성장시킨다'의 의미를 지니므로 교육이란 갈고 닦게 하는 훈련을 통하여 성장시킨다는 의미를 지니고 있다.

한자에서 교육(敎育)의 敎는 본받을 효(爻)와 아들 자(子), 막대기를 들고 방향을 제시하는 복(卜)과 어른 수(攵)로 합성된 글자다. 즉, 어른은 막대기를 들고 방향을 제시하고 자식은 어른을 본받는다는 의미다. 育은 子와 肉의 합성어로 㐬은 子를 거꾸로 한 것으로 아기가 어머니의 태내에서 나오는 모양으로 '태어난다'는 뜻에서 '자라다', '기르다'의 뜻으로 발전하였다. 이때 肉은 '기르다', '키우다', '자라다'의 의미를 지니고 있다. 그러므로 교육이란 어른이 막대기를 들고 아이들이 본받도록 하며 어머니가 자식을 안고 키운다는 뜻을 포함하고 있어 훈육과 양육의 의미를 동시에 지니고 있다. 이 중에서 특히 중요한 점은 교육은 어떤 방향을 제시하는 활동이라는 점이다.

희랍어로는 교육을 pedagogy라 하며 pedagogy의 어원은 paidagõgos로서 paidos와 agõgos가 합성된 말이다. paidos는 'child'의 의미이며 agõgos는 'direction'을 의

미한다. 그러므로 pedagogy는 '어린이를 이끈다.' 혹은 '어린이에게 방향을 제시한다'는 의미다. 또한 라틴어에서는 교육을 education이라 하며 education은 e와 duco의 합성어로 'e'는 '밖'을, 'duco'는 '꺼내다'를 의미하여, 안에 있는 잠재적 특성을 밖으로 꺼낸다는 의미를 지니고 있다.

또한 학자들의 **교육**에 대한 정의를 살펴보면 Kant는 교육은 개인의 능력을 가능한 한 완전하게 개발하는 것이라고 정의하였다(성태제, 2014). 그리고 인간은 교육을 통해 비로소 인간답게 된다고 하였고 온전한 인간은 지성과 도덕성을 갖추도록 교육되어야 한다고 하였다. 정범모(1971)는 교육은 인간행동 특성을 계획적으로 변화시키는 것이라고 하였다.

이와 같이 어원이나 학자들의 정의를 종합하면 교육은 인간을 성장 및 변화 그리고 발전시키려는 목적을 가진 활동이다. 교육의 목적은 국가적 · 사회적 · 개인적 차원에서 조금씩 다를 수 있으며, 일반적으로는 조화롭고 바람직한 인간을 만들기 위하여 인지적 특성, 정의적 특성, 심동적 특성의 변화를 추구한다. 인지적 행동 특성은 두뇌와 관련된 행동 특성으로 지식의 수준이나 정신능력과 관련된 특성이다. 정의적 행동 특성은 가슴과 관련된 행동 특성으로 인간이 살아가는 데 필요한 도덕성, 가치관, 태도, 인성 등을 말하며, 교육이 추구하는 정의적 행동 특성의 궁극적 목표는 가치체계를 내면화하는 단계로 이끄는 것이고, 심동적 행동 특성은 신체의 기능과 관련된 행동 영역으로서 숙달된 행위를 수정하거나 변화시키는 단계를 넘어 개인의 특이한 행동을 개발하는 독창성 수준까지 이르게 한다. 예를 들어, 고전무용과 발레를 가르쳐 학생의 동작, 자세, 행위, 기술 등을 변화시키는 것을 목적으로 하는 것을 말한다.

인간의 행동을 크게 세 영역으로 분류하지만 바람직한 교육은 세 영역을 개별적으로 분리하여 발전시키기보다는 통합적으로 성장시킨다. 일찍이 현대사회의 병폐로 지적되고 있는 지식과 의식의 분리, 지식과 생활의 분리를 넘어서, 교육을 통해 지식과 의식, 생활이 조화롭게 병행하는 삶을 살아야 한다는 주장이다.

2 교육평가

1) 정의

교육의 목적이 인간의 행동을 변화시키는 것이라면 **교육평가**는 교육이 과연 행동변화를 가져왔느냐를 판단하는 행위라고 정의할 수 있다. 교육평가(Educational Evaluation)란 단어는 1930년부터 사용되었으며, Tyler(1942)는 교육목표의 달성 여부를 판단하는 행위를 교육평가라 정의하였다. 이어 Tyler(1949)는 교육평가란 [그림 1-1]과 같이 교육과정과 교수·학습 프로그램에 비추어 교육목표가 얼마만큼 달성되었는가를 판단하는 행위라고 하였다.

또한 Cronbach(1969)와 Stufflebeam(1971)은 교육평가란 교육적 의사결정을 위한 정보를 제공하는 일이라 정의하였으며, Stufflebeam(1967)은 평가란 어떤 것의 가치, 질, 유의성, 양, 정도, 조건에 대한 판단과 시험행위라 하였다. Stake(1967)는 평가를 판단과 설명을 조화시키는 작업이라 하였으며, Nevo(1983)는 평가를 교육대상에 대한 체계적 서술 혹은 교육대상의 가치와 장점에 대한 평가(Eisner, 1979; Glass, 1969; House, 1980; Scriven, 1967)라고 하였다.

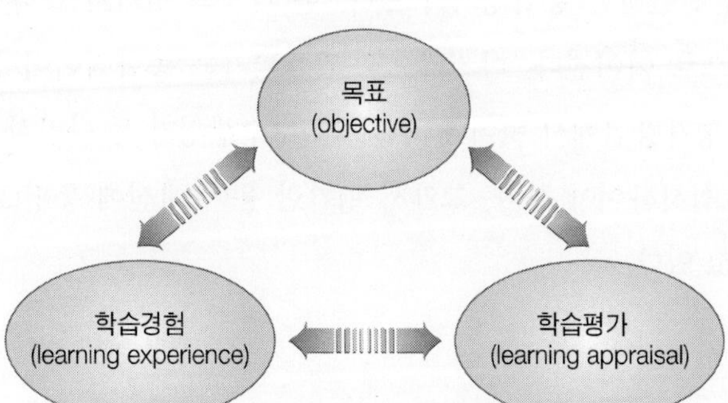

[그림 1-1] Tyler의 교육평가에 대한 정의

Cronbach(1960)는 평가의 목적을 새로운 교육과정을 검증하고 그에 근거해서 교육과정을 개선하는 것이라 하였고, Beeby(1978)는 평가에 필요한 정보는 체계적인 방법으로 수집되어야 하고 수집된 정보에 대한 해석이 필요하며 교육과정, 교육결과에 대한 단순한 기술과 해석이 아니라 그것을 바탕으로 하여 교육과정과 결과, 교육목적에 대해 가치 판단을 내리는 것이라고 정의하였다. 이러한 정의를 종합해 보면 **교육평가**란 교육과 관련된 모든 것의 양, 정도, 질, 가치, 장점 등을 체계적으로 측정하여 판단하는 주관적 행위로서 교육목적에 대한 가치를 판단하는 행위라고 할 수 있다. 교육평가를 위하여 교육과 관련된 정보는 체계적으로 수집되어야 하고, 이것은 특별한 교육정책이나 제도 개선을 위한 기초자료로 사용되어야 한다.

교육평가를 위한 기본 가정은 크게 네 가지를 들 수 있다. 첫째, 평가를 하기 위한 기본 전제로서 인간은 무한한 잠재 능력을 가지고 있고 이를 후천적으로 개발할 수 있다. 인간의 능력은 타고난다는 유전적 관점에서의 교육은 인간 발달의 가능성을 제한함으로써 교육평가의 기능을 극대화할 수 없기 때문이다. 둘째, 교육평가의 대상과 자료는 무한하다. 교수·학습이 진행되고 있는 상황에서 어떠한 행위, 대상, 자료도 평가의 대상이 될 수 있다. 예를 들어, 아동이 그린 가족의 그림도 가정환경을 추측하고 평가하는 자료가 될 수 있으며, 이 그림을 통하여 가족관계를 분석하여 학교생활의 중요한 참고자료로 활용할 수 있다. 셋째, 평가는 일차적으로 실시하고 종료하는 것이 아니라 지속적으로 이루어져야 한다. 교수·학습 이전에 학생들의 사전 인지능력과 수업에 임하는 정의적 특성 등을 평가하는 진단평가, 교수·학습 도중에 교수·학습의 진행과정을 확인하는 형성평가, 그리고 교수·학습이 끝난 후 학습목표의 도달 여부를 판단하는 총합평가가 있다. 한 과정의 평가가 끝나면 다음 과정의 평가가 연속적으로 이어진다. 마지막으로 교육평가는 종합적이어야 한다. 지필검사에 국한되던 평가방법에서 벗어나 관찰, 면접, 수행평가 등 다양한 평가방법을 동원하여 평가를 실시하여야 한다. 그래서 평가란 용어 대신에 총평(assessment)이란 용어가 사용되고 있다.

2) 목적

교육평가는 교육과 관련된 다양한 정보를 수집하여 교육적 의사결정을 내리거나 이를 돕는 기능을 가지고 있다. 이를 통해 교수와 학습, 그리고 교육과정에 최대한 도움을 주어 학습을 극대화하려 한다. 교육평가의 목적을 구체화하면 다음과 같다.

- 학습을 극대화한다.
- 학업성취 수준을 총평한다.
- 교육의 질을 향상시킨다.
- 교육과정, 교수·학습 프로그램, 교육자료 등을 개선한다.
- 정책구안이나 의사결정을 위한 기초를 제공한다.
- 공공기금의 지출을 점검한다.

이상에서 **교육평가**의 목적은 교육을 도와주는 기능이지 구속하는 기능이 아니라는 것을 알 수 있다. 교육평가는 평가를 위한 평가가 아니라 교수·학습을 위한 평가이어야 한다. 그러므로 교육평가가 교육대상에 긍정적 영향을 주어야 하는 것은 당연하다.

교육평가의 기능은 다양하다. 가장 중요한 기능으로는 교육의 진행 도중에 교육과정, 프로그램, 교구, 교재 등을 개선하고 발전시키는 기능이 있다. 그 외에 신입생 또는 신입사원을 선발하는 기능이나 자격증을 부여하는 기능도 있다. 교육의 질을 통제하기 위하여 국가단위나 지역단위의 학업성취도 시험을 실시하여 교육에 대한 책임 달성 여부를 점검하는 책무성도 교육평가의 중요 기능이라 할 수 있다. 그러나 유의하여야 할 점은 책무성이 지나치게 강조되는 교육평가는 부작용을 수반한다는 것이다. 우리나라에서 실시하고 있는 중학교 3학년과 고등학교 2학년의 국가수준 학업성취도 평가의 기본 목적은 기초학력 미달 학생들을 파악하여 이들의 비율을 낮추는 데 있으며, 궁극적인 목적은 그들의 학습 결손을 해결하여 차기 학습을 성공적으로 수행할 수 있도록 하는 데 있다. 이와 같이 교수와 학습 기능이 중요함에도 불구하고 학생들의 평가결과로 시·도 교육청의 학업성취를 상호 비교하거나 학교나 교사들을 평가하는 기능이 강조되어 이에 대한 부정적 시각이 없지 않았다.

또한 평가 자체가 학습에 대한 동기를 부여하는 기능을 한다. 예를 들어, 시험을 본다고 할 때 학생들은 복습을 할 것이다. 즉, 평가의 예고는 학습을 촉진하는 기능을 한다. 물론 과도한 동기부여는 불안과 긴장을 초래하여 부정적 영향을 줄 수 있기에 적절한 수준의 동기를 부여하여야 한다.

평가를 통하여 상과 벌 등의 권한을 행사할 수 있다. 뿐만 아니라 평가자는 어떠한 권한도 행사할 수 있지만 평가대상에게 윤리적으로 피해가 가게 하여서는 안 된다. 오로지 평가의 목적을 극대화하는 방향으로 권한이 행사되어야 하고 교육과 관련된 평가인 만큼 교육평가는 윤리적이고 인간적으로 이루어져야 한다. 학업성취도를 높이기 위하여 미국에서 2001년부터 실시하고 있는 NCLB(No Child Left Behind)의 부작용에 대한 Murray(2005)의 설명은 교육평가의 기능에 대해 시사하는 바가 크다고 볼 수 있다.

3) 대상과 주체

교육평가에 대한 고전적 정의에서 교육평가의 대상은 제한적이었다. 교수·학습 및 학생들의 학업성취도에만 주된 관심을 두어 교육과정, 교수·학습이론, 학업성취도가 교육평가의 주요 대상이 되었다. 그러나 교육은 교실 안에서만 이루어지는 것이 아니라 매우 다양한 형태로 이루어지므로 교육평가는 교육과 관련된 모든 현상과 구성요소를 대상으로 하는 것이 적절하다. **교육평가**의 대상을 크게 분류하면 다음과 같다.

우선 평가대상을 학생에만 국한하던 종전의 개념에서 교사도 평가의 대상이 되고 있으며, 학부모도 자녀교육을 위하여 어떤 행위를 하였는지를 평가하기 위한 평가대상이 되고 있다. 또한 학교행정가와 학교경영자는 물론 학교를 둘러싸고 있는 지역사회의 구성원들도 교육에 영향을 미치므로 평가의 대상이 될 수 있다. 교육기관도 평가대상에 포함될 수 있으며, 따라서 유치원 평가, 초·중등학교 평가, 대학 평가 등이 실시되고 있다.

교육과정은 물론 교구, 교재, 그리고 교육 프로그램도 당연히 교육평가의 대상이 된다. 최근에 교육유해지구의 선정, 학교 앞 환경개선운동이 전개되어 교육환경도 평가의 대상이 되고 있다. 또한 학교예산의 적절성, 학교예산 집행의 타당성도 평가의 대상이 된다. 주목하여야 할 것은 평가 자체도 평가대상이 된다는 것이다. 예를 들어, 교육 기관을 평가한 평가결과도 평가대상이 된다. 즉, 평가결과가 타당하고 신뢰로운지를 확인하는 과정이 필요하다. 또한 교사들이 학생들에 대하여 평가한 성적 부여 자체도 평가대상이 되어야 하고, 학생들이 평가한 강의평가도 평가대상이 되어야 한다. 최근에 와서 평가가 활성화되면서 평가에 대한 평가로서 **메타평가**가 강조되고 있다. 메타평가란 평가 자체에 대한 평가를 의미한다.

또한 형성평가가 강조되면서 교수·학습 상황에서의 모든 일이 평가의 대상이 된다. 학생들의 수업태도와 자세, 얼굴표정, 목소리의 높낮이와 말의 속도, 시선, 학생의 옷차림 등도 중요한 평가자료로 활용되고 있다. 학생뿐만 아니라 교사가 학생들의 질문에 반응하는 자세와 질문하는 형태 등도 평가대상이 되고 있다.

평가의 주체는 평가의 내용과 목적에 의하여 결정된다. 예전에는 교육평가의 주체는 교육공급자 위주였다. 즉, 교사, 교육행정가, 교과내용전문가들이었다. 예를 들어, 학업성취도평가를 실시하면 교사, 교과내용전문가가 평가의 주체가 되었고, 학교평가를 실시할 때도 장학사, 학교경영자, 교수 등이 평가의 주체가 되었으나 교육평가의 개념이 확장되면서 교육수요자도 평가의 주체가 되고 있다. 형성평가를 위해서는 교사는 물론 학습자도 평가에 참여하고 평가결과를 공유하는 것이 바람직하다.

평가자의 범위가 확대되었지만 평가자는 다음의 자격을 갖추어야 한다.

- 평가내용에 대한 충분한 숙지
- 측정과 평가방법의 전문적인 능력 소유
- 사회 상황과 평가대상의 본질에 대한 이해
- 인간관계 능력
- 성실성과 탈권위성
- 객관성

평가에 대한 판단기준은 다음과 같이 네 가지를 들 수 있다(Joint Committee on Standards for Educational Evaluation, 1981). 즉, 평가가 실현 가능하였는지, 평가의 필요성에 얼마나 부합하였는지, 도덕적으로 실시되었는지, 그리고 정확하게 실시되었는지가 성공적인 평가의 판단기준이 될 수 있다. 평가가 끝난 후 평가에 대한 평가는 생략하는 경우가 많으나 이상의 네 가지 기준에 의하여 평가에 대한 평가가 이루어져야 한다. 특히 평가가 평가대상뿐 아니라 평가대상을 둘러싼 모든 현상에 어떤 영향을 주었는지에 대한 결과타당도를 점검하는 것이 매우 중요하다.

4) 방법

교육평가는 교육과 관련된 현상, 구성요소에 대한 자료를 체계적이고 과학적으로 수집하여 장단점과 특징을 전문적으로 판단하는 주관적 행위다. 이때 수집하는 자료에 따라 교육평가를 양적 평가와 질적 평가로 구분한다.

주관적 판단은 언어적 모호성 때문에 의사전달의 문제점과 상이한 이해를 야기하게 되므로 평가는 대부분 객관적 정보에 의존하게 된다. 이 객관적 정보는 측정이나 검사를 통해 얻을 수 있다. 가시적 특성을 계측기로 측정하여 정보를 수집하고, 비가시적인 인간의 특성은 검사라는 도구를 사용하여 평가한다. 이와 같이 검사와 측정에 의해 자료를 수집하는 평가를 **양적 평가**라 하며, 이 양적 평가는 실증주의 철학을 기초로 한다고 볼 수 있다. 양적 평가는 과학성과 정밀성을 지니고 있음에도 불구하고 평가대상을 전체적으로 조망하지 못하며 심층적으로 평가하지 못한다는 제한점이 있다. 그리하여 관찰에 의하여 인간의 특성을 기술하는 평가방법이 대두되었다. 양적인 자료가 아니라 서술적 자료가 수집되면 이를 **질적 평가**라 한다.

양적 평가는 과학적이고 체계적이어서 신뢰성을 보장받을 수 있으나 평가대상을 심층적으로 평가하기 어려운 점이 있다. 반면 질적 평가는 평가대상에 대한 전반적인 판단을 용이하게 내릴 수 있으나 평가자의 주관이 개입될 소지가 많아 논란이 일어날 가능성이 크며 평가결과를 일반화하는 데 제한점이 따른다. 그러므로 양적 평가와 질적 평가가 상호 보완적으로 이루어질 때 평가의 효과를 극대화할 수 있다. 특히 수업상황에서 평가는 양적 평가와 질적 평가를 병행하여야 한다. 학생들의 순간적인 행동은 주로 관찰에 의하여 자료가 수집되므로 질적 평가로도 이루어질 수 있으나 이를 보다 체계적인 방법으로 시행하면 양적 자료도 수집될 수 있다.

5) 평가요소 및 절차

평가요소는 평가내용과 대상에 따라 다르지만 일반적으로 크게 네 단계로 나뉜다.

- 1단계: 목표설정의 적절성 여부
- 2단계: 목표달성을 위한 계획의 적합성

- 3단계: 계획에 따른 시행 여부
- 4단계: 결과의 목표달성 여부

교수·학습의 목표이든 교육기관의 목표이든 교육목표가 적절하게 설정되었는지, 그 목적을 달성하기 위하여 세부 시행계획이 제대로 구성되어 있으며 주변 환경이 좋은지, 계획대로 시행되었는지, 시행결과가 목표에 얼마만큼 도달하였는지를 평가한다. 이 네 단계에 입각하여 모든 평가가 이루어진다고 보아도 과언이 아니다.

앞의 네 단계에 의하여 교수·학습결과를 평가하는 절차를 구체화하면 다음과 같다.

① 교수·학습목표의 설정
② 교수·학습목표의 구체화
③ 교수·학습목표를 행위동사로 표현
④ 구체적인 평가상황 제시-폭넓은 행위의 형태로 나타나므로 구체적 상황을 예시하고 대략적으로라도 평가기준을 언급
⑤ 자료수집 방법 선택-검사, 질문지, 관찰점검표
⑥ 예비평가 실시-평가방법의 개선과 발전을 위한 평가방법의 타당성 검증과 실현 가능성 검토
⑦ 평가방법의 개선과 결정
⑧ 평가 실시
⑨ 평가결과의 해석과 활용
⑩ 평가에 대한 평가

교수·학습목표는 구체적 행위동사로 표현하여야 한다. 만약 목표가 구체화되지 않아 평가대상이 광범위한 내용의 반응을 하게 되면 이를 평가하여 교수·학습목표의 도달 여부를 확인하기 어렵기 때문이다. 그러므로 평가상황을 구체적으로 제시하여야 하고 자료를 수집하는 방법도 다양하게 적용하여, 얻은 정보를 종합적으로 평가하여야 한다. 비록 평가방법이 구안되었다 하더라도 평가방법이 교수·학습목표의 도달 여부를 점검할 수 있는 타당한 방법인가를 검증하여야 하고 그 평가방법

이 실현 가능한가에 대한 유용성을 검증하여야 한다. 뿐만 아니라 평가의 과정에서 나타날 수 있는 모든 문제점을 파악하기 위하여 예비평가를 실시하는 것이 바람직하다. 예비평가에서 나타난 문제를 수정·보완한 뒤 평가를 실시하여야 하며, 평가결과의 교육적 활용을 위해서는 평가결과에 대한 타당하고 신뢰로운 해석이 이루어져야 하므로 점수에 대한 올바른 이해를 위하여 적절한 규준이나 준거의 설정이 요구된다.

3 교육평가의 새로운 동향

우리나라 학생들은 PISA(Programme for International Student Assessment)나 TIMSS (Trends in International Mathmatics and Science Study) 등 각종 국제 학업성취도평가에서 우수한 성적을 나타내며 전 세계의 주목을 받고 있지만, 학생들의 행복도나 자신감 등은 하위에 머물러 있다. 그 이유를 김성열 외(2010)는 편협한 지식교육, 지식 습득 위주의 교육, 정답 위주의 교육, 진도 나가기 위주의 수업 때문이라고 하고 있다. 교과내용의 측면에서는 입시와 직결되는 주지교과 위주의 교육이 이루어지고 있다는 점, 교육방법적 측면에서는 교과지식의 적용보다는 교과지식을 암기하게만 할 뿐 행하고, 느끼고, 판단하게 하지 못하고 있다는 점 등이 문제로 나타나고 있다. 지식 활용의 측면이 도외시된 채 지식 습득만이 강조되고 있으며, 학생들의 자발적 생각과 의견을 장려하지 않고 일방적인 정답만을 강요하는 교육이 이루어지고 있고, 빠른 진도 나가기 위주로 수업이 진행되고 있다고 지적한다.

이런 교수·학습 상황을 개선하기 위한 노력이 미진한 것은 물론이고 평가방법까지 고전적 방법에 의존하고 있어 교육의 질을 높이기도 어렵거니와 학생들의 학업만족도나 동기부여 나아가 교육을 통한 행복을 전혀 논하기 어려운 형편이다. 다원화된 21세기 사회에서는 교육의 주요 요소로 전인적인 성장과 삶의 질 추구를 들고 있고, 행복은 과거 어느 때보다 사회, 심리, 교육, 경제 등의 다양한 영역에서 중요한 연구대상이 되고 있다(Argyle, 2005; Seligman, 2004). 아동기·청소년기의 대부분은 학업 및 교사, 또래, 부모와의 생활로 채워지므로, 학업성취, 신뢰의식, 자기효능감이 클수록 학생의 행복감도 크다(성보훈, 윤선아, 2010). 행복한 학생은 높은 내적 동기와 자존감을 가지고 더욱 적극적으로 더 많은 것을 배우려 하며 자신의 꿈과 끼를 최대한 발현할 수 있다(Seligman & Pawelski, 2003). 행복교육이 가능한 곳으로 학교를 변화시킴으로써 학생 모두가 교육을 통해 행복을 실현할 수 있을 것이다. 교수·학습의 질을 높이고 학생들의 정의적 행동 특성인 인성과 적성, 학습동기와 흥미, 배려심, 자기존중감 등을 함양하기 위해서는 교육평가 분야의 개선이 요구된다.

1) 교육평가관의 변화

교육의 대상인 학생을 평가하는 데 있어 전통적인 평가관은 규준참조평가와 준거참조평가에 의존하였으나 최근에는 능력참조평가와 성장참조평가가 제안되고 있다. **규준참조평가**(norm-referenced evaluation)는 상대적인 서열을 통해 개인의 성취수준을 해석하는 평가방식으로 비교적 간단하게 실시할 수 있다는 장점이 있지만, 교수·학습 이론에 부적합하고 평가에 참여하는 개인의 상대적 우열만을 따지면서 학생들 간 경쟁심과 서열주의식 사고를 조장하는 등 많은 문제점을 노출하였다.

1960년 이후 미국에서 흔히 사용된 **준거참조평가**(criterion-referenced evaluation)는 학습자 또는 개인이 무엇을 얼마만큼 알고 있는지를 파악하려는 평가로서, 여기서 무엇이라 함은 학습자가 성취하여야 할 과제나 행위의 영역 혹은 분야를 말한다. 규준참조평가와 달리 교육과정에서 제시된 목표와 준거에 비추어 평가를 실시함으로써 교육과정과 교수·학습에 피드백을 제공하는 평가방법으로 학습자 또는 개인이 정해진 준거 혹은 목표에 도달하였는지 여부를 판단하는 평가 형태다. 준거참조평가는 '몇 등인가' 보다는 '무엇을 할 수 있는가'에 관심을 두므로 교수·학습과 평가를 연계할 수 있다는 장점이 있다.

또한 경쟁을 지양하고 교육과정 내에서의 성장이나 능력에 근거하여 평가를 실시하는 성장참조평가나 능력참조평가도 확대되고 있다. **성장참조평가**(growth-referenced evaluation)는 사전 성취수준과 사후 성취수준 간의 차이에 기초하여 교육과정을 통해 얼마만큼 능력의 향상을 보였는지를 강조하는 평가방법이며, **능력참조평가**(ability-referenced evaluation)는 학생이 지니고 있는 능력과 수행 결과를 비교하여 얼마나 최선을 다하였는지(maximum performance)에 초점을 두는 평가방법이다. 이 두 가지 평가방법은 학생 개인에 초점을 맞추어 개인의 능력을 최대로 발휘하거나 성장과 변화의 기회를 부여하도록 하는 측면에서 보다 교육적인 평가방법이라 할 수 있다(성태제, 2014).

교육평가의 기능이 평가를 위한 평가가 아니라 교수·학습을 위한 평가가 강조되면서 형성평가가 재조명되고 있다(김진규, 2013; 성태제, 임현정, 2014; McMillan, 2014). 교육의 진행과정에서 분류되던 진단, 형성, 총합평가의 중간단계에서의 형성평가가 아니라 교수·학습을 극대화하기 위하여 학생들의 얼굴 특성, 목소리, 제스처까지 관심을 가져야 하고 다양한 평가방법을 동원하여 피드백을 강화하여야 한다고 주장한다. 궁극적으로는 학생 수준에 맞는 교수·학습방법으로 전환하기 위하여 형성평가가 이루어져야 한다는 새로운 접근이 시도되고 있다.

2) 인지진단모형을 이용한 학생 맞춤형 평가

교육의 소비자인 학생들을 위한 맞춤형 학습을 통해 학습동기를 제고하고, 교육의 효율성을 높이기 위해서는 우선 진단평가로 학생들의 수준을 세부 영역별로 정확하게 진단한 후 학습과정에서 지속적인 형성평가를 통해 피드백을 제공해야 한다(Tatsuoka, 2009). 최근 활발히 연구되고 있는 **인지진단모형**(Cognitive Diagnostic Model: CDM)은 인지진단이론에 의거해 마치 의사가 환자의 상태를 진단하여 그 결과를 처방에 활용하듯이 학생의 학력을 다양한 지식, 기술, 능력의 관점에서 진단함으로써 그 결과를 학습이나 교수활동에 활용할 수 있도록 한다. 따라서 인지진단모형을 활용한 진단평가에서는 학생들의 상대적인 서열로서의 성적이 아니라 [그림 1-2]와 같은 세부적 영역 정보를 제공하며(김희경 외, 2012), 이 정보를 결과로 받은 학생이나 교사는 상대적으로 약점을 보이는 영역 중심으로 학습계획을 세울 수 있다. 이렇게 시작된 맞춤형 학습에서는 형성평가를 활용하여 학습과정을 수시로 점검하고 조정할 수 있다. 형성평가는 학생들의 상대적 서열을 파악하기 위한 규준참조평가가 아니라 준거참조평가 또는 성장참조평가가 되어야 하며, 그 결과로 학습을 위한 피드백을 제공함으로써 경쟁이 아니라 학습의 효율성을 제고하도록 해야 한다.

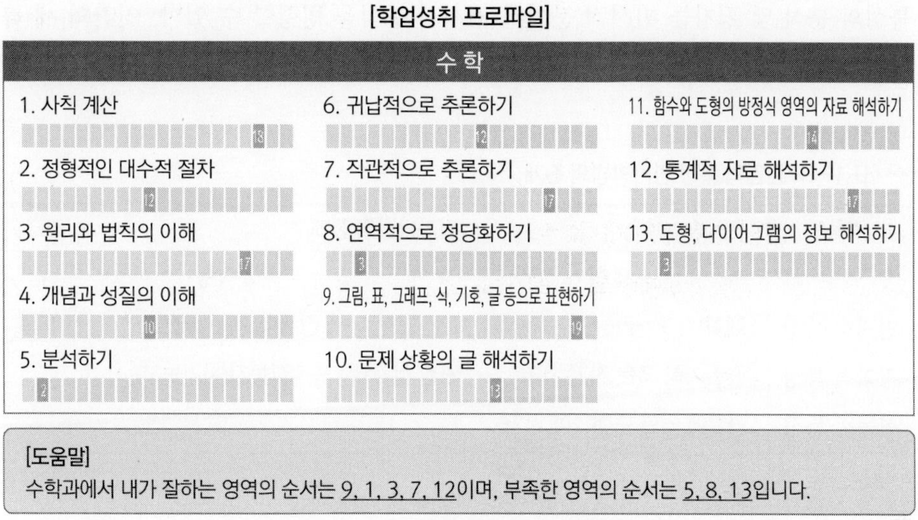

[그림 1-2] 수학과 진단평가결과표 예시

3) 평가방법의 변화

과거에 널리 사용되던 수동적이며 결과 중심의 **지필평가**는 수행 중심의 능동적 평가와 창의서술형 평가로 바뀌고 있고, 일회적 단일 속성의 평가는 지속적인 다원적 속성 평가로 전환되고 있다. 그리고 획일적이고 집단적인 지식 중심의 평가 대신 종합적이고 다양화된 문제해결능력 평가가 점차 확대되고 있다. 이에 따라 기존의 결과 중심 평가 대신 문제해결의 과정 중심 평가가 점차 활용되고 있다. 미국의 경우 핵심역량으로서의 고등사고능력, 특히 문제해결력을 측정할 수 있는 종합적인 학생평가체제를 마련하기 위해 컴퓨터 기반의 차세대 평가 시스템인 학력평가 2.0(Assessment 2.0: 'Next-Generation' Comprehensive Assessment Systems)을 추진하고 있다. 이를 통해 주 단위 평가를 국가공통 핵심성취기준인 CCSS(Common Core State Standards)에의 도달 여부를 측정하는 평가체제로 전환하고, 단순지식 측정의 선다형 시험 및 지필평가를 지양하여 문제해결능력을 실제적·다면적 방법으로 평가하는 수행평가가 강조되고 있다.

(1) 수행평가

인간의 특성을 크게 인지적 특성, 정의적 특성, 심동적 특성으로 분류한다. 인간 특성의 분석 및 평가는 미시적 분석과 거시적 분석을 병행할 수 있다. 인간의 세 특성을 평가하는 방법은 일반적으로 〈표 1-1〉과 같이 전개되었다고 할 수 있다.

〈표 1-1〉 인간의 특성 평가방법의 전개

	평가방법의 전개
	서답형 (대화 → 구술 → 논술) / 선택형 (단답형 → 진위형 → 배합형 → 선다형)
인지적 특성	대화 → 구술 → 논술 → 단답형 → 진위형 → 배합형 → 선다형
정의적 특성	관찰기록 혹은 자기 서술 → 관찰 점검표 → 질문지(자기보고)
심동적 특성	관찰에 의한 수행과정 평가

지적 능력을 측정하기 위해 최초로 실시한 방법은 대화일 것이다. 종이와 연필이 없었던 때, 세부적으로 묻기보다는 거시적으로 묻고 제자들은 자신이 알고 있는 모든 것을 여유 있게 몇 날을 두고 대답하였을 것이다. 그러나 제자의 수가 늘어나게 되고, 시간을 제한해야 함에 따라 대화에 의한 평가보다는 구체적 질문을 부여하고 그에 맞추어 대답하는 구술의 형태로 변하였을 것이다. 대화와 구술은 기록하여 보관할 수 없는 문제점 때문에 파피루스가 만들어지면서 논술형 질문이 사용되었다. 그러나 논술형 문항에 의한 지적 능력 평가는 채점의 신뢰도 문제를 야기한다.

경쟁이 강조되는 산업사회로 진입하면서 평가결과의 타당도보다는 신뢰도를 강조하게 되고 신뢰도를 높이기 위하여 구조적인 형태의 평가방법을 택하게 되었다. 행정적 기능을 강조하는 평가일 경우는 일반적으로 선택형 문항에 의하여 지적 능력을 측정한다. 즉, 경쟁이 치열한 사회일수록 인간의 능력을 측정할 때 거시적 평가보다는 미시적 평가를 실시하게 된다. 선택형 문항에 의한 미시적 평가는 개인의 특성을 전체적으로 조망하기 어렵고 정답 여부에 관심이 있으므로 문제해결과정을 측정하지 못하는 단점이 있다. 그러나 수많은 경쟁 대상, 상대비교에 의한 판정 등의 목적을 달성하기 위해서는 선택형 문항에 의한 지적 능력 평가가 체계적이고 신뢰로우며 효율적이기 때문에 보다 널리 사용된다. 미국의 경우 1930년대 말부터 대단위 형태의 검사 프로그램이 구술시험이나 서술시험에서 표준화 형태의 선다형 문항의 검사로 대치되기 시작하였다(Mislevy, 1997).

심동적 특성 평가는 어떤 행위를 전개하는 과정과 결과 모두를 평가하는 수행평가를 사용하여 왔다. **수행평가**(performance assessment)는 학습한 내용이나 기능을 얼마나 잘 수행하는지, 즉 행위로 드러나는지를 평가하는 방법으로, 예를 들어 발레나 다이빙 자세 등을 평가할 때 사용된다. 심동적 특성 평가를 위한 수행평가는 앎(knowing)보다는 행함(doing)에 초점을 두고 있다. 또한 예전에는 수행평가에서 수행의 범위를 제한하지 않았으며 실제 생활에서 수행하는 정도를 평가하였으나 평가 실시의 한계 때문에 자연적 상황보다는 인위적 상황, 그리고 수행범위를 제한하는 경향으로 흐르고 있다.

아는 것과 행하는 것이 함께 요구되는 지식산업사회에서 인간에 대한 평가는 아는 정도는 물론 행하는 수준까지 요구된다. 예를 들어, 워드프로세서를 사용하는 방법을 아는 정도와 실제로 워드프로세서로 문서를 작성하는 정도를 평가하는 것이 총체적으로 지식과 기능을 평가할 수 있기에 수행평가를 교육의 모든 영역에 적용하는 추세다.

Herman 외(1992)는 선택형 문항에 의한 평가방법을 **전통적 평가방법**이라 하고 이에 대응되는 평가방법을 **대안적 평가방법**이라 하여 〈표 1-2〉와 같이 두 가지 평가방법을 비교하였다.

〈표 1-2〉 전통적 평가방법과 대안적 평가방법

구분	전통적 평가방법	대안적 평가방법
학습(자)에 대한 관점	• 학습결과에 관심 • 수동적 관점 • 분리된 지식과 기능을 평가	• 학습과정과 결과에 관심 • 능동적 관점 • 통합된 지식과 기능을 평가 • 메타인지적(meta-cognitive) 관점
평가형태	지필검사	• 수행평가 • 참평가 • 포트폴리오
평가실시	일회적 평가	지속적 평가
평가내용	단일 속성	다원적 속성(여러 측면)
평가대상	개인평가 강조	모둠평가 강조(협동)

〈표 1-2〉는 전통적 평가방법을 선택형 문항에 의한 평가방법으로 제한하고 그 외 다른 평가방법을 대안적 평가방법으로 규정하여, 선택형 문항에 의한 평가방법

에 대하여 비판을 가하고 있다.

수행평가가 다양한 교과영역에 적용되면서 선택형 문항에 의한 평가를 제외한 모든 평가방법은 수행평가라고 하는 경향이 있으며, 학자에 따라 매우 다양하게 정의하고 있다. 수행평가의 종합적 정의는 개인이 습득한 지식, 기능이나 기술을 실제 생활이나 인위적 평가 상황에서 얼마나 잘 수행하는지(doing, performing), 혹은 어떻게 수행할 것인지(how to do, how to perform)를 서술, 관찰, 면접 등의 다양한 방법을 통하여 종합적으로 판단하는 평가방법이라고 할 수 있다(성태제, 1999). 수행평가에 대한 자세한 내용은 제6장에서 설명한다.

(2) 핵심역량 평가를 위한 평가방법의 다양화

과학기술과 정보통신기술의 발달로, 단순하고 반복적인 일들이 대부분 자동화되면서 창의성, 문제해결능력 등 고등사고능력을 기르고 평가하는 일이 교육에서 중요한 문제로 대두되고 있다. 따라서 교육평가에서도 핵심역량의 평가, 학생중심의 맞춤형 평가, 정보통신기술 기반 평가 중심의 혁신 방안이 필요하다.

학생들이 얼마나 많은 정보와 지식을 가지고 있는지가 아니라 정보통신기술을 활용하여 필요한 정보와 지식을 찾아내고 이를 바탕으로 새로운 문제를 얼마나 창의적으로 풀어 나갈 수 있는지가 21세기에 필요한 핵심역량이라 할 수 있다. 이 과정에서 집단의 협업을 통해 복잡한 문제를 풀어 나가는 것도 중요한 요소가 된다. 따라서 핵심역량 평가를 위해서는 정보통신기술 활용능력의 평가, 협동학습능력의 평가, 자기보고나 동료에 의한 평가 등을 적극 활용해야 한다. 또한 지필고사 방식의 수동적 평가 대신 수행 중심의 능동적 평가가 필요하며, 실제성(authenticity)을 살릴 수 있는 시나리오·게임·시뮬레이션 기반의 평가가 적극 활용되어야 한다. 컴퓨터를 평가에 활용하면 많은 양의 정보를 처리하고 기록할 수 있어 문제해결능력과 같은 복합적 구인을 측정하기가 용이해지며, 동영상과 같은 멀티미디어 매체나 가상현실 등도 이용할 수 있다(김명화 외, 2011; 박은아 외, 2012).

(3) 검사매체의 변화

컴퓨터와 인터넷을 활용함으로써 평가의 효율성을 제고하려는 노력이 지속되고 있다. 또한 문항반응이론과 같은 최신 이론을 적용하여 피험자가 자신의 능력 수준에 맞는 문제로 평가를 받음으로써 짧은 시간 안에 높은 신뢰도로 정확한 평가결과를 얻을 수 있는 컴퓨터화 적응검사(Computerized Adaptive Test: CAT)의 활용이 확대되고 있다. **컴퓨터화 적응검사**는 피험자의 능력에 부합하는 문항을 제시하는 검사로서 지필검사를 사용할 때 Lord(1970)에 의하여 제안되었으나 종이에 의한 문항 제시의 문제점으로 발전되지 못하다가 컴퓨터가 발달되면서 확산된 검사다. 제시된 문항의 답을 맞히면 보다 어려운 문항이, 그렇지 않을 경우에는 쉬운 문항이 제시되는 개인 맞춤형 검사다. 컴퓨터화 적응검사(CAT)의 알고리듬은 [그림 1-3]과 같다.

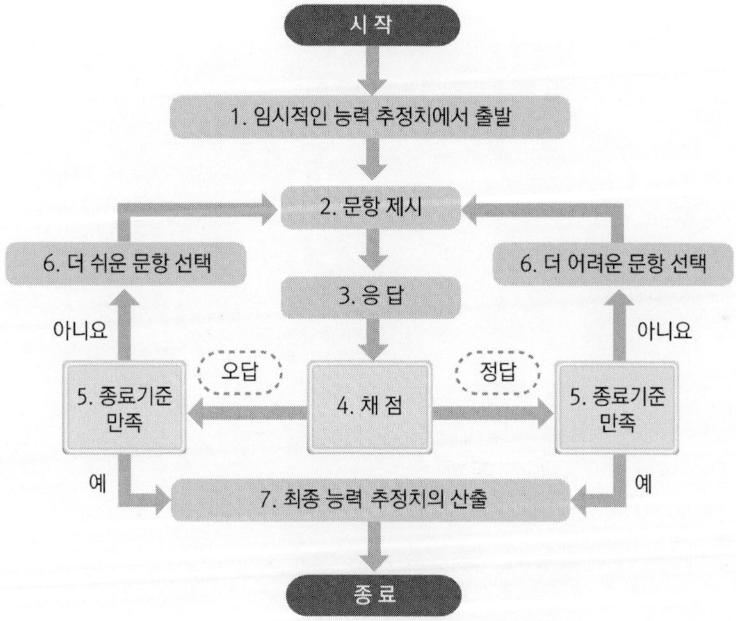

[그림 1-3] 컴퓨터화 적응검사(CAT)의 알고리듬

미국에서 추진되고 있는 차세대 학력평가 2.0의 SBAC(Smarter Balanced Assessment Consortium)의 경우 CAT으로 진행되며, PARCC(Partnership for the Assessment of Readiness for College and Careers)는 컴퓨터 기반 평가(Computer Based Test: CBT)로 학생들의 향상도를 평가한다. PISA(Programme for International Student Assessment)와 ICILS(International Computer and Information Literacy Study) 같은 국제수준의 대규모 학업성취도평가에서도 컴퓨터 기반 평가(CBT)를 도입하여 사용하고 있다. PISA

의 경우 PISA 2006 과학 소양, PISA 2009 디지털 읽기 소양, PISA 2012 문제해결능력 평가 등에서 컴퓨터 기반의 평가방식을 통해 학생들의 기본 소양을 측정해 왔으며, PISA 2015부터는 모든 영역에서 컴퓨터 기반 평가(CBT)의 도입을 추진하고 있다. 2013년에 처음 시행되는 ICILS에서는 실제 웹 기반 환경과 동일한 상황에서 정보를 검색, 선택, 각색하는 능력을 평가한다.

제2장

교수·학습 진행과정과 평가

1. 진단평가
2. 형성평가
3. 총합평가

교육평가는 지속적이고 종합적인 특징을 가지고 있다. 교육이란 활동을 하기 위해서는 [그림 2-1]과 같이 교육이 시작되기 전과 교육이 진행되는 과정, 그리고 교육이 끝난 후에 평가가 이루어져야 한다. 이런 의미에서 진단평가, 형성평가, 총합평가를 논의한다.

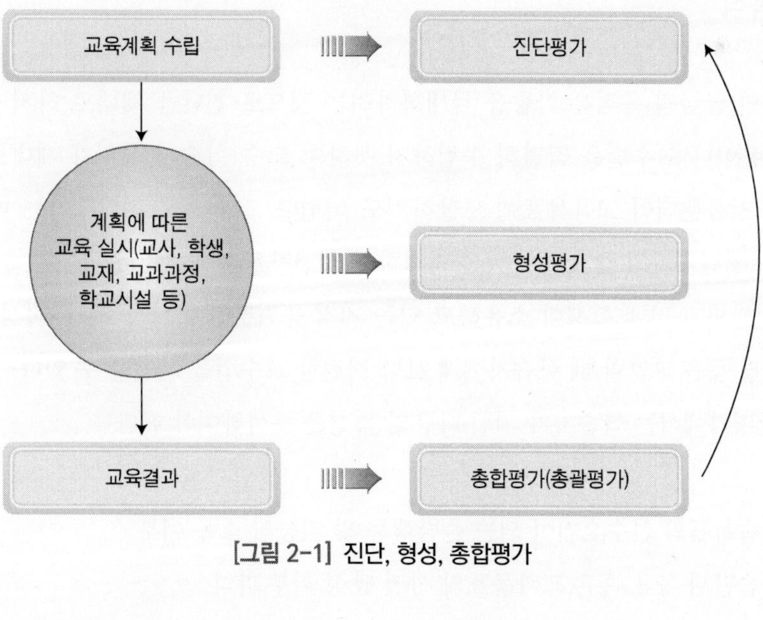

[그림 2-1] 진단, 형성, 총합평가

1 진단평가

1) 정의

우리가 병원에 가면 의사가 우리의 증상을 알기 위해 여러 가지 질문을 한다. 이를 진단이라고 하며, 이는 치료를 하기 전 환자가 지니고 있는 건강상의 문제를 알기 위해서다. 교육에서도 학습자에게 교수·학습을 투입하기 전에 학습자의 특성을 파악하여야 하는데, 이를 파악하기 위한 평가를 진단평가라 한다. 그러므로 **진단평가**는 학습이 시작되기 전에 학생이 소유하고 있는 특성을 체계적으로 관찰, 측정하여 진단하는 평가다. 이 진단평가를 통해 사전학습 정도, 적성, 흥미, 동기, 지능 등을 파악하게 된다.

2) 목적

평가의 궁극적 목적은 학습을 극대화하려는 것으로 진단을 제대로 하지 못하면 교육내용이나 교수법을 적절히 수립하지 못하여 교수·학습의 행위가 제대로 이루어지지 않을뿐더러 교육목표에 도달하기도 어렵다. 그러므로 진단평가는 매우 중요하다. 진단평가의 중요한 목적은 적절한 수업전략을 투입하기 위함이다. 교수·학습이 진행되기 전에 학생이 소유하고 있는 지적 능력뿐만 아니라 흥미, 적성, 태도, 가정환경 등을 파악할 때 학습자에게 보다 적절한 교수법을 투입할 수 있다. 그러므로 진단평가에서는 학습자가 지닌 다음의 특성을 분석하여야 한다.

- 학습목표의 선수요건이 되는 출발행동 및 기능의 소유 여부
- 학습단위 목표 혹은 교과목표의 사전 달성 여부 파악
- 적절한 교수법이나 대안을 제공하기 위한 학생의 특성 파악

예를 들어, 학습단원이 두 자리 수의 곱셈과 나눗셈인데 만약 한 자리 수의 곱셈과

나눗셈을 이해하지 못하였다면 두 자리 수의 곱셈과 나눗셈의 학습은 이루어질 수 없다. 반면 학습자가 두 자리 수의 곱셈과 나눗셈에 대한 내용을 집이나 학원에서 학습하여 완전히 이해하였다면 보다 어려운 학습내용이 제시되어야 한다. 그렇지 않으면 학습에 대한 흥미와 동기가 떨어진다. 더불어 학생의 지적 능력 이외에 다른 특성을 이해한다면 학생들에게 부합하는 또 다른 교수법을 제공할 수 있다.

한편 진단평가 결과에 따라서 학습자를 분류, 배치하는 경우가 있다. 이는 학습자를 차별하는 것이 아니라 비슷한 학습자를 집단화하여 그들에게 적절한 교수법을 투입하여 학습의 극대화를 추구하는 목적으로 이루어져야 한다. 교과별 이동수업을 예로 들 수 있다. 예전에 일류대학 진학을 위하여 일부 학교에서 모든 교과목을 우반과 열반으로 나눈 일이 있었다. 그러나 학습을 극대화하기 위한 반 편성은 이 개념과는 다른 차원에서 이루어져야 하며, 일정기간이 지난 후에는 능력 변화에 따라 학습자 집단이 다시 편성될 수 있도록 하여야 한다.

3) 평가요소

진단평가의 평가요인은 크게 지적 출발행동과 정의적 출발행동으로 나뉜다. 지적 출발행동이란 학습에 영향을 주는 가정이나 학교에서 형성된 지적인 능력으로 학습을 위한 기본 기능을 말한다. 예를 들면, 문장을 이해하는 능력, 언어를 구사하는 방법과 의사소통능력, 논리적인 사고구조, 요점을 찾는 능력, 요약하는 능력 등이 포함된다. 지적 출발행동의 수준을 가늠하기 위하여 앞에서 설명한 선수학습 정도를 평가하는 것이 중요하다. 그리고 학습결손의 유무와 정도도 분석하고 그 원인이 무엇인지 진단한다.

지적 능력을 평가함에 있어 종전에는 지능에만 의존하였다. Binet와 Simon(1905)은 지능을 잘 이해하고 판단하여 추리하는 능력으로 정의하였으며, 이후 요인분석을 이용한 지능이론이 전개되면서 Thurstone(1938)은 지능이 어휘력, 추리력, 지각력, 공간력, 수리력, 기억력, 언어유창성의 7가지 기본정신능력(seven primary mental ability)으로 구성되어 있다고 제안하였다. 그러나 이 이론은 학업과 관련된 능력만 고려하였지 다른 능력을 고려하지 않았고 인종에 따른 편파성, 다시 말하면 차별기능에 대한 문제가 있다고 분석하면서 지능검사에 대한 비판이 높아졌다.

캘리포니아 주에서 처음 실시된 지능검사는 상담 목적으로 사용되어 오다가 1992년에는 상담의 목적으로도 지능검사 점수를 사용할 수 없다는 판결이 나왔다. 이후로도 지능에 대한 이론적 발전은 계속되고 있으며, Sternberg(1985)의 삼위일체이론과 Gardner(1983)의 다지능이론이 전개되고 있다.

이상에서 지능점수를 진단평가의 요소로 고려할 때 주의해야 할 점은 다음과 같다. 먼저 지능은 단일성이 아닌 다양성의 특징을 가지고 있으므로 지능점수가 높다고 모든 것을 잘하는 것이 아님에 유의하여야 한다. 또한 지능점수는 검사의 난이도 수준에 따라 달리 측정되므로 지능점수를 절대적으로 받아들여서는 안 된다. 즉, 150점 이상이면 천재로, 두 자리 수의 지능이면 저능아로 인식하는 일반적 관점에서 벗어나야 한다. 나아가 지능이 유전적이라는 생각에서도 벗어나야 한다. 지능이 학습에 주는 영향력에 대한 믿음이 점차 감소됨에 따라 진단평가를 위한 지능점수의 활용도가 낮아질 것이다.

정의적 행동 특성으로서는 학습자의 학습동기, 흥미, 성격, 태도 등을 파악하는 것이 필요하다. 더불어 학습 외적 요인으로 가정환경, 친구관계 등도 고려해야 한다. 진단평가를 위하여 전 학년도의 성적표와 가정환경 조사서 혹은 학생생활기록부를 참고하는 것이 진단평가에 도움이 된다.

4) 절차와 방법

진단평가의 절차와 방법에 대하여 구체적인 순서나 종류를 제시하는 것은 쉽지 않다. 진단평가의 절차는 교육내용에 따라 달라질 수 있기 때문이다. 진단평가를 하기 위하여 형식적인 평가를 실시하기는 용이하지 않으므로 일반적으로 자료에 의존하여 평가한다. 전 학년도의 성적표나 학생생활기록부를 토대로 학습자의 특성을 파악하고 교수·학습을 투입하기 전에 교사가 간단히 제작한 시험이나 질문 등을 이용하여 진단평가를 실시할 수도 있다. 학교가 아닌 사회교육기관 등에서는 진단평가의 방법으로 과목 선택의 동기 및 목적, 관련 과목의 수강 여부, 현 직업 그리고 교과를 통하여 얻고자 하는 내용 등을 기술하여 분석할 수 있다.

전략적인 교수·학습이론을 투입하기 위해서는 체계적인 진단평가가 필요하다. 대학에서는 교양영어나 수학과 같은 과목의 경우 대학에 입학한 후 배치고사

(placement test)를 보아서 해당 교과목을 면제해 주든가 반편성을 하게 된다. 미국에서는 수학이나 영어 등의 경우에 강의 내용의 수준을 결정하기 위해 매우 체계적인 배치고사를 실시하고 있다.

2 형성평가

1) 정의

형성평가(formative evaluation)란 교수·학습이 진행되고 있는 도중에 학생에게 송환효과(feedback)를 주고 교육과정 및 수업방법을 개선하기 위한 평가를 말한다. Scriven(1967)이 형성평가란 말을 최초로 사용하였으며, 교육과정의 개선을 통하여 수업을 발전시키기 위한 평가라 정의하였다.

2) 목적·역할 및 특징

형성평가의 목적은 유동적인 학습의 과정 속에서 교수·학습을 개선하는 데 있다. 이 목적을 이루기 위하여 형성평가는 다음과 같은 역할을 하여야 한다.

- 학습의 개별화를 추구한다. 형성평가를 실시하면 학생 개개인의 결과가 다르게 나타난다. 이를 토대로 개인별 학습능력에 맞추어 개인학습을 진행하도록 도와줄 수 있다.
- 송환효과의 역할을 하여야 한다. 형성평가결과를 학생에게 알려 주어 자신의 장점과 문제점이 무엇인지를 알게 하여야 한다.
- 학습곤란을 진단하여야 한다. 학습을 하는데 어느 부분이 쉽고 어려운지를 파악하여야 하며, 특정 학습단위에서 실패율이 높다면 그 실패의 원인이 어디에 있는가를 알 수 있어야 한다.
- 학습동기를 유발하여야 한다. 형성평가의 결과로 칭찬을 하면 그것이 하나의

강화제 역할을 하여 학습동기를 유발할 수 있다.

형성평가의 목적과 역할에 비추어 볼 때 형성평가는 준거참조평가, 쉽게 말하여 절대평가를 지향하며, 평가의 주체 혹은 검사도구의 제작은 교사중심으로 이루어진다. 교수·학습의 진행과정을 가장 많이 아는 사람은 교수·학습과 관련된 교사와 학생이므로 일반적으로 교사가 형성평가를 주관한다. 평가도구를 제작할 때 형성평가는 학습의 곤란 정도를 파악하여야 하므로 매우 어려운 문제나 매우 쉬운 문제보다는 학습내용에 적절한 난이도의 문제를 출제하여 최저성취기준에 의하여 학습의 곤란 정도를 파악하는 것이 바람직하다. 즉, 평가자가 고려하는 최저성취기준과 유사한 난이도의 문항들로 형성평가를 위한 검사를 제작한다.

3) 절차

형성평가의 일반적 절차는 다음과 같다.

① 학습단위를 세분화하여 분석한다.
② 학습단위별로 최저 성취수준을 설정하여 교육목표를 진술한다.
③ 학습단위를 세분화하고 행위동사로 표현한다.
④ 평가도구를 제작한다.

평가도구를 제작할 때, 학습단위 중의 중요한 모든 요소와 이원분류표에 의한 행동소의 각 단계를 모두 포함시킨다. 또한 다양한 정신능력을 평가하고 학생의 교육목표 성취 여부를 파악하기 위해 최저준거에 준하는 난이도의 문항을 다양한 형식으로 제작하여야 한다. 학생들의 상대적 서열에 대한 정보가 중요시 될 때는 규준참조평가를 선택하여야 하며, 학생들을 변별하기 위하여 매우 쉬운 문항부터 매우 어려운 문항까지 골고루 출제하여야 한다. 그러나 형성평가는 일반적으로 준거참조평가가 된다.

3 총합평가

1) 정의

총합평가(summative evaluation)란 교수·학습의 효과와 관련해서 학습이 끝난 다음에 교육목표의 달성 여부를 종합적으로 판정하는 평가를 말한다. Scriven(1967)은 교육과정이 끝난 다음에 교수·학습에서 괄목할 만한 성장이 이루어졌는가를 규정하고 교육목표를 성취하였는가를 판정하는 평가를 총합평가라 하였으며, 학교현장에서는 총괄평가라고도 한다.

2) 목적과 특징

총합평가의 정의에서 설명하였듯이 총합평가의 목적은 다음과 같다.

- 성취수준의 도달 여부를 판정하여 서열 부여
- 자격증 부여의 역할
- 집단 간 비교
- 송환작용
- 프로그램 시행 여부 결정
- 책무성 부여

이상의 목적을 지닌 총합평가는 다음과 같은 특징이 있다.

- 교수·학습이 끝난 뒤 의사결정을 위한 평가
- 교사보다는 평가전문가에 의해서 제작된 검사도구를 사용
- 준거참조검사와 규준참조검사를 혼용

의사결정의 내용은 교수방법의 개선에 대한 것과 책무성에 대한 것으로 그다음 교육행위에 대한 정보를 제공한다. 그러므로 총합평가의 결과는 다음 교육을 위한 진단평가의 정보로 이용할 수 있다. 총합평가는 교수·학습이 끝난 상태에서 이루어지는 평가이므로 교수·학습을 진행한 교사보다는 교과내용전문가와 교육평가전문가에 의하여 제작된 표준화 검사를 실시하는 경우가 흔하다. 그 예로 전국단위 학업성취도검사 등을 들 수 있다.

총합평가는 목적에 따라 평가의 유형이 결정된다. 서열에 의한 판단을 지닌 평가를 중요시한다면 규준참조평가를 지향하여야 하고, 최저기준의 통과 여부를 중요시한다면 준거참조평가를 지향하여야 한다.

3) 평가도구 제작 및 절차

총합평가 도구를 제작할 때 가장 중요한 것은 상대적 서열을 중요시하는 규준참조평가를 할 것인가, 아니면 교육목표의 달성 여부만을 판단하는 준거참조평가를 실시하여야 할 것인가를 결정하는 일이다. 평가의 목적이 결정되면 평가내용은 가르치고 배운 내용을 모두 포함하여야 한다.

총합평가 도구를 제작하는 절차는 다음과 같다.

① 교육목표를 재확인, 진술한다.
② 교수·학습의 전반적인 내용을 포함한다.
③ 다양한 정신능력을 측정하기 위하여 다양한 문항 형태를 이용한다.
④ 규준참조평가: 다양한 난이도의 문항을 제작한다.
준거참조평가: 최저준거에 부합하는 난이도의 문항을 제작한다.
⑤ 규준참조평가: 규준을 만들고 서열을 부여한다.
준거참조평가: 준거에 따라 통과와 미통과를 판정한다.

4) 진단, 형성, 총합평가의 비교

진단평가, 형성평가, 총합평가를 정리하면 〈표 2-1〉과 같다.

〈표 2-1〉 진단평가, 형성평가, 총합평가의 비교

구분 내용	진단평가	형성평가	총합평가
시기	교수·학습 시작 전	교수·학습 진행 도중	교수·학습 완료 후
목적	적절한 교수 투입	• 교수·학습 진행의 적절성 • 교수법 개선	• 교육목표달성 • 교육 프로그램 선택 결정 • 책무성
평가방법	비형식적·형식적 평가	수시평가 비형식적·형식적 평가	형식적 평가
평가주체	교사, 교육내용전문가	교사, 학생	교육내용전문가, 평가전문가
평가기준	준거참조	준거참조	규준 혹은 준거참조
평가문항	준거에 부합하는 문항	준거에 부합하는 문항	• 규준참조: 다양한 난이도 • 준거참조: 준거에 부합하는 문항

진단평가, 형성평가, 총합평가는 교육의 전체 과정에서 진행순서에 의하여 실시되는 평가이며 비형식적이거나 형식적 형태로 이루어진다. 즉, 진단평가와 형성평가는 비형식적으로 이루어지는 경우도 적지 않으며, 총합평가는 일반적으로 형식적 평가에 의해 이루어진다. 형성평가는 교과를 담당하고 있는 교사나 교육담당자에 의하여 이루어지나 총합평가는 교육내용전문가와 평가전문가에 의하여 실시된다. 평가의 목적에 따라 준거참조평가나 규준참조평가가 실시되며, 형성평가는 일반적으로 준거참조평가를 실시한다.

총합평가를 실시하고 난 후 교육과정을 개편하거나 교수법을 개선하는 것이 일반적이나 Black과 Wiliam(2004)은 교수·학습을 위하여 총합평가 결과보다는 형성평가 결과를 이용하는 것이 효과적이라 주장하였다. 교수·학습이 진행되는 도중에 일어나는 형성평가가 학생들이 습득한 학업내용의 수준과 목표 간의 차이를 교사들에게 분명히 알려 줄 수 있어서 형성평가 결과를 교수·학습에 반영하면 그 차이를 더욱더 줄일 수 있다는 주장이다. 학생들에게 즉각적으로 평가결과를 알려 주고 교수·학습 계획이나 방법에 반영하면 학습을 증진시킬 수 있다는 것이다. 이런 주장을 뒷받침하기 위하여 APM(Applied Measurement in Education) 2008년 겨울호에서는 형성평가를 특별주제로 다루어 다섯 편의 논문을 소개하였다.

제3장

형성평가의 재조명

1. 평가 기능의 변화
2. 형성평가의 정의
3. 형성평가의 활용

21세기를 경쟁력 있게 대처하기 위하여 갖추어야 할 역량과 기능은 비판적 사고, 문제해결력, 이해력과 소통능력, 협력적 관계, ICT 활용능력, 융통성과 적응력, 글로벌 언어능력, 혁신적 창의성 등으로 이들은 이미 국내외 사회에서 공통적으로 요구하고 있는 핵심요소다. 이와 같은 시대적 요구에 따라 학교에서는 학생들이 도달해야 할 핵심성취기준을 중심으로 교과교육과정을 재구성하고, 동시에 핵심역량을 함양할 수 있는 교수·학습방법을 구안하고 있다. 이러한 교수·학습방법을 교실수업에 제대로 적용하려면 학생의 평가영역과 방법의 대전환이 필요하다. 최근 교육평가의 화두는 교수·학습이 진행되는 과정에 실시되는 '형성평가'를 새롭게 활용하고자 함이다. 형성평가는 이미 교육현장에서 익숙하게 사용되고 있는 용어지만 학생의 학습을 향상시키고 학습동기를 증진시킬 수 있는 방법으로 새롭게 재조명되고 있다(Cauley & McMillan, 2010; Stiggins & Chappuis, 2005). 따라서 이 장에서는 최근 평가기능의 변화에 따른 형성평가의 역할과 그 배경을 살펴보고 형성평가를 새로운 관점과 기능으로 재정의하고자 한다. 그리고 이러한 형성평가의 특징과 함께 수업에서의 활용을 위한 모형과 전략을 설명한다.

1 평가 기능의 변화

1) 평가영역 변화와 형성평가의 필요성

교육평가의 역할과 기능에 따른 전통적인 분류법에 의하면 교육평가는 진단평가, 형성평가와 총합평가로 구분된다고 설명하였다(성태제, 2014). 최근 평가는 전통적인 기능인 결과 또는 성과(outcome)를 평가하는 총합평가에서 과정(process)을 중요하게 보는 형성평가로 변화하고 있다. 평가영역도 보다 고차원적 능력을 평가하며, 동시에 첨단기기의 활용, 개인 단위가 아닌 집단에서의 개별적 역할에 대해 평가하고자 한다.

(1) 고등사고력 평가

그동안 학습자에 대한 성취평가 영역과 방법은 국어, 수학, 사회, 과학 등 주요 교과내용의 지식중심 총합평가, 그리고 표준화 지필검사로 요약할 수 있다. 이러한 평가영역과 방법은 학생들이 새로운 상황에서 어떻게 적용하고 문제를 해결해 나가는지를 측정하는 데 제한적일 뿐 아니라 교사가 나름대로 전개하고 있는 교수·학습방법과 학생과의 상호작용에서 오는 피드백을 적절하게 반영할 수 없었다. 또한 현재의 지필식 평가 중심의 체제에서는 교육과정의 내용을 충실히 반영할 수는 있지만 주요 핵심역량인 창의력, 고등사고력, 문제해결력 등을 평가하는 데 있어서는 한계를 지녔다. 이러한 한계를 해소하기 위한 방안으로 최근 미국의 경우 핵심역량으로서의 고등사고력에 대한 평가를 강조하면서, 차세대 평가 시스템인 **학력평가 2.0** (Assessment 2.0: 'Next-Generation' Comprehensive Assessment Systems)을 통한 평가를 설계하여 단순지식 측정 중심의 선다형 시험을 지양하고, 문제해결 능력을 실용적·다면적 방법으로 평가하는 시스템을 전면 도입하고 있다(Joaquin, 2010).

(2) 컴퓨터 기반 문제해결력 평가

PISA(Programme for International Student Assessment)는 PISA 2006부터 과학적 소양, PISA 2009부터 디지털 읽기 소양, PISA 2012부터 문제해결력 평가, 그리고 PISA 2015부터 전면 컴퓨터 기반 평가로 전환하는 등 꾸준하게 새로운 평가유형을 도입하여 학생들의 핵심역량을 측정하고자 하고 있다. 이렇듯 미래사회를 살아가는 학생들은 고등사고력, 창의력, 대인관계 능력, 정보분석력 등이 필요하고, 학교교육은 새로운 패러다임으로의 전환을 통해 미래를 살아갈 학습자들이 이러한 핵심역량을 기르는 데 기여할 필요가 있다. 즉, 시대가 요구하고 있는 역량과 기능을 학습자가 갖추고 또 성과를 보이고 있는지 파악하려면 다차원의 정보를 활용하여 문제의 해결방안을 효율적으로 제시하는 과정에 초점을 맞추어 평가해야 한다. 지식에만 의존하여 제시하는 단순 정답은 더 이상 평가대상으로 충분하지 않다. 이미 알려진 바와 같이 우리나라 학생들은 학업성취 면에서 세계가 주목할 만한 성과를 올리고 있으나 전인교육 측면에서는 그렇지 못하다. PISA 2009 결과에 의하면 우리나라 학생들의 지적 능력은 최상위권이지만 '사회적 상호작용 능력' 등 정의적 특성은 최하위권인 것으로 나타났다(송미영 외, 2013).

(3) 협력학습형 수업 평가

현재 우리나라는 학생들의 행복한 학교생활을 위하여 '경쟁교육'에서 '인성교육'으로, 또 교과 '지식전달형' 수업에서 '협력학습형' 수업으로 전환하는 것을 교육의 기본 방침으로 삼고 있다. 학생들이 협력하여 학습할 수 있도록 하기 위해서는 집단과제활동(team-based work)이나 협력적 수행(collaborative performance) 등이 필요하며, 이와 같은 학습활동을 지원할 수 있는 새로운 평가 방안이 뒷받침되어야 한다. 이때 학생들의 협업을 향상시키는 데 필수적인 의사소통 능력, 토론 능력 등을 측정할 수 있는 평가방법을 포함하면서, 모둠활동, 토론, 프로젝트 수행 등 과정에 대한 피드백을 제공할 수 있는 형성평가의 필요성이 절실하다.

이러한 요구에 따라 표준화된 대규모 성취도 평가, 즉 결과지향적 총합평가(summative assessment)로부터 학교 교실의 교수·학습 상황에서 개인 수준의 도달도 평가, 즉 과정지향적 형성평가(formative assessment)로 무게중심이 이동하고 있다.

사실 형성평가는 학습과정 중의 평가로 유형화되어 있어 새로운 개념은 아니며, 그동안 총합평가와 대비되는 개념으로, 혹은 '진단-형성-총합평가'와 같이 수업과정 중의 평가로 구분되어 왔다. 하지만 이제 형성평가의 기능을 학생의 학습 상황을 점검하는 측면을 넘어 인지적 그리고 정의적 영역에까지 확장하고자 한다. 이는 교사와 학생의 상호작용을 통한 피드백을 극대화함으로써 학습전략은 물론 동기유발, 자기성찰의 가능성을 높이고자 하는 목적을 가지고 있다.

2) 교수·학습과 형성평가

교수·학습과 평가를 연계하려는 노력은 Scriven(1967)이 평가의 기능을 구분할 때부터 이미 시작된 것이다. 그는 교수·학습에서의 평가단계를 교수·학습이 진행되는 동안 형성평가를 수행하고 그 결과를 활용하여 학생들의 학업성취를 증진시키며, 학생 성취의 최종 판단을 위해 총합평가를 수행하는 것으로 설명하고 있다.

(1) 결과에 대한 평가와 학습을 위한 평가

최근 평가를 정의하는 데 있어 **학습을 위한 평가**(assessment for learning) 개념이 부각되고 있다. 학습과 수업을 개선한다는 측면에서 형성평가는 학습을 위한 평가로 간주되며, 학습의 결과에 대한 의사결정을 한다는 측면에서 총합평가는 **학습결과에 대한 평가**(assessment of learning)가 된다(McMillan, 2014).

Black(1986)은 학습을 위한 평가(assessment for learning)라는 용어를 처음 사용하였고, 이 후 1992년 ASCD(Association for Supervision and Curriculum Development) 연차대회에서 Mary James는 이를 학습결과에 대한 평가(assessment of learning)와 구분하여 사용하였다(Wiliam, 2011). 그는 그동안 교육평가의 기능적 분류로 익숙한 총합평가를 결과에 대한 평가로, 형성평가를 학습을 위한 평가로 단순하게 설명하였다.

그러나 Bennett(2011)은 형성평가를 학습을 위한 평가로 총합평가를 학습결과에 대한 평가로 구분하는 것은 개념의 혼돈을 가져오며 동시에 총합평가는 학습을 위한 평가를 하지 않아도 되는 평가로 간주되게 된다며 이를 비판하였다. 또한 Stiggins

(2005)는 그동안 사용되었던 형성평가와의 차이를 다음과 같이 두 가지로 요약하였다.

- 형성평가의 결과가 교사에게 정보를 제공하는 것이라면 학습을 위한 평가는 교사뿐 아니라 학생에게도 정보를 알려 주는 것이다.
- 형성평가가 성취기준에의 도달여부를 알려 주는 것이라면 학습을 위한 평가는 학습이 일어나는 동안 성취기준에 도달하기 위해 어떠한 일이 진행되고 발생되는지도 알려 주어야 한다.

Crooks(1988) 연구에서 **학급평가**(classroom evaluation)를 형성평가로 지칭하면서 수업에서의 평가가 학생의 성취에 어떠한 영향을 주는지 파악한 연구에 근거하고 있다. 즉, 형성평가를 교수·학습과정의 관점에서 설명하는 것은 평가와 교수·학습의 경계를 흐리게 하기도 하지만, 학습을 위한 평가 개념의 출현은 형성평가의 실천적 측면을 강조하고 교수·학습과 평가를 통합하기 위한 형성평가 개념의 확대로 보는 것이다. Shepard(2009)는 이러한 새로운 개념의 형성평가를 언급하지 않고서는 학생성취 변화와 향상에 대하여 설명할 수 없다고 지적하고 있다.

(2) 학습결과에 대한 평가, 학습을 위한 평가, 학습으로서의 평가

학습을 위한 평가(assessment for learning)라는 용어는 학습결과에 대한 평가(assessment of learning)와 학습으로서의 평가(assessment as learning)라는 용어와 구별되면서 평가에 대한 해석을 확장시키고 있다. 그러나 이는 그동안 정립되었던 평가의 기능과 관련하여 혼란을 야기할 수 있으므로, 평가 용어에 대한 재정의가 필요할 수 있다.

학습을 위한 평가가 교육에 대한 투입(input)에, 학습결과에 대한 평가가 학생들의 결과(output)에 집중되어 있었다면, 최근에는 학생의 학습과정에 초점을 두는 학습평가 대안에 대한 움직임이 일고 있다. 이러한 움직임은 학생 평가를 학습과정으로 통합하여 학습을 돕는 평가로서 본연의 역할을 할 수 있도록 하기 위한 것이다. 최근 인지과학의 발전과 맞물린 이러한 인식은 학생의 학습하는 과정과 상태에 대한 인지적 판단을 가능하게 하는 평가로의 전환을 의미한다. 이러한 평가 개념은 인지적 판단에 근거한 유용한 정보를 토대로 학생이 자신의 학습을 계획하고 학습과정을 스스로 반성할 수 있도록 학생의 학습을 돕고자 한다. 즉, 학습으로서의 평가는 학생 평가의 대안으로서, 교육평가의 새로운 패러다임이라 할 수 있다.

학습결과에 대한 평가는 교육과정 기준에 근거하여 학생의 수행과정과 그 결과에 대해 최종적인 의사결정을 위해서 실시되는 평가로서 교사 중심의 총합평가의 성격이 강하다. 그리고 학습을 위한 평가는 평가 정보를 통해 교수과정에서 미리 설정한 교수·학습계획을 수정하여 학습을 지원하고 돕는 평가의 형성적 성격이 강하다. 한편 학습으로서의 평가는 학생이 스스로 평가하고 평가 정보를 스스로 활용하여 자신의 학습을 진행해 나가는 방식이므로 학습과 평가가 하나의 학습과정으로 통합된 형태다. 즉, 학습과정의 하나로 평가를 인식하기 때문에 학생 스스로의 자기평가와 동료평가 방식을 주로 활용하게 된다. 따라서 학습으로서의 평가는 궁극적으로 학생 '스스로 진단하여(self-diagnosis)', '자신의 학습에 대한 깊이 있는 이해(self-understanding)'를 통해 '자기주도적인 학습을 이끌 수 있도록(self-regulation)' 학습을 돕는 평가를 의미한다.

Black과 Wiliam(1998a; 1998b)의 논문 발표로 인해 수업과 평가의 연계와 형성평가 효과에 대한 관심은 고조되었다. 여러 나라에서 교육개혁을 통해 수업과 평가를 연결하였는데(OECD, 2005), 특히 미국 정부는 NCLB(No Child Left Behind) 시행 이후 학생의 성취 향상을 위한 최적의 방법으로 형성평가를 추진하여 많은 실천 연구를 진행하고 있다.

미국뿐만 아니라 영국의 평가개혁그룹(Assessment Reform Group)에서도 학습을 위한 평가를 실천하기 위한 원칙을 수립하였고(ARG, 2002), 우리나라의 경우도 교수·학습에 형성평가를 접목하기 위한 연구들이 진행되기 시작하였으며, 연구뿐 아니라 중·고등학교 학생평가제도의 변화는 형성평가에 대한 새로운 의미를 부각시키고 있다. 교육과학기술부(2011)가 발표한 '중등학교 학사관리 선진화 방안'은 2013학년도 중학교 1학년부터 성취평가제를 단계적으로 도입함으로써 그동안의 결과 중심의 상대비교평가에서 성취기준 도달 정도를 파악하는 절대평가 혹은 준거참조평가로 전환하고자 한다. 따라서 이를 학교현장에 적용하기 위하여 각종 연수와 연구에서 수업과 연계한 평가를 활성화하고자 다양한 방법을 구안하고 있다(박은아 외, 2013). 또한 성태제와 임현정(2014) 연구에서 형성평가를 재인식함에 따라 교사와 학교교육이 어떻게 변화해야 하는지 제언하였다.

2 형성평가의 정의

1) 이론적 진화

(1) 기능적 변화

이미 40여 년 전 Scriven(1967)은 평가의 형성적 기능과 총합적 기능에 대하여 구분하여 설명하였는데, 이는 그동안 실제 수업 상황에서 진단 기능과 함께 가장 익숙한 평가 개념으로 활용되어 왔다. 총합적 기능은 학기 또는 학년의 마지막 시점에서 학생의 성취결과의 요약, 평정, 배치 등 의사결정을 위한 **시험 기반 증거**(test-based evidence)를 제공하며, 이는 교수의 질에 대한 평가이기도 하다. 대조적으로 형성적 기능은 학습 성취를 극대화하기 위하여 교수·학습이 진행되는 시기에 학생들의 **평가 기반 증거**(assessment-based evidence)를 제공하면서 피드백에 근거하여 교사의 교수 전략을 교정하는 과정으로 이해된다.

Scriven(1967)은 형성평가와 총합평가 간의 차이를 언급하면서 이를 교수·학습방법 개선에 참고하여야 함을 제안하였고, 동일한 시기에 Bloom 외(1971)는 학생평가와 연결하여 완전학습(mastery learning)을 전개하였다. 그는 교실수업에서 가르치는 것은 연속적인 단계로 이루어지며 각 단계를 마칠 때마다 형성평가를 통해 피드백을 제공하고 각 학생이 그 단계를 완전학습할 수 있도록 교수방법을 조정하는 것이라고 설명하였다. 그 후 30년이 지나 형성평가가 교수·학습에 긍정적 영향을 미친다는 각종 연구결과가 나오면서 형성평가는 재조명되고 있다. 물론 이 연구들은 형성평가라는 큰 범주 안에 효과적 피드백, 질의응답, 동료평가, 완전학습 등 관련된 연구들을 망라하고 있다. 따라서 이러한 연구결과를 중심으로 형성평가 관련 이론이 어떻게 발전되었는지 살펴보도록 한다.

Black과 Wiliam(1998b)의 교실수업에서의 형성평가 효과에 대한 방대한 메타분석 연구 이후 형성평가는, 학습을 위한 평가로 재해석되면서 교수·학습과 평가를 연계하는 고리로서 자리매김하게 되었다. 즉, 1960년대의 Scriven은 형성평가라는 용어를 사용함으로써 평가를 기능과 목적, 시기에 따라 유형화하는 데에는 공헌하였지만, 평가의 목적 자체를 결과에 둠으로써 평가 과정과 방법에 대한 논의는 부족하였다. 그러나 Black과 Wiliam의 논문 이후 형성평가에 대한 논의는 목적과 방법에 대한 것으로서, 형성평가의 실천성에 관심을 가졌다고 할 수 있다.

학습을 위한 평가와 결과에 대한 평가에 대한 개념적 의미 구분은 Gipps와 Stobart (1997)에 의해 정리되었다. 실제 이 연구결과는 1999년 이후 영국의 평가개혁을 위한 정책결정에 기여하였으며, 형성평가의 기능을 재해석하게 되는 단초가 되었다. 또한 이러한 연구논문들과 함께 2000년대 중점적으로 진행되어 온 책무성 평가를 위한 미국 NCLB(No Child Left Behind) 결과를 통해 평가에 대한 관점을 전환하게 되면서 형성평가의 의미를 재조명하게 되었다. NCLB 결과 책무성을 평가하는 것도 중요하지만 학생 개인의 학습 향상을 위한 효율적 도구로 형성평가의 활용을 강조한 것이다. 즉, 결과를 평가하던 총합적 평가와 함께 교수·학습과정에서의 평가와 학습을 위한 평가 기능이 부각되었다고 할 수 있다.

형성평가를 기능적으로 정의하는 입장은, 어떤 평가도 수업을 개선하는 데 공헌했다면, 즉 수업증진을 위해 교사, 학습자와 동료 학습자들이 의사결정을 하는 데 필요한 기능을 수행했다면 형성평가라고 볼 수 있으며, 이러한 평가는 즉각적으로 발생할 수도 있고 경우나 상황에 따라 의사결정을 해 나가는 오랜 과정 중에서도 작용할 수도 있다는 입장이다(Wiliam, 2011). 특히 이들은 형성평가가 제대로 기능하기 위해 체계적인 구성요소와 역할 그리고 평가 과정에 대한 설명이 필요하다고 하면서 교육현장에서 평가를 형성적으로 실천하는 것에 주목한다. **형성적 기능**이란 교사와 학생들이 더 나은 수업을 위한 단계적 의사결정을 위해 학생의 성취에 대한 증거를 산출하고 해석하는 데 활용할 수 있는 평가를 의미한다. 즉, 평가를 통해 얻은 정보가 어떤 기능을 하는가에 따라 구분하는 것이다. 학습을 위한 평가라고 의도하였더라도 실제로 그렇게 활용하지 않았다면 형성평가가 이루어진 것으로 볼 수 없다. 실제로 어떻게 활용되고 있는가에 초점을 둠으로써 평가의 실천성을 중요시하고 있다.

단원평가, 수업후 평가, 소단위 총합평가를 형성평가로 보는 것은 소극적 의미의 형성평가라고 할 수 있다. 이때 스스로 만든 평가도구 혹은 외부에서 제작한 것을 적용하거나, 시험 혹은 관찰 등의 형식적·비형식적 평가방법 등이 모두 가능하다.

요컨대, 형성평가는 목적에 맞는 기능을 제대로 수행할 수 있는 평가가 되어야 한다. 이렇게 현장에서 실천될 때 제대로 형성평가가 기능했다고 볼 수 있으며, 이를 위한 구체적인 평가가 필요하다.

(2) 과정으로의 개념화

형성평가에 대한 이론적 진화에서 중시해야 할 부분은 과정으로 개념화한 것이다. 형성평가를 과정으로 개념화하는 것은 Black과 Wiliam(1998b)의 논문 발표 이후 학계에서 나타나는 주된 흐름이다. 이들에 의하면 형성평가는 궁극적으로 총합적 결과인 학생의 성취 향상을 위한 평가이기는 하지만 성취 향상을 위한 교수·학습 개선과 그 과정에 초점을 둠으로써 중간중간에 실시하는 작은 단위의 평가(mini summative) 개념을 넘어 확장된 개념이라고 할 수 있다(Chappuis & Chappuis, 2008). 결과를 산출하기 위한 검사나 평가도구 혹은 산출점수와 같은 결과물 자체를 형성평가와 동일시하지 말 것이며, 형성평가는 검사가 아니라 과정이라고 개념화한다(Brookhart, 2007; Popham, 2008; Stiggins, 2005). 또한 이들은 형성평가는 수업과정 중에 학생의 학습을 촉진시키기 위한 정보제공의 행동들로 구성되며, 이 과정에서 학생의 학습능력을 평가하는 것은 학습을 위한 역동적인 과정에 필요한 하나의 요소일 뿐이라고 개념화하고 있다(Black & Wiliam, 1998a; Cowie & Bell, 1999; Shepard, 2009).

수업 중에 교사와 학생이 행하는 과정으로 형성평가를 정의하는 학자들은 교수와 학습을 개선하기 위해 수업과정 중에 행하는 행동의 필요성을 강조하고(Shepard, 2005), 또한 계획된 수업의 결과로 학생의 성취를 향상시키기 위하여 교수·학습을 개선하고 피드백을 제공하는 과정에 초점을 두고 있다(Brookhart, 2007). 이들은 형성평가를 하나의 평가도구로 보는 것이 아니라 교수·학습개선을 위해 수업을 조절하는 데 필요한 피드백을 제공하기 위한 수업과정으로 본다. 이때 형성평가는 수업과정 중에 실시하여 교수·학습을 위한 수업 조절과 개선을 위한 피드백을 제공하는 과정으로, 궁극적 목적은 학습능력의 향상이다. 이들은 평가도구로 형성평가를 구분하는 것에 대해 반대하였고, 형성평가를 과정으로 개념화하는 것의 의미를 명확히 하기 위하여 '학습을 위한 평가'라는 용어가 형성평가의 본래 취지에 더 적합하다고 주장하였다(Stiggins, 2005). 즉, 형성평가의 형성적이라는 용어가 일반적으로 학기 도중에 종종 시행되어 형성해 나가는 평가의 의미로 사용되는 것에 대하여 근본적인 문제를 제기한 것이다.

2) 형성평가의 재정의

시대 변화의 요구에 따라 형성평가는 기존 개념에 새로운 의미를 더하게 된다. 이러한 새로운 형성평가는 단지 가르치는 것에 국한하지 않고 교수·학습, 평가가 통합된 모습으로 전개된다는 점에서 기존의 개념과 차이가 있다. 형성평가는 교수·학습 도중에 시행되는 평가로 학습을 극대화하자는 목적이 강조되고 있다. 우선 최근 국내외 학자들이 제시한 형성평가의 정의를 살펴보자.

(1) 학습을 위한 평가로서의 형성평가

Black과 Wiliam(1998b)은 교실수업에서 방대한 자료를 수집하여 메타분석을 실시한 후, 학습을 위한 평가가 강조되어야 한다고 주장하면서, 형성평가를 '교사나 학생들이 참여하는 교수·학습활동을 수정하기 위해 피드백을 주는 모든 활동'으로 정의하였다.

Cowie와 Bell(1999)도 형성평가를 학습이 진행되는 중에 이를 강화하기 위하여 '교사나 학생들이 학생의 학습을 재인식하고 반응하는 모든 과정'을 말한다고 정의하였다. 종전의 정의에 비하여 이 두 정의는 교사는 물론 학생을 포함하고 있는 것이 특징이라 할 수 있다.

Boston(2002)은 ERIC 다이제스트를 통해 형성평가의 장점과 함께 이를 실행할 수 있는 예시를 설명하고 있다. 그에 의하면, 형성평가는 교수·학습이 진행되는 동안 교사와 학생에게 피드백을 제공하는 진단적 활용이다. 특히 형성평가의 목적이 학생들이 무엇을 알고 있으며, 또 모르는가에 대한 정보를 바탕으로 교수·학습과정에 변화를 유도하는 것이므로 시험이나 과제에 대한 분석뿐 아니라 행동관찰, 토론 등을 통해 학생들의 반응을 파악하는 것이 중요하다.

(2) 정보수집을 위한 도구 및 과정으로서의 형성평가

Kahl(2005)은 형성평가를 '교사가 가르치는 기술이나 어떤 주제에 대하여 학생들이 따라가는 정도를 측정하기 위한 도구'라 정의하였다. 즉, 학생들이 배우는 과제에 대한 실수나 잘못된 개념 등을 규명하기 위한 중간적인 평가도구(mid stream tool)인 것이다. 이런 정의에 의하면 형성평가는 도구라는 개념과 학습을 증진시키는 과정을 강조하고 있다고 할 수 있다.

또한 Popham(2008)은 형성평가를 '학생의 현황에 대한 정보를 이끌어 내기 위한 일련의 계획된 과정'으로 정의하고, 형성평가의 목적을 교사의 교수전략을 학생들에게 맞춰 조절하기 위한 것과 학생들의 학습방법을 교정하기 위한 것으로 정리하였다. 즉, 형성평가는 교사와 학생 사이에서 이루어지는, 어떤 특별한 시험이 아닌 일련의 과정이며 교수, 학습, 평가의 통합된 모습인 것이다. McMillan(2014)은 형성평가를 '학생의 학습증거를 수집하고 그 자료를 학생에게 피드백하며 학생의 성취 정도를 높이기 위하여 교수전략을 개선하는 과정'이라 정의하였다. 이때 형성평가는 교사가 무엇을 어떻게 가르칠지, 학생이 무엇을 어떻게 배울지 결정하는 기능을 한다.

(3) 교수법 교정을 위한 평가로서의 형성평가

Furtak(2009)은 형성평가의 주요 목적은 학생이 알아야 하는 것과 알고 있는 것의 차이를 최소화하는 것이라고 설명한다. 형성평가의 목적은 학생의 학습과 흥미 그리고 동기를 향상시키기 위하여 교사들이 지속적으로 교육과정을 적용하고 학생들의 작업이나 행동을 평가하는 과정이며, 또 학생에게 평가결과를 피드백하고 교수법을 개선하는 것이라고 주장한다. 학생의 지식, 이해 그리고 기능에 대한 자료를 관찰, 질문 등의 방법으로 자료를 얻은 후에 이를 적합하게 해석하고 평가하여 학생에게 즉시 또는 특정 시기에 피드백하며, 다음 단계의 특별한 행위를 위하여 학습을 교정하는 순환적 절차를 거친다. 그러므로 교수법의 수정이 없는 평가는 형성평가가 아니라고 할 수 있다.

한편 Wiliam(2007)은 학생 성취 정도의 증거가 교사, 학생, 그리고 동료 학생들이 더 나은 교수·학습을 위한 다음 단계에 대한 의사 결정을 내리기 위하여 도출되고, 해석되며, 활용되는 정도만큼 형성적인 교실 수업이 된다고 정리하였다.

Wiliam(2011)은 수업과정에서 교수방법과 내용을 수정하기 위한 평가를 해야 형성평가라는 주장에 반박하면서 평가에 따라 수업 자체를 수정하지 않더라도 수업을 교정할 필요가 있는지 없는지 결정하는 데 사용한다면 형성평가로 간주할 수 있다고 설명한다. 또한 경우에 따라서는 오랜 시간에 걸쳐 학생의 학습력 향상이 나타날 수 있으므로 수업 중 매순간 발생하는 평가를 형성평가로 정의하는 것은 한계가 있으며 한 달에 한 번 정도의 형성적 평가를 통해서도 형성평가를 할 수 있다. 즉, 학생의 학습과정에서 평가가 형성적으로 기능한다면 형성평가로 정의할 수 있다는 것이다.

(4) 교수 · 학습과 평가의 통합활동으로서의 형성평가

Bennett(2011)도 형성평가를 평가도구 자체로 보거나 과정으로만 정의하는 것을 반박하였다. 잘 만들어진 평가도구라고 해도 막상 수업에서 효율적으로 사용되기 어려울 수 있고, 학습을 위한 평가라고 해도 적절한 방법과 도구가 없다면 제대로 실행할 수 없다는 것이다. 학습을 위한 평가로 형성평가를 개념화하고, 학습의 결과를 평가하는 것을 총합평가로 개념화하려는 것은 총합평가의 기능을 지나치게 제한하는 것이라고 지적하였다.

McMillan(2014)은 형성평가를 학생의 학습증거를 수집하고 그 자료를 학생에게 피드백하며 학생의 성취 정도를 높이기 위하여 교수전략을 개선하는 과정이라 정의하였다. 즉, 학생이나 교사가 무엇을 어떻게 가르치는가를 결정하는 기능을 한다는 것이다.

김성숙, 김희경, 서민희(2013)는 미래의 핵심역량인 비판적 사고, 문제해결 능력, 이해력과 소통력, 협력적 관계, ICT 활용능력, 융통성과 적응력, 글로벌 언어능력, 혁신적 창의성을 함양하기 위해서는 평가가 문제풀이 위주나 지식 습득 여부를 판단하는 성격의 평가에서 학생들의 역량과 기술을 표현하는 수행 중심의 평가로 전환되어야 한다고 언급하면서 이를 위하여, 결과에 대한 총합평가보다는 학교 교실의 수업·학습상황에서의 개인 수준의 도달도 평가, 즉 과정 중심의 형성평가로 무게를 이동시켜야 한다고 주장한다. 그러므로 형성평가는 **결과 지향적 평가**(assessment of learning)가 아니라 **학습 지향적 평가**(assessment for learning)로 부각되어야 하고, 학습과정에 대한 정보수집과 피드백 제공 과정이며, 교수법 교정의 환류체계이자, 교수·학습과 평가가 통합된 과정이어야 한다고 설명한다. 나아가 박정

(2013)은 최근 형성평가를 세 가지 관점에서 개념화하였다. 첫째, 평가도구 혹은 평가 그 자체로 보는 입장, 둘째, 수업의 과정에서 이루어지는 평가로 보는 입장, 셋째, 평가의 기능으로 형성평가를 설명하는 입장이다. 이들은 형성평가라는 동일한 용어를 사용하지만 각기 다른 시각으로 사용하기 때문에 각각 형성평가를 실시하는 방법이나 과정이 다를 수도 있다고 부연한다.

그리고 김희경 외(2014b)는 형성평가는 학생의 학습상황을 점검하여 이를 토대로 향후 학습의 방향을 설정하고 촉진하기 위한 목적으로 필요할 때마다 수시로 실시되는 평가활동을 의미하며, 학생이 자신의 학습에 대해 성찰할 수 있는 기회를 부여함으로써 스스로 효과적인 학습전략을 습득하고, 자기주도적 학습능력을 형성하도록 지원하는 평가활동이라고 규정하고 있다.

(5) 형성평가 재정의와 특징

형성평가 개념에 대한 이론적 진화와 학자들의 다양한 개념 정의를 바탕으로 형성평가를 다음과 같이 재정의하고자 한다.

> 형성평가는 학습을 극대화시키기 위해 교수·학습 장면에서 학생의 자료를 다각적으로 수집함으로써, 교사는 이에 근거하여 피드백하는 일련의 계획된 과정인 동시에 학생은 스스로 성찰할 수 있는 기회를 갖게 되는 교수, 학습, 평가의 통합된 활동이다. 형성평가에서 제공되는 피드백을 통해 교사는 의도한 목표를 달성할 수 있도록 교수전략을 조정하며, 학생은 자신의 성취를 향상할 수 있도록 학습방법을 수정한다.

특히 강조하고 싶은 몇 가지 주요 특징은 다음과 같다.

- 형성평가는 특정 시험이 아니라 일련의 과정이다.
- 형성평가는 교사만 활용하는 것이 아니라 교사와 학생 모두가 활용한다.
- 형성평가는 교수·학습 장면에서 발생한다.
- 형성평가는 교사와 학생에게 제공되는 평가 기반 피드백이다.
- 형성평가는 추후 학습에 대한 정보제공을 위함이다.

3 형성평가의 활용

형성평가는 형성적으로 기능하는 평가를 의미하는 것이므로 평가하는 활동 자체의 의미보다 평가를 하여 얻은 정보가 어떤 기능을 하는 것인지가 중요하다. 여기서 형성적이란 교사, 학생, 혹은 동료들이 더 나은 수업의 다음 단계를 위한 의사결정을 위해 학생의 성취에 대한 증거를 산출하고 해석하는 데 활용할 수 있는 기능적인 역할을 의미한다. 교수·학습과정에서 형성평가 도구를 제작하여 사용하였으나 교수·학습에 도움이 되지 않는다면 형성평가가 이루어졌다고 보기 어렵다. 하지만 동시에 평가도구나 방법이 없다면 수업과정에서 형성평가를 할 수 없으므로 평가가 형성적이기 위해서는 어떤 평가방법을 어떻게 사용해야 할 것인지 구체적인 전략이 필요하다. 최근 김진규(2013)는 형성평가를 활용하는 다양한 기법을 소개하였다. 실제 학교수업에서 형성평가를 성공적으로 적용하기 위해 몇 가지 실천전략을 설명하고자 한다.

1) 형성평가의 4단계 실현

형성평가의 궁극적 목표는 피드백을 통하여 교사의 교수전략을 향상시키고 학생의 동기와 학습을 동시에 증진시키는 것이다. 이러한 관점에서 볼 때 교실 내에서 진행되고 있는 형성평가의 주인공은 교사와 학생 모두다. 학교교육에서 새로운 의미로 재발견되고 있는 형성평가를 성공적으로 적용할 때 학생, 교사, 그리고 학교가 어떻게 변화하는지 Popham(2014)은 4단계로 설명하고 있다. 이때 교사의 가르침과 학생의 배움을 형성평가가 각각 어떻게 교정해 나가는지 그 과정에 주목하여야 한다. 형성평가 자체를 한 덩어리로 생각하지 말고 교사와 학생 입장에서 단계적으로 접근할 수 있어야 한다.

① 1단계. 교사의 교수법 수정

교사들이 현재 또는 향후 교수활동을 어떻게 조절 또는 수정할 것인가에 필요한 구체적 증거들을 수집하는 단계다.

② 2단계. 학생의 학습전략 교정

도출된 형성평가 결과에 근거하여 학생들이 학습방법 또는 전략을 수정하는 데 활용하는 단계다.

③ 3단계. 교실의 학습풍토 전환

형성평가의 1단계와 2단계가 결합되면서 전통적인 비교위주(comparison-oriented)의 교실에서 학습위주(learning dominated)의 교실 분위기로 근본적으로 전환된다. 즉, 학생평가의 근본 목적이 학생 평정에 있는 것이 아니라 교사와 학생의 교수·학습의 질을 향상시키는 것으로 변화하는 것이다.

④ 4단계. 학교 전체로의 분위기 확산

마지막 단계에서는 형성평가의 긍정적 효과가 학교 전체 또는 지역 수준, 교사 공동체의 교수·학습 전문성 개발 전략으로 확장되는 것이다. 이는 앞선 단계에서의 형성평가가 최대한 효과를 발휘함으로써 가능하다.

앞에서 설명한 형성평가 실현을 위한 4단계는 [그림 3-1]에서 제시한 것처럼 서

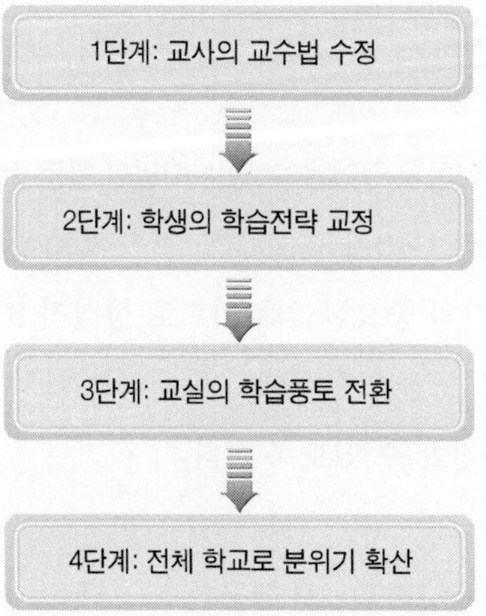

[그림 3-1] 형성평가의 4단계 실현

로 유기적으로 연결된다. 특히 1단계의 교사의 교수법 수정과 2단계에서의 학생의 학습법 교정이 서로 조화되어야 하며, 3단계의 학습풍토 전환 역시 교사와 학생 활동이 전제되어야 가능하다. 물론 마지막 단계는 전 단계를 성공해야 도달할 수 있는 단계다. 이러한 형성평가의 실현방법이 성공적으로 적용되려면 각 단계마다 필요한 목표를 달성했는지 확인하여야 하며, 각 단계의 실제 기능 양상을 파악하여야 한다.

2) 형성평가 5단계 적용 전략

Wiliam(2011)은 모든 교수·학습활동에 형성평가를 적용할 때의 중요한 핵심과정과 행위자를 세 가지로 제시하였다. 교사는 이 세 가지 과정, 즉 ① 학생들의 학습 현주소가 어디에 있는가, ② 학생들이 도달하고자 하는 목표는 무엇인가, ③ 어떻게 도달하는가를 파악하여야 한다. 이 상황에서 세 가지 주요 행위자는 교사, 학생, 그리고 동료학생이다. 이 세 가지 핵심과정과 세 가지 역할담당자의 조합을 통해 형성평가 적용을 위한 다섯 가지 전략을 기술하고 있다.

① 전략 1. 목표달성을 위한 학생의 동기와 범위에 대한 명료화

학생들이 각자 무엇을 배우고자 하는지를 인지하고 있다면 가장 좋은 상황이다. 이것을 가능하게 하는 것이 교사와의 의사소통인 것이다. 수업을 통해 무엇을 배울 수 있고, 어떤 것을 할 수 있는지 의사소통함으로써 학생들로 하여금 학습내용의 목적과 범위를 파악할 수 있도록 안내하고 이해시킨다.

② 전략 2. 학습근거로 적절하게 끌어낼 수 있는 다양한 활동, 토론, 과제를 효과적으로 부여

학습결과에 대한 구체적 증거가 많을수록 교수·학습활동에 필요한 요소를 확보할 수 있다. 이는 형성평가의 중요한 역할이므로 형식적 또는 비형식적 방법을 통해 적극적으로 수집한다. 교수·학습 상황에서 발생하는 다양한 활동과 토론, 수행과제 등을 통해 효과적으로 수집할 수 있도록 한다.

③ 전략 3. 학습촉진을 유도하는 피드백 제공

학생의 평가결과에 대한 피드백은 이미 교수·학습활동의 부분으로 인식되어 있

다. 그러나 모든 피드백이 학습 향상에 항상 긍정적 영향을 미치는 것은 아니다. 학생의 학습촉진과 동기부여를 위해 제공해야 할 긍정적 피드백, 그리고 다음 단계에 바람직한 영향을 줄 수 있는 생산적 피드백이 교수·학습활동에서 필요한 피드백이다.

④ 전략 4. 학생이 서로의 교수·학습자원이 될 수 있도록 활성화

교실에서 학생들의 활동은 다양하다. 형성평가의 중요한 전략으로 동료평가를 통해 학생들이 서로의 교수·학습자원이 될 수 있는 분위기를 조성하도록 도모한다. 학생들이 서로 가르쳐 주고 피드백 받는 과정이 특히 강력하고 유용한 교수·학습도구이므로 서로 학습의 공급자가 될 수 있도록 유도한다.

⑤ 전략 5. 학생이 학습의 주체가 될 수 있도록 활성화

교사의 역할은 가르치는 것이다. 그러나 학생들 스스로 학습할 수 있는 풍토가 조성된다면 가장 바람직하다. 형성평가의 마지막 전략은 학생이 학습의 주체로서 자기주도적 학습을 할 수 있도록 발전되는 단계다. Wiliam(2007)은 형성평가의 적용 전략을 [그림 3-2]와 같이 도식화하였다.

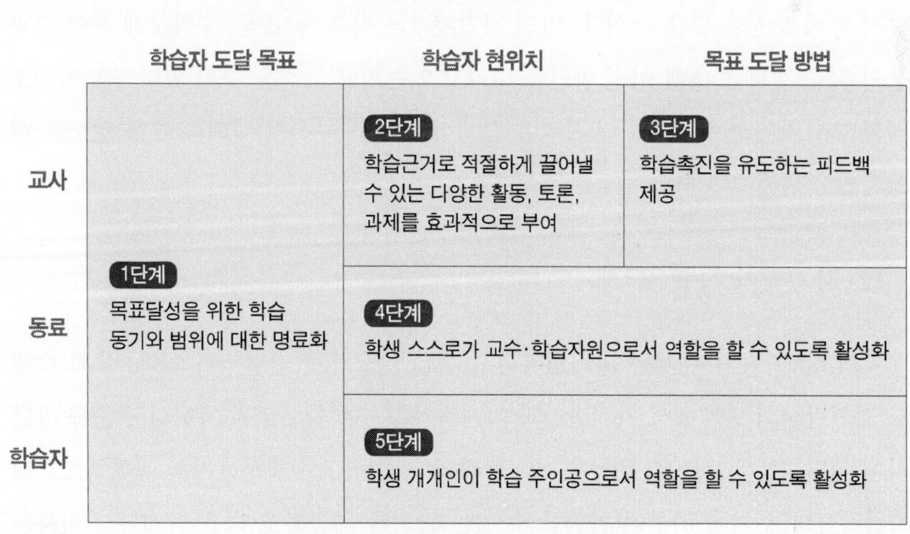

[그림 3-2] 형성평가의 5단계 적용 전략

3) 형성평가와 자기조절학습

형성평가가 재조명되면서 학습성취의 향상을 위한 '피드백'의 효과와 중요성이 부각되고 있다. 특히 형성평가에서 학생 스스로 자기평가를 통한 피드백의 역할은 강조되지만 자기조절학습과 형성평가를 연결하는 방법은 구체적으로 제시되지 않았다. 따라서 자기평가와 자기조절학습의 특징을 설명하고 형성평가와의 연관성을 살펴보고자 한다.

(1) 자기평가 및 자기조절학습의 특징과 형성평가

자기조절학습은 학생 스스로가 자신의 학습목표를 설정하고 그 목표를 달성하기 위해 자신의 인식, 동기와 행동을 조절, 모니터링, 통제하는 일련의 과정을 말한다. 한편 자기평가는 학생 스스로 설정한 목표와 범위에 비추어 자신의 과업을 스스로 점검, 판단하고 그에 따라 조정해 가는 일련의 과정을 의미한다. 요약하면 자기조절학습은 학생이 스스로 자신의 학습과정을 관리하는 과정이다. 예를 들어, 학습내용을 이해하는지, 수립한 계획에 따라 공부하고 있는지, 성취하고자 하는 동기는 충분한지 등에 초점을 맞춘 것이다. 반면 자기평가는 작문, 발표물, 수학문제 풀이 결과 등의 학습 결과에 대해 어떤 판단을 내리고 있는지에 초점을 두고 있다. 즉, 자기조절학습과 자기평가의 공통된 목적은 학생이 스스로 자신의 이해와 수행 정도를 향상시키기 위해 피드백을 제공하는 데 있다.

(2) 자기평가 진행 3단계

자기조절학습의 단계는 **자기평가**의 단계와 밀접하게 연결되어 있다. 특히 수행과 자기반성의 단계에서 자기관찰과 자기평가를 수행함으로써 자신의 수준을 판단하게 된다. 학생 스스로 무엇을, 왜, 어떻게 학습하고 수행하는지를 관찰함으로써 학습목표와 준거에 비추어 판단할 수 있는 근거를 제공하고 다음 단계를 기획하는 것이다.

① 1단계. 학습결과 기대에 대한 명료화

학습되어 나타날 기대 결과가 평정기준 또는 채점기준표 등으로 분명하게 설명되어야 한다.

② 2단계. 기대결과를 반영한 판단, 비판

학생 스스로 학습의 산출물 초안을 최종 결과물의 판단준거에 비추어 다양한 방법으로 점검한다.

③ 3단계. 수정

학생이 스스로 자신의 피드백을 근거로 기대산출물을 수정하고 보완하는 단계로 가장 중요한 단계다. 왜냐하면 학생은 자신의 노력을 통해 결과물이 실제로 향상될 수 있다는 확신이 있을 때에야 수정하려고 하기 때문이다.

(3) 자기조절학습의 3단계

Zimmerman(2000)은 자기조절학습을 숙고, 수행과 조절, 자기반성으로 구분하였다.

① 1단계. 숙고

학습목표, 기대, 과제의 준거, 전략적 계획과 자기효능감 등에 대하여 충분히 이해하고 준비하는 단계다.

② 2단계. 수행과 조절

학생이 스스로 관리하고 학습전략을 적용해 나가는 과정이다.

③ 3단계. 자기반성

노력한 결과에 대하여 스스로 평가하고 수행결과를 반성하여 다음 숙고의 단계에 대한 피드백을 제공하는 단계다.

Andrade(2010)는 자기조절학습과 형성평가의 관계를 [그림 3-3]과 같이 구조화하였다.

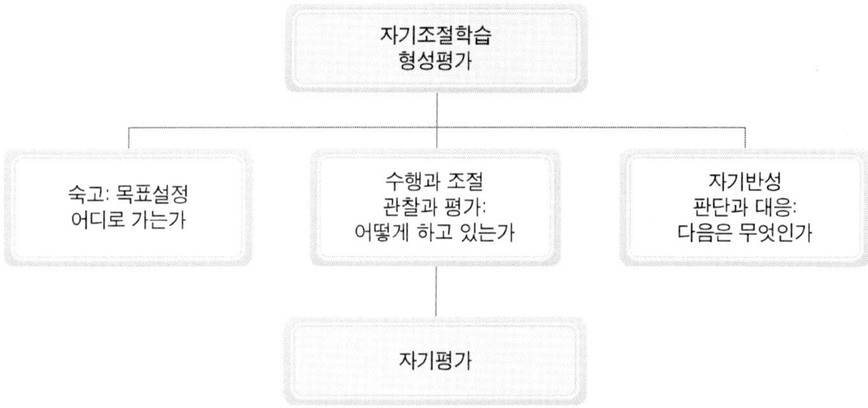

[그림 3-3] 자기조절학습과 형성평가

4) 형성평가를 위한 교육적 처방 모형

[그림 3-4]는 교육적 처방을 위한 형성평가의 사용 방법을 보여 주기 위해 완전학습과 맞춤형 수업의 이론 및 실제를 설명하고 있다. 1차 평가를 바탕으로 교사는 주목해야 하는 내용적·절차적 목표를 인지하고 이에 대한 적절한 피드백을 제공한다. 그 후, 학생들의 필요에 대한 추가적 평가를 바탕으로 맞춤형 수업을 계획하고 시행한다. 수업 후, 추가적인 형성평가를 제공하여 학습과제, 활동, 평가를 학생의 필요에 일치시키는 과정을 되풀이한다.

[그림 3-4] 교육적 처방 순환모델

완전학습, 맞춤형 수업, 수업에 대한 이론 및 접근방법 들은 형성평가 과정을 완성시키는 데 교육적 처방이 중요함을 보여 준다. 이는 평가와 수업이 통합된 결과를 보여 주고, 학생의 학습을 극대화하려면 두 가지 모두 중요함을 시사한다.

교육적 처방은 항상 교사가 결정하는 것은 아닐 수 있다. 그러나 Harlen(2003)은 학생들이 현재 어떤 단계에 있는지 결정하는 과정에 참여한다면, 효과적으로 이후 나아가야 할 단계를 알 수 있다고 주장한다. 교사는 학생들에게 선택적 접근법을 제공하거나 이해를 높이기 위해 할 수 있는 방법을 질문할 수도 있다. 학생들은 피드백이나 제안들을 수동적으로 받아들이는 것이 아니라, 교사와 동반자가 되는 것이다. 또한 학생의 자기효능감, 학습의 내적 통제를 향상시킬 수 있다.

5) 형성평가를 위한 교사 연수: KLT 프로그램

형성평가 실천모형과 체제의 공통적인 특징은 크게 두 가지로 제시할 수 있다. 첫째는 형성평가의 주체로 교사 외에 학생과 그 동료를 포함하고 있다는 점이다. 이때 특히 학생이 강조된다. 둘째는 단계적으로 학습이 진행되는 순환적인 과정 모형을 제시하고 있다는 점이다. 대부분의 모형은 처음 단계에서 학습목표를 설정하고(설정하는 과정에서 교사와 학생이 학습목표를 공유하며), 그다음 단계에서 현재 학생의 상태를 파악할 수 있는 증거를 다양한 방법을 통해 수집한 후, 학습목표와 현재 학생의 간극을 좁힐 수 있는 피드백을 제공하는 과정을 거쳐 다시 학생의 상태를 확인하는 순환고리 형태의 모형을 제시한다. 이외에도 교실문화 풍토의 중요성을 강조하면서, 학생 상태를 파악하는 증거 수집을 위한 형식적 혹은 비형식적인 방법들이 다양하게 존재한다.

(1) KLT 프로그램의 구조

교육현장에서 형성평가를 활성화할 수 있는 단계와 요소 모형은 다양한 형태로 나타나고 있다. 미국의 ETS에서는 Black과 Wiliam(1998a)이 제시한 다섯 가지 핵심 전략과 아이디어를 활용하여 Keeping Learning on Track(KLT)이라는 교사전문성 향상 프로그램을 제작하였다(Bennett, 2011). 이 프로그램은 형성평가를 적용하기 위한 교사 연수 프로그램으로 개발된 것이다. KLT 전략은 학생이 무엇을 성취하려는지, 그리고 현재 무엇을 알고 있으며 목표에 어떻게 도달하는지와 연계하여 활용되는 것이다. KLT 프로그램은 실제로 형성평가를 바로 적용하기 위해 투입된 실천전략이다. 즉, 이 프로그램은 교사학습공동체(Teacher Learning Community: TLC)를 조직하여 형성평가 기법을 수업에 적용하여 동료교사와 상호 토의하면서 스스로 학습하도록 설계되어 있다(ETS, 2012).

KLT 프로그램은 형성평가에 관한 실행이론(theory of action)과 구체적인 실례라는 두 가지 특징을 지니고 있다. 실행이론이란 어떤 조직을 현 상태에서 바람직한 상태로 바꾸기 위한 방법에 관한 일련의 기본 가정을 포함하고 있다. 이 실행이론에는 1대 핵심 아이디어, 5대 형성평가 전략, 그리고 100가지 이상의 형성평가 기법으로 구성되어 있다(Thompson & Wiliam, 2008).

형성평가의 1대 핵심 아이디어란 교사와 학생들이 학습의 증거를 활용하여 매일 그리고 매 순간 즉각적인 학습요구에 대처하여 교실수업을 조절해 나가는 것을 말한다. 그리고 5대 실천전략은, 첫째, 학습목표나 기준을 명료화하고 공유하기, 둘째, 효과적인 토의, 질문 그리고 학습증거를 제시하는 학습과제 동원하기, 셋째, 학생에게 도움을 주는 피드백 제공하기, 넷째, 학생을 학습 활성화하기, 다섯째, 학생을 동료학생의 학습의 자원으로 활성화하기다(김진규, 2009). 실제로 교사들은 5대 실천전략과 관련된 다양한 형성평가 기법을 활용하여 수업을 조정해 나간다. 교사들이 활용 가능한 형성평가 기법은 100여 가지 이상이다.

(2) KLT 프로그램 모형의 구성요인

KLT 연수 프로그램에서는 학생들과의 상호작용에서의 교수법의 조정방법과 학생들에게 적합한 피드백 제공방법을 핵심적으로 다룬다. 프로그램의 궁극적인 목적은 학습을 향상시키는 성과를 내는 것이다. 교사는 학생의 학습변화의 증거를 매순간 파악하고 학생 스스로 학습할 수 있는 기회와 학생과의 상호작용에서 가르칠 자원을 구조화하도록 한다. 이때 가장 중요한 것은 학생이 학습을 향상시킬 수 있도록 피드백을 제공하고 이를 실천할 수 있는 구조로 이끄는 것이다. 그럼으로써 학생은 학습장면에 더욱 몰두하게 되며 서로 협력하고 책임감 있는 태도로 학습에 임함으로써 학습 향상의 근간을 마련하게 된다. 이러한 과정의 흐름도를 [그림 3-5]와 같이 도식화하였다.

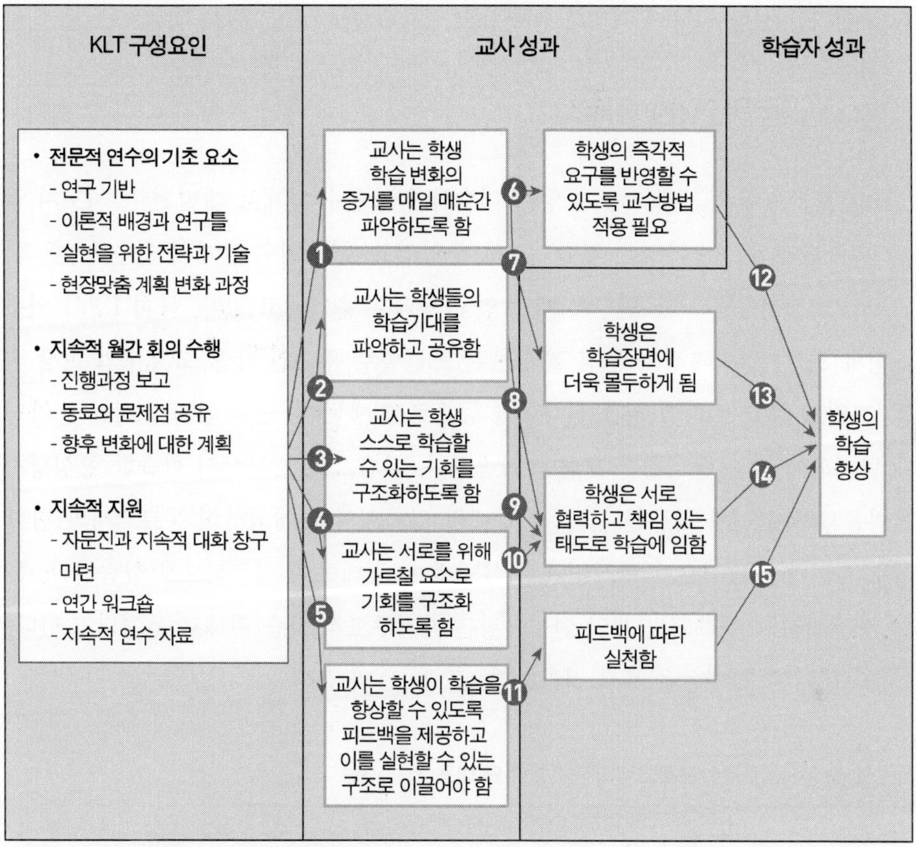

[그림 3-5] KLT(Keeping Learning on Track) 구성 요인

이 모형은 KLT 구성요인, 교사 성과, 그리고 학습자 성과로 분류할 수 있다. 교사 성과는 6개 하위요소로 구성되어 있고 학습자 성과는 4개 하위요소로 구분되어 있다. 이 모형 가운데 KLT 구성요인은 교사의 수업을 바꾸게 하여 교사 성과에 영향을 미치고, 교사의 수업은 다시 학습자 행동을 변화시키고, 최종적으로 학습자들의 학습 성과를 증진시킨다(Bennett, 2011). 먼저 KLT 구성요인은 교사의 형성평가 연수에 초점을 두고 있다. 교사를 위한 KLT 연수 프로그램은 연수과정과 연수자료로 대별된다. 연수과정은 KLT 기초과정과 TLC 리더 기초과정으로 구성되어 있다. 또한 연수자료는 2년 과정의 16개 모듈을 비롯하여 교사 워크북, 그리고 TLC 리더 핸드북 등이 있다. KLT 프로그램의 주된 목적은 학교현장에서 교사들이 학습공동체를 적극

적으로 활용하여 수업실제를 개선함으로써 학습자의 학습을 증진시키는 데 있다. 또한 KLT 실행 이론 모형은 현행 협력적인 연수가 수업실제에 지속적인 영향을 미치고 있다는 선행 연구의 결과를 반영하고 있다(Wylie et al., 2008).

(3) KLT 프로그램의 단계

KLT 프로그램은 크게 지도자 양성 연수와 현장연수 단계로 대별된다. 지도자 양성 연수 단계의 연수과정은 집합연수로 운영되고, 현장연수 단계의 연수과정은 학교에서 현장적용형 자율 연수와 개인 연구 형태로 운영되고 있다. 특히 1년차 연수과정과 2년차 연수과정의 운영 절차는 각 모듈별로 온라인 학습, 교실수업 현장 적용, 그리고 상호 토의에 의한 심화학습 등으로 진행된다. 먼저 참가 교사는 온라인에 탑재되어 있는 형성평가 모듈을 학습한다. 다음으로 모듈에서 학습한 형성평가 기법을 교실수업에 적용한다. 그리고 매월 정기회의를 개최하여 동료교사와 함께 상호 토의하는 방식으로 형성평가의 실제 문제에 대하여 심층적으로 학습한다. 한편, 여름방학에 부과되는 개인 연구과정은 자기주도적 학습 형태로 운영되고 있다. 연수과정의 주요 내용을 표로 정리하면 〈표 3-1〉과 같다.

〈표 3-1〉 KLT 연수 프로그램의 단계별 주요 내용

단계 \ 내용		과정	기간	특징
지도자 양성 연수		KLT 기초과정	제1일차	• 형성평가 기초학습
		TLC 지도자 기초과정	제2일차 제3일차	• TLC(자료제공자) 운영방법 • TLC(학습촉진자) 운영방법
현장 연수	1년차	1년차 모듈과정	2개 학기	• 1년차 8개 모듈 학습 및 적용
	개인연구	개인연구과정	여름 방학	• 자기주도 학습자료 활용
	2년차	2년차 모듈과정	2개 학기	• 2년차 8개 모듈학습 및 적용

〈표 3-1〉에서 나타나듯이 KLT 연수 프로그램은 학습단계별 점진적 접근방식을 취하고 있다. 학습준비단계에서 단위학교 지도자를 대상으로 하는 집합연수를 시작으로 하여, 현장연수단계에서는 온라인 학습과 학교단위 교사학습공동체를 활용

하면서 1년 차 연수과정에서는 기초학습 내용을 다루고, 2년 차 연수과정에서는 심화 학습 내용을 다루고 있다. 특히 여름방학을 이용하여 개인 연구과정에서는 1년 차와 2년 차 연수과정을 연결시키는 교량적 역할을 담당하고 있다.

또한 KLT 연수 프로그램은 단위학교 중심의 연수가 자율적으로 시행되고 있다. 기초과정 연수와 TLC 지도자 기초과정 연수가 3일 동안 ETS에서 단기간으로 운영되고 있는 것에 비하여, 후속 2년 동안 진행되는 연수과정은 학교현장에서 장기적으로 시행되고 있다. 또한 연수기관 중심의 집합연수를 최소화하고, 단위학교에서 교사가 주도적으로 실시하는 자율연수를 최대화하였다. 그리고 단위학교에서는 지도자를 중심으로 교사학습공동체를 구축하고 온라인을 통하여 교사 스스로 학습한다. 또한 참가 교사들은 그동안 자기주도적으로 학습한 내용을 교실수업에 적용한 후에 매월 정기적으로 회의를 개최하여 동료교사와 상호 협의하는 과정을 거친다. 실제로 교사학습공동체를 활용한 온라인 학습과 오프라인 현장학습을 연계시킨 블랜디드 러닝을 적용하고 있다.

교실현장에서 적용하는 연수과정은 모듈식 교육과정으로 설계되었다. 1년차 연수과정과 2년차 연수과정 공히 8개 모듈로 구성되어 있다. 각 모듈은 각기 고유한 내용과 특성을 지니고 있다. 각 학습모듈은 고유한 특징을 지니고 있으면서도 다른 학습모듈과 유기적인 관계를 유지함으로써 전체 연수과정의 목표와 상호 연결되어 있다. 각 모듈에서 학습한 내용을 교실 수업현장에 직접 적용하는 현장적용형 연수를 활성화하고 있다. 실제로 연수기관 중심의 연수에서는 연수생이 학습한 내용을 현업에 어느 정도 적용하는가를 확인하기 어렵지만 단위학교에서 교사들은 온라인을 통하여 학습한 형성평가 기법을 자신의 교실수업에 직접 적용함으로써 학습자들의 반응과 학습성과를 즉각적으로 확인할 수 있다. 이렇게 체계적으로 개발된 연수자료는 집합연수뿐만 아니라 온라인 연수에도 널리 활용되고 있다.

6) 교사-학생 상호작용 관점

(1) 학습 향상과 블록쌓기

형성평가는 기본적으로 교수·학습 장면에서 가르치고 배우는 활동을 수준에 맞추도록 조정하는 데 활용된다. 이를 위한 자료는 언제 수집하는가? 교실에서 학생들을 가르치는 매순간 모든 학생들로부터 이러한 근거를 수집하는 것은 불가능하다. 교실 내에서 가장 중요한 것은 교수·학습활동이며 평가를 위한 시험은 아니기 때문이다. 하지만 실제적으로 교사와 학생 간 교수·학습활동을 조정하기 위해 필요한 근거는 학생의 학습 향상에 초점을 두어야 한다. **학습 향상**이란 일련의 블록쌓기와 동일하다. 즉, 지식을 축적하는 데 필요한 기능을 익히는 것이며, 이를 통해 도달하고자 하는 각 교과과정의 목표를 달성할 수 있다. 이는 학생 개인이 중요한 학습결과를 성취하기 위해 익혀야 하는 연속적 배움의 단계를 뜻한다.

교사는 학생들이 이러한 학습 향상을 구성할 수 있도록 시간과 에너지를 투입하며, 이를 통해 얻을 수 있는 학습성과는 학생들이 자신의 고등인지 능력을 통해 교사의 가르침을 제대로 습득하는 것이다. 예를 들어, 이러한 학생 능력은, 첫째, 과학적 사고를 구상하고, 둘째, 주장할 논지를 피력하거나, 셋째, 경험적 데이터를 통해 가장 효과적으로 통계적 근거를 제시하는 것 등을 의미한다. 따라서 학습 향상의 기본 틀은 형성평가를 적극 활용함으로써 학습목표를 달성하도록 하는 데 있다.

학습 향상을 의미하는 **블록쌓기**는 지식을 바르게 구성하게 하는 것과 인지적 기능을 발휘하는 것으로 요약된다. 예를 들어, 작문을 할 때는 정확한 철자나 문법 등의 기계적 작성능력과 함께, 자신이 알고 있는 정보와 내용을 조리 있게 표현하는 능력이 모두 조화롭게 구성되어야 한다. 그런데 축적되어야 할 블록이 너무 많거나 순서가 뒤바뀌는 경우 학습은 어려움에 봉착하게 된다. 교사의 역량은 교과과정이 도달해야 할 목표를 성취하기 위해 학생들이 갖추어야 할 지식과 기능, 즉 필요한 블록을 인지하는 것과 순서를 지켜 쌓아 가는 것에 달려 있다. 즉, 학생들이 지식과 기능을 숙달하고, 학습한 지식을 잘 적용할 수 있도록 최적의 순서로 가르치는 것이 교사의 역할인 것이다.

Popham(2014)은 학습습득 개념도를 [그림 3-6]과 같이 제시하면서 학습 향상과 형성평가의 관계를 다음과 같이 설명한다. 학생들은 목표도달을 위해 달성해야 할 주요한 블록을 바르게 쌓고 있는지 확인하는 단계가 필요하다. 다음 단계로 넘어가거나 다음 블록을 쌓기 시작하도록 의사를 결정하기 위해 필요한 것이 형성평가인 것이다. 형성평가는 맞춤형 교수·학습을 안내하여 학습 향상을 이룬다. 물론 모든 학생이 동일한 방법으로 블록쌓기를 하는 것이 아님을 알아야 한다. 교사의 교수전문성이 높아짐에 따라 학생들이 어떤 과정을 통해 교육목표를 도달할 수 있는지의 단계를 파악하고 그 순서에 따라 교수·학습활동을 전개한다. 그러나 어떤 학생은 전혀 다른 과정, 자신만의 독특한 방법으로 지식과 기술을 축적하고 학습역량을 계발한다는 것도 유념해야 한다.

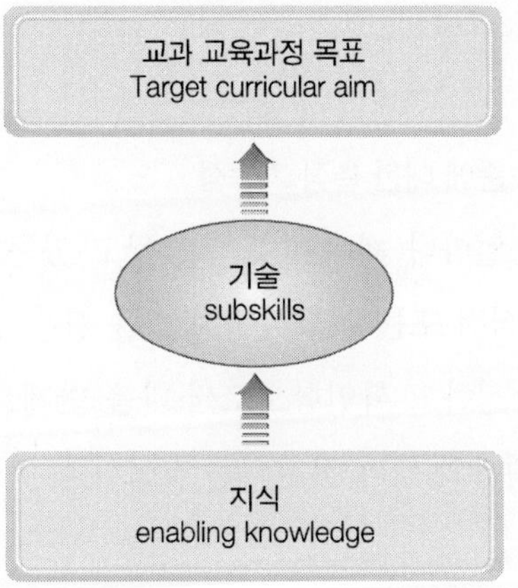

[그림 3-6] 학습습득 개념도

(2) 학습 향상 블록쌓기 단계

학생을 위해 설정하는 교과 교육목표의 규모가 얼마나 적절한가는 학습 향상을 위한 효율적 블록쌓기 수행과 직결된다. 목표가 너무 방대하거나 막연하면 학생들에게 전달하기 어렵고, 반면 너무 작아도 형성평가를 통해 관리하기 어렵기 때문이다. 다음은 형성평가의 틀을 활용하여 중요한 교육목표를 달성하고 학습 향상을 도모할 수 있는 단계들이다.

① 1단계. 각 교과의 교육 목표에 대한 이해

교수·학습활동에서 가장 중요한 것은 교과에서 추구하는 교육목표에 대한 올바른 이해다. 설정한 목표와 성과에 대하여 바르게 인지하고 있을 때 목표를 도달하기 위한 최적의 과정과 그것을 위한 평가를 구성할 수 있기 때문이다. 학생들이 교육목표를 성취할 수 있도록 교수·학습과 평가를 연계하려면 어떻게 각 블록이 쌓여 교육목표에 도달할 수 있는가를 파악하는 것이 가장 중요하다.

② 2단계. 필수 사전지식과 기술에 대한 인지

교육목표에 따라 가르치기 전에 학생들이 이미 알고 있어야 할 지식과 기술이 무엇인지 파악하여야 한다. 학생들이 사전지식이나 기술을 모두 알고 있지 못하더라도 반드시 필요한 사전지식과 기술, 즉 필수지식과 기술을 습득하여야 다음 단계의 블록쌓기가 가능하기 때문이다. 이것을 파악하여 준비하는 것이 가장 중요한 과정이다.

③ 3단계. 각 블록쌓기 수준에 대한 측정 가능성

학생들이 각 단계에서 얼마나 제대로 블록을 쌓고 있는가를 확인하는 과정이 필요하다. 다양한 방법, 형식적 또는 비형식적 방법을 활용하여 교육목표에 도달하고 있는 블록쌓기 과정을 측정하고 확인함으로써 다음 단계로 진입할 수 있는가를 파악한다. 이 단계가 형성평가의 틀과 직결되는 것이다.

④ 4단계. 습득한 모든 블록에 대한 합리적 배열

마지막으로 교육목표를 성취하기 위해 학습된 블록들을 가장 합리적으로 재정비하는 것이 필요하다. 블록 하나하나가 중요하고 의미있다 하더라도 블록쌓기가 제대로 이루어져 교육목표에 도달하는 성과를 이루어야 하기 때문이다. 교사의 역할은 학생들이 가장 적절한 방법으로 습득한 각각의 블록을 쌓을 수 있도록 안내하는 것까지 포함되어야 한다.

형성평가는 주기적으로 학생들에게 학습 향상의 과정을 확인할 수 있도록, 그리고 조정할 수 있도록 면밀하게 계획된 과정이다. 따라서 교수·학습과정에 형성평가를 도입하려 한다면 교육목표를 위한 학습 향상을 유도할 수 있도록 시간과 노력을 투자하여 연계하여야 한다. 동일한 목적을 가진 교사 또는 교육자 집단이 모여 학습 향상을 가장 효율적으로 이루기 위한 각 단계에 대한 노하우를 축적하고 전수하여야 한다.

제4장

학생에 대한 정보수집

1. 학생 정보수집의 유형
2. 구조화된 정보수집 방법
3. 비구조화된 정보수집 방법

형성평가는 학습의 효과를 극대화할 목적으로 교수·학습 장면에서 학생의 자료를 수집하고, 이를 근거삼아 피드백하는 일련의 계획된 과정이다. 이는 교수, 학습, 평가가 통합된 양상을 보인다. 교사는 형성평가에서 제공되는 피드백에 의해 자신이 의도한 목표에 학생들이 도달할 수 있도록 교수전략을 조절하며, 학생은 자신의 성취수준을 보다 향상시킬 수 있도록 학습방법을 수정한다. 이를 위하여 교수·학습과정 중 학생의 다양한 자료를 모아 수준에 맞는 정보로 환류하게 하는 것은 형성평가에서 부각되는 기능이다. 이때 이 '정보'는 학생과 관련하여 수집된 다양한 자료를 어떻게 해석하느냐에 따라 그 의미가 달라진다. 즉, 단순한 자료로 사용하는 것이 아니라 피드백으로써 활용됨에 유의하여야 한다.

교실에서 수업을 진행하는 교사는 우선 학생이 무엇을 알고 있으며 무엇을 할 수 있는지 파악해야 하는 책임이 있다. 학생에 대한 정보를 수집하는 일차적 목적은 학생의 학습과정에 도움을 주고자 하는 것이지 학생에게 성적을 부여하는 것이 아니므로 이 정보는 형성적 성격이 강한 것이다.

이와 같이 수업과 연계된 평가를 수행하는 것은 곧 교수·학습을 위한 정보를 제공하는 것이므로 평가를 통해 학습을 촉진할 수 있어야 한다. 또한 여러 번, 다양한 방식의 평가를 수행하여 다각적인 정보를 타당하고 신뢰성 있는 방법으로 수집하여야 한다. 이는 단원, 학기의 마지막 단계로서의 평가 개념이 아니기 때문에 언제든 필요할 때 수시로 평가하게 된다. 즉, 단원, 학기가 진행되는 도중에 필요에 따라 평가를 시행하여 학생의 요구를 파악하고, 수업 개선에 필요한 정보를 얻으며, 수업이 원하는 방향으로 진행되고 있는지를 점검하는 것이다.

1 학생 정보수집의 유형

평가의 궁극적인 목적은 학습능력의 향상이며, 이를 위해 교수·학습방법을 조절하고 개선하여야 한다. 학습목표에 도달하기 위해 수업과정과 연관된 평가를 하고 필요한 정보와 피드백을 제공해야 한다. 이때 형성평가는 교사의 교수전략과 학생의 학습방법을 수정하여 학습성취를 극대화하는 것을 목적으로 삼는다. 이를 위해 교수·학습과정에서 나타나는 학생들의 반응과 지식, 기술에 대한 학생들의 습득 정도 등을 지속적으로 관찰하여 자료를 수집한다. 학생들의 행위 흐름이 어떻게 나타나며 수업에 대해 어떻게 반응하는가 등에 대한 결과를 수집하는 것이 중요하다.

형성평가에서 학생에 대한 정보를 수집하는 과정은 구조화된 형식과 비구조화된 형식으로 나눌 수 있다. **구조화된 형성평가**는 계획되고 공지된 평가활동으로서 시험, 보고서, 연습문제, 실험, 실습, 글쓰기, 프로젝트, 토론 등이며, 다양한 수업방법과 연계하여 시행할 수 있다. 한편 **비구조화된 형성평가**는 수업이 진행되는 동안에 교사들이 관찰, 질의응답, 수업 분위기 등을 통하여 학생들의 반응을 수집하는 것이다. 형성평가가 재조명되면서 특히 비구조화된 자료가 강조되고 있다. 수업 전후 그리고 수업 도중에 수집되는 형성평가방법과 절차의 특징을 요약하면 〈표 4-1〉과 같다.

〈표 4-1〉 학생에 대한 정보수집 유형 비교

내용 \ 평가	구조화 형성평가	비구조화 형성평가
수집방법	• 숙제, 연습문제, 사전평가, 단원평가, 퀴즈, 수행과제, 수업반응 분석 • 벤치마크 평가	• 행동 관찰(얼굴표정, 눈빛, 몸짓 등) • 언어적 상호작용 • 질의응답 • 교실 분위기
수집절차/시기	• 사전계획과 예고 • 수업 전후 시행	• 자발적·즉각적 파악 • 수업 도중 관찰/모니터링
피드백	수집자료 채점 및 판단 이후 수행	상호작용을 통해 즉시 수행
수업교정	수집자료에 대한 피드백과 해석 이후 수행	수집자료 이해 후 즉시 수행

수집된 구조화 또는 비구조화된 정보는 평가가 적용된 각종 시점에 따라 구분될 수 있다. 즉, 평가의 사전계획 여부와 평가를 실제로 수행하는 과정, 평가결과에 대한 피드백 시기, 그리고 결과에 따른 교사의 수업교정 시기가 어떻게 진행되는지로 구분된다. 구조화된 정보를 수집하는 경우 사전에 혹은 수업 전에 예고된 정형화된 평가 형식을 따르며, 피드백이나 수업 교정도 수집자료에 대한 평가와 해석에 따라 추후에 이루어진다. 비구조화된 정보를 수집할 경우 교사는 수업 도중 학생들의 표정, 시선, 몸짓을 관찰함은 물론 질문을 하고 학생 개인 또는 전체의 반응을 파악하면서 개별 학생 태도부터 교실 분위기나 풍토까지 밀접하게 관찰한다. 이와 같이 비구조화된 형성평가는 수집된 정보를 이해하면서 동시에 피드백을 통한 수업 교정도 이루어지는 특징을 지니고 있다. 이 비구조화된 형성평가에서는 교사-학생 간 상호 작용을 특히 중요하게 부각시킨다.

Heritage와 Anderson(2009)은 수업시간 중에 직·간접적으로 시행되는 수시평가가 교사와 학생이 학생의 성장에 대해 지속적으로 정보를 교환하는 의미가 있다며 학기말 또는 학년말에 성적을 산출하는 것보다 훨씬 교육적으로 중요하다고 하였다. 수시평가는 평가결과에 대한 피드백을 기반으로 학생 자신이 더 학습해야 하는 부분을 파악하도록 하는 것이다. 즉, 학생이 다른 학생과 경쟁하는 것이 아니라 자기 자신 또는 자기가 세운 학습목표와 경쟁할 수 있도록 유도한다. 이러한 관점에서 보면 지금까지의 지필평가를 넘어서는 다양한 평가 유형을 도입하여 수업과 연계된 평가를 시행하여야 한다. 이때 비구조화된 형성평가가 중요하게 강조될 것이다.

2 구조화된 정보수집 방법

구조화된 정보수집으로서의 형성평가는 학습목표에 따라 수업하고 있는 학생들을 대상으로 학생의 지식 및 이해 정도를 평가하고 교사들이 그 결과를 피드백하고 수업을 설계하는 데 사용한다. 구조화된 정보수집은 계획적으로 실시되며, 결과 수합 및 분석에 일정 시간을 배정한다. 일반적으로 평가와 피드백 사이에는 몇 시간, 며칠, 몇 주간의 시간이 소요되기도 한다. 예를 들어, 몇 주간의 수업을 평가하는 단원평가를 시행하고 그 결과에 따라 학생들이 이해하지 못한 부분이 무엇인지 파악할 수 있다. 학생들의 이해도에 대한 정보를 얻기 위한 구조화된 자료수집 방법으로는 수업 전 연습문제, 사전검사, 숙제, 수업반응분석, 벤치마크 평가, 퀴즈와 단위검사 등이 있다. 이러한 방법은 이미 학교에서 일반적으로 활용되고 있는 평가활동이다.

그러나 이와 달리 형성평가에서 강조하고 있는 구조화된 정보수집에서는 이러한 활동을 통해 수합된 개인의 학습정보를 어떻게 교수·학습과정에 반영하는가가 주요 관건이다. 즉, 그동안 교사와 학생 간에 수업 전후 수행되고 있는 연습문제, 과제, 단원평가, 퀴즈 등의 결과를 실제 교실 내 교수·학습활동에 투영하고, 또 다음 평가에 선순환적으로 반영할 때 구조화된 자료수집은 형성평가의 기능을 발휘할 수 있는 것이다. 따라서 여기서는 형성평가로서의 구조화된 자료수집 방법에 대해 세부적으로 설명하기보다는 어떻게 교수·학습과 연계될 수 있는지 정도를 설명하고 넘어가고자 한다.

1) 수업 전 글쓰기 과제

학생의 전반적인 현재 지식과 능력 그리고 수업 분위기를 파악하기 위한 방법으로 학기 또는 단원이 시작되기 전 비형식적이면서도 조직화된 연습문제를 활용할 수 있다. 이를 통해 학생들이 특정한 수행 상황에서 어떻게 반응하는지 볼 수 있기 때문이다. 이러한 활동은 종합평가를 위한 형식적인 사전 시험 형태가 아니지만 비형식적 관찰보다는 좀 더 구조화되어 있다. 모든 학생에게 특정 소재와 관련된 작문, 발표, 그룹 프로젝트 등에 참여하게 할 수 있다. 예를 들어, 중학교 1학년 학생에게 '장래 희망 또는 직업'에 대한 글을 쓰게 하고 발표를 시키면 작문 능력과 발표력을 평가할 수 있다. 만약 책을 읽는 활동을 한다면 학생의 불안감을 줄이기 위하여 교사 또는 소그룹을 대상으로 읽는 것이 학급 전체를 대상으로 하여 읽는 것보다 나은 방법일 것이다.

또한 일반적으로 사용되는 자료수집 방법은 가족, 취미, 흥미 등 자신에 관한 이야기를 카드에 쓰게 하는 것이다. 또 학년 초에는 전 학년 시험 성적, 학생기록부, 동료 교사 의견 등 다양한 자료를 바탕으로 개별 학생에 대한 특징을 정리하는 것이 학생의 장단점을 이해하는 데 도움이 될 것이다. 이러한 방법을 사용할 때는 학생들에게 평가에 대한 부담을 최소화하고 흥미를 돋우도록 하기 위해 일반적으로 점수를 부여하지 않는 것이 바람직하다. 특히 이 과정에서는 학생들을 비교하지 말고 개인 수준에서 피드백을 주는 것이 중요하다.

2) 사전검사

교사들이 학생들에게 앞으로 배울 내용에 대하여 사전에 공식적으로 시험을 보게 하는 것이다. **사전검사**는 학생들이 알고 있는 것과 모르는 것, 할 수 있는 것과 할 수 없는 것을 미리 파악하기 위한 목적이 있다. 그러나 사전에 시험을 보는 것은 학생들에게 수업에 대한 부담과 불안을 안겨 줄 수 있으며, 교사가 지식을 지나치게 중요시한다는 인상을 줄 수 있기 때문에 너무 자주 사용하지 않는 것이 좋다. 사전검사가 효과적이기 위해서는 간단하고, 특정 지식과 기술에 초점을 맞춰야 하며, 시험에 대한 학생들의 동기가 충분해야 하고, 시험의 목적이 교사의 효율적 수업설계를 위한 것임을 학생들에게 충분히 이해시켜야 한다. 그리고 결과는 추후 진단평가의 방향 설정에 도움이 되어 수업설계와 교수방법에 영향을 주어야 한다.

McMillan(2014)은 교수설계에 미치는 사전 검사 결과의 영향을 다음과 같이 지적하고 있다. 첫째, 학생들에게 시험을 보게 하는 동기가 부족하고 고학년일수록 더욱 사전검사에 흥미를 잃는다. 둘째, 사전검사는 진단평가의 역할을 할 만큼 길고 자세하지 못하다. 셋째, 사전검사를 보는 것이 수업을 시작하는 좋은 방법은 아니다. 이런 이유들로 공식적인 사전검사는 자주 사용되지는 않는다. 즉, 사전검사가 주는 정보가 타당한 것으로 활용되기보다 학급 환경 및 교사와 학생의 관계에 부정적인 영향을 줄 수 있기 때문이다.

3) 과제

수업 후 과제를 부여하는 목적은 학생들에게 배운 지식이나 기술을 연습시키기 위한 것이다. **과제**는 학습을 확장시키고 정교하게 만드는 역할을 한다. 이 밖에도 교사는 과제를 통해 개인 혹은 집단활동을 무리없이 수행하고 있는지, 학생이 학습상태를 스스로 점검할 수 있도록 도와줄 수 있다. 또한 특정 분야의 지식 및 기술에 대한 보충학습을 필요로 하는지도 판단한다. 이런 과정을 거쳐 교사는 학생에게 추후 다른 과제, 집단활동, 개인지도 등 어떤 활동을 제공해야 하는지를 알게 된다.

과제를 수행할 때 부모, 형제, 친구들이 도와주는 것은 학습효과 면에서 한계가 있다. 학생이 스스로 할 수 있도록 유도하는 과제, 그리고 서답형 혹은 에세이 문항으로 구성되어 있으며 답으로 연결되는 풀이과정이 포함된 과제가 학생 진단에 도움이 된다. 그리고 여러 단계로 나누어 학생의 과제를 검토한다면 교사는 개별 학생의 수준에 맞는 더 나은 피드백을 제공할 수 있을 것이다. 특별한 지도 없이 학생에게 정답을 알려 주고 채점하도록 하는 활동은 도움이 되지 않는다. 자신이 이해하지 못하는 것, 기술을 활용하지 못하는 것이 무엇인지 깨달아야 자기주도성 및 내적 동기를 형성할 수 있기 때문이다. 학생이 저학년일수록 부담을 주지 않는 간단한 과제를 제공하도록 하고, 학생들에게 주는 피드백은 상세하고 명확해야 한다.

4) 퀴즈와 단원평가

교사는 부가적 목적으로 퀴즈와 단원평가를 사용한다. 형성적 관점에서 **퀴즈**와 **단원평가**는 학생의 학습을 점검할 수 있는 구조화된 절차다. 이는 일정 시점이 되었을 때 교사가 가르친 내용을 학생들이 어느 정도 습득하고 있는지 즉각적으로 알기 위해 사용한다. 퀴즈와 단원평가로 얻은 결과는 집단을 구성하거나, 학습부진과 같은 맞춤형 수업을 설계하는 데 사용된다. 교사들은 선다형 문항을 따로 작성하거나 기존 문제은행의 문항을 추출하여 퀴즈나 단원평가로 사용할 수 있다. 문제은행을 이용하는 것은 문항 출제가 용이하고 학생들이 온라인으로 퀴즈를 풀 수 있기 때문에 높은 인기를 얻고 있다.

최근 온라인 평가의 프로토타입이 되고 있는 CBAL(Cognitively-Based Assessment of, for, and as Learning)은 미국 ETS에서 주도적으로 연구·개발하고 있는 평가 시스템으로서, 기존의 초·중·고 교육과정에 적용하는 교육성과 평가(accountability assessment) 제도의 개선에 그 목적을 두고 있다. CBAL이라는 제목에서 드러나듯 이 접근법에서는 학생들의 학업성과(of learning)를 측정하는 것에 그치지 않고, 교실에서의 교수방법과 계획을 수립하는 데에 도움이 되며(for learning), 그 자체로 학생과 교사에게 교육적 경험으로서의 가치가 있는(as learning) 일련의 평가 시스템 수립을

목표로 한다(Sabatini, O'Reilly, & Deane, 2013). 이러한 목적을 위해 CBAL에서는 총합평가, 형성평가, 진로진단(professional development), 인지적 강약점 진단(cognitive competency model)의 요소를 모두 포함하는 평가체제를 만들고자 한다. 또한 그 평가 틀은 미국의 국가공통핵심성취기준(CCSS: Common Core State Standards)에 근거하고 있다.

이는 매 학년 수차례 평가가 이루어짐으로써 1회성 평가에 의존하는 문제를 최소화하고 더 복잡하고 더 통합적인 내용을 다룰 수 있으며, 각각의 평가로부터 교사들이 적시성 있는 즉각적인 정보를 얻어 학기 중에 수업을 개선할 수 있게 구성되어 있다. CBAL은 평가의 두 가지 측면, 즉 학습성과와 과정 모두를 고려하기 때문에 결과에 대한 평가를 위해서는 기존의 표준화된 검사의 채점 신뢰도가 높은 선다형 문항, 단답형 문항을 이용하고, 학습을 위한 평가를 위해서는 수행평가를 활용하는데, 여기에는 시나리오 기반의 프로젝트 방식의 평가, 교과 통합형 수행평가 과제가 포함된다.

5) 벤치마크 평가

학년말 성취도를 평가하기 위하여 학기 중에 정기적으로 시험을 치루는 것으로 **벤치마크 평가**(benchmark test) 또는 중간 혹은 기말시험이라고 부른다. 벤치마크 평가는 낮은 수준의 형성평가로 분류된다. 벤치마크 평가의 장점은 교사가 즉각적으로 결과를 얻을 수 있어 학생에 대한 많은 정보를 수집할 수 있다는 것이다. Abrams 외(2010)는 교사들은 벤치마크 평가를 통해 학생들의 장단점을 파악하고, 추후 수업의 우선순위를 결정하며 차별화된 수업을 구상하는 데 참고한다고 설명한다. 그리고 벤치마크 평가가 좋은 형성평가가 되기 위해서는 시험 결과를 활용하기를 원하는 사회 분위기, 양질의 문항 개발, 동료 교사와 결과의 의미를 토론하는 학교 풍토가 필요하다고 주장한다. 벤치마크 평가를 수업 중에 꼭 활용해야 한다면, 학습부진을 판단하기 전에 다른 정보를 참고할 필요가 있다. 그리고 낮은 성취도의 원인을 분석하기 위해서 동료 교사와 결과에 대해 상의해 보는 것도 좋은 대안이 될 수 있다.

벤치마크 평가는 형성평가 성격보다는 총합평가의 성격에 더 가까울 수 있으나, 학습 후에 시험을 보고 결과를 바로 교사에게 알려 주어 피드백을 줄 수 있다면 형성평가라 할 수 있다. 이 시험이 수업에 실제적으로 영향을 주고, 학습 향상에 도움을 줄 수 있도록 하기 위해서는 벤치마크 평가 출제과정을 구조화할 필요가 있다.

3 비구조화된 정보수집 방법

비구조화된 정보는 교수·학습이 진행되는 과정에서 교사와 학생, 학생과 학생들이 서로 상호작용한 결과로 나타나며, 개인, 소규모 집단, 반 단위 활동을 통해 수집된다. 이러한 자료는 수업 도중 교사에 의해 파악되며, 언어적 혹은 비언어적 상태이므로 순간 혹은 실시간의 특징을 갖는다.

대표적인 비구조화 형성평가로는 관찰과 질문이 있다. 특히 비형식적 관찰은 교사들에게 중요한 자료수집 방법이다. 이런 관찰을 통해 수업에서 토론하는 자세, 협동학습에서의 대인관계 능력, 질문에 대한 응답의 정확성과 음성, 언어 구사능력, 표정을 통한 학생의 이해 정도, 흥미와 자신감 그리고 자존감 등도 파악할 수 있다. 계획되지 않은 비형식적 관찰은 학생들의 즉각적인 반응과 비언어적 행위를 통해 현재의 이해 정도뿐 아니라 정의적 행동, 나아가 신체적 특성까지 파악할 수 있는 장점이 있다.

1) 행동 관찰

교사들은 수업 도중에 학생들을 파악하기 위하여 비형식적으로 **관찰**을 한다. 이를 통해 얻은 정보는 직접적으로 수업에 활용할 수 있으므로 관찰은 구체적으로 학생을 이해하기보다는 수업에 영향을 주는 일반적인 특성에 초점을 맞춰야 한다. 초등학교 수준에서 교사들은 학생들이 얼마나 이해하고 있으며 어떤 태도와 표정을 보이는지 등 인지적·비인지적 특성에 중점을 두며, 중등학교 수준에서는 교과목에 대한 학습 준비 및 능력, 흥미 등을 관찰 대상으로 한다.

새 학기 시작 후 며칠 동안 교사들은 학생들의 특성에 대한 정보를 찾아야 하며, 자연스럽게 학생의 행동을 관찰하여야 한다. Gordon(1987)은 이러한 관찰을 정보수집, 정보해석, 정보통합, 그리고 학생의 특성 판단 네 단계로 구분하고 있다.

첫 번째 단계에서, 교사는 학생의 외모 및 행동을 관찰한다. 어떤 옷을 입었는가? 위생 상태는 좋은가? 다른 친구들과 대화를 하는가? 어떤 비언어적 행위를 하는가? 어떤 어휘를 구사하는가? 표정은 어떠한가? 예의를 잘 지키는가? 발표를 잘 하는가? 학생의 외모 및 행동을 관찰하는 것은 학생의 행동, 반응, 상호작용을 기록하는 만큼 어려운 일은 아니다.

두 번째 단계는 관찰한 것을 해석하는 일이다. 이 단계에서 교사는 학생의 외모와 행동이 의미하는 것을 분석하며, 〈표 4-2〉와 같이 가정할 수 있다. 예를 들어, 수업 시간에 끄덕이고 미소를 짓는 모습을 관찰하였을 때 그에 대하여 '학습에 흥미를 가지고 있다.'고 해석하는 것이다.

〈표 4-2〉 관찰 특징에 대한 해석

관찰 특징	해 석
동준이는 항상 지각을 하며 학습준비를 해 오지 않는다.	집에 무슨 일이 있을지도 모른다.
영희는 모든 질문에 미소로 대답한다.	학습에 흥미를 가지고 있으며 주의집중을 잘 한다.
철수는 수업에 참여를 하지 않으며, 내가 말할 때 내 눈을 보지 않는다.	아마도 자존감이 낮을 것이다.

이 경우, 모든 추측은 관찰을 토대로 만들어진 것이며, 각각의 추측은 나름대로 의미를 내포하고 있다. 동일한 행동을 관찰했다 하더라도 교사마다 다르게 해석할 수 있다. 따라서 비형식적 관찰은 주관적이다. 물론 교사가 보고 싶거나 믿고 싶어 하는 방향으로 관찰이 편향될 수 있어 관찰 결과의 해석은 교사의 관점과 자세에 영향을 받는다. 교사 개개인의 관점이 다르기 때문에 다른 해석이 나올 수 있다. 그래서 교사의 배경이 해석에 어떻게 영향을 끼치는지 이해할 필요가 있으며, 다른 동료 교사나 구조화된 평가를 통해 자신의 해석이 맞는지 확인해 볼 필요가 있다.

세 번째 단계는 관찰에 대한 교사의 해석을 학생의 특성과 통합하는 것이다. 즉, 귀납적 사고를 바탕으로 일련의 해석들을 통합하여 학생의 특성에 대한 잠정적 결론을 도출해 내는 단계다. 예를 들어, '어떤 학생은 의욕적이다.', '문제가정 자녀다.' 혹은 '사회성이 부족하다.'를 들 수 있다. 관찰에 대한 해석 정보가 많이 축적되면 학생의 특성을 도출하는 데 도움이 된다. 또한 교사가 관찰한 내용을 바르게 해석할 수 있도록 학생 관련 정보가 풍부하여야 한다.

마지막 단계는 학생들의 특성을 판단하여 요약하는 것이다. 교사는 의욕적, 부진, 주의산만, 수다스러움, 재능 있음 등과 같은 자신만의 언어로 학생의 특성을 정리한다. 그 학생의 특징을 명명하는 데 있어 다른 교사 또는 학생의 정의와 동일할 필요는 없다. 교사가 학생 또는 학급의 특성을 어떻게 정의하는가에 따라 그 의미는 달라진다. 즉, 학생의 특정 행동보다는 자신감 있고, 게으르며, 수줍어하고, 능력 있는 학생 자체로 기억하는 것이 수업 운영에 더 필요하다.

교사들이 관찰하고 해석을 할 때 범하기 쉬운 오류들이 있어 주의를 기울여야 한다. 관찰자로서 교사는 관용적이고 관대한 경향이 있으며, 학생에 대한 교사의 첫인상이 관찰을 왜곡시킬 수 있고, 가장 최근에 이루어진 관찰에만 의존하여 판단할 수 있다. 또한 어떤 특정 분야에 대한 비언어적 행동이 다른 분야에도 적용될 수 있다고 가정한다. 예를 들어, 수학에 대한 자신감 결여가 영어 교과에도 적용된다는 오판을 할 수 있다. 그리고 교사는 자주 일어나지 않는 행동을 관찰하여 학생을 판단할 수 있으며, 교사의 선입견이 관찰 결과를 왜곡시킬 수 있고, 너무 빠르게 지나가는 행동의 단서를 놓칠 수 있으며, 동시다발적인 행동에 대한 관찰이 불가능할 수 있고, 학생의 잘못된 표현이나 행동으로 오해할 수 있다(McMillan, 2014). 이런 이유에서 관찰에는 주의가 필요하고 학생을 판단할 때는 학생의 관점도 고려하여야 한다. 하나의 행동이나 태도만을 단서로 해석하지 말아야 하고, 판단에 확신을 갖기 위해서는 다양한 행동을 관찰하고 종합적으로 해석해야 한다.

관찰 대상은 일반적으로 비언어적 행위로서 학생들의 몸짓, 얼굴표정, 눈맞춤 등이 있으며, 이런 관찰을 통하여 학생들의 많은 부분을 이해할 수 있다. Mottet와 Richmon(2000)은 비언어적 행위는 의도하거나 통제되지 않은 자연적인 상황에서 발생하기 때문에 말하는 행위보다 더 중요하다고 주장한다. 학생이 자신의 지식 수준에 맞춰 대답하는 과정에서 나타나는 학생의 모든 행위를 관찰한다면 학생의 학습능력뿐 아니라 동반된 문제를 해결하는 단서도 찾을 수 있다.

(1) 얼굴표정

얼굴표정이야말로 그대로 나타나 감정을 숨기거나 왜곡하지 못하기 때문에 감정을 드러내는 가장 기본적인 표현으로 이를 통해 학생들의 비언어적 정보를 얻을 수 있다. 일반적으로 얼굴표정은 세 부분으로 나뉘며, 이마, 눈과 눈썹, 그리고 코, 그 아랫부분이 있다. 얼굴의 윗부분은 관심이나 화가 났음을 알 수 있으며, 아랫부분 중 특히 입은 행복이나 즐거움을 나타낸다. 미소, 눈살을 찌푸림, 입을 실룩거림, 턱을 고임, 입을 꼭 다무는 등의 표정은 의사전달에서 학생들의 느낌을 명료하게 표현한다. Leathers와 Eaves(2008)는 10가지의 표정을 혐오, 당황, 행복, 확신, 두려움, 분노, 놀람, 흥미, 무시, 슬픔으로 분류하여 제시하였다.

교사들이 가르칠 때 학생들이 즐거워하거나 곤혹해하는 표정에 주의를 기울여야 한다고 주장한다. 교사들은 학생들의 흥미와 동기 그리고 이해 정도를 파악하기 위하여 집중적으로 이런 감정들을 이용하여야 한다. 당혹스러운 표정은 혼돈, 의심, 좌절, 골칫거리가 있다는 등의 느낌을 전달한다. 이는 학생들이 이해하지 못하거나 진도를 따라가지 못함을 알려 주는 단서가 될 것이다.

최근 형성평가를 소개한 김성숙, 김희경, 서민희(2013)의 연구에서도 관찰을 통해 학생의 표정에 [그림 4-1]의미를 부여함으로써 교사에게 수업에 대한 피드백을 주고 있다.

또 다른 얼굴표정으로 중요한 것은 눈과 시선이다. 시선은 의사소통을 준비하는 성격을 갖는다. 이때 올바른 시선은 자신감과 신뢰를 나타낸다. 교사를 바로 쳐다보고 교사의 행동을 주시하는 긍정적 눈 동작과 시선은 학습에 주의를 집중하고 있다는 의미이며 흥미가 있다는 뜻일 것이다. 자주 눈을 맞추거나 눈을 맞추고 오랫동안 있는 것은 신뢰와 존경의 의미를 나타낸다. 눈을 치켜 뜬다든가 혹은 당황하는 모습은 질문에 당황했거나, 자신이 없다거나, 무관심을 나타낸다는 의미일 수 있다. 또 학생들이 질문을 받았을 때 아래를 본다거나, 교사의 눈을 피한다든가 혹은 천장을 바라본다든가 하는 행위를 한다면 자신이 없거나, 알지 못하거나, 할 수 없다고 생각하는 등 부정적 느낌을 지니고 있다고 해석할 수 있다. 수업 중에 두리번거린다든가, 창밖을 내다보는 것은 흥미가 없다는 것이고, 수업에 참여하고 싶지 않음을 표시하는 것이다.

① 불만족, 화남	② 행복, 즐거움	③ 딴 생각, 지루함
④ 만족	⑤ 모르겠음, 어려움	⑥ 흥미, 집중

[그림 4-1] 비구조화 형성평가로 수집된 다양한 표정 관찰

얼굴에서 학생들의 시선은 학생의 감정을 집중적으로 나타낸다고 볼 수 있기 때문에 흥미가 유발되면 긍정적이고 행복해 보이고, 흥미를 잃어 갈수록 슬픔과 괴로움, 어색함 등이 나타난다.

(2) 몸짓과 시늉

얼굴표정과 목소리처럼 몸짓, 동작 및 자세는 메시지를 전달한다. 비언어적 행위 표현은 무엇을 의미하는가를 쉽게 알려 준다. 다른 사람을 향해 손바닥이 보이게 손을 드는 행위는 '정지'를, 검지를 입술 위에 대는 행위는 '조용하라'는 의미가 있으며, 손을 위에서 아래로 흔드는 것은 '이리오라'는 의미다. 엄지와 검지를 모아 동그라미를 그리면 '좋다' 혹은 '동의한다'와 '이해한다'의 의미로서 대부분의 표현은 간단한 단어를 대체하기 위한 것이다.

몸의 위치와 자세, 특정 몸짓으로도 학생들은 감정을 표현한다. 학생이 팔과 다리를 꼬고, 경직되어 구부정한 자세로 있다면, 이는 부정적이며 방어적인 감정을 가지고 있음을 보여 준다. 교사에게 몸을 기울이거나 주의를 집중하는 학생은 긍정적이며, 자신감 있고, 관심이 있음을 보여 준다. 한 학생이 의자에 구부정하게 앉아 한

손은 입에 대고, 다른 손은 몸에 붙이고 있다면 이 학생은 수업이나 과제에 자신감이 없고, 학습 방해를 일으키는 부정적인 감정을 가지고 있는 것이다.

다른 정보로는 눈맞춤, 고개 끄덕임, 미소, 눈썹 찡긋하기가 있다. 학생들이 대답하기를 원하지 않을 때는 책상 아래로 시선을 떨어뜨리거나 의자에 몸을 심하게 기대는 것과 같은 행동을 한다. 대화를 이어 가고 싶은 학생들은 교사를 향해 몸을 기울이고, 그들의 생각을 보여 주는 몸짓을 하며, 열정적이고 기대에 찬 얼굴을 한다. 만지작거리기, 손톱 깨물기, 손장난 같은 행위는 초조, 불안, 걱정 증세를 보여 준다. 얼굴로 손을 가리는 행위도 불만스럽고 고통스럽다는 뜻이다.

(3) 제스처

제스처는 어깨와 손 등을 움직이는 쉽고 간단한 방법으로 자신의 학습 정도를 표현하는 수단이며, 때로는 언어로 표현할 수 없는 부분까지 표현할 수 있게 도와준다. 예컨대, 아동은 이해했다는 표시로 답을 가리키거나 제스처를 사용한다. 교사들은 학생의 몸짓을 통해 학생들이 학습을 완벽히 또는 부분적으로 이해했는지 파악할 수 있다. 말과 몸짓이 일치하지 않는다면 충분히 이해하지 못했다는 것을 보여 준다. 반면, 말과 몸짓이 일치한다면 학생이 완전히 이해했다는 표시다. Roth(2001)는 언어와 제스처의 부조화가 학습에 대한 준비성을 보여 준다고 주장한다.

(4) 비형식 행동 관찰 유의사항

수업상황에서 학생 개인 혹은 집단을 정확하게 비형식적으로 관찰하기는 어렵다. 〈표 4-3〉는 교사들이 관찰과 해석을 할 때 범하기 쉬운 오류와 유의사항을 정리하였다. 정확한 관찰을 하기 위해서는 무엇을 보고 들을지에 대해서 미리 알고 있어야 한다. 그리고 쉽게 범할 수 있는 오류를 알고, 스스로를 점검해야 한다.

- 언어적 메시지와 비언어적 행동이 일치하는지, 일반적인 행동인지 아니면 특별한 의미를 지녔는지 스스로에게 질문해 본다.
- 교수활동을 하지 않는 시간 중에, 예를 들어, 사무를 볼 때, 집단활동을 할 때, 학생과 개별적으로 소통을 할 때 비형식 관찰을 할 시간을 정한다.

- 쉽게 범하는 오류를 인지하기 위해 〈표 4-3〉을 책상에 붙이고, 이 목록을 자주 보는 습관을 기른다.
- 학교에 있는 시간 중 가능할 때 비형식적 관찰, 자신의 해석, 자신이 취한 행동에 대해 적어 본다. 해석은 관찰과 달라야 하며, 행동의 묘사는 일회적 관측이나 기록을 바탕으로 해야 한다. 이 기록은 무슨 일이 일어났는지를 보여 주고, 관찰을 보다 정확하게 해 준다.

쉽게 잊어버리거나 왜곡시킬 수 있는 개인적 생각이나 학생의 반응을 기록하는

〈표 4-3〉 비형식 관찰 시 유의사항

오류 유형	내용
관용 및 관대함	관찰자로서 교사는 관용적이고 관대한 경향이 있어, 이를 주의해야 한다.
첫인상 효과	교사의 첫인상이 관찰을 왜곡시킨다.
시간 효과	가장 최근에 이루어진 관찰이 교사의 해석을 왜곡시킨다.
일반화의 오류	교사는 비언어적 행동이 다른 분야에도 적용될 수 있다고 가정한다(수학에 대한 자신감 결여가 영어 교과에도 적용된다).
자신의 영향력 인식 실패	교사는 자신이 학생에게 끼치는 영향을 고려하지 않는다.
잘못된 표본 추출	교사는 학생의 특성을 반영하지 않은 행동이나, 믿을 만한 근거로 쓸 만큼 자주 일어나지 않는 행동을 가지고 판단한다.
관찰자 선입견	교사의 선입견이 관찰 결과를 왜곡시킨다.
학생 관점 고려 실패	학생의 해석과 교사의 판단이 다르다.
관찰 받는 학생의 반응	어떤 학생들은 교사의 관찰에 예민해한다(예: 교사가 없을 때 다른 행동을 보이는 학생).
순간적으로 일어나는 행동에 대한 인식 실패	교실에서 일어나는 일들이 빠르기 때문에 중요한 단서를 놓친다.
동시다발적 행동에 대한 인식 실패	같은 시간에 전달된 여러 메시지들을 다 이해하지 못한다.
학생의 속임수	학생의 속임수에 넘어간다(예: 눈을 맞추고 고개를 끄덕이고 있지만 실제로는 수업에 참여하고 있지 않는 학생). 학생들이 영리해지면서 그들의 속임수 전략도 발전해 간다.

것이 자료 축적에 도움이 된다. 기본 전략은 다음과 같다.

- 하루를 마무리하기 전 단 몇 분이라도 중요한 비형식 관찰을 기록할 시간을 남겨 둔다. 세심한 관심이 필요한 부분이나 유형을 파악하기 위해 매주 자신의 기록을 본다.
- 비언어적 행동의 의미를 확실히 이해하지 못했거나 심각한 상황임을 알려 줄 때, 그 학생과 개인면담을 통해 그것들을 다시 확인한다. 학생이 올바른 대답을 했어도 비언언적 행동 속에서 절차를 이해하지 못했음을 안다면, 학생에게 그 절차에 대해 어떻게 생각하는지, 대답에 자신감을 갖고 있는지에 대하여 질문을 한다. 이로써 학생이 그때 다른 것에 신경을 쓰고 있는지, 그 영향이 어떻게 나타나는지를 알 수 있다.
- 학생의 이해도 및 학습목표 달성과 관련한 행동의 비형식적 관찰을 생각한다. 목표와 관련된 행동들이 가장 중요한 것이다.
- 과제에 흥미가 있는 것처럼 보이나 실제로 그렇지 않는 학생들에게 속지 않아야 한다.

하나의 비언어적 행동이나 음성만을 단서로 해석하지 말아야 하고, 판단에 확신을 갖기 위해서는 다양한 비언어적 행동들을 관찰하고 종합적으로 해석해야 한다.

2) 음성 청취

글을 쓸 때도 강조하기 위하여 진하게 한다든가, 밑줄을 친다든가 하듯이 말을 하는 과정에서도 말의 내용보다 음성의 높낮이, 어조, 음성의 변화, 억양 등이 학생을 이해하는 데 중요할 수 있다. 이런 것을 통하여 학생들은 그들의 현재 심리상태를 무의식적으로 표현하는 것이다. Knapp와 Hill(2009)은 말하는 과정에서 비언어적 행위라 할지라도 확인과 반복, 부정과 혼돈, 강조, 통제 등이 은연중에 나타난다고 주장한다. 말하는 데 자신이 있을 경우 언어적 행위와 비언어적 행위는 매우 밀접하게 나타난다. 가령, 학생이 질문의 답을 알면서 답을 할 경우, 얼굴표정으로 눈은 바로 뜨고, 책상에 허리를 곧게 세우고 앉아서 손은 천장을 향해 바로 올리며 목소리도 클 것이다. 반면, 어떤 일에 대하여 자신이 없거나 혼돈스러울 경우 '예'라 하더라도 그의 얼굴표정은 어둡고 눈은 아래를 내려다보는 곤혹스러운 표정을 짓는다면 이는 말로는 '예'라 하지만 실제로는 그렇지 않음을 나타내는 것이다. 일반적으로 언어적 표현과 비언어적 행위가 일맥상통할 때 해석의 어려움은 줄어든다고 할 수 있다.

준언어적 표현으로서 음성의 어조, 크기, 세기, 끊김, 억양, 발화 간격, 침묵 등은 의사소통 과정에서 의미를 갖는다. 이는 학생들의 이해 정도, 자신감, 감정 상태 등에 대한 정보를 제공한다. Leathers와 Eaves(2008)는 음성과 의미의 관계, 즉 큰 음성은 자신감을, 작은 음성은 불확실한 느낌이나 부끄러움, 관심이 없음을 나타낸다고 하였다. 그리고 높게 말하면 흥분해 있거나 감정적임을 나타내고, 낮은 어조는 차분하거나 무관심을 나타낸다. 빠르면 흥미가 있고 자랑스러우며 자신이 있는 반면, 느리면 무관심하거나 흥미가 없으며 침착함도 나타낸다. 또한 습득한 지식 및 기술에 대한 자신감이 있는 학생은 말 사이의 '아' 같은 끊김, 헛기침, 같은 말 반복, 불완전한 문장 등을 구사하지 않고 상대적으로 큰 목소리, 높은 음성, 빠른 어투로 유창하게 말을 한다는 것을 알 수 있다. 이와 반대로 자신감이 없는 학생들은 더듬거리거나 말이 자주 끊기고 헛기침을 하며, 변화 없는 낮은 음성으로 천천히 말을 한다고 보고하고 있다. 〈표 4-4〉에 정리한 것처럼 음성 구분에 따라 어떤 의사를 표현하고 있는지 그 의미를 해석할 수 있다. 학생의 고유한 음성이 있으므로 구분에 따라 모두 일반화할 수는 없으나 학생의 다른 비언어적 행동과 함께 해석하는 데 도움을 줄 수 있다.

그러나 오직 음성만 가지고 이해가 부족하다든지, 열심히 하지 않는다든지 혹은 동기가 부족하다고 간주하는 것은 위험하다. 다른 비언어적 행동과 마찬가지로 음성은 학생에 대한 정보를 얻기 위한 하나의 단서에 불과하다. 중요한 것은 교사가 언어 및 비언어적 단서를 인지하고, 이를 올바르게 해석하며, 필요한 행동을 취할 수 있는 능력을 갖는 것이다. McMillan(2014)은 비언어적 행동 및 음성이 전달하는 메시지를 보다 구체적으로 제시하였다. 〈표 4-5〉는 이를 정리한 것이다.

〈표 4-4〉 음성 구분과 의사표현

음성	구분	의사표현 해석
크기	• 크다 • 작다	• 자신감, 열성적, 확실함, 흥분 • 불안함, 불확실함, 부끄러움, 무관심
높낮이	• 높다 • 낮다 • 다양하다	• 흥분, 매우 화가 남, 감정적임 • 차분함, 슬픔, 멍함, 살짝 화가 남, 무관심 • 역동적이며 활발함
빠르기	• 빠르다 • 느리다	• 흥미 있음, 확실함, 화가 남, 기쁨, 자랑스러움, 자신감, 흥분, 충동적임, 감정적임 • 무관심, 불확실, 흥미 없음, 침착함
특징	• 단조롭다	• 활기 없음, 냉정한, 내성적 • 재미없음, 무기력, 어리석음

〈표 4-5〉 비언어적 행동 및 음성에 담긴 의사표현

의사표현	얼굴표정	몸짓	음성
자신감	편안함, 눈맞춤, 동공 확대	곧은 자세, 팔과 다리 벌림, 턱 올림, 손을 흔듦, 의자 앞으로 몸을 내밂	유창함, 말 사이의 끊김이 없음, 다양한 톤, 큰 목소리
불안함	긴장, 눈썹이 내려감, 동공 축소	경직, 긴장, 물건을 치거나 만지작거림	말 사이 끊김, '아' 소리를 냄, 반복, 떨림, 빠름, 조용함
화가 남	눈썹이 내려가고 모아짐, 입술을 깨물고 미간을 좁힘	손장난, 손을 오므림, 고개를 숙임	크고 흥분됨
방어적	시선을 내림, 동공 축소, 눈을 찌푸림	꼬아진 팔과 다리, 몸을 기댐, 손으로 머리를 받치고 있음	크고 흥분됨
지루함	두리번거림, 느긋함, 동공 축소	구부정한 자세, 손으로 얼굴을 만짐	부드러움, 평평하고 단조로운 톤
좌절감	미간을 좁힘, 시선을 내림, 눈을 찌푸림	긴장, 물건을 치거나 만지작거림. 손가락이나 손으로 한쪽 머리를 만짐	말 사이 끊김, 낮은 음성

행복함	미소, 웃음, 느긋함, 미간이 좁혀지지 않음, 동공 확대	느긋함, 고개를 끄덕임, 비스듬히 기대어 있음	고양됨, 크고 빠름
흥미 있음	눈맞춤, 눈썹이 올라감	비스듬히 기대어 있음, 팔과 어깨를 벌림, 고개를 끄덕임, 손과 손가락을 올림	빠르고 높은 음성
이해하지 못함	찡그림, 입꼬리가 내려감, 눈을 가늘게 뜸, 눈길을 돌림	몸을 뒤로 젖힘, 팔짱, 고개를 젖힘, 손으로 이마를 짚음, 손장난, 턱을 긁음, 손으로 고개를 받침	느림, 말 사이 끊김, '아', '음', '그러니까' 표현, 낮은 음성, 조용하고 부드러움

학생들이 교실 주변을 두리번거리거나 서로 바라보면서 낮은 목소리로 소곤거리면, 수업을 이해하지 못하거나 지루해하는 학생들이 있다는 의미다. 이 경우, 해당 학생을 다시 관찰하고, 전 차시를 복습시키거나 설명하고, 집단을 재구성한다. 또한 학생들이 조용히 필기를 하고 있다면 수업이나 과제에 흥미를 가지고 있다는 뜻이므로 수업을 그대로 진행하는 것이 좋다. 그러나 동일한 행동이 너무 길어지지 않게 주의해야 한다. 마지막으로 학생들이 눈을 찡그리며 눈의 초점을 재조정하고 있다면 수업을 이해하지 못하고, 좌절을 하거나 지루해하고 있으므로 질문을 다시 설명하고, 학생들이 무엇을 이해하지 못했는지 점검한다.

3) 질의응답

효과적인 수업이 되려면 학생의 이해도를 지속적으로 점검하여야 한다. 학생이 수업을 이해하고 목표를 달성했는지를 알기 위해, 교사는 수업 중에 학생이 질문에 어떻게 답하는지를 지켜봐야 한다. Green과 Johnson(2010)은 좋은 질문법은 유동적임을 강조한다. 이는 개인이나 집단 모두에게 사용 가능하며 특정 학생의 답을 기반으로 변경 가능하기 때문이다. 예를 들어, '교통신호등'을 학생의 이해도를 측정하는 데 사용할 수 있다. 빨강, 노랑, 초록 스티커나 카드로 빨강색은 '이해하지 못함', 노란색은 '확실하지 않음', 초록색은 '이해했음'으로 해석할 수 있다. 또한 질문은 학생들의 사고력 및 이해력을 증진시키고, 중요한 내용을 복습하게 하며, 학급을 운영하기 위한 학생 지도와 수업에 적극적으로 참여할 수 있게 돕기 때문에 다양한 목적으로도 사용할 수 있다.

(1) 질문 유형

질문법은 네 가지 형식인 교사 주도 복습, 토론, 암송, 개인 및 집단 간 상호작용으로 구성된다. 먼저 복습은 특정 지식을 위한 간단한 훈련이다. 그리고 토론은 질문 및 의견 교환, 주제의 명료화, 사고력 증진, 문제해결 능력을 기르기 위해 사용된다. 또 학생과 학습을 연관시키기 위한 방법으로서 교사는 암송 중에 질문을 던진다. 교사는 학생 개인 또는 집단을 대상으로 특정 정보에 대한 질문을 한다. 이를 통해 교사는 개별적으로 평가를 하고 다음 목표를 설정할 수 있다.

질문은 학생의 주의를 환기시키며 수업 참여를 도모한다. 질문은 인지적 부조화를 만들어 기존의 생각에 의문을 던지며, 토론을 통해 주제에 대해 다시 생각하게 만든다. McTighe와 Wiggins(2005)는 질문의 중요한 기능은 학생들이 대답을 하기 위하여 탐구하게 만들고 또 토론하게 만드는 것이라고 설명한다. 두 번째, 질문을 통해 학생들은 의견에 대하여 생각하고 이를 언어로 표현하는 활동을 하면서 추론 능력 및 이해력을 증진시킨다. 학생들은 질문에 대답하면서 이해력을 높이고, 다른 학생들의 대답을 통해 학습효과를 높인다. 이는 학생들의 답변은 학생들의 수준에 맞는 표현 방법을 쓰기 때문이다.

질문은 학생들이 학습해야 하는 중요한 내용을 중심으로 하여야 하고, 학생 자신의 이해 정도를 평가하는 기회여야 한다. 질문의 유형에 따라 학생들은 자신의 이해 정도를 어떤 방식으로 표현할지 알 수 있다.

질문은 학생의 행동지도 및 학급운영을 위해서도 사용된다. 간단하지만 정답을 요구하는 질문을 무작위로 할 경우, 이는 학생들이 주의를 집중할 수 있게 한다. 교사가 집중을 하지 않는 학생에게 질문을 한다면 이는 그 행동을 막기 위한 것이다. 반대로, 질문은 바른 행동을 강화시키기 위해서도 사용되며 학생들에게 학급 규칙 및 절차를 상기시키기 위해서도 사용된다. 좋은 질문은 학생들을 학습에 집중시키고 잘못된 행동을 막는 역할을 한다.

(2) 좋은 질문법

질문법은 형성평가의 가장 중요한 방법이며, 학생의 이해도와 발달에 대한 정보를 제공한다. 이를 위해서는 질문이 학생의 이해도를 판단하고 다음 학습설계에 도움을 주는 효과적이고 명확한 정보를 제공할 수 있어야 한다. 좋은 질문 및 질문법은 다음과 같은 10가지 요소를 가지고 있다(McMillan, 2014). 수업 중 교사는 학생의 이해 정도 및 수준을 정확히 파악하여야 한다. 이를 위하여 질문을 할 때 다음과 같이 하여야 한다.

① 질문의 의도를 파악할 수 있게 명확하고 간결하게 질문한다.

학생들이 질문에 어떻게 대답해야 하는지 안다면 질문을 이해했다는 의미다. 질문이 지나치게 일반적이면 학생들은 질문을 모호하게 느낄 것이다. 이러한 질문은 질문의 의도를 이해하지 못하게 만들며, 학생들이 대답을 하고 싶지 않게 만든다. 모호한 질문의 예는 다음과 같다.

> 배운 것에 대해 말해 볼 수 있는가?
> 태양계에 대해 어떻게 생각하는가?

그러므로 간결한 질문을 만들어야 한다. 그 예로는 다음과 같은 것이 있다.

> 문익점이 중국에서 목화씨를 가져 온 이유는 무엇인가?
> 이순신 장군이 명량에서 승전할 수 있었던 배경을 설명하라.

② 학습목표에 맞는 질문을 한다.

교사의 질문은 학습목표, 단원 평가에 반영될 주제의 중요도, 학습목표가 어려운 정도를 반영해야 한다. 학습목표가 어렵다면 더 많은 질문을 하라. 이것은 학생이 목표를 이해하는 데 도움을 준다. 그리고 추후 평가에 나올 만한 질문은 대략적으로 다뤄야 한다. 그런데 시험에 나오는 질문만 한다면 이것만 공부하게 되는 문제가 발생한다.

학습목표에 적합한 질문을 하기 위해서는 학습목표에 맞는 학생의 반응을 끌어내는 방식으로 질문이 구성되어야 한다. 질문은 지식이나 목표 이해도를 확인할 수 있으며, 암기한 내용에 초점을 맞춰야 한다. "삼국통일은 어떻게 이루어졌는가?", "장영실은 누구인가?"처럼 '누가', '언제', '어디서', '무엇을', '어떻게' 등의 질문을 사용하기도 한다. 이러한 질문은 날짜, 장소, 개념 암기를 요구한다.

또 다른 방법으로 단순 암기 이상을 요구하는 질문들이 있다. 예를 들어, "이 글의 주요 소재는 무엇인가?", "은유법의 예로는 무엇이 있는가?", "직사각형의 넓이를 어떻게 구하는가?"라는 질문을 할 수 있다. 이러한 질문은 정답이 하나로 제한된 것이 아니기 때문에 여러 학생으로 구성된 집단에 효과적이다.

추론적 질문은 학생이 대답하는 데 더 많은 시간을 요구한다. 이러한 질문들은 상반된 의견이 존재할 수 있으며, 이를 통해 학생들은 문제를 분석, 통합, 해결, 평가하는 활동을 한다. "우리나라의 해방과 한국전쟁의 원인을 연관 지어라.", "두가지 사건의 유사점과 차이점은 무엇인가?", "이 이야기는 우리 삶에 어떤 시사점을 주는가?", "이 두 가지 용액을 섞으면 어떻게 될 것인가?"와 같은 추론적 질문들은 비교, 대조, 일반화, 추론, 상관관계 파악과 같은 활동을 하게 만들고, 이는 학생들의 사고력 및 토론 능력을 향상시킨다.

추론활동에 효과적인 방법으로는 학생과의 일대일 대화가 있다. Stiggins 외(2008)는 학생에게 "생각나는 대로 말하라."라고 했을 때, 학생의 답변을 통해 학생의 사고전략 및 사고단계 형성 능력을 파악할 수 있다고 설명한다.

③ 학급 전체와 소통하면서 질문한다.

소수의 학생들에게 대부분의 질문을 하는 것보다 학급 전체를 대상으로 질문을 해야 한다. 발표를 원하는 학생과 그렇지 않은 학생, 자신감이 있는 학생과 없는 학생, 남녀 성별, 교사와 가까이 앉은 학생과 멀리 앉은 학생 사이의 균형을 맞춰야 한다. 같은 학생만 발표를 시킨다면, 학생의 수업 참여 여부는 쉽게 알 수 있을 것이다. 그러나 학급 전체의 상황을 파악하고 싶다면, 다양한 학생에 대한 정보가 필요하다. 만약 공부를 잘하는 학생들이 어려움을 느낀다면 나머지 학생들 역시 어려움을 느낄 확률이 높다. 반면, 이해력이 느린 학생들이 정답을 맞혔다면, 나머지도 정답을 알고 있을 확률이 높다.

모든 학생이 수업에 반응을 보인다면 학습 참여도가 높아질 것이다. 이를 위한 방법은 학급 전체에 질문을 하는 것이다. 모든 학생이 대답을 생각할 수 있게 하고, 발표는 그중 몇 명의 학생만 지명하여 시키면 된다. 학생을 먼저 지명한 후 질문을 하는 경우에는 지명당한 학생만 답에 대한 책임이 있지만, 학급 전체에 할 경우에는 모든 학생이 질문의 답을 생각하게 만든다.

④ 학생에게 생각할 시간을 충분히 준다.

학생들이 문제에 어떻게 답을 할 것인지 충분히 생각할 시간을 갖는다면 학생들에 대한 보다 정확한 평가가 이루어질 수 있다. 학생들은 생각을 정리하고 대답을 도출하기 위한 충분한 시간이 필요하다. 2초 이상 기다리지 못하고 다른 학생을 지명하거나 질문을 다시 설명하는 교사들도 있으나, 교사들이 3~5초 이상 기다려 준다면 학생들의 대답이 질적·양적으로 향상될 것이다. 이러한 결과는 교사들이 충분히 기다려 준다면 더 좋은 응답이 나올 수 있다는 연구결과에서 나온 것이다. 그러나 이 경우 학생들이 충분히 생각할 수 있는 종류의 문제를 받았을 경우에만 가능하다. 예를 들어, 간단한 암기형 질문은 학생들에게 오랜 시간을 준다고 해도 사고력을 증진시키는 문제만큼의 시간에 따른 효과를 보기는 힘들다. Black과 Wiliam(1998a)은 다음과 같이 말하고 있다.

> 교사는 자신의 질문이 얼마나 형편없는지를 깨달을 때까지 자신을 되돌아봐야 한다. 나는 시간을 때우기 위해 질문을 하고, 학생들이 생각할 필요가 없는 질문을 하는 나를 발견했다. …… (중략) …… 학생들이 주제에 대해 생각할 수 있게 만드는 질문이 필요하다. 이 질문은 학생들이 다음 단계로 갈 수 있게 만들 것이다. 단지 '정답'만을 알려 주는 것은 효과적이지 않다.

침묵의 시간이 길게 느껴지기 때문에 5초 이상 학생의 대답을 기다리는 것은 힘든 일이다. 이를 해결하기 위한 방법은 학생들에게 대답하는 시간을 충분히 주겠다는 것을 미리 말하는 것이다. 이는 대답하는 데 시간이 걸리는 학생들도 대답을 할 수 있는 기회를 주며, 수업시간에 침묵이 흐를 때 교사들이 느끼는 불편함도 줄여 줄 것이다.

⑤ 학생의 대답에 적절한 반응을 보인다.

대답에 대한 교사의 반응은 학생에 대한 정보를 수집하기 위하여 매우 중요하다. 교사가 반응하는 상호작용의 유형과 분위기는 학생이 대답을 할 것인지 또는 어떻게 할 것인지에 영향을 주기 때문이다. 학생의 대답에 대한 교사의 반응은 의미가 있고 정직한 피드백이 된다. 피드백은 학생들이 알고 있는 것을 말하고 얼마만큼 발전이 되었는지를 확인하는 과정이기 때문에 형성평가의 일부다. 수업에 대한 설명이나 토론 중에 이루어지는 피드백은 '좋아', '맞아', '틀렸어'와 같은 대답의 옳고 그름을 알려 주는 짧고, 간결한 말이나 고개를 끄덕이는 행위로 보여 주는 것이 좋다.

⑥ '예', '아니요'로 대답할 수 있는 질문은 하지 않는다.

'예/아니요' 질문 또는 답을 고르는 문제를 피해야 하는 두 가지 이유가 있다. 첫째, 두 가지 보기만 있다면(예/아니요, 맞음/틀림), 고른 답이 정답일 확률이 50%이기 때문이다. 이러한 질문에 대답하고 나서 학생들은 자신의 답이 맞았는지를 확인하기 위해 교사의 행동이나 교사가 질문을 설명하는 방법에만 주의를 기울일 것이다. 이 경우, 교사는 정확한 평가를 위해 더 많은 질문을 할 필요가 있다.

둘째, '예/아니요' 질문으로는 학생들의 이해 정도를 파악할 수 없다. 이러한 질문은 학생을 평가하는 데 도움이 되지 않는다. 이러한 질문은 학습을 평가하기 전 가벼운 연습을 위한 것이다. '예/아니요' 질문 후, 그 이유를 묻는다면 학생평가에 더 도움이 될 것이다. 그리고 이런 종류의 질문은 집단보다는 개인별로 묻는 것이 더 좋다.

⑦ 학생의 답을 확장시키는 탐구적 질문을 한다.

탐구적 질문은 학생들이 답을 도출하는 과정과 추론능력을 보여 준다. 다음과 같은 예시가 있다.

- 왜 이 답이 맞는다고 생각하니?
- 어떻게 그런 결론을 얻었니?
- 이것이 정답인 이유를 설명하라.
- 어떻게 이런 결과를 얻었는지 설명하라.

- 다른 예를 보여 주렴.
- 이것이 최선책이 아니라고 주장하는 이유가 무엇이니?
- 네가 내린 결론에 대해서 말해 주렴.
- 다른 친구들에게 어떻게 네 해결책을 설명할 생각이니?

탐구적 질문은 학생의 이해력을 넓힐 수 있다. Black과 Wiliam(1998b)은 학생들이 다른 사람에게 자신의 답을 설명할 때, 학습능력이 증가한다고 설명한다. 이러한 질문법은 학습에 매우 중요하다.

⑧ 모호한 질문, 추측성 질문, 유도 질문을 피한다.

이런 종류의 질문을 학생들의 지식이나 추론능력에 대한 정확한 정보를 얻기 힘들다. '그리고?'와 '그래서?'같이 모호한 질문은 학생들을 혼란스럽게 만든다. 예를 들어, "왜 도시가 강가에 건설된 것 같니?"라고 교사가 질문한다면, 먼저 학생은 "사람들이 이동하기 쉽기 때문입니다."라고 대답할 것이다. 학생의 대답을 들은 후, 후속 질문으로 '그 밖에 다른 이유는?'보다는 '이러한 이동이 생활용품을 구하는 데 어떤 영향을 줬을까?'가 더 좋은 질문이다.

'우리나라에 있는 컴퓨터 회사가 몇 개나 있을까?'처럼 추측성 질문은 학생들의 흥미는 끌지만, 학습발달을 진단하는 데 도움이 되지 않는다. '너도 그렇게 생각하지?'와 '다음 단원으로 넘어가는 것이 좋겠지?'와 같은 유도 질문은 학생에 대한 정보를 얻기보다는 수업을 진행하기 위한 목적으로 사용되기 때문에 교사들이 지양해야 한다.

⑨ 학생들에게 무엇을 알고 있는지 직접적으로 묻지 않는다.

학생들에게 무엇을 알고 이해했는지 직접적으로 묻는 것은 바람직하지 않다. 학생들은 '분수를 만드는 법을 아니?' 또는 '이해했나요?'와 같은 질문을 받으면, 자신의 대답이 틀릴까 봐 대답하기를 꺼린다. 그러나 교사와 학생과의 관계가 좋다면, 이러한 질문도 효과가 있을 것이다.

⑩ 적절히 연속하여 질문한다.

미리 계획하여 연속적인 질문을 하는 것은 학생의 이해 정도를 파악하는 데 도움이 된다. 지식을 묻는 질문에서 시작하여 추론적인 질문으로 이어지는 것이 좋은 예다.

다음과 같은 상황을 생각해 보자. 학생에게 한국군이 1964년 월남에 파견된 기사를 읽게 한 후, 교사는 '월남에 있는 한국군은 그 나라 법을 지켜야 하는가?' 등으로 질문할 수 있다. 이에 대해 학생들이 간단하게 답변하긴 하지만 추론적 질문에 답을 할 정도가 아니라고 판단된다면, 교사는 학생들이 기사를 충분히 이해했는지를 알기 위해 간단한 지식을 묻는 질문을 먼저 할 수 있다. '미국의 파견 전 아이티의 상황은 어떠했는가?', '역사적으로 새 정부가 집권하기 전 아이티에 어떤 일이 두 차례 일어났는가?', '아이티 사람들은 미군을 어떻게 받아들였는가?'와 같은 질문은 학생들이 기사의 주요 사항을 이해했는지를 확인하는 데 도움을 준다. 학생들이 역사와 상황을 이해했다면 추론적 사고를 요구하는 질문을 하는 것이 좋다.

〈표 4-6〉는 학생의 이해도를 측정하기 위한 효과적인 질문법과 비효과적인 질문법을 정리해 놓은 것이다.

〈표 4-6〉 효과적인 질문법과 비효과적인 질문법

효과적인 질문법	비효과적인 질문법
• 문제를 명확하고 간결하게 설명한다. • 학습목표에 맞는 문제를 제시한다. • 전체 학급을 참여시킨다. • 학생의 응답을 충분히 기다려 준다. • 학생의 대답에 피드백을 준다. • 첫 대답을 추론질문으로 확장시킨다. • 연속된 질문들을 적절히 한다. • 질문의 대상을 모든 학생에게 한다.	• '예/아니요' 질문을 한다. • 답을 끌어내기 위한 무리한 질문을 한다. • 추측적인 질문을 한다. • 답을 유도하는 질문을 한다. • 학생이 아는 것을 질문한다.

제5장

교수·학습의 피드백

1. 피드백의 정의와 형식
2. 피드백의 모형
3. 성공적인 피드백

형성평가를 시행한 후에는 그 결과를 학생에게 제공하고 함께 의사소통하는 작업이 필요한데, 이러한 작업을 '**피드백**'이라고 한다. 피드백은 형성평가의 결과를 다시 향후 교수·학습과 연결하여 유기적으로 순환하게 하는 역할을 한다. 평가결과에 기반을 둔 피드백은 학생의 학습 향상에 도움을 주는 방향으로 유용한 정보를 제공해야 하며, 학생의 학습동기를 긍정적으로 신장시킬 수 있어야 한다. 따라서 형성평가의 본질적인 목적을 성공적으로 달성하기 위한 핵심 요소는 피드백이라고 할 수 있다. Sadler(1989)는 피드백이 수반되지 않는 형성평가는 의미 없는 과정이 될 수 있다고 하였으며, Brown(2007)은 피드백이 교수·학습과 평가라는 톱니바퀴가 유연하게 맞물려 돌아가는 데 반드시 필요한 윤활유라고 하였다. 또한 Pollock(2011)은 학생의 학력신장을 위해 학교효과보다 교사효과의 영향력이 더 크다고 하였고, 교사효과를 높이는 강력한 요인 중의 하나로 교사의 피드백 기술을 꼽았다. 이렇듯 형성평가에서 피드백의 중요성은 실로 막대하다고 할 수 있다.

이 장에서는 형성평가의 결과를 토대로 제공되는 피드백의 정의와 유형을 알아보고, 피드백 제공의 모형, 성공적인 피드백의 조건 등을 논의한다.

1 피드백의 정의와 형식

1) 정의

교육현장에서 형성평가를 통해 제공되는 피드백이란 무엇인가? **피드백**은 좁은 의미로는 학생의 평가결과를 토대로 성적(점수, 등급, 석차 등)을 알려 주거나 정·오답 여부를 알려 줌으로써 학생의 오개념을 수정하는 역할을 하는 것으로 간단하게 이해할 수 있다. 넓은 의미로는 학생의 인지적·정의적 측면에서의 전반적인 성장을 위해 교사와 학생이 상호 의사소통하는 모든 행위를 포함한다고 할 수 있다. 김희경 외(2014a)는 교육학자들이 지금껏 피드백을 어떻게 정의해 왔는지를 살펴본 후에 [그림 5-1]과 같이 피드백의 개념이 점차적으로 진화해 왔음을 제시하였다.

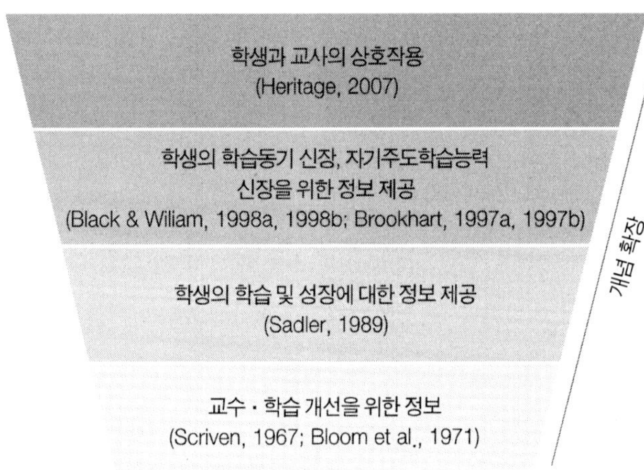

[그림 5-1] 형성평가에서의 피드백의 개념 확장

초창기에 형성평가의 피드백 개념은 '교사중심적'인 측면에 초점을 두고 있었다. Scriven(1967)과 Bloom 외(1971)는 형성평가 결과의 송환은 교수·학습이 진행되고 있는, 아직 유동적인 시기에 교수·학습자료, 내용, 방법의 개선을 위해 쓰인다고 하였다. 즉, 형성평가 결과로부터 제공되는 피드백을 통해 교사는 자신의 교육활동을 지속적으로 반성하고 개선하기 위한 정보를 얻을 수 있다는 것이다.

Sadler(1983, 1989) 이후에 형성평가의 피드백 개념이 점차 '학생중심적'인 측면을 강조하는 성격을 띠게 되었다. Sadler(1983)는 형성평가에서의 피드백 활동은 다음의 세 가지 단계를 거치는 작업이라고 설명하였다.

- 단계 1: 학습목표 설정
- 단계 2: 학습목표를 달성하기 위한 교수·학습 진행
- 단계 3: 교수·학습 진행 중에 학생의 현재 수준과 학습목표 간의 간극을 지속적으로 점검(monitoring)

따라서 Sadler(1983, 1989)가 정의하는 피드백의 개념은 학습 진행과정에서의 학생의 현 위치를 정확히 짚어 줌으로써 학습목표와의 차이를 좁힐 수 있도록 향후 학습을 돕는 정보라고 볼 수 있다. 이후에 나타난 다른 연구들에서는 형성평가 결과를 통해 제공되는 피드백은 학생들이 가진 핵심적인 오류나 오개념을 진단해 주고 이를 바로잡기 위한 향후 학습의 적절한 진행 방향을 제시한다고 하였다(Ames, 1992; Bangert-Drowns, Kulik, Kulik, & Morgan, 1991; Boston, 2002; Elawar & Corno, 1985; Vispoel & Austin, 1995).

이 밖에 Black과 Wiliam(1998b)은 피드백이 인지적 학습을 촉진하는 역할 이외에 정의적 측면에도 긍정적인 영향을 미친다고 함으로써 피드백의 영역을 인지적 측면에서 정의적 측면으로 확대하였다(김희경 외, 2014a 재인용). Heritage(2007)에 이르러서는 피드백 과정에서의 학생의 참여를 더욱 강조하게 되었고, 피드백은 학생의 학습에 대하여 교사와 학생이 함께 교류하고 상호작용하는 의사소통 행위라고 하였다. 교사가 학생에게 일방적으로 전달하는 피드백이 아니라 학생이 보다 적극적으로 참여하여 교사-학생 간 상호작용을 통해 더욱 효과적으로 학습개선이 이루어질 수 있다고 하였다.

학습과 관련된 정의적 측면으로 대표적인 것은 '**학습동기**'라고 할 수 있다. 학생이 학습목표를 명확히 이해하고, 학습활동에 적극 참여하며, 학습상황에 대해 지속적으로 확인할 수 있는 여건에서 학습목표를 성취하고자 하는 의지, 즉 학습동기가

유지될 수 있을 것이다. 즉, 형성평가를 '학습목표 이해' 및 '학습상황 확인'을 위한 도구로 활용함으로써 학습동기를 강화할 수 있다. 또한 형성평가 결과에 대한 교사-학생 간 상호작용은 학생들에게 자기 자신의 학습에 대해 성찰할 수 있는 기회를 부여하게 되고, 스스로 효과적인 학습전략을 습득할 수 있도록 돕는 효과를 기대할 수 있다. 이러한 형성평가 피드백의 내면화는 자기 자신의 학습을 평가하고 개선하는 능력을 키워 주며 학생의 자기주도적이고 자율적인 학습을 지원할 수 있다.

이러한 관점에서 **피드백**은 이제 학습을 촉진하는 기능을 넘어서 학생의 전반적인 성장을 유도하는 효과가 있는 활동으로 자리매김하고 있다(지은림 외, 2014). 그 결과로 최근에는 이러한 형성평가의 피드백의 기능이 강조됨에 따라 형성평가를 '**학습을 위한 평가**(assessment for learning)', '**학습으로서의 평가**(assessment as learning)'라고 부르고 있다(김희경 외, 2014a).

형성평가에 대해 연구한 학자들은 피드백 개념에 대해 다양한 정의를 내렸다. 많은 학자들이 피드백은 평가결과에 기초하여 학생이 도달해야 할 학습목표와 현재 수준을 비교하는 정보를 제공하는 것이라고 하였다(Sadler, 1983, 1989; Ramaprasad, 1983; Johnson & Johnson, 1993; Taras, 2005; Wiliam, 2007). Shute(2007)는 피드백이란 학생에게는 사고와 행동의 교정을 위해 제공되는 정보를 말하며, 교사에게는 수업 개선에 유용한 정보를 제공하는 것을 말한다고 하였다. Smith(2007)는 피드백은 평가결과로 드러난 정보를 다음 학습 단계에서 필요한 정보로 이용하는 것을 말한다고 하였다. McMillan(2014)은 피드백의 개념을 넓은 범위로 정리하였는데 평가결과로 드러난 학생의 지식, 기술, 능력에 대해 제공하는 다양하고 구체적인 정보를 통틀어 이르는 말이라고 하였다.

형성평가 결과를 토대로 제공되는 피드백은 학생과 교사 모두에게 유익한 정보를 줌으로써 교수·학습에 도움을 준다. 형성평가에서의 피드백의 역할은 학생 측면에서는 피드백을 통해 '달성해야 할 목표를 명료하게 인식하고', '성장을 위한 조언을 얻으며', '다음 단계로 나아갈 것을 격려받는' 과정이라고 할 수 있다. 교사 측면에서의 피드백은 '수업전략을 계획하고', '학생들의 동기, 흥미를 유지하며', '학생들의 수준 및 요구를 이해'하기 위해 얻는 다양한 정보를 말한다. [그림 5-2]와 연결하여 피드백의 개념을 정리하면, 피드백을 통해 학생은 자신이 학습상의 강약점을 인식함으로써 강점은 강화하고 약점은 보완하여 자신의 학습을 증진시킬 수 있도록 학습

계획을 수립하는 데 활용한다. 교사는 학생의 실제적인 필요와 요구를 구체적으로 파악하고 이에 따라 수업을 재편성하고 개선하는 데 활용하게 된다.

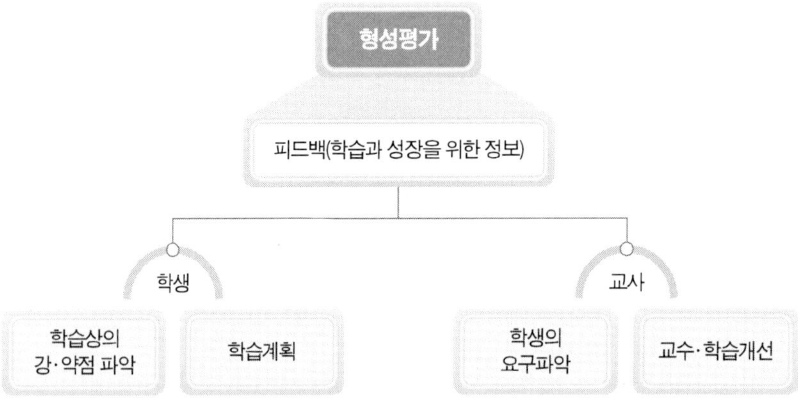

[그림 5-2] 형성평가에서 피드백의 역할

2) 형식

피드백은 학생의 성적을 총체적인 관점에서 알려 주거나(점수, 석차, 등급 등), 개별 문항의 정·오답 여부를 알려 주는 형태로부터 왜 정답이고 오답인지에 대한 상세한 해설과 향후 학습계획을 수립하기 위한 조언까지 포함하기도 한다. 즉, 넓은 범위를 포함하는 의미이며, 평가결과로 드러난 학생의 지식, 기술, 능력에 대해 제공하는 여러 가지 정보를 통틀어 이르는 말이다. 김희경 외(2014b)는 피드백이 제공되는 형태는 [그림 5-3]과 같이 다양하다고 하였다. 다양한 피드백 제공 형식을 다음과 같이 구분하여 살펴볼 수 있다.

(1) 형식적 피드백

① 점수, 석차, 성취수준(우수/보통/기초/기초미달) 등의 총합적 성과

일반적인 평가결과표에서는 다른 학생과 비교했을 때의 위치, 또는 기대하는 수준에 도달한 정도는 제시해 주지만, 구체적으로 어떤 부분에서 부족한지에 대한 정보는 제공하지 못한다. 예를 들어, 눈을 가리고 고리던지기를 하여 10개 중 5개가 말뚝에 걸리면 합격이라고 하였을 때, 합격인지 불합격인지에 대한 정보는 주지만,

[그림 5-3] 형성평가에서 피드백의 다양한 형태

몇 개를 성공시켰는지, 고리를 던지는 거리를 더 늘려야 하는지, 방향감각을 더 키워야 하는지 등 무엇을 더 연습하면 다음에 가능성이 있는지에 대한 정보를 전혀 주지 않는 것과 마찬가지라고 할 수 있다.

② 정·오답 판정

학생의 개별 응답에 대한 명확한 정·오답 판정을 제시해 주는 형태다. 이는 앞에 언급한 종합적인 점수나 성취 수준을 제시하는 형태보다는 덜 추상적인 피드백이라고 할 수 있다. 최소한 학생에게 어떤 부분을 틀렸고, 다시 복습해야 하는지에 대한 정보를 제공하기 때문이다.

③ 정·오답에 대한 해설

앞에 제시된 정·오답 판정 정보에 추가적으로 정답은 왜 옳은지, 오답은 왜 그른지에 대한 해설을 제공하는 형태다. 과제를 수행한 '결과'에 대한 정보만을 제공하는

것이 아니라 과제를 수행하는 '과정'(문제풀이 과정, 문제해결 전략 등)에 대한 정보가 주어지기 때문에 학생이 오류를 교정하는 데 유용하다. 흔히 모범답안과 해설을 제시해 주는 형태가 여기에 속한다.

④ 진술문

학생에게 서면으로 제공되는 피드백으로 학교생활기록부에 작성되는 교과학습발달상황이나 특기사항이 이에 해당한다. 또는 보고서, 에세이, 숙제 등에 교사가 짧게 의견을 기술하는 피드백도 그 예가 된다. 우리나라 초등학교의 경우 [그림 5-4]와 같이 석차나 점수는 제공하지 않으며 '세부능력 및 특기사항'에 제시하는 교사의 진술을 통해 학생이 학교에서 어떻게 학습하고 있는지에 대한 피드백을 제공한다. 이렇게 서면으로 제공되는 진술문의 형태도 유용한 피드백의 일종이다.

세부능력 및 특기사항
국어: 얼굴표정이나 몸짓, 목소리의 높낮이 등을 적절히 조절하면서 자신의 경험담을 자신있게 발표할 수 있음. 또한 책을 읽은 후에 인상적인 부분 및 느낀 점을 잘 정리하여 다른 사람이 공감할 수 있게 발표함. 도덕: 협동의 의미와 중요성을 잘 알고 이를 일상생활 속에서 실천하려는 의지와 태도를 가지고 있음. 바람직한 공동생활을 위해 여럿이 함께 어울리는 방법에 대해 충분히 알고 원만한 관계 유지 및 친구 배려를 적극적으로 실천하는 태도를 보임. 수학: 분수와 소수의 관계를 이해하고, 분수를 소수로 고치거나 소수를 분수로 고치는 활동을 능숙하게 하며, 분수와 소수가 혼합된 사칙연산을 정확히 할 수 있음. 수학에 대한 흥미가 있고, 수업에 적극적으로 참여함. … … …

[그림 5-4] 초등학교 교과학습발달상황 진술문 예시

⑤ 면담

면담으로 제공되는 피드백은 교사-학생 간 질의응답을 통해 의사소통이 가능하다는 장점이 있다. 교사가 전체 학급을 대상으로 학생들의 공통적인 오개념에 대한 교정, 공통적인 강점에 대한 칭찬, 공통적인 약점에 대한 보충학습을 제시할 수도 있다. 또한 교사는 평가결과에서 드러난 강점과 약점에 따라 유사한 학생끼리 소집단으로 분류하여 각 특성에 맞는 적절한 피드백을 제시하는 면담을 시행할 수 있다. 또는 전체 학급을 대상으로 피드백을 제공한 이후에 추가적인 도움말이 필요한 학생들은 소집단을 구성하여 소집단 면담을 진행하는 방법도 있다. 전체 학급 대상 면담, 소집단 면담 이외에도 학습부진 학생이나 특별한 관심이 필요한 학생 등 교사가 개별적인 면담이 필요하다고 판단되는 경우에 1:1 개별 면담을 실시하는 것도 가능하다. 개별 면담은 교사-학생이 더 집중적인 의사소통을 할 수 있고, 학생이 관심과 배려를 받고 있다는 느낌을 받는다는 점에서 장점이 있다.

(2) 비형식적 피드백

비형식적 피드백은 일상적인 수업에서 시간과 대상에 대한 계획 없이 관찰, 질문에 수반하여 즉각적으로 제공된다(McMillan, 2014). 따라서 비형식적 피드백은 4장에서 논의한 '비구조화된 정보수집'과 밀접히 연계되어 이루어진다.

수업 중에 이루어지는 교사의 관찰은 형식적이고 구조화된 평가에서는 드러나지 않는 학생의 비언어적 행동(얼굴표정, 몸짓과 시늉, 제스처)을 파악할 수 있기 때문에 풍부한 정보수집원이 될 수 있다. 교사는 관찰을 통해 학생의 다양한 비언어적 행동을 수집하고, 종합적으로 해석함으로써 교실에서의 학생 참여도, 수업내용에 대한 이해도, 협동성, 친구들 간의 관계, 의사소통 능력, 흥미 등을 파악하고 그에 대한 피드백을 제시할 수 있다.

또한 수업 중 질의응답을 통해서도 비형식적 피드백이 이루어질 수 있다. 질의응답은 학생들이 알고 있는 것을 확인하고 학생의 주의를 환기시키며 수업 참여를 도모한다. 교사는 학생들에게 질문을 한 후, 학생의 반응에 따른 적절한 응답을 하여 즉각적인 피드백을 제공할 수 있다.

3) 유형

(1) 기준에 따른 분류

학생의 평가결과를 무엇과 비교하여 피드백을 제공하는지, 즉 피드백의 기준을 어디에 두는지에 따라 자기참조 피드백과 목표지향 피드백으로 구분할 수 있다.

① 자기참조 피드백(self-referenced feedback)

자기참조 피드백은 학생의 과거 수행과 현재 수행을 비교하여 성장이 이루어졌는지에 대한 정보를 제공하는 피드백을 말한다. 이러한 학생의 성장 여부를 알려 주는 피드백은 학업성장과 동기신장의 두 가지 측면에 효과가 있다.

② 목표지향 피드백(goal-related feedback)

목표지향적 피드백은 학습목표와 학생의 현 위치 간의 차이를 명확히 알려 주고, 간극을 좁히기 위해 어떠한 노력이 필요한지를 알려 주는 피드백을 말한다. 목표와 실제의 차이를 알려 주는 피드백이므로 불일치 피드백(discrepancy feedback)이라고 표현하기도 한다. [그림 5-5]는 자기참조 피드백과 목표지향 피드백의 개념을 이해하기 쉽게 그림으로 제시한 것이다.

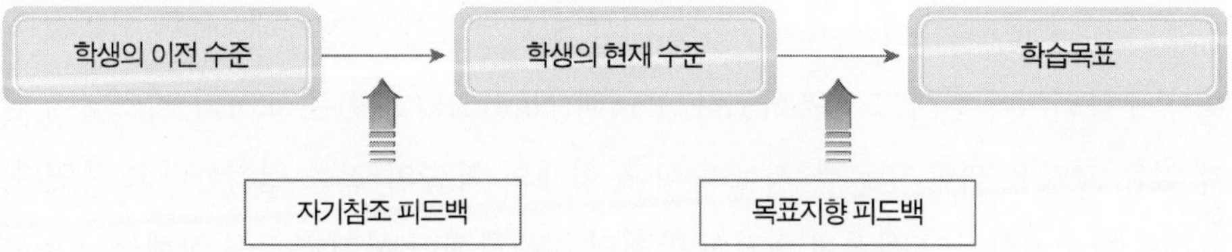

[그림 5-5] 자기참조 피드백과 목표지향 피드백

(2) 목적에 따른 분류

피드백을 제공하는 목적이 무엇인지에 따라 가치판단 피드백, 교정적 피드백, 비계설정 피드백, 동기유발 피드백으로 구분할 수 있다.

① 가치판단 피드백(evaluative feedback)

가치판단 피드백은 학생의 수행에 대하여 총합적인 가치 판단을 내포하고 있는 피드백이다. 예를 들어, '잘했다', '훌륭하다', '우수'와 같은 칭찬이 내포된 피드백이나 '잘못했다', '부족하다', '노력 요망'과 같은 개선을 촉구하는 언급이 여기에 속한다. 일반적으로 점수 또는 등급으로 피드백을 주거나, 다른 학생의 수행과 비교하는 형태를 취하는 경우가 많다. 이러한 가치판단 피드백은 학생의 수행을 요약적 또는 판단적으로 제시할 수 있다는 장점이 있는 반면에 학생이 무엇을 어떻게 개선해야 하는지에 대한 구체적인 정보가 없다는 것이 단점이다. 따라서 교수·학습이 종료된 후에 학습의 성과를 종합적으로 파악하기 위한 총합평가에 알맞은 피드백 형태라고 할 수 있다.

② 교정적 피드백(corrective feedback)

종합적 가치판단에 중점을 두지 않는 교정적 피드백은 '잘했다' 또는 '잘못했다'와 같은 판단보다는 평가의 결과를 열 문제 중 두 문제를 맞혔다와 같이 사실적이고 객관적인 기준에 초점을 맞추어 전달하는 것이다. **교정적 피드백**은 학생이 자신의 학습을 수정·개선하기 위해 필요로 하는 것들에 대해 구체적인 정보를 제공해 주는 것, 다시 말해서 오류수정이 목적이다. 즉, 학생이 학습의 결과로 습득한 현재의 지식에 대한 옳고 그름을 알려 줌으로써 앞으로의 학습을 재구성할 수 있게 도와준다.

Shute(2007)는 피드백은 과제수행에 대한 정확성 또는 적절성에 대한 '교정적' 정보가 포함되어야 한다고 강조하였다. Parr과 Limbrick(2009)은 교사의 피드백에 담겨 있는 교정을 위한 명료한 정보가 향후 학생의 학습의 질을 결정한다고 하였다. 평가의 학습지향적인 성격에 초점이 맞춰질수록 학생이 어떤 부분을 잘했는지 또는 못했는지에 대해 충분한 정보를 주는 피드백이 강조된다. 맞고 틀린 사실과 함께, 왜 맞고 틀린지에 대한 해설도 함께 제공하면 학습결손을 교정하는 데 큰 효과가 있다. 따라서 학습과정에서 일어나는 특정 문제점을 알려 주고, 부가적인 설명이나 실연을 포함하는 피드백, 즉 학생의 수행에 관한 정답 여부뿐 아니라 오류에 관한 교정을 위한 보충 설명이 필요하다.

교정적 피드백은 그 정보의 양에 따라 네 가지 수준으로 구분할 수 있다(Dempsey, Driscoll, & Swindell, 1993). 첫째는 '열 문제 중 두 문제를 맞혔다.'와 같이 정·오답 개수에 대한 정보를 알려 주는 것, 둘째는 개별 문항에 대한 정·오답 여부를 알려 주는 것, 셋째는 왜 정답인지, 왜 오답인지에 대한 해설을 제공하는 것, 넷째는 학생에게 오류를 교정한 후, 재시도할 수 있는 기회를 제공하여 학생이 오류를 확실히 수정했는지까지 확인하는 것이다. 즉, 학생이 오답한 문항에 대한 문제풀이와 함께 연습문제를 제공하여 반복연습을 할 수 있게 해 주는 것은 교정적 피드백의 일환이라고 할 수 있다.

③ 비계설정 피드백(scaffolding feedback)

비계설정 피드백은 학생이 과제를 수행하고 있는 도중에 이루어지는 피드백이라고 할 수 있다. 이는 방향유지(direction maintenance), 과제지향(task orientation), 과제완성(task completion)의 3가지 수준으로 주어질 수 있다(McNaughton & Leyland, 1990). 방향유지에 초점을 맞추게 되면 과제에 대한 관심을 지속시키는 목적으로 피드백을 제공하게 되며, 격려 등을 통해 관심, 주의집중을 유도하여 과제수행을 지속하게 한다. 과제지향을 위해서는 제안, 수정 유도 등을 통하여 학생이 과제를 올바른 방향으로 계획하고 수행하는 데 도움을 주는 피드백을 제공하게 된다. 과제완성은 힌트를 주는 방법 등으로 학생이 어려움을 겪고 있는 과제의 특정 부분을 해결하여 과제를 완성하도록 도움을 주는 피드백을 말한다. 따라서 학생의 특성과 과제의 상황에 맞게 적절한 방법으로 비계설정 피드백을 주는 것이 좋다.

비계설정 피드백은 교사가 학습 촉진자 또는 보조자의 역할을 잘 할 수 있도록 돕는 피드백이다. 교사가 직접 정답을 알려 주는 것이 아니라 필요에 따라 적절한 설명, 학생 스스로 문제를 해결할 수 있도록 질문을 통해 유도하거나 힌트와 같은 가벼운 도움을 주는 것을 포함한다. 이러한 피드백 방법은 학생이 스스로 문제를 해결하게 함으로써 학생의 성취감을 자극할 수 있다. 같은 맥락으로 Cole과 Chan(1987)은 어느 정도 학생들이 직접 진지한 노력을 한 후에 피드백을 주는 것이 학습효과를 높인다고 하였다. 따라서 학생의 틀린 반응에 대해 교사가 정답을 즉각적으로 알려 주는 것보다 보충적인 지식 또는 힌트를 제공하여 학생이 스스로 해결하려고 시도하게 만든다는 점에서 비계설정 피드백의 장점이 있다.

④ 동기유발 피드백(motivational feedback)

동기유발 피드백은 학생을 격려하여 학습을 계속 유지하도록 돕기 위한 목적을 가진 피드백을 말한다. 강화(reinforcement)는 학습의 보상적·동기적 효과를 강조하므로 바람직한 행동이 일어난 후 긍정적인 피드백을 제공하여 그 행동을 강화시키는 원리를 이용하는 것으로 동기유발 피드백의 일종이다. 또한 동기유발 피드백은 결과보다 더 중요한 것은 학생의 노력이라는 접근을 시도한다(Hoska, 1993). 학생으로 하여금 학습의 성패는 자신의 노력의 산물로 여기도록 함으로써 자신이 학습을 통제할 수 있다는 성취감, 자신감을 갖게 한다. 이러한 관점에서 자기참조 피드백도

동기유발 피드백의 일종이라고 볼 수 있다.

(3) 상황에 따른 분류

어떤 상황에서 제공되는 피드백인지에 따라 긍정적 피드백과 부정적 피드백으로 구분할 수 있다.

① 긍정적 피드백(positive feedback)

긍정적 피드백이란 학생의 수행이 적절하거나 옳은 상황에 제공되는 것을 말한다. Losada(1999)는 지원적 격려 또는 칭찬이 긍정적 피드백에 속한다고 하였다. 학생이 연속적으로 성공적인 수행을 할 수 있도록 옳은 수행을 강화(reinforcement)시키는 것이 긍정적 피드백의 목적이다.

② 부정적 피드백(negative feedback)

부정적 피드백은 학생의 수행이 부적절하거나 틀린 상황에 제공된다. Hattie와 Timperley(2007)는 부정적 피드백은 비판적 피드백(critical feedback)이라고 하였다. Losada(1999)는 교실에서 가장 빈번하게 사용되는 부정적 피드백은 오류를 수정해 주는 형태로 나타나며, 불만을 표시하거나 비판하는 등의 형태도 부정적 피드백에 속한다고 하였다. 부정적 피드백은 너무 자주 제공하면 학생의 자존감을 저해할 수 있으므로 주의가 필요하다. 오류수정 과정에서 무의식중에 학생의 동기를 저하시킬 수 있기 때문에 교사는 학생의 오류수정 시 세심하게 주의할 필요가 있다. 또한 난이도가 높은 과제, 고차원적 사고 기능이 필요한 과제수행 중에 너무 미미하고 잦은 오류수정은 몰입을 방해하여 학생의 집중도, 학습욕구, 적극적인 참여를 저해할 수도 있다는 점을 유의해야 한다.

Kluger와 DeNisi(1996)는 긍정적 피드백, 부정적 피드백 모두 잘 활용하면 학업 신장에 효과적으로 작용할 수 있다고 하였다. Baumeister 외(2001)는 긍정적 피드백과 부정적 피드백을 함께 사용하되 긍정적 피드백을 부정적 피드백보다 더 많은 양으로 제공하면 효과적이라는 연구결과를 보고하고, 긍정적 피드백이 부정적 피드백으로 인한 학생의 반감을 감소시켜 피드백의 효과가 커진다고 하였다. 같은 맥락에서 Losada와 Heaphy(2004)의 연구에서는 긍정적 피드백과 부정적 피드백의 비율은 약 3:1인 경우 가장 효과적으로 학습을 촉진시킨다고 하였다.

(4) 주체에 따른 분류

피드백을 누가 제공하는지에 따라 외적 피드백, 내적 피드백, 학생주도 피드백, 교사주도 피드백으로 구분할 수 있다. 김성숙, 김희경, 서민희(2013)는 [그림 5-6]과 같이 외적 피드백과 내적 피드백의 관계를 제시하였다.

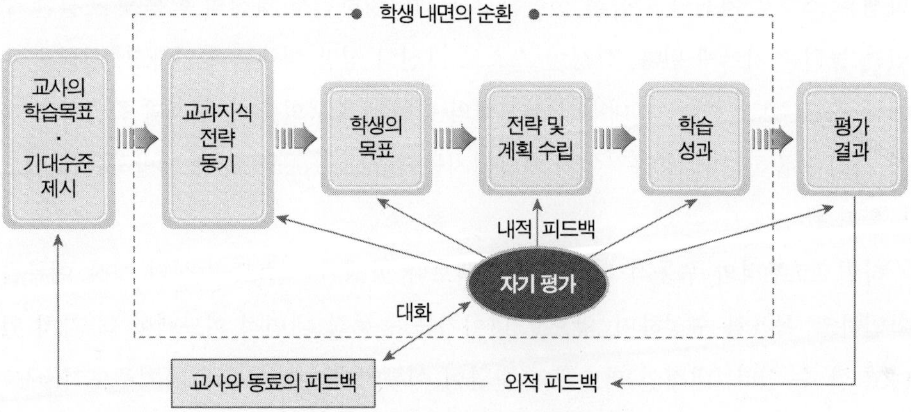

[그림 5-6] 외적 피드백과 내적 피드백

① 외적 피드백(external feedback)

외적 피드백은 자신이 보인 성과, 성취수준, 수행의 적절성에 대해 교사 또는 동료 학생 등 타인에게 받는 피드백을 말한다. 일반적으로 교사가 학생의 실수와 오개념을 발견하고 지적하는 형태로 피드백이 주어지는데, 이러한 형태를 외적 피드백이라고 한다.

② 내적 피드백(internal feedback)

내적 피드백은 학생 자신이 스스로 인식하고 학습개선을 위한 정보를 얻는 것을 말한다. 학생은 자신의 수행수준 및 적절성과 질에 대해 스스로 성찰하고 정보를 얻을 수 있다. 이러한 능력은 학생이 학습목표에 대해 명확하게 이해하고 자신이 이룬

학습결과와 목표수준의 차이를 파악하는 연습을 반복하면 길러질 수 있다.

[그림 5-6]은 외적 피드백과 내적 피드백의 순환관계를 보여 주고 있다. 형성평가의 피드백 순환 첫 단계는 교사가 학습목표 및 기대수준을 명료하게 제시하는 것에서 시작한다. 모든 교육활동에서 명백한 기대수준의 제시는 학생 성장의 발판이 된다. 학생은 교사가 제시한 학습목표를 달성하기 위한 학습활동을 통해 목표에 근접할 수 있도록 노력하게 된다. 명확한 목표에 기반을 둔 학생 스스로의 반복적인 노력은 목표에 근접한 수행을 할 수 있게 도와준다. 또한 이러한 과정을 반복할수록 교사가 제시한 목표와 학생 자신의 내면적 목표는 점차 일치하게 된다. 결과적으로 학생은 스스로 자신의 학습을 성찰하고 모니터링하면서 자신의 학습을 조절할 수 있는 능력을 기르게 된다. 학생이 스스로 자신의 성장 여부를 확인하고, 계획을 수정하며, 앞으로 나아가는 내적인 피드백의 순환은 학생의 현재 위치와 학습목표 간의 거리를 좁히는 데 효과적이며 메타인지능력(meta-cognition)을 계발하는 데에도 도움이 된다.

타인으로부터의 수동적·외재적 피드백보다 학생이 스스로 자신의 성장 여부를 확인하고, 목표를 수정하며, 앞으로 나아가는 능동적·내면적 피드백이 더 가치 있다고 할 수 있다. 내적인 피드백의 순환이 이루어지면 학생들이 자기주도적(self-regulated) 학습능력을 자연스럽게 습득할 수 있는 계기를 마련해 주게 된다.

③ 학생주도 피드백(student-led feedback)

일반적으로 피드백의 제공자는 교사이고 수혜자는 학생이다. 하지만 **학생주도 피드백**은 학생 자신이 자기평가를 통해 스스로 학습개선을 위한 정보를 도출하고, 동료평가를 통해 동료에게서 피드백을 얻는 활동을 말한다. 동료평가에 의한 피드백 활용은 교사의 업무 부담을 줄이는 효과도 있고, 학생의 자율성 강화 및 학습목표에 대한 이해도를 증진시켜 학습 향상과 연결된다.

④ 교사주도 피드백(teacher-led feedback)

교사주도 피드백은 교사가 중심이 되어 학생에게 제공하는 피드백을 말한다. 타인에게서 피드백을 제공받는다는 점에서는 외적 피드백과 동일하지만, 외적 피드백은 동료 학생에게서 받는 피드백을 포함한다는 점에서 차이점이 있다.

이상에서 논의한 다양한 피드백의 유형을 살펴보면, 형성평가의 피드백은 교사가 전문성을 갖추고 상황에 따라 여러 가지 유형을 복합적으로 또는 선택적으로 사용하여 그 효과를 높일 수 있다는 것을 알 수 있다.

특히 형성평가가 '학습을 위한 평가' 또는 '학습으로서의 평가'로서의 모습을 갖추기 위해서는 학생이 평가를 더 이상 점수화, 서열화, 상벌을 위한 도구로 인식하지 않고, 학생 자신의 성장을 위한 도구, 학습의 한 형태로 인식하도록 변화시킬 수 있는 방향으로 피드백이 주어져야 한다. 또한 학습부진 학생의 경우 심리적 부담을 해소하기 위해서는 학생이 낮은 점수를 실패로 받아들이지 않도록 피드백을 전달하는 방식이 필요하다. 성공은 운, 능력이 아닌 '노력'의 산물임을 강조하는 피드백이 중요하다. 이러한 형태의 피드백은 '자기참조 피드백'의 관점에서 학습과정에서 일어나는 학생의 '변화'와 '성장'을 하나의 주요한 측면으로 부각시킬 때 가능하다. 즉, 원래 잘하는 학생과 못하는 학생을 가려내는 데 초점을 맞추는 평가가 아니라 학습과정을 통해 학생이 노력하고 향상되었는지를 확인하고 격려하는 피드백으로 전환되어야 한다. Payne(2003)도 성과에만 초점을 맞춰 경쟁만을 유발하는 피드백은 교사-학생 간 관계, 학생-학생 간 관계를 저해한다고 하였다. 이러한 관점은 최근 교육평가 분야에서 학생이 얼마나 성장하였는지에 관심을 갖는 성장참조평가의 중요성을 강조하는 동향과 연관이 있다.

2 피드백의 모형

1) 절차

Madison-Harris와 Muoneke(2012)는 교실환경에서 교수·학습, 형성평가, **피드백**이 유기적으로 연결되어 학생의 학습 및 성장이 이루어지는 순환 관계를 [그림 5-7]과 같이 제시하였다. [그림 5-7]과 같은 절차가 순환적으로 반복해서 이루어짐으로써 난이도가 높은 학습목표를 단계적으로 달성해 나갈 수 있게 된다.

[그림 5-7] 교수·학습, 형성평가, 피드백의 순환

첫째, 목표 제시 단계에서는 달성하고자 하는 학습목표를 제시하고 최종 학습목표를 달성하기 위해 단계적으로 이루어야 할 하위목표와 기대수준을 학생들과 공유하는 절차가 필요하다. 우수사례를 예시로 보여 주거나 교사가 시범을 보이는 것은 기대수준을 명확하게 하는 방법이 될 수 있다. 또한 이전 학생들의 수행결과를 함께 보며, 학생들과 어떤 점이 잘됐고 어떤 점이 부족한지 함께 논의하는 것도 기대수준을 명확히 알려 주는 방법이 될 수 있다.

둘째, 교수·학습 및 정보수집 단계에서는 교사가 수업을 진행하면서, 수업 중에 학생의 반응을 관찰하고, 질문을 통해 학생의 이해를 확인하는 과정을 통한 비구조적인 점검과 구조적인 형성평가를 통한 점검을 지속적으로 병행하는 단계다. 교수·학습 진행과 함께 목표를 향해 제대로 가고 있는지에 대한 수업 도중 또는 수업 마무리 단계에서의 지속적 점검이 필요하다. 교사가 학생에 대한 최대한의 정보를 수집하기 위해서는 의사소통이 원활한 수업 분위기를 조성하는 것이 중요하다.

셋째, 피드백 단계에서는 학생에게 교사가 수집한 정보를 토대로 목표를 향해 올바르게 가고 있는지에 대한 구체적이고 명료한 정보제공 및 의사소통을 한다. 총점, 석차, 등급과 같은 총합적인 피드백보다는 학생의 구체적인 강약점을 알려 주는 것이 좋다. 더 나아가서는 학습을 개선하기 위한 도움말을 제공해 주는 것이 바람직하다.

넷째, 내면화 단계에서는 교사가 제공한 피드백을 토대로 학생 스스로 자신의 성취와 학습목표와의 차이를 이해하고, 학생 자신이 학습의 주체가 되도록 변화하는 단계다. 구체적이고 명확한 피드백이 제공되는 기회가 반복되면, 학생의 내면화가 이루어질 수 있으며, 자신의 학습이나 행동을 스스로 평가하는 능력을 키우게 된다.

마지막으로 성장 단계에서는 학생이 자기주도적 학습 능력을 길러 자신의 학습을 조절하고 학습목표를 달성한다.

[그림 5-7]과 같은 교수·학습, 형성평가, **피드백**이 유기적으로 순환되는 관계에서 피드백 부분만을 따로 분리하여 제시하면 [그림 5-8]과 같다. [그림 5-8]은 피드백 제공 절차에만 초점을 맞춘 것으로, 피드백은 3단계를 거쳐 제공하는 것이 바람직하다.

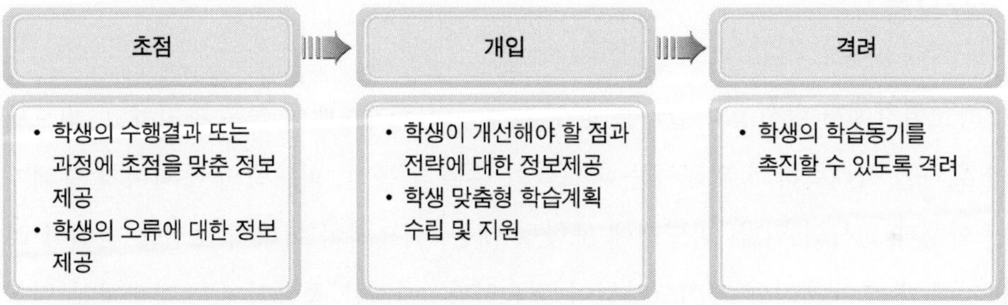

[그림 5-8] 피드백의 세 가지 구성요소 및 절차

피드백은 개별 학생에게 맞춤형으로 제공하는 것이 이상적이지만 교사의 업무 부담을 고려하면 현실적인 방안을 강구할 필요가 있다. [그림 5-9]는 피드백의 대상을 '학급 전체 → 소집단 → 개인'으로 좁혀 나가며 단계적으로 피드백을 제공하는 절차를 제시한다.

이와 같이 공통적으로 잘한 부분 또는 부족한 부분은 전체 학급 또는 소집단을 대상으로 전달하고, 그 외 특별한 사항을 개별 면담으로 전달하여 피드백에 소요되는 시간을 줄이면서 효과를 높이는 방법을 모색할 수 있다.

여기에서 피드백은 '결과' 또는 '과정'에 초점을 맞추는 것이 좋다고 하였는데, 유의해야 할 점은 학생 개인의 가치를 판단하는 것에 초점을 맞춰 피드백으로 제공하는 상황은 최대한 삼가야 한다는 것이다.

[그림 5-9] 피드백의 대상을 좁혀 가는 단계

2) 모형

학교현장에서 형성평가 결과를 토대로 제공되는 피드백의 질을 관리하고, 피드백의 효과를 극대화하기 위해서는 피드백의 본질적 목적, 피드백의 주체이자 수혜자인 학생과 교사의 역할, 피드백에 포함될 내용, 피드백이 어디에 초점을 맞춰야 하는지에 대한 체계적인 가이드라인이 필요하다. 이러한 종합적이고 체계적인 지침을 학교현장에서 이루어지는 피드백의 모형으로 제시할 수 있다. 피드백의 모형을 제시하기 위해서 먼저 [그림 5-10]과 같이 피드백과 학습목표와의 관계를 살펴볼 수 있다.

첫째, 피드백의 본질적인 목적에 대한 충분한 이해를 바탕으로 피드백이 적용되어야 한다. 피드백의 가장 기본적이고 주된 목적은 학생의 현위치와 학습목표와의 차이를 명확히 파악하여 그 차이를 좁히고 최종적으로 학습목표를 달성하도록 하는 것이다. 일련의 교수·학습이 완료되면 도달하기를 기대하는 최종 학습목표가 있고 좀 더 작은 하위의 '학습목표 1', '학습목표 2', '학습목표 3'이 있다고 가정한다면, 피드백은 [그림 5-10]에 제시된 바와 같이 단계적·반복적으로 주어지는 것이 효과적이다. 이와 같은 절차가 계속 순환적으로 일어나 최종 학습목표를 궁극적으로 달성하게 돕는다.

둘째, 피드백의 목적을 충분히 주지했다면 피드백을 주고받는 학생과 교사가 각

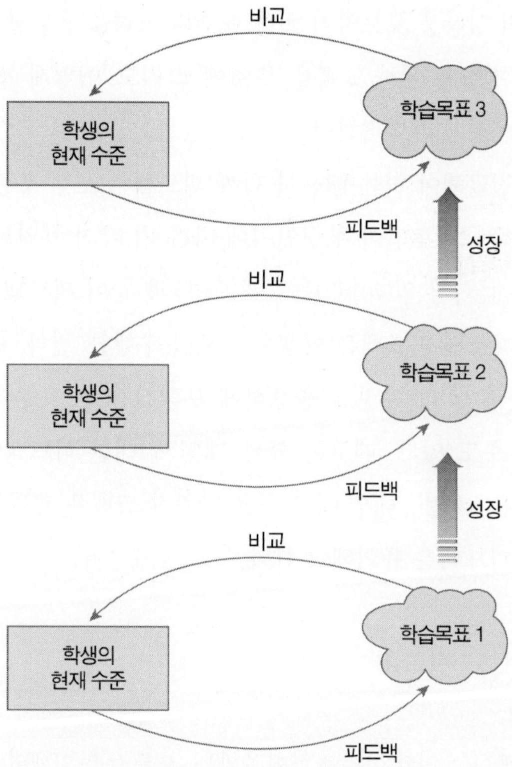

[그림 5-10] 학습목표를 달성하도록 돕는 지속적 피드백

각의 역할을 이해하고 이를 실천해야 한다. 학생은 학습의 주체가 되어 학습목표를 내면화하고, 피드백을 주고받는 과정에서도 적극적으로 교사와 의사소통해야 한다. 교사는 학생에게 학습목표를 명확히 알려 주고, 평가결과를 분석하여 학생에게 풍부한 정보와 학습동기를 유발할 수 있는 방향의 피드백으로 제공해야 한다.

셋째, 피드백은 세 가지 내용을 전달할 수 있을 때, 그 교육적인 가치를 최대화할 수 있다. 먼저 학습목표를 명확히 학생과 공유하는 것이 필요하다. 추상적으로 목표를 제시하는 것보다는 목표를 달성했을 때 보일 수 있는 행동이나 성공적인 수행의 기준에 대해 학생과 논의하고 의사소통하는 것이 좋다. 교사가 시범을 보이거나 우수사례를 제시하는 것도 한 가지 방법이 될 수 있다. 다음으로는 평가결과 또는 학생의 수행으로 드러난 학생의 현위치를 학생에게 전달해야 한다. 학생의 현위치에 대한 파악은 구체적일수록 유용하다. 점수, 석차와 같은 총체적이고 상대적인 정보보다 세부 학습요소에 대한 강·약점 등의 진단적이고 분석적인 정보를 포함하는 것이 향후 학습에서의 성장을 도모하기 위한 학생의 노력을 유도할 수 있다. 마지막으로 학생의 학습 및 성장을 위한 노력을 '무엇에' 그리고 '어떻게' 집중해야 할지에 대한 제언을 포함하는 것이 바람직하다.

넷째, 피드백이 전달해야 하는 내용과 함께 피드백의 초점 또한 중요하다. Hattie와 Timperley(2007)는 그 초점이 무엇인지에 따라 네 가지 차원의 피드백이 생성될 수 있다고 하였다. 김희경 외(2014b)는 〈표 5-1〉과 같이 피드백의 네 가지 초점을 제시하였다. 이에 따르면 피드백은 학생이 과제를 수행한 '결과'에 초점을 맞춰 제공될 수 있고, 과제를 수행한 '과정'을 중요하게 부각시킬 수도 있다. 또한 학생의 '내면'에 초점을 맞출 수도 있고, 때로는 학생 '개인'에 대한 피드백이 주어질 수도 있다. 이 중에서 '결과', '과정', '내면'에 초점을 맞춘 피드백은 효과적일 수 있으나 '개인'에 초점을 맞춘 피드백은 유의해야 한다.

〈표 5-1〉 피드백의 네 가지 초점

초점에 따른 피드백	설명
결과에 대한 피드백	• 정답 여부와 함께 오개념, 오류 등을 일깨워 주면 효과적
과정에 대한 피드백	• 문제해결을 위해 사용한 전략 등 과제수행과정에 대한 정보
학생의 내면에 대한 피드백	• 학생이 스스로 도움이나 조언을 찾고자 하였다면 그에 대한 칭찬 등 • 학생의 다음 단계 학습계획 점검 및 도움말 • 학생의 자기평가에 대한 적절성 언급 • 학생의 자기평가 능력을 키울 수 있는 정보
학생 개인에 대한 피드백 지양	• 무엇을 잘했다, 무엇을 못했다가 아니라 전체적으로 잘했다, 못했다는 언급은 개인에 대한 가치판단적 정보로 여겨짐 • 학습목표와 연관되지 않은 정보

이러한 **피드백**의 목적과 초점을 고려하여 학교현장에서 효과적으로 활용하기 위한 **피드백 모형**을 제시하면 [그림 5-11]과 같다. 먼저 피드백의 목적은 평가결과로 드러난 학생의 현위치와 학생이 도달해야 할 학습목표 간의 차이를 알려 주고, '무엇을', '어떻게' 하면 궁극적으로 학습목표를 달성할 수 있는지에 대한 정보를 제공하여 향후 학습과 성장에 도움이 되도록 하는 것이다.

피드백의 목적 확인

평가결과로 드러난 학생의 현위치와 학생이 도달해야 할 학습목표 간의 차이를 알려 주고, '무엇을', '어떻게' 하면 궁극적으로 학습목표를 달성할 수 있는지에 대한 정보를 제공하여 향후 학습과 성장에 도움이 되도록 함

⇩

학생과 교사의 역할 인식

- 학생: 학생 자신이 학습의 주체가 되어 능동적으로 피드백 과정에 참여
- 교사: 학습목표를 명확하게 전달, 교사는 학습의 보조자이며 촉진자로서의 역할, 피드백 과정에서 학생과 의사소통하기

⇩

피드백의 내용 구성

• 학습목표 • 학생의 현위치 • 개선점

⇩

피드백의 초점 선정

• 결과 ◎ • 과정 ◎ • 학생의 내면 ◎ • 학생 개인의 가치 ☒

[그림 5-11] 피드백 모형

이러한 목적을 달성하기 위해 학생과 교사가 피드백의 모든 절차에서 상호협력하여 각자의 역할을 수행하는 것이 중요하다. 학생은 자신이 학습의 주체라는 인식을 가지고 능동적으로 피드백 과정에 참여해야 한다. 능동적인 피드백 참여를 위해 학습목표 수립부터 참여하거나 학습목표를 성공적으로 달성했을 때 보일 수 있는 행동의 기준을 논의하고 채점기준 개발에 참여하는 등의 활동을 할 수 있다. 또한 피드백을 통해 자신의 강·약점을 정확히 인식하고, 어떠한 부분을 강화하거나 보완해야 할지를 파악하기 위해 노력을 기울여야 한다. 그다음에 피드백을 통해 수집한 정보를 기반으로 효율적인 학습계획을 수립하고 수행하도록 노력해야 한다.

교사는 평가 시행 이전에 학습목표를 학생에게 명확히 전달하고, 학습목표를 달성했음을 판단할 수 있는 구체적인 기준에 대해 학생과 의사소통하는 것이 바람직하다. 또한 교사는 학습의 보조자 및 촉진자임을 인식하고 학생이 스스로 피드백 과정에 능동적으로 참여할 수 있도록 지원해야 한다. 평가결과에 대한 피드백을 통해

학생과 상호작용하며, 학생의 자신감과 학습동기를 향상시킬 수 있도록 격려할 수 있어야 한다.

[그림 5-11]에 제시된 피드백의 모형에서 피드백이 전달하는 내용은 학습목표, 학생의 현위치, 개선점의 세 가지 요소로 구분할 수 있다. 이러한 세 가지 요소는 다음과 같이 목적지와 현위치를 확인하고 목적지에 도달하기 위한 방법을 제시해 주는 것을 포함한다. 세 가지 요소를 모두 포함하는 피드백일수록 바람직한 피드백이라고 할 수 있다.

피드백이 포함해야 할 세 가지 요소 중 첫 번째 요소는 학습목표다. 학습목표는 학습의 최종 목적지와 같다고 할 수 있으며, 따라서 피드백에는 학생의 최종적인 목적지가 어디인지를 알려 주는 내용이 필요하다. 학습목표를 학생에게 명확하고 실질적으로 인식시켜 주기 위해 문제풀이, 모범답안, 우수사례 등을 제시하는 것도 가능하다. 피드백에 담겨야 할 두 번째 요소는 학생의 현위치를 알려 주는 것이다. 평가결과에서 객관적으로 드러난 학생의 현재 학습 수준을 알려 주고, 학습목표와의 차이를 학생이 알 수 있도록 도울 수 있어야 한다. 마지막으로 필요한 피드백의 요소는 개선전략이다. 학생이 현위치와 목적지를 파악한 후에는 앞으로 효율적으로 목적지에 도달하기 위한 방법에 대한 정보를 제시해 주어야 한다. 구체적으로 어떠한 부분을 보충하고, 어떠한 부분을 강화해야 하는지, 또는 가장 시급하게 학습해야 할 우선 학습요소가 무엇인지에 대한 학습전략을 알려 주는 것이 학생의 성장에 도움을 주는 피드백이 갖춰야 할 마지막 요소다.

3 성공적인 피드백

1) 성공적인 피드백의 정의

성공적인 피드백은 학생의 교과학습과 관련된 인지적 측면의 발전뿐 아니라 학습태도, 동기 등의 정의적 측면의 신장을 촉진한다. Brookhart(2008)와 Chappuis(2009)는 성공적인 피드백의 특징을 다음과 같이 제시하였다.

• 성공적인 피드백이란?
 - 학습목표와 연관하여 학생의 수행수준이 적절한지에 대한 정보를 담아야 한다.
 - 학생의 강·약점을 알려 주고, 향후 학습계획에 대한 제안이나 정보가 있어야 한다.
 - 학생의 학습과정과 문제해결 전략을 관찰하여 개선의 방향을 알려 줄 수 있어야 한다.
 - 학생의 수행결과를 노력과 연관하여 언급함으로써 학생의 자신감과 동기를 촉진할 수 있어야 한다.
 - 교수·학습이 아직 유동적인 단계에서 이루어져 학생이 피드백을 기반으로 행동을 교정할 기회가 주어져야 한다.

김희경 외(2014b)는 피드백의 좋은 예와 나쁜 예를 〈표 5-2〉와 같이 제시하였다.

〈표 5-2〉 좋은 피드백과 나쁜 피드백 사례

좋은 피드백의 예	좋은 피드백인 이유
재활용 쓰레기를 분리 배출해야 한다는 주장을 뒷받침할 수 있는 상세한 근거를 잘 제시하였다. 어디서 이렇게 다양한 자료를 수집하였니?	학생의 수행을 성취기준 또는 학습목표(주장을 뒷받침하는 근거를 제시할 수 있다)와 관련지어 언급하였음. 다양한 자료를 수집한 노력을 칭찬함으로써 다음에도 노력할 수 있도록 학생에게 동기를 부여함.
재활용을 해야 한다는 주장을 명확히 제시함으로써 지난번에 비해 글의 주제가 더욱 명확해졌다. 재활용을 하면 좋은 점이 어떤 것들이 있는지 제시해 준다면 더 좋은 글이 되겠다.	이전 글보다 향상되었다는 성장참조적인 피드백임. 주장을 명확히 제시한 것을 칭찬하고 다음 단계로 무엇을 개선하면 좋은지를 제시함(너무 많은 개선점을 한꺼번에 제시하는 것보다 한 단계씩 제시하는 것이 좋음).
나쁜 피드백의 예	**나쁜 피드백인 이유**
글의 길이도 학생들 중에서 가장 짧았다. 내용도 부실한 것을 보니 노력이 부족한 것 같다.	성취기준 또는 학습목표에 근거하지 않고 다른 학생과 비교함으로써 학생이 개선해야 하는 부분에 관한 정보를 줄 수 없다. 나아가 학생의 학습동기와 자신감을 저하시킨다. 단순히 노력이 부족하다는 진술보다는 구체적으로 어느 부분을, 어떻게 노력하라고 알려 주는 것이 좋음.

학생들 중에서 가장 우수한 글이었다. 잘했으니 다음 숙제는 면제해 주겠다.	성취기준 또는 학습목표에 근거하지 않고 다른 학생과 비교함으로써 학생은 자신의 글에서 어떤 부분이 우수한지에 대해 알 수 없음. 또한 구체적인 근거 없이 칭찬만을 하거나 숙제 면제와 같이 학생의 추후 학습과 무관한 상을 부여하는 것은 오히려 학생의 외적 동기만을 자극할 뿐, 학습에 대한 내적 동기를 저하시킴

2) 정의적 영역을 위한 피드백

또한 학생의 학습과 성장을 돕기 위해서는 교육과정상의 성취기준과 관련된 인지적 영역의 피드백 외에도 학습 흥미나 동기, 효능감, 자신감 등을 긍정적으로 신장시킬 수 있는 정의적 영역의 피드백 역시 중요하다. 학생의 정의적 영역에 대한 피드백은 다양한 차원과 방법으로 이루어질 수 있다.

김희경 외(2014b)는 학생의 정의적 영역을 고려하여 피드백을 제공하기 위해서는 〈표 5-3〉과 같이 교과에 대한 흥미나 자신감, 학습동기 등에 관한 간단한 설문지나 체크리스트를 활용하여 학생들의 정의적 영역을 진단할 수 있다고 하였다.

〈표 5-3〉 정의적 영역 체크리스트 사례

학생 이름: ○○○
날　　짜: 20○○년 10월 2일
과　　목: 수학

수학에 대하여 여러분이 생각하거나 느끼는 것에 가장 가까운 곳에 ✓표를 하시오.					
쉬운		✓			어려운
재미있는				✓	지루한
사고하는				✓	규칙을 암기하는
창의적인				✓	창의적이지 않은
중요한	✓				중요하지 않은
즐길 만한				✓	즐길 만하지 않은
간단한		✓			복잡한
학교 밖에서 유용한		✓			학교 밖에서 유용하지 않은

예를 들어, 〈표 5-3〉에서 ○○○ 학생은 수학에 대한 중요성이나 유용성 등에서는 긍정적인 인식을 가지고 있으나 수학이 지루하고 규칙을 암기하며 창의적이지 않고, 즐거운 일이 아니라는 생각을 가지고 있다. 그러므로 ○○○ 학생에게는 수학에 대한 추가적인 학습을 위한 피드백보다는 수학에 대한 내적 동기와 흥미를 신장시킬 수 있는 방안을 제시하는 정의적 영역을 강화할 수 있는 피드백이 필요하다.

3) 성공적인 피드백의 조건

(1) 피드백 제공의 시기

피드백 제공 시기는 즉각적 피드백(immediate feedback)과 지연된 피드백(delayed feedback)으로 구분할 수 있다. 일반적으로 피드백의 제공 시기는 평가가 이루어진 후 즉각적으로 주어질수록 좋다는 것이 지배적이다. 하지만 지금껏 수행된 피드백 제공 시기의 효과에 대한 실험연구는 서로 상반된 연구결과를 제시하여 어떠한 합의에도 도달하지 못하였다. 예를 들어, Thalheimer(2008)는 평가가 완료된 바로 즉시 주어지는 피드백보다 1~2일 후에 주어지는 피드백이 더 장기적인 학습효과를 유지하는 데 도움이 된다고 하였다. 1~2일 후에 주어지는 피드백을 통해 학생들이 평가내용을 다시 기억에서 끄집어 내어 반복학습하는 효과를 주기 때문이라고 한다. 그렇다면 피드백의 지연은 어느 정도까지 허용될 수 있을까? More(1969)에 의하면 1~2일 후에 주어지는 피드백이 장기적인 학습효과 유지에 가장 좋으나, 4일 이상 늦어지면 학습효과가 다시 낮아지는 현상이 있다고 하였다. 이에 따르면 피드백이 4일 이상 지체되는 것은 바람직하지 않다고 한다.

피드백 제공 시기의 효과에 대한 서로 상반된 연구결과는, 즉각적 피드백과 지연된 피드백의 효과는 상황에 따라 다를 수 있으므로 간단하게 비교할 것은 아니라는 점을 시사한다. 예를 들어, 학습자의 성취수준에 따라 피드백 제공 시기의 적절성은 다를 수 있다. 특히 우수한 학생을 대상으로는 스스로의 성찰 및 자기주도학습을 촉진하기 위해 일부러 지연된 피드백을 제공할 수도 있다. Kulik과 Kulik(1988)은 수업 중에 일어나는 과제수행에 대한 피드백이라면 즉각적인 것이 더 효과적이라고 하였다. 또한 과제의 난이도에 따라 다를 수 있는데, 어려운 과제수행의 경우, 문제해결 등의 고차원적 사고가 필요하므로 너무 즉각적인 피드백보다 좀 지연되어 제공되는 피드백이 좋다고 하였다.

중요한 것은 피드백이 지연될 수는 있으나 학생이 자신의 학습을 교정할 기회가 없을 만큼 너무 늦게 주어지는 피드백은 의미가 없다는 것이다. 따라서 학생이 피드백을 활용하여 교정을 할 기회가 있을 시기에 피드백을 제공해야 한다.

(2) 피드백의 빈도

학습과 성장을 위한 피드백은 중간, 기말고사와 같은 총합평가 후에 이루어지는 단발적 피드백이 아니라 교수·학습이 이루어지는 내내 지속적으로 주어져야 한다. 가장 적절한 피드백의 빈도는 학생의 특성과 학습과제의 특성에 따라 달라질 수 있다. 새로운 학습과제를 가르치기 시작한 초기 단계나 복잡하고 어려운 과제를 학습할 때에는 피드백을 자주하는 것이 좋다. 한편 효능감이 있는 학생은 학습을 진행하는 동안 교사의 도움을 자주 요구하지 않는 경향이 있다. 반면에 어떤 학생들은 교사에게 매우 의존적이며 피드백을 자주 필요로 할 수도 있다. Brophy와 Good(1986)은 의존적이고 자신감이 낮은 학생은 빈번한 피드백이 필요하며, 자신감이 있고 우수한 학생은 자주 피드백을 주지 않아도 된다고 하였다.

(3) 긍정적 피드백과 부정적 피드백의 균형

Van-Dijk과 Kluger(2004)에 의하면 하고 싶은 일, 열성적인 일에 대해서는 긍정적인 피드백이 동기를 유발하는 데 더 효과적이며, 반대로 해야 하는 일, 열성적이지 않은 일에 대해서는 부정적 피드백이 더 효과적이라고 한다. 또한 일을 지속적으로 하게 하는 데에는 긍정적 피드백이 더 좋다고 한다. 학습부진 학생에게는 긍정적 피드백이 더 좋다. 부정적인 피드백이라도 개인에 대한 비판을 하는 것이 아니라 '특정 과제의 수행이 부적절하다.' 또는 '특정 반응이 부적절하다.'와 같이 결과와 과정에 중점을 두어야 학생의 학습동기와 자신감을 저해하지 않는다.

(4) 학생의 참여

피드백의 효과를 높이기 위해서는 학생의 참여를 촉진하는 교실 분위기가 중요하다. 학생이 실패를 두려워하지 않고 수업과 평가활동에 참여하고 교사-학생 간 의사소통이 원활히 이루어지는 교실 분위기를 만드는 것이 중요하다. 이러한 교실 분위기 속에서 학생이 형성평가의 절차, 피드백의 절차에 참여하는 것은 피드백의 긍정적인 효과를 높일 수 있다. 형성평가의 채점기준 작성 시에 교사와 학생이 논의하고, 질문하고, 협력하여 함께 만들 수 있으면, 학생은 기대수준에 대해 명료하게 이해할 수 있게 되고, 자신의 학습이 어느 방향으로 가야하는지를 파악할 수 있다. 또한 평가결과를 토대로 학생의 현위치와 학습목표에 도달하기 위해 필요한 노력 등을 교사와 함께 논의하는 기회를 갖는 것이 좋다. Heritage 외(2009)에 의하면 이러한 기회는 점차적으로 학생이 자신 스스로 점검하고 자기평가를 할 수 있는 능력을 기르는데 도움이 되고, 또한 언제 교사의 도움이 필요한지 판단하고 요청하는 능력을 가지게 한다. 학생들의 참여가 이루어져 자기평가, 동료평가가 활성화되면 교사는 초반에는 형성평가와 피드백으로 업무가 많을 수 있지만, 점차 학생들과의 업무 분담이 이루어지게 된다.

(5) 피드백의 내용 및 전달

피드백의 내용을 학생이 정확히 이해할 수 있어야 한다. Brophy와 Good(1986)은 피드백은 추상적일 때보다 구체적일 때, 암시적일 때보다 명확할 때 더 효과적이라고 하였다. '더욱 노력이 필요하다.'와 같이 막연한 피드백을 제공하여 학생이 어떤 부분을 노력해야 하는지 추측하게 하는 것보다 무엇을 잘했고 무엇이 부족한지를 정확하게 알려 주는 것이 유익한 피드백으로 작용할 수 있다.

더 나아가 Phye(1991), Phye와 Sanders(1994), Pashler 외(2005)는 정답 여부와 함께 구체적인 설명을 함께 제공하는 경우 61%의 성적 상승을 보였다고 한다. 즉, 추상적인 피드백보다는 명확한 정·오답 판정이 바람직하고, 여기에 더해 추가적으로 틀린 부분에 대한 이유를 설명해 주는 것이 학생의 성장을 위해 더 좋은 피드백 방법인 것이다.

또한 형성평가 시행 이전에 학생들에게 기대수준을 명확히 알려 주는 것도 필요하다. 시연을 해 주거나 모범답안에 대한 예시를 들어 주는 것도 한 가지 방법이 될 수 있다. 채점기준 개발 시에 성공적인 수준은 어떠한 것인지 학생들과 논의하여 함께 개발하는 것도 기대수준을 명확히 하는 데 도움이 된다.

Thomas 외(2006)에 의하면 글로만 이루어진 피드백보다는 표, 그래프, 그림 등을 이용하여 쉽게 이해할 수 있게 제공된 피드백이 더 효과적이라고 한다. 또한 Kluger와 DeNisi(1996)에 의하면 과제에 초점을 맞춘 피드백이 긍정적 영향을 미친다고 한다. 그렇지 않은 경우 피드백이 오히려 학습을 저해할 수도 있다. 즉, 구체성이 없는 칭찬을 남발하거나, 다른 학생과의 비교 등은 효과적이지 않다.

이 밖에도 Lepper, Drake와 O'Donnell-Johnson(1997)에 의하면 사소한 오류에 대해 너무 세세히 피드백하지 않는 것이 좋다고 한다. 중요한 부분에 초첨을 맞춰 피드백을 주는 것이 좋고, 학습과정 중에 사소한 오류에 대한 세세한 지적은 의욕을 저하시키기도 한다는 것이다.

제6장

수행평가와 형성평가

1. 수행평가의 개요
2. 수행평가의 적용
3. 형성평가에서의 수행평가 활용

평가를 위한 평가가 아니라 교수·학습을 위한 평가로 평가의 본질적 목적을 강조하면서 형성평가가 재조명되며 학교현장의 관심이 높아지고 있다. 형성평가는 교수·학습이 진행되는 과정에서 일련의 교수·학습활동, 그리고 피드백, 평가의 과정이며, 수행평가 역시 정답 여부나 산출물에만 관심이 있는 것이 아니라 수행과정과 결과를 종합적으로 평가하고 교수·학습과정을 기반으로 한다.

형성평가나 수행평가의 특징은 학생을 상대적으로 변별하려는 것이 주요 목적이 아니라 학생의 현재 학업수준을 파악하고 향후의 학습 개선과 성장을 돕는 '학습지향적 평가'라고 할 수 있다.

이 장에서는 수행평가의 정의와 특징, 수행평가의 개발 및 절차 그리고 형성평가에서의 수행평가 활용 방향을 설명한다.

1 수행평가의 개요

수행평가에 대한 관심이 높아지면서 수행평가에 대한 다양한 정의가 소개되고 있다. 수행평가의 정의들은 대체로 수행평가의 장점과 선다형 문항 위주의 평가방법이 갖는 단점을 대비하는 차원에서 서술되는 경향이 있다. 즉, 선다형 문항에 의한 지필검사를 전통적 평가방법으로 규정하고 그 외 다른 평가방법을 수행평가로 정의하여, 우리나라에서 실시하는 선다형 문항 위주의 평가방법은 모두 잘못된 것이므로 수행평가를 실시해야 한다는 논리가 그것이다. 그러나 이러한 주장은 최소한 두 가지의 오류를 가지고 있다. 첫째, 수행평가의 정의에 대하여 올바르게 이해하고 있지 못하고 있고, 둘째, 수행평가와 선다형 문항에 의한 평가의 기능과 목적이 다름을 이해하지 못하고 있다.

앞에서 설명한 것과 같이 수행평가는 완전히 새로운 평가방법이 아니라 심동적 영역의 행동 특성을 평가하기 위하여 사용되던 평가방법을 인지적 영역의 행동 특성의 평가에 도입한 것이다. 그러므로 인지적 영역에서의 수행평가는 기존의 선택형 검사에 근거한 평가방법을 보완하는 측면에서 해석하는 것이 타당하다.

1) 수행평가의 개념적 구분

수행평가의 개념을 이해하기 위해서는 수행평가와 관련되거나 수행평가와 혼용하여 사용되고 있는 용어들을 이해할 필요가 있다. 이러한 용어로는 참평가, 포트폴리오, 직접평가, 대안적 평가가 있다. 성태제(1998)는 수행평가와 혼용되어 사용되고 있는 이러한 용어들에 대해 〈표 6-1〉과 같이 설명하고 있다.

〈표 6-1〉 수행평가와 관련된 용어 정의

용어	정의
수행평가	지식이나 기능 혹은 기술의 수행 정도를 측정하는 평가
참평가	실제 상황에서 수행 정도를 측정하는 평가
포트폴리오	개인의 작업이나 작품을 모아 둔 자료집이나 서류철
직접평가	표출되는 행위에 대한 직접관찰을 통하여 실시하는 평가
대안적 평가	기존의 어떤 평가방법을 대치할 수 있는 평가

수행평가(performance assessment)는 배운 내용이나 지식, 그리고 습득한 기술이나 기능을 행위로 나타내는 정도를 측정하여 판단하는 평가방법을 말한다.

참평가(authentic assessment)는 실제 생활에서 실시되는 수행평가로서 평가상황이 평가의 목적에 따라 인위적으로 고안되지 않는 특징을 지니고 있다. 그러므로 Meyer(1992)는 교육현장에서 의미 있는 평가방법이 되기 위해서는 수행평가와 참평가가 구분되어야 한다고 주장한다. 정의에 의하면, 참평가는 모두 수행평가가 될 수 있으나 모든 수행평가가 참평가가 될 수는 없다.

포트폴리오(portfolio)는 작업 결과나 작품 혹은 어떤 수행의 결과를 모아 놓은 자료집이나 서류철을 보고 평가하는 방법이다. 자료집에 넣을 작업 결과를 학생이 스스로 선택한다는 점이 특징적이다.

직접평가(direct assessment)는 간접평가와 반대되는 개념으로 사용되는 용어다. 인간의 능력은 잠재되어 있기 때문에 잠재되어 있는 속성을 직접 측정하기가 불가능하므로 검사라는 도구를 사용하여 간접측정을 실시하게 된다. 그러나 수행평가는 검사에 의한 간접적인 측정이 아니라 어떤 행위를 직접 관찰하면서 평가하기 때문에 직접평가라는 용어를 사용한다.

대안적 평가(alternative assessment)는 평가방법의 특성을 염두에 두고 사용된 용어가 아니며 기존의 어떤 평가방법을 대치할 수 있는 평가방법을 말한다. 의미상으로 대안적 평가가 수행평가의 동의어는 아니다. 다만, 대안적 평가가 수행평가를 지칭하여 사용되는 경우는 기존의 평가방법이 다루지 못한 영역을 수행평가가 다룰 수 있기 때문에 수행평가가 기존의 평가방법에 대한 하나의 대안이 될 수 있다는 측면을 부각시킨 것이다.

〈표 6-1〉에 제시되어 있는 용어들은 수행평가와 혼용되어 사용되면서 수행평가의 특성을 잘 나타내고 있기 때문에 이러한 용어들에 대한 이해는 수행평가의 개념을 정의하는 데 도움이 된다. 특히 수행평가 중 하나의 방법이 될 수 있는 참평가와 포트폴리오의 정의, 특성 등의 이해는 수행평가를 구체적으로 정의하는 데 도움이 될 것이다.

(1) 참평가

수행평가는 학습자들의 과제수행이 실제 생활의 문제들과 직접적으로 관련되기 때문에 참평가(authentic assessment)로 불리기도 한다(Linn & Baker, 1996). Wiggins(1989)에 의하여 처음으로 소개된 참평가는 학습자들의 지식과 기술을 학교 밖의 실제 세계(real world)에서 사용하는 것과 동일한 방식으로 적용하도록 요구하는 평가를 의미한다.

수행평가와 참평가는 대체로 구분 없이 사용되지만 수행이 이루어지고 있는 맥락에 따라 다소 다른 의미를 가지기도 한다. 수행평가가 학습자들에게 평가될 구체적인 행동을 수행하도록 요구하는 경우라면, 참평가에서 학습자는 요구된 행동을 완성하거나 드러내는 것이 아니라 실생활의 맥락에서 행동한다. 수행평가가 학생들에게 제한된 조건과 기준하에서 결과를 산출하거나 문제를 해결하길 요구한다면, 참평가는 평가의 과제와 맥락의 실생활적 성격을 부각시킨다고 볼 수 있다(Khattri & Sweet, 1996). 즉, 참평가에서는 어떤 기술이나 지식을 교수·학습의 맥락이 아니라 실제적인 맥락에서 적용하도록 요구한다(Oosterhof, 1994).

수행평가와 참평가의 구분은 평가상황이 실제에 얼마나 근접한가에 달려 있다. 따라서 모든 참평가는 수행평가라 할 수 있지만, 모든 수행평가가 참평가가 되는 것은 아니다. 그러나 좋은 수행평가 과제가 갖추어야 할 준거 중의 하나가 평가과제의 실제 맥락성(혹은 진실성, authenticity)이기 때문에 이런 측면에서 참평가는 수행평가의 특성 중의 하나가 될 수 있다.

(2) 포트폴리오

앞에서 언급했듯이 포트폴리오는 하나 이상의 영역에서 학습자들의 진보가 드러나는 학습결과에 대한 작품집으로서 수행평가 방법의 하나지만, 포트폴리오 평가라는 용어로도 종종 사용된다. 그 이유는 포트폴리오는 한 학기나 한 해 등 가장 장기간의 평가 시간을 필요로 하며, 학습자들의 자기평가를 중요한 판단으로 사용한다는 점에서 다른 수행평가 방법과 구별되는 경향이 있기 때문이다. 포트폴리오의 예로서 언어나 문학에서 자주 사용되는 작문 표본집과 연설 녹음 테이프들, 미술에서의 작품집, 과학에서의 실험 기록들, 수학에서 문제풀이에 사용하는 연습장(worksheets) 등을 들 수 있다.

포트폴리오의 유형은 대체로 과정 중심의 폴리오(process folio)와 결과 중심의 포트폴리오(portfolio)로 나뉘기도 한다. 과정 중심의 폴리오는 학습하는 과정이나 산출물을 만들어 가는 과정의 특징과 범위를 기록하는 학습과정 중심의 평가기법이고 결과 중심의 포트폴리오는 학습 결과물 자체의 특징과 범위를 기록하고 스스로 평가하는 방법이다.

학습자들은 포트폴리오를 통하여 종합적인 인지능력을 활용하며, 자신들의 학습을 반성하고, 스스로 학습을 구안하며, 다양한 학습의 형태를 활용할 수 있게 되므로 평가를 수업의 과정으로서 인식할 뿐 아니라, 수업의 과제와 학교 밖에서의 생활을 관련시키게 된다(Gordon & Bonilla-Bowman, 1996). 학습자들은 한 학기 혹은 한 해 동안 모아 온 작품집에서 작품을 선별하여 평가자에게 제출하기 때문에 포트폴리오에서는 학습자의 자기반성과 평가의 과정이 포함된다. 또한 포트폴리오는 수행과정이나 그 결과에 대한 평가뿐 아니라, 학습자들의 발달과정까지 평가할 수 있다는 장점이 있다(성태제, 1998). 즉, 포트폴리오는 학습자들에게 자기평가의 기회를 제공할 뿐 아니라 교사와 학부모에게도 학생들의 학습의 진보와 강·약점에 대한 정보를 제공하여 학생들의 성취에 대한 의사소통을 하는 데 용이하다. 또한 포트폴리오는 개별화된 수업목표에 쉽게 적응할 수 있다는 장점도 있다. 학생들은 스스로 자신의 작품집을 준비하고 교사들은 이러한 작품집을 개별적으로 검토하기 때문에 학생 개개인의 구체적인 수업목표가 설정될 수 있다(Oosterhof, 1994).

2) 수행평가의 정의

수행평가, 참평가, 포트폴리오 그리고 직접평가 등은 동일한 의미로 사용될 때가 많다. 그러나 앞에서 논의되었듯이 참평가, 포트폴리오, 직접평가, 대안적 평가 등은 수행평가의 범주 속에 모두 포함될 수도 있다. 이런 경우의 수행평가를 광의의 수행평가라 한다. 그러므로 주목하여야 할 것은 수행평가의 정의가 〈표 6-1〉에서 설명한 본래의 수행평가에 대한 정의가 있고, 확산된 개념으로 광의의 수행평가에 대한 정의가 있다는 것이다. 수행평가에 대한 정의를 기초로 수행평가의 범위를 넓혀 살펴보는 방법이 수행평가를 이해하는 데 용이하다.

본래 의미의 수행평가는 심동적 행동 특성을 평가하기 위하여 음악이나 체육 등과 같은 분야에서 주로 사용하던 평가방법이다. 학습한 지식이나 습득한 기능, 기술을 얼마나 잘 수행하느냐(doing, preforming)를 판단하는 평가방법으로 일반적으로 관찰에 의존하여 행위를 수행하는 모든 과정과 수행이 끝났을 때의 결과를 종합적으로 판단하는 평가방법이다. 그러므로 본래 의미의 수행평가는 행위의 정도를 보여 주는 분야에서 개발된 평가방법이라 할 수 있다.

그러나 수행평가의 장점 때문에 심동적 행동 특성을 평가하던 수행평가는 인지적 행동 특성뿐 아니라 정의적 행동 특성을 평가하는 방법으로까지 이용되었으며, 그에 따라 수행평가의 정의는 확대되었다. 확대된 수행평가는 참평가, 포트폴리오, 직접평가 등을 모두 포함하고 있으며, 다양한 평가방법을 사용한다. 따라서 수행평가를 다시 정의하자면, 습득한 지식, 기능이나 기술을 실제 생활이나 인위적 평가상황에서 얼마나 잘 수행하는지(doing, performing) 혹은 어떻게 수행할 것인지(how to do, how to perform)를 서술, 관찰, 면접 등의 방법을 통하여 종합적으로 판단하는 평가방법으로서, 지식이나 기능에 의한 정답 여부나 산출물에만 관심이 있는 것이 아니라 수행과정과 그 결과를 총체적으로 평가하는 것이다(성태제, 1999; 최연희, 권오남, 성태제, 1999).

수행평가가 많은 교과 영역에 적용되면서 선다형 문항에 의한 평가를 제외한 모든 평가방법을 수행평가라고 하며 서술형 및 논술형 검사, 구술시험, 토론, 실기시험, 실험실습, 면접, 관찰, 자기평가 및 동료평가 보고서, 연구보고서, 포트폴리오, 나아가 역할놀이, 프로젝트, 신문활용교육, 작품감상, 만들기, 심지어 운동시합까지도 수행평가라 하므로 학교현장에서는 수행평가에 대한 개념의 혼동, 나아가서 교수법과 교육평가 방법의 혼동까지 야기하고 있다.

이와 같은 혼동이 생기는 이유는 평가방법을 임의적으로, 그리고 인위적으로 구분하려 하기 때문이다. 실험·실습이나 실기시험은 수행능력을 평가할 수 있으므로 넓은 의미의 수행평가에 포함시킬 수 있으나 운동 경기까지 수행평가라 함은 수행평가에 대한 과도한 해석이다. 이런 이유로 성태제(1998)는 인지적 행동 특성을 평가하는 선택형 문항의 평가와 수행평가를 구조화의 정도에 따라 연속선상의 개념으로 보고 [그림 6-1]과 같이 설명한다.

선다형 문항에 의한 평가로부터 참평가에 이르는 연속선상에 있는 두 평가방법은 강조점이 다르다. 진위형 문항에 의한 평가는 무엇을 알고 있는지 여부를 판단하는 데 초점이 있으나 참평가는 인위적 상황보다는 실제 생활에서 알고 있는 것을 얼마나 잘 할 수 있느냐에 관심을 둔다. 그러므로 선택형 문항에 의한 평가는 고정된 형태의 평가방법에 의존하지만, 수행평가는 개방된 형태의 평가방법을 사용하며, 결과뿐 아니라 진행과정까지 평가한다. 선택형 문항에 의한 평가는 일반적으로 정답이나 정도의 차이를 나타내므로 평가도구의 타당도와 신뢰도를 객관적으로 추정할 수 있는 장점이 있다. 그러나 수행평가는 평가항목이 구조화되어 있지 않으므로 내용

타당도와 준거타당도에 의존하여 평가도구의 타당도를 검증하고, 관찰에 의하여 평가가 이루어지므로 관찰자인 채점자 내, 그리고 채점자 간 신뢰도에 의하여 평가결과의 신뢰도를 검증한다.

등위 판정과 서열화 등의 행정적 기능이 강조되는 경우라면 측정의 오차와 관련된 신뢰도를 높여야 하므로 선택형 문항에 의한 평가방법이 사용된다. 반면, 행정적 기능보다는 교수적 기능이 강조되는 경우에는 채점자 내와 채점자 간 신뢰도에 보다 자유로운 수행평가를 실시할 수 있다. 만약 상호 경쟁이 치열하여 평가결과의 공정성과 신뢰성이 절대적이라면 수행평가 결과를 사용하는 데 한계가 있다.

선택형 문항에 의한 평가 ⟷ **수행평가**

[구조화] ⟷ [비구조화]

진위형 | 선다형 | 배합형 | 괄호형 | 단답형 | 논술형 | 구술시험 | 수행평가 | 포트폴리오 | 참평가

선택형 문항에 의한 평가	수행평가
인지	인지 / 정의 / 심동
앎	앎+행함
학습 결과	학습진행 / 결과
고정형 평가	개방형 평가
이분적 평가(하나의 정답)	다분적 평가(다양한 정답)
타당도-내용타당도 -구인타당도 -준거타당도	타당도-내용타당도 -준거타당도
신뢰도-재검사신뢰도 -동형검사신뢰도 -내적일관성신뢰도	신뢰도-채점자 내 신뢰도 -채점자 간 신뢰도
분석적 접근	총체적 접근
인위적 상황	실제적 상황
일회적 평가	지속적 평가
정적 평가	동적 평가
행정적 기능	교수적 기능

[그림 6-1] 선택형 문항의 평가와 수행평가의 연속적 개념

연속선상에 있는 선다형 문항에 의한 평가와 참평가 사이에서 어떤 평가방법을 수행평가로 볼 수 있는 기준은 '논술에 의한 평가 형태 이상의 수준'이라 말할 수 있으나, 논술에 의한 평가를 모두 수행평가라고 할 수는 없다. 평가방법의 유형으로 수행평가 여부를 판단하는 획일적 기준은 없지만, 무엇을 평가하느냐, 즉 알고 있는

지식의 정도를 행위로 나타내거나, 행위로 나타내지 못하더라도 어떻게 할 것이라는 내용(how to do)을 서술하는 것을 수행평가의 판단 기준으로 삼는 것이 바람직하다(성태제, 1998). 수행평가가 전통적인 평가의 대안으로 등장하게 된 궁극적인 쟁점은 평가도구의 형식보다는 평가의 내용이 무엇인가, 곧 무엇을 평가하는가에 있기 때문이다(김경희, 2000). 수행평가는 전통적인 평가가 잘 다루지 못했던 복합적인 사고과정, 기술이나 기능 등의 고등정신능력을 평가하고자 하기 때문에, 수행평가의 개념 정의는 평가의 형식보다는 평가의 내용이나 목적을 근거로 이루어져야 한다. 이런 의미에서 논술형 평가 형태는 학생들에게 무엇을 요구하는가에 따라 전통적인 평가가 될 수도 있고 대안적인 평가가 될 수도 있다.

수행평가는 학습자의 사고과정을 측정하고, 아는 것을 행하는 정도까지 측정하여 평가하므로 고정된 평가 유형에 의한 평가방법보다 고차원적이고 복합적인 능력을 측정한다. 교육평가 과목의 문항 제작 원리와 관련된 선다형 문항과 수행평가 과제의 예는 다음과 같다.

[선다형 문항의 예]

◈ 다음 답지 중 선다형 문항 제작 원리와 관계가 먼 것은?
ⓐ 질문에 부정문 사용을 삼간다.
ⓑ 답지들이 상호 독립적 내용이 되도록 한다.
ⓒ '정답 없음' 답지를 사용하는 것이 바람직하다.
ⓓ 틀린 답지에 '절대'나 '항상'이란 단어를 쓰지 않는다.
ⓔ 정답이 두 개 이상일 때 최선의 답을 선택하도록 한다.

[수행평가 과제의 예]

◈ 선다형 문항 제작 원리에 기초하여 사지 선다형 문항을 제작하여 제출하시오.

[그림 6-2] 선다형 문항과 수행평가 과제의 예시

[그림 6-2]의 예에서 선다형 문항은 선다형 문항 제작 원리에 대한 기본적인 이해를 다루고 있지만, 수행평가 과제는 선다형 문항 제작 원리에 대한 기본 이해뿐 아

니라 원리를 활용하여 문항을 개발하는 복합적인 능력까지 다루고 있다. 선다형 문항은 문항 제작 원리를 이해하여 틀린 내용을 답지 중에서 선택하면 된다. 그러나 수행평가 과제는 선다형 문항 제작 원리를 모두 이해하고 이를 바탕으로 선다형 문항을 실제로 제작하고 제작한 문항을 분석하여 다시 수정하고 평가하는 작업까지 수행하도록 요구한다.

이상의 평가방법을 비교할 때 수행평가가 보다 복합적인 능력을 평가하는 방법이라 할 수 있다. 그렇다고 모든 교과나 모든 상황에서 수행평가를 실시하여야 한다는 발상은 위험하다. 평가 목적을 이루기 위해 가장 합리적인 평가방법을 선택하는 것이 바람직하다. 다시 강조하지만, 평가결과가 학생들에게 주는 영향이 매우 클 경우는 채점의 주관성을 최소화하기 위하여 선택형을 사용한 평가방법을 사용하여야 하고 점수에 대하여 보다 관대할 수 있다면 수행평가를, 그리고 더 나아가 참평가를 실시할 수 있다.

3) 수행평가의 역사

수행평가는 기존 평가방법의 문제점을 보완하는 새로운 평가방법으로서 인식되어 온 것이 사실이다. 그러나 앞서 논의하였듯이 수행평가는 교육뿐 아니라 사회의 전반적인 관심을 끌기 이전에도 교육에서 사용해 왔던 평가방법이었다. 학교교육에서 수행평가는 새로운 평가방법으로 등장한 것이 아니다. 체육이나 무용과 같이 주로 심동적 영역을 측정하는 방법이었던 실기평가의 형태가 학습자가 수행하는 과정을 모니터할 수 있고 그들의 지식이나 능력을 드러내도록 요구함으로써 직접적으로 평가할 수 있다는 장점 때문에 인지적·정의적 영역의 평가방법으로 활용되게 된 것이다. 이와 같이 수행평가가 학교교육에서 새롭게 등장한 평가방법이 아니라면 이제까지 어떠한 개념과 목적으로 활용되어 왔는지 수행평가의 역사적 기원을 살펴보는 것은 최근에 활용되고 있는 수행평가의 개념을 이해하는 데 도움이 될 것이다.

Ward와 Murray-Ward(1999)에 의하면 수행평가의 기원은 중국에서 관리를 선발하기 위해 사용되었던 과거시험(civil service testing)에서 찾을 수 있다. 기록에 의하면 관리를 선발하기 위해 실시되었던 중국의 과거시험 제도는 B.C. 1115년에 기본적인 시험 과목(basic arts)으로 음악, 활쏘기, 말 타기, 작문, 산술, 의식 절차에 대한 기술 등을 포함하고 있었다. 이 시험은 시험에 응시하는 관리 후보들에게 이와 같은 과목에서의 능력을 입증하도록 요구하는 수행 검사들이었다(Wainer, 2000).

또한 수행평가의 유래를 유럽의 도제제도에서 찾기도 한다. 남명호(1995)는 산업혁명 이전, 유럽의 도제제도하에서 스승이 제자에게 특정한 기술과 능력을 가르치고 배우는 과정에서 사용하던 평가방법이 수행평가의 원형이라고 주장한다. 학습자의 능력이나 기술, 지식 등을 입증하도록 요구한다는 측면에서 수행평가의 기원으로 볼 수 있다는 것이다. 한편 김호권(1999)은 제2차 세계대전 당시 미군에서 사용한 첩보·유격요원 선발 방법에서 그 기원을 찾기도 한다. 이 선발 제도는 60명 이상의 심리학자, 정신의학자, 군사 전략 전문가가 참여하여 개발하였는데, 요원으로서의 능력이나 자격을 갖춘 후보들이 그러한 능력을 직접적으로 보여 줄 수 있도록 설계되었다고 한다.

역사적으로 살펴본 중국의 과거제도, 유럽의 도제제도, 첩보·유격요원 선발제도, 혹은 심동적 영역의 측정방법 등으로 활용되었던 수행평가 기법들은 활용되었던 시기나 목적에서는 차이가 있지만, 모두 피험자로 하여금 자신의 특정한 능력이나 기술, 지식 등을 보여 주도록 구안되었다는 공통적인 특징을 가지고 있다. 즉, 수행평가는 피험자 혹은 학습자로 하여금 자신의 능력이나 기술을 보여 주도록 구안된 평가 형태라 할 수 있으며, 이러한 개념은 현재 사용하고 있는 수행평가의 개념에도 그대로 반영되고 있다.

미국에서는 1980년대 초반부터 수행평가가 각광을 받았고, 지속적으로 학교현장에서 적용되어 오다가 차세대 교육평가정책 2.0(Assessment 2.0 for Next Generation)에 와서는 그 중요성이 더욱 강화되었다. PARCC(The Partnership for Assessment of Readiness for College and Careers)와 SBAC(Smarter Balanced Assessments Consortium)에 의한 포괄적 평가 시스템은 학생들의 읽기, 쓰기, 수학적 추론 능력으로부터 대학에 진학하기 위한 준비 정도나 경력을 보여 주며, 연구나 실험, 논술 등에서 그들의 기술과 능력을 시연할 것을 요구하고 있다. 포괄적인 평가 시스템으로 시행되는 수행평가가 앞으로 교육현장에서 널리 이용될 것이다.

4) 수행평가의 특징

수행평가의 다양한 방법은 대체로 다음의 공통적인 특징을 갖는다(Linn & Baker, 1996; Baron & Boschee, 1995; Herman, Aschbacher, & Winters, 1992).

첫째, 수행평가의 특징은 고정되어 있는 선택으로 반응하는 것이 아니라 개방형 과제에 대하여 학생들이 반응을 구성하거나 활동을 수행한다는 것이다. 단어의 철자를 쓰거나 간단한 덧셈을 완수하는 것도 과제로 볼 수 있지만 수행과제는 더욱 복잡한 기술을 요구한다.

둘째, 수행평가는 학생들에게 문제를 제기하고 해결하며 분석하고 연구하는 등의 다양한 활동을 허용한다. 학생들의 이러한 활동은 판단력, 문제해결력, 고등사고 능력, 의사소통과 같은 복합적인 기술을 포함한다.

셋째, 수행평가는 학생들이 풍부한 반응을 구성하고 산출할 수 있도록 충분한 시간을 필요로 한다. 수행평가는 문항당 1분 정도를 소요하는 표준화 검사에 비해 장시간의 과제수행의 과정을 요구한다.

넷째, 수행평가는 학생 개인뿐 아니라 학생 집단에 의해 수행하도록 설계되기도 한다. 학교 밖의 실제 생활에서 각 개인은 항상 다른 사람과 함께 일하고 무엇인가를 생산해 낸다. 실제로 어느 누구도 다른 사람의 비판과 도움을 받지 않고서 무엇을 수행하거나 만들어 내는 일은 거의 없다.

다섯째, 모든 학생에게 일률적으로 시행되는 표준화 검사에 비해 수행평가는 학생과 교사 모두에게 과제에 대한 선택을 허용한다. 수행평가에서 교사와 학생은 함께 과제를 만들 수도 있고, 과제수행에 대한 평가의 준거도 논의할 수도 있다.

여섯째, 수행평가의 점수화 규칙은 학생들의 수행과정이나 결과에 대한 판단에 기초한다. 수행평가에서는 점수 부여 기준이나 준거를 개발하고 채점자를 훈련하는 일이 중요하다.

이상의 특징에 비추어 볼 때 수행평가는 평가를 실시하는 교사들에게 보다 더 많은 자율성이 부여되는 개방적 형태의 평가방법임을 알 수 있다. 즉, 교사의 전문적 판단에 근거하여 수행평가 도구의 제작, 채점기준표 작성, 점수 부여, 보고서 작성 등이 이루어진다.

수행평가의 장점은, 첫째, 인지적 능력, 정의적 특성, 심동적 특성을 모두 평가할 수 있는 총체적 접근이다. 둘째, 개방형 형태의 평가방법은 다양한 사고능력을 함양시킨다. 셋째, 수행평가는 과제의 성격상 협동학습을 유도하므로 전인교육을 도모한다. 넷째, 검사결과뿐 아니라 문제해결 과정도 분석할 수 있다. 다섯째, 학습동기와 흥미를 유발한다. 맞거나 틀리는 이분적 평가가 아니라 어떠한 답도 수용할 수 있으므로 학생들을 격려하여 학습동기와 흥미를 증진시킨다. 여섯째, 행정적 기능이 강조되지 않을 때 수행평가가 실시되므로 검사불안이 적은 편이다.

그러나 수행평가 실시에 따른 장점 못지않게 어려움도 적지 않다. wolfe와 Miller (1997)는 미국의 16개 중등학교 교사들이 포트폴리오 방법을 사용하는 데 나타나는 가장 큰 문제점은 시간과 점수화 과정이라고 밝히고 있다. 포트폴리오 평가방법 설계와 적용, 채점에 소요되는 시간, 점수화하는 기준, 점수 부여 방법, 학생과 학부모에게 통보하는 것, 그리고 점수 사용에 어려운 점이 있다고 보고하고 있다. 특히 교사가 수행평가 결과에 대하여 학생이나 학부모와 의사를 교환하는 데 애로사항이 많다고 토로하고 있다.

수행평가를 실시하는 데 소요되는 비용도 만만치 않다. Reckase(1995)는 포트폴리오에 의한 평가결과의 신뢰도는 낮으므로 훈련된 채점자에게 평가를 의뢰하여야 하며 Miami 대학에서 포트폴리오 하나를 분석하는 데 많은 비용이 소요된다고 보고하고 있다. Stecher와 Klein(1997)은 과학 교과에서 수행평가가 생각했던 것보다 훨씬 많은 비용이 소요된다고 결론지으며, 학기당 한 학생을 위하여 드는 수행평가 비용은 $34이고, 신뢰도를 .8로 유지하려면 $102가 소요되며, 이는 표준화 검사를 실시하는 비용의 약 20배 정도가 된다고 발표하였다. 또한 위스콘신 주의 경우 수행평가가 3년간 연구 과제로 선정되어 진행되다가 1년 반 만에 주정부의 결정으로 연구가 중단되는 사례도 있다. 미국은 우리나라에 비하여 학급 크기가 작고 교사들의 업무가 적으며 교육에 투자하는 비용이 많은데도 불구하고 교사들은 수행평가를 실시할 때 소요되는 시간과 비용의 문제를 제기하고 있다.

이상의 연구들을 기초로 수행평가의 단점을 정리하면 다음과 같다.

첫째, 수행평가도구 개발에 어려움이 있다. 수행평가도구를 개발하기 위하여 교과내용은 물론 학습자들의 인지 구조, 그리고 학습과제들을 실생활에 적용하는 범위까지 고려하여야 하므로 전통적 방법에 의한 평가문항의 개발보다 수행평가도구의 개발이 어렵다.

둘째, 채점기준, 즉 점수 부여 기준 설정이 용이하지 않다. 수행평가는 수행과정까지 고려하여 점수를 부여하게 된다. 이런 경우 어느 정도까지 몇 점을 주어야 하는지에 대한 판단이 필요한데, 이 점수 부여 기준 설정에 어려움이 있다.

셋째, 채점자 내 신뢰도와 채점자 간 신뢰도 확보에 어려움이 있다. 전통적 평가방법보다 주관이 개입될 소지가 많은 수행평가에서 일관성 있게 점수를 부여하는 것은 쉬운 일이 아니다. 논술형 문항을 채점하더라도 채점자 한 사람이 시간의 변화에 상관없이 일관되게 채점하는 것이 쉽지 않으며, 나아가 여러 채점자가 서로 유사하게 채점하는 것 역시 쉬운 일이 아니다.

넷째, 시간이 많이 소요된다. 평가도구 개발, 점수 부여 등에 많은 시간이 소요된다. 컴퓨터에 의하여 기계적으로 채점하는 선다형 문항에 비하여 수행평가는 검사 시행은 물론 채점에 필요한 시간이 늘어난다.

다섯째, 비용이 많이 든다. 수행평가의 전략과 채점 방식에 따라 소요되는 시간과 필요한 교사의 수가 달라질 수 있으므로 실제적인 비용을 정확히 산출하기 어렵다 하더라도 전통적 평가방법에 비하여 많은 비용이 소요된다.

여섯째, 점수 결과 활용에 어려움이 있다. 학생과 학부모가 평가 결과를 인정하지 않을 경우 점수 결과를 활용하는 데 많은 문제가 야기된다. 나아가 교사를 불신하는 일까지 일어나게 된다.

2 수행평가의 적용

1) 수행평가의 개발 및 절차

수행평가도구를 개발하고 시행하여 결과를 활용하는 일련의 평가절차는 다음과 같다.

첫째, 수행평가 과제를 개발하고 내용타당도를 검증한다.

둘째, 수행평가를 실시한다.

셋째, 수행평가의 채점기준을 개발한다.

넷째, 수행평가 결과를 채점하기 위하여 채점자를 훈련한다.

다섯째, 채점을 실시한다.

여섯째, 채점자 내 신뢰도와 채점자 간 신뢰도를 검증한다.

일곱째, 수행평가 결과에 대해 점수나 등급을 부여한다.

여덟째, 학생과 학부모에게 평가결과를 통보한다.

① 수행평가 과제를 개발하고 내용타당도를 검증한다.

수행평가도구는 크게 수행평가 과제와 채점기준으로 구분되기 때문에 수행평가 도구의 개발도 과제 개발과 채점기준 개발로 구분할 수 있다. 수행평가의 과제는 학습자에게 특정한 능력이나 지식을 입증할 수 있도록 개발되어야 하고, 과제에 대한 학습자의 반응이 수행과제가 요구하는 지식이나 능력을 드러내고 있는지를 평가하는 채점기준이 개발되어야 한다.

McMillan(2014)은 수행평가 과제 개발을 세 단계로 설명한다. 첫째, 학습자들의 어떤 능력과 기술을 평가할 것이며, 어떤 과제수행 활동을 유도할 것인지 등 과제에 대한 일반적인 아이디어를 생성하는 단계를 통해 과제에 대한 전체적인 틀을 계획한다. 둘째, 전체적인 아이디어와 교육과정 혹은 교수과정을 구체적으로 연계하고 평가의 목표를 결정하여 과제를 상세화하는 단계를 거친다. 이 단계에서는 과제에 어떤 내용이 들어갈지를 상세화하고 과제수행의 조건을 구체화한다. 셋째, 학생들에게 부여하는 과제의 진술문을 기술한다. 과제 진술문에는 평가할 내용, 학생들의 활동, 필요한 자료, 점수화 규칙 등의 기술이 포함된다.

일반적인 검사도구를 개발하는 절차에서 볼 수 있는 것과 같이 수행평가에서도 타당하고 신뢰할 수 있는 검사도구를 개발하기 위한 양호도 검증 과정을 거치게 된다. 이를테면 타당한 수행과제는 모종의 타당화 준거를 충족시켜야 한다. Linn과 Baker(1996)는 수행평가의 타당화 준거들을 내적 타당도와 외현적 타당도로 구분한다. **내적 타당도 준거**는 과제 내용이 교수·학습과정을 개선하는 데 도움을 줄 수 있는 수준인가, 과제가 교육과정의 중요 부분을 다루고 있는가, 과제들이 교육과정의 내용을 대표할 수 있고 다양한 영역의 통합을 추구하고 있는가, 학생들의 복합적인 인지기술을 측정할 수 있는가가 관건이다(Linn & Baker, 1996). 수행과제들이 의도된 교수목표를 포함하고 있으면, 과제들의 수행을 통하여 학생들이 그들의 능력과 기술을 충분히 입증할 수 있는지를 판단할 수 있다. 이러한 준거들은 과제 개발자나 교사들이 상호 검토할 수 있도록 체크리스트로 만들어 활용할 수 있다.

② 수행평가를 시행한다.

특정한 능력이나 기술을 요구하도록 개발된 과제를 학습자에게 부여하여 수행하게 한다. 전통적 평가방법인 지필검사의 경우 다수의 문항에 의하여 학생들의 능력을 평가하지만 수행평가의 경우 일반적으로 소수의 과제가 부여된다. 특히 어떤 행위를 보여 주는 수행평가의 경우 과제당 1시간 이상을 소요하기도 한다. 과제수행은 개인활동 단위일 수도 있고 협동과제가 부여된 집단활동 단위일 수도 있다.

③ 수행평가의 채점기준을 개발한다.

채점기준은 수행평가 과제가 요구하는 능력이나 기술을 반영하도록 개발되어야 하기 때문에 과제와 채점기준은 논리적인 관계를 이루어야 한다. 따라서 수행평가 과제를 개발한 후에 채점기준에 대한 전체적인 틀이 마련되어야 하며, 실제적으로 학습자가 수행한 표본을 참조하여 채점기준을 구체화한다.

실제로 수행평가가 지니는 가장 큰 취약점은 채점에 있다. 그러므로 채점기준의 명료화가 중요할 수밖에 없다. 채점기준을 구체화하기 위하여 어떤 요소를 채점할 것인가, 그 요소가 무엇이고, 각 요소별로 어떤 채점기준을 설정할 것인가, 각 채점기준에 관련된 수행수준은 무엇인지를 밝혀야 한다. 또한 채점척도를 '예', '아니요'의 점검표로 할 것인지, 점수를 부여하는 점수척도로 할 것인지, 유목화하여 평가하는 질적 채점척도를 작성할 것인지 결정하여야 한다.

이에 따라 점수를 부여하는 규칙을 설정하여야 한다. 선다형 문항을 제작하는 수행평가 과제와 채점기준의 예는 [그림 6-3]과 같다.

수행평가

선다형 문항 제작 원리에 기초하여 사지 선다형 문항을 제작하여 제출하시오.

수행평가 과제의 구체적 내용

수행평가 내용(작업): 선다형 문항 제작

수행평가 상황

관찰내용:	과정	결과
상황:	자연적	인위적
자극(처치):	부여	미부여

수행평가를 위한 전제 조건

학생들은 선다형 문항을 제작하는 내용을 학습하였다.

평가자(관찰자)에 대한 지시 사항

학생들에게 선다형 문항을 제작하라고 지시하나 세부적인 설명적 지시는 하지 않는다.

학생에 대한 지시 사항

① 선다형 문항을 문항 제작 원리에 입각하여 제작할 것
② 문항 응답을 위하여 학생에서 적절한 지시문을 작성할 것
③ 학생들이 검사지에 바로 응답할 것을 염두에 둘 것
④ 제작한 문항 제출 시간을 명시할 것

채 점 기 준

평가 영역	구체적 내용	점수 (10점)
질문의 내용	① 문항이 교과의 중요한 내용을 포함한다.	2점
	② 질문의 내용이 간결하다.	2점
답지의 형식	③ 부정문을 사용하지 않았다. 만약 사용했다면 부정 어구에 밑줄 혹은 진하게 표시하여 강조하였다.	1점
	④ 답지들의 문법적 구조가 동일하다.	1점
	⑤ 답지들에 공통적인 구나 절이 반복되지 않았다.	1점
	⑥ 답지 배열이 적절하다(예: 길이순, 가나다순, 유사 내용 인접 등).	1점
	⑦ 답지들이 매력적이다.	1점
	⑧ 답지의 내용이 서로 독립적이다.	1점

[그림 6-3] 수행평가 과제와 채점기준 예시

④ 수행평가 결과를 채점하기 위하여 채점자를 훈련한다.

채점자는 학생들의 활동이나 그 결과에 대하여 점수를 부여하기 전에 채점기준을 명확하게 알고 있어야 한다. 또한 일관성 있는 점수를 확보하기 위한 방법으로써 채점자들 간의 공통된 준거 확보를 위한 채점자 훈련을 실시하여야 한다. 채점자 훈련을 통해 채점자들은 수행평가가 의도하는 것, 채점준거들이 의미하는 것과 각 점수가 표현하는 수행이 무엇인지 등을 명확하게 알 수 있다. Herman 외(1992)에 의하면 채점자 훈련을 위하여 채점 훈련 안내서를 준비하여야 하고, 채점자 오리엔테이션, 채점기준표 숙지, 채점 연습, 채점자 간 신뢰도 추정, 채점기준 수정, 점수 기록 등의 훈련을 통하여 채점자 간 신뢰도를 유지할 수 있도록 한다.

⑤ 채점을 실시한다.

수행평가의 특징은 하나의 정답이 존재하는 것이 아니라 다양한 답이 존재하므로 학생들의 수행결과도 이분적으로 채점하지 않는다는 점이다. 수행평가를 위한 채점방법은 총괄적인 채점방법(holistic scoring method)과 분석적인 채점방법(analytic scoring method)이 있다.

총괄적인 채점방법은 학생들의 반응을 전체적인 특징이나 하나의 측면에 근거하여 단일한 점수를 부여할 때 선호되는 방법으로서 하나의 특성에 초점을 둔다는 의미에서 Herman 외(1992)에 의하면, 주요 특성 준거(primary trait criteria)라고도 한다. 평가결과에 대하여 다양한 영역으로 구분하지 않고, 종합적으로 판단하여 점수를 부여하는 이러한 방법은 채점하기가 쉽고, 채점시간도 빠르나 전체적인 인상에 의하여 점수를 줄 수 있으므로 채점의 일관성을 잃기 쉽다.

분석적인 채점방법은 평정자가 학생들의 활동이나 그 수행 결과를 요소요소로 구분하여 점수를 부여하는 방법이다(성태제, 1996). 이러한 방법을 통해 얻은 측정치는 교사와 학생 모두에게 유용한 정보를 제공할 수 있다(Arter, 1999; Herman, Aschbacher, & Winters, 1992). 학생들이 질문이나 과제의 여러 가지 영역에서 얼마나 잘 수행하는지에 대한 정보를 주므로 학생들의 강점과 약점을 쉽게 알 수 있다. 이때 채점기준이 명확할수록 일관성 있고 신뢰할 수 있는 채점이 된다. 그러나 분석적인 채점방법은 총괄적인 채점방법에 비하여 세부적 절차가 필요하므로 채점자 훈련이 필요하고 실제 채점할 때 시간이 많이 걸리는 약점이 있다. 학생들의 응답을 세세하게 분석할 수 있는 충분한 시간이 확보되어야 가능한 채점방법이라 하겠다.

⑥ 채점자 내 신뢰도와 채점자 간 신뢰도를 검증한다.

채점자 내 신뢰도란 채점자 한 사람이 평가대상 모두에게 얼마나 일관성 있게 점수를 부여하였느냐의 문제이며, **채점자 간 신뢰도**는 한 채점자가 다른 채점자들과 얼마나 유사하게 점수를 부여하였느냐의 문제다.

채점자 간 신뢰도를 판단하는 기준은 없으나 수행평가를 위한 판단기준으로 상관계수가 .6 이상이면 채점자 간 신뢰도가 있다고 할 수 있다. 수행평가는 관찰과 판단에 의존하는 평가이기 때문에 점수를 부여하는 과정에서 일관성이나 공정성을 잃기 쉬우므로 명료한 채점기준의 마련과 채점자 훈련은 반드시 거쳐야 할 과정이다.

⑦ 수행평가 결과에 대한 점수나 등급을 부여한다.

수행평가의 결과에 대하여 점수를 부여하거나 등급을 부여할 수 있으며 때로는 질적으로 서술할 수도 있다. 앞에서 제시한 선다형 문항 제작 수행평가의 예에서는 채점기준을 선정하고 채점 항목별로 점수를 부여하여 총점을 계산할 수 있다. 분석적 채점방법에 의하면 점수를 부여하기가 용이하다. 수행과제의 특성상 분석적 채점보다는 총괄적 채점에 의하여 수행과제의 수행 전반에 대한 종합적 평가를 하기 위해서 'A, B, C' 혹은 '매우 우수, 우수, 보통, 부족, 매우 부족' 등의 등급으로 평가하는 경우도 있다.

일반적으로 수행평가 결과가 영향을 많이 줄 경우에는 보다 명료한 채점기준에 의한 다양한 평가결과가 효과적이므로 변별이 큰 평가방법을 사용한다. 그렇지 않을 경우 점수나 등급보다는 질적 평가로 서술에 의한 평가를 실시할 수도 있다. 예를 들어, 과제를 수행하는 과정에서 학생의 장점, 단점 그리고 자세와 태도, 적성 등도 기록할 수 있다.

⑧ 학생과 학부모에게 평가결과를 통보한다.

평가결과가 점수든, 등급이든, 질적 서술이든 그 결과를 학생과 학부모에게 알린다. 이 과정에서 평가기술이 명확히 전달되어야 하고, 그와 같은 평가결과가 산출된 것에 대하여 학생이나 학부모가 이해할 수 있도록 하여야 한다. 수행평가의 결과를 보고하는 과정은 평가의 결과가 관련 집단에 중요한 영향을 줄수록 민감하고 어려운 부분이다. 보다 객관적이고 공정한 평가를 실시하였다는 보장을 하기 위하여 타당화 준거를 검토하고 채점자 내와 채점자 간 신뢰도를 검증하는 등의 다양한 노력을 기울여야 한다. 이는 학생이나 학부모가 평가결과에 대한 이의를 제기할 경우도 있기 때문이다. 그러므로 채점기준이나 점수 혹은 등급 부여 절차는 학생과 학부모에게 명료하여야 한다.

2) 수행평가 적용의 과제

수행평가를 성공적으로 실시하기 위하여 각 교과 분야뿐 아니라 교육평가 분야에서 해결하여야 할 과제가 적지 않으며 동시에 학교의 교육환경 변화도 요구된다. 교육의 국제 경쟁력 제고를 위하여, 성태제(1995)는 고등정신 능력을 함양하여야 하고 이를 위하여 학교현장에서 수행평가를 사용할 것을 주장하였다. 그러면서 수행평가 실시를 위하여 다음의 아홉 가지를 제안하였다.

첫째, 교육평가에 대한 학생 그리고 학부모의 인식 변화
둘째, 인지심리학에 대한 연구 활성화
셋째, 교과교육 연구 활성화
넷째, 교사들에게 수행평가 연수 실시
다섯째, 수행평가를 위한 타당도와 신뢰도 증진 방법
여섯째, 교과별 혹은 단원별 수행평가 연구 및 도구 개발
일곱째, 교육과정과 교과내용 개편
여덟째, 학급 단위 축소
아홉째, 수행평가 실시를 위한 경비 지원

우리나라의 경우 수행평가가 고등정신 능력을 함양하고 학교교육의 문제를 해결할 수 있는 유일한 방법이며, 최선의 방법으로 생각하여 수행평가를 적용하는 데 큰 관심을 가지고 적극적으로 노력해 왔다. 수행평가에 대한 관심이 높은 만큼 수행평가가 무엇인지, 교과별 수행평가는 무엇인지, 교과별로 어떻게 수행평가 도구를 만

드는지, 수행평가를 어떻게 실시하는지, 채점기준을 어떻게 작성하고 어떻게 채점하는지, 수행평가 결과는 어떻게 보고하고 활용하는지에 대한 체계적이고 실질적인 연수가 필요하다. 더 나아가 각 교과별 특성에 따라 수행평가의 모든 절차에 대한 실질적인 연수를 진행하면 수행평가에 대한 이해를 높임은 물론 학교현장에서 수행평가를 적용하는 데 따르는 문제점을 미연에 방지하고 수행평가의 장점을 최대화할 수 있다. 또한 수행평가가 지니고 있는 어려운 점에 대한 이해와 이를 해결하거나 최소화할 수 있는 내용도 연수에 포함되어야 한다.

수행평가는 학생의 교과에 대한 흥미, 학습동기 등을 높이고 학생 자신이 능동적으로 학습과 평가에 참여하며 '왜'라는 질문을 자연스럽게 하므로 학습자의 고등정신 능력을 함양할 수 있다고 보고되고 있는데, 이를 위해서는 학교환경의 변화와 교사들의 노력이 필요하다(최연희, 권오남, 성태제, 1999). 수행평가는 수행평가가 싹틀 수 있는 토양, 즉 개인차를 존중하고 다양한 교육방법으로 다양한 사고를 허용하는 교육환경에서 활성화될 수 있다. 그러므로 국가는 교사들이 수행평가를 개발하여 이용할 수 있는 교육환경을 만드는 노력을 하여야 하고, 교사들 역시 어려운 교육환경이라도 적극적이고 능동적인 자세로 수행평가를 올바로 이해하고 적용하도록 노력하여야 한다. 물론 교육평가전문가는 수행평가 실시에 따른 제반 절차에 대한 전문적인 지식을 제공하여야 하고, 교과전문가들은 각 교과 특성에 따른 수행평가 도구를 개발하고 학교현장에 적용하는 방법에 대한 연구를 하여야 한다.

수행평가 실시를 위해서는 우리 교육환경에도 변화가 요구된다. 먼저 교사당 학생 수를 줄여야 하며, 교사의 잡무를 감소시켜야 한다(성태제, 1998). 수행평가를 실시하는 데 따른 교사들의 불만에서도 알 수 있듯이 수행평가를 실시하기 위하여 많은 시간이 소요되므로 교사들이 수행평가를 위하여 많은 시간을 할애할 수 있도록 배려되어야 한다.

만약 모든 수행평가 결과를 점수화하여 학교생활기록부에 기록하여 대학 입학 전형 요소로 사용하거나 이와 같이 수량화된 수행평가 결과가 대학 입학에 많은 영향을 준다면 학교현장에서 수행평가를 실시하는 데 많은 어려움이 따를 것이다. 수행평가는 교수적 기능을 강조할 때 학생들의 고등정신·사고 능력을 함양시킬 수 있는 방법으로 그 기능이 발휘된다. 즉, 수행평가는 그 본래의 목적과 평가 상황에 부합할 때 교육적 순기능을 기대할 수 있는 것이다. 수행평가의 목적에 부합하지 않거나 수행평가를 보편화할 수 없는 상황에서 수행평가를 실시한다면 제대로 실시해 보지도 못한 채 수행평가의 문제점만 노출할 수 있다. 따라서 섣불리 실시하는 수행평가는 올바른 교육평가방법이 아니라는 결론을 내릴 수 있다.

결론적으로 수행평가는 선택형 위주의 전통적 평가방법보다 다양한 형태의 평가방법을 사용하여 다양한 사고를 허용함으로써 학생들의 고등정신 능력을 증진시킬 수 있는 방법으로서 우리 교육현장에서 다양한 교수방법과 함께 적용될 수 있는 평가방법이다.

3 형성평가에서의 수행평가 활용

수행평가의 장점을 김희경 외(2012)는 [그림 6-4]와 같이 제시하고 있다. 수행평가는 이런 장점이 학교현장에서 나타날 수 있는 방향으로 시행되어야 한다.

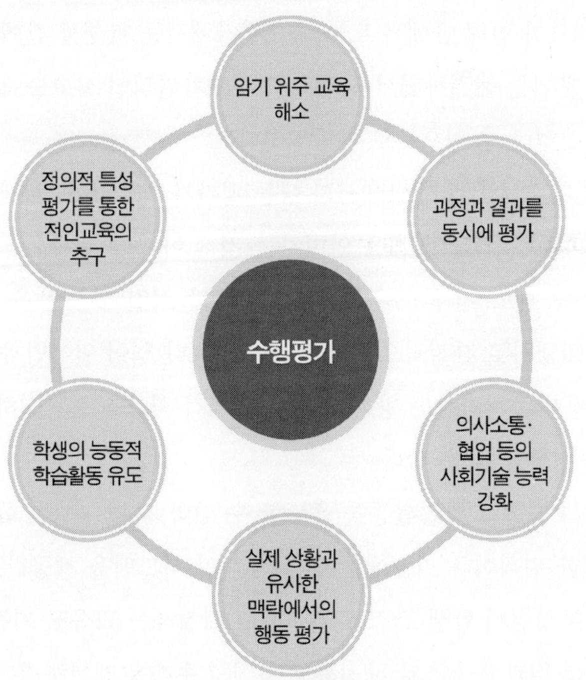

[그림 6-4] 수행평가의 장점

수행평가의 장점으로는, 첫째, 암기 위주 교육의 해소를 들 수 있다. 지필평가 위주로 이루어지는 학생평가는 교수·학습을 '시험을 준비하기 위하여 가르치는 방식'으로 왜곡시키는 원인이 된다. 수행평가의 활용은 시험을 위하여 학생들이 단편적 지식을 암기하는 학습에 치중하는 것보다 지속적 탐구능력 및 창의적 사고력을 키우는 데 관심을 가지게 한다.

둘째, 수행평가에서는 학생이 자신의 지식과 기술을 이용하여 과제를 수행하고 산출물을 만들어 내므로 과정과 결과를 동시에 평가할 수 있다. 수행평가에서는 지필평가에서 평가하기 어려운 수행과정에 대해 평가하므로 각 단계에서의 자세한 정보의 수집과 함께 학생의 종합적인 능력을 정확하고 타당하게 파악할 수 있다. 따라서 수행과정을 체계적이고 누적적으로 관찰하고 자료를 수집하기 위한 교사의 체계적인 관찰활동과 자료수집 활동의 전문성이 강조된다. 또한 수행평가는 단편적인 지식에 대해 일회적으로 평가하기보다는, 학생의 변화·발달과정을 종합적으로 평가하기 위해 전체적이면서도 지속적으로 이루어지는 것을 강조하는 방식이므로 학생의 변화 및 성장, 노력의 정도 등을 평가할 수 있다.

셋째, 모둠 수행평가를 활용하면 의사소통, 협업 등의 사회기술 능력 강화에 도움이 된다. 수행평가의 형태 중에서 모둠 수행평가에서는 학생들 간에 상호협력과 의사소통을 통해 문제를 해결하면서 창의적이고 고차원적인 사고능력과 함께 인성을 함양하는 기회도 얻을 수 있으므로 바람직하다.

넷째, 실제 상황과 유사한 맥락에서의 행동 평가가 가능하다. 실제 역량은 지식이나 기술을 단순히 소유하고 있음을 의미하는 것이 아니라 과제수행의 맥락에 적합한 자원(지식, 기술, 태도, 전략 등)을 실질적으로 가동시킬 수 있음을 의미한다. 영어 회화 능력을 지필평가로 간접적으로 파악하는 것보다 영어 원어민과의 대화 과정을 관찰하는 수행평가로 파악하는 방식이 보다 실제적 역량을 중요시하는 교육환경으로 전환하는 데 영향을 줄 수 있다.

다섯째, 학생의 능동적 학습활동을 유도할 수 있다. 수행평가는 학생이 수행하는 과정 중에 표현한 지식이나 기술에 대해 구체적인 피드백을 제공받을 수 있으므로 부족한 부분이 무엇인지 학생 스스로 인식하고 교정하는 교육적 기능을 갖는다. 학생은 수행과정 및 결과를 스스로 반성하고 자신의 수행을 개선하려는 자기주도학습 노력을 통해 학습에서 능동적인 존재로 참여하게 된다.

여섯째, 정의적 특성 평가를 통한 전인교육 추구에 용이하다. 원래 학교교육의 목표는 인지적·정의적·심동적 영역의 조화로운 발달이다. 지필평가에서는 인지적 영역의 평가에만 치중하는 경향이 있어 교육과정에서도 평가가 가능한 인지적 영역만을 가르치는 모습을 보이게 된다. 수행평가는 학습동기, 참여도, 협력, 배려 등의 정의적 영역에 대한 평가가 가능하기 때문에 적절히 활용하면 전인교육을 추구하는 교육환경으로 이끄는 역할을 할 수 있다.

이러한 장점을 활용하기 위해 형성평가로서 수행평가를 적극적으로 활용할 필요가 있다. 김희경 외(2013)는 중학교 학생과 학부모를 대상으로 수행평가에 대한 의견 조사를 실시한 결과 〈표 6-2〉와 같은 결과를 얻었다.

〈표 6-2〉 수행평가의 필요성에 대한 학생·학부모 심층면담 결과

	수행평가가 필요한 이유
학생	• 실험·실습 및 활동·체험 중심의 수행평가에 흥미도가 높다(실생활 연계). • 수업과정 중에 수행평가가 이루어지는 경우가 많아 시험 준비에 대한 부담이 적다(수업 연계). • 태도 평가를 통한 학생의 성실성, 참여도 평가로 수업 분위기 조성에 도움이 된다(정의적 태도 신장).
학부모	• 수행평가는 학생이 사회에 나가 필요한 역량을 향상하는 데 도움이 된다(실생활 연계). • 수업 중에 실시되는 수행평가는 학생 부담을 크게 주지 않으면서 성실성 및 수업 참여도를 높일 수 있어서 긍정적이다(수업 연계, 정의적 태도 신장).

〈표 6-2〉에 따르면 학생과 학부모는 수행평가가 세 가지 특징을 띠고 있을 때 장점을 느끼고 있었다. 바로 실생활에 연계되는 특징, 수업과 연계되는 특징, 정의적 측면 신장에 도움이 되는 특징이다.

1) 실생활과 접목된 평가

학생의 학교에서의 교과학습 및 진로와 연결하여 실제 생활에서 필요한 역량을 기를 수 있어야 한다. 교육현장에서도, 학생들이 사회에 나가 성공적인 삶을 누리는

데 필요한 미래사회 핵심 역량 중에서 '문제해결력', '창의력', '비판적 사고력' 등의 고차원적 사고력, '협업'과 '의사소통' 능력이 중요하게 부각되고 있다. 즉, 실생활에서는 단순한 암기 위주의 '지식'에서 벗어나 점차 창의적 또는 고차원적 사고력 등의 적용 능력이 필요하다는 것이다. 학생이 '아는 것'과 '실제로 할 수 있는 것'에는 차이가 있으므로 두 가지를 균형적으로 습득했는지 확인하기 위해서 지필평가와 수행평가를 적절히 활용해야 한다([그림 6-5] 참조).

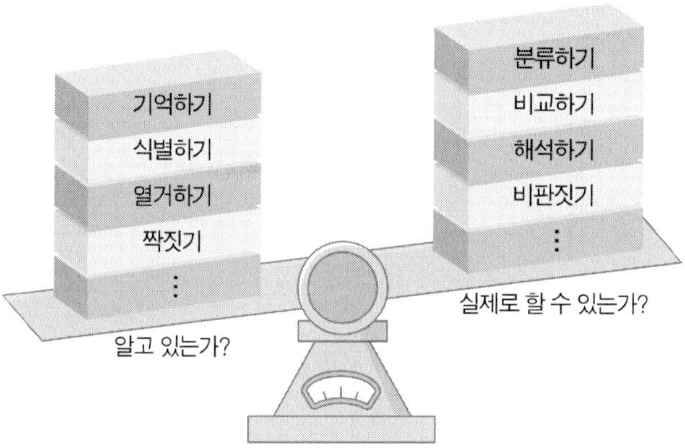

[그림 6-5] '아는 것'과 '할 수 있는 것'에 대한 평가의 균형

예를 들어, 캐나다의 클리어포인트 초등학교에서는 '세계 여행을 할 때 가장 좋은 경로를 만들어 보라.'와 같은 수행평가 과제를 학생들에게 시행하였는데, 방문해야 할 세계 주요 도시 목록과 각 도시에 머물기 위해 하루에 필요한 예산을 알려 주고 '한 번에 8시간 이상 비행할 수 없다.'와 같은 제한 조건을 만족시킬 수 있는 최적의 경로를 학생들이 어떻게 결정하는지, 어떠한 이유로 결정하는지를 평가한다(홍원표, 이근호, 이은영, 2010). 이러한 수행평가 과제를 통해 학생의 실질적인 문제해결력, 논리, 의사소통력, 창의력 등을 평가하고, 피드백할 수 있다.

형성평가에서의 수행평가 활용을 통해 학생들이 서로 협력하여 수행할 수 있는 기회를 확대할 수 있다. 또 실제 사회에서 팀워크를 이루어 문제를 해결하는 방법을 학습하게 하는 모둠 수행평가의 활용도 필요하다. 이때 과제수행과정의 학생들 간의 상호작용, 의사소통, 역할 충실도, 배려 등에 대한 교사평가, 자기평가, 상호평가를 활용할 수 있다.

2) 수업과 연계된 평가

수업과 연계된 평가란 어떤 의미일까? 교수·학습과 평가가 더 이상 분리되지 않도록 수업 중에 평가활동을 접목하는 것을 의미한다. 학생의 학습과 성장을 돕는 평가를 효과적으로 실천하기 위해서 수업과 연계된 평가, 수업과 평가가 분리되지 않는 형태의 평가가 강조되고 있다. 즉, 수업과 연계한 읽기, 쓰기, 말하기, 문제해결 등의 수행평가를 잘 활용하여 형성평가적 기능을 강화할 수 있다.

수업을 실시하면서 중간에 학생이 배운 성취기준을 제대로 익혔는지 점검하는 과정은 주요한 학습내용에 대한 복습의 기회가 되므로 평가가 학습의 연장선이 되기도 한다. 예를 들어, 주요 내용을 간단히 설명한 후 연습문제를 풀게 하여 이해와 습득을 유도하기도 하고, 실험, 실습, 토론 등의 다양한 수업방법과 연계하여 중간에 보고서 쓰기, 발표 등의 수행평가를 진행할 수도 있다. 예를 들어, 프로젝트 수업과 연계된 읽기, 쓰기, 발표하기, 문제해결 등의 수행평가가 가능하다.

수행평가는 수업 중에 이루어지는 것이 가장 좋다. 그러므로 수행평가가 수업 중에 어떠한 방식으로 이루어질지를 계획하여 각 차시별 수업 및 평가내용과 평가문항의 유형을 계획하는 것이 좋다. 〈표 6-3〉은 [그림 6-6]에 제시한 성취기준과 관련하여 수행평가를 수업과 어떤 방식으로 연동하여 시행할 것인지를 보여 주고 있다.

〈표 6-3〉 국어과 수행평가 '세부평가 계획' 작성 예시

차시	수업			수행평가
1차시	교사 지도	• 조사 보고서의 특성과 작성과정 지도	조사 보고서 작성과정 이해	
	모둠 수행	• 조사 보고서 계획 세우기	조사 계획의 적절성	수행평가 1-가 [조사 계획서]
2차시	교사 지도	• 쓰기 윤리의 개념과 유형 지도	쓰기 윤리 준수 여부 판단	
		• 조사결과 정리 및 내용 선별 방법 지도		

	모둠 수행	• 조사결과 정리 및 쓸 내용 선별	조사결과 내용 정리	수행평가 1–나 [조사결과 정리 노트]
			조사결과 내용 점검 및 쓸 내용 선별	수행평가 1–다 [조사결과 체크리스트]
3차시	모둠 수행	• 조사 보고서 작성	조사 보고서 초고 작성	수행평가 1–라 [조사 보고서 초고]
4차시	교사 지도	• '고쳐쓰기' 지도하기	'고쳐쓰기'의 필요성과 방법	
	모둠 수행	• 조사 보고서 고쳐 쓰기	고쳐 써야 할 부분 점검 및 표시	수행평가 1–마 [보고서 자기평가표] 수행평가 1–바 [쓰기 윤리 자기평가표]
5차시	모둠 수행	• 조사 보고서 발표하기	조사 보고서 발표하기	수행평가 1–사 [조사 보고서 최종본]

예를 들어, 1차시에는 조사 보고서의 특성과 작성과정에 대한 교사 지도가 이루어짐에 따라 1차시에서 평가해야 할 세부내용을 조사 보고서의 작성과정 이해로 설정할 수 있다. 또한 이러한 평가내용을 측정할 수 있는 평가문항으로 관련 지식을 간단하게 확인하는 형성평가와 함께 조사 보고서를 작성하기 위한 조사 계획서를 쓰게 할 수 있다.

[수행과제 1-모둠과제] 자료분석을 통한 통계 신문기사 만들기

모둠 토의를 통하여 어떤 현상에 대해 좀 더 깊게 알고 싶었던 한 가지 주제를 선정하여 다음과 같은 방법으로 자료를 수집하고 분석한 후 모둠별 통계분석 신문기사를 만들어 보자.

1. 주제 선정
   가. 평소 궁금했거나 알고 싶고 연구하고 싶은 것을 모둠 토의를 통해 주제로 결정
   나. 주제를 정할 때 고려할 사항
      - 확실하게 정의할 수 있어 관련 자료를 쉽게 모을 수 있는 주제
      - 사람들이 흥미를 가질 만한 재미있고 창의적인 주제
      - 쉽게 내용을 이해할 수 있고 명백한 결론을 포함할 수 있는 주제
2. 계획수립
   가. 문제해결을 위해 어떻게 자료를 수집할 것인지 적절한 방법을 선택하여 계획 세우기
   나. 모둠원 역할 정하기
3. 자료수집
   설문조사나 실험을 통해 자료를 얻거나 통계청, 국가기관, 언론사 등의 기관에서 제공하는 통계자료수집(단, 기존자료를 이용하는 경우 원출처 기록)
4. 자료분석 및 정리
   수집한 자료를 분석하고 의미 있는 해석이 가능하도록 정리
5. 시각화
   자료 분석·정리 결과를 표나 그래프 등을 이용하여 제시
6. 결론 정리
   주제에 대하여 찾은 결론을 알기 쉽게 제시

[그림 6-6] 수업과 연계된 프로젝트형 수행평가 예시

3) 정의적 영역 평가

학생의 학습과 성장을 돕기 위해서는 교과별 성취기준과 관련된 인지적 영역에 대한 평가 외에도 학습태도, 흥미, 동기 등을 긍정적으로 신장시킬 수 있는 정의적 영역의 평가와 피드백 또한 중요하다. 〈표 6-4〉는 학생의 정의적 능력을 구성하는 요소를 제시한 것이다.

〈표 6-4〉 학생의 정의적 능력 구성요소

범주	구성요소	정의
흥미도	호기심(즐거움)	지속적이면서 일관되게 새로운 것을 추구하는 개인의 심리적 경향성
	관심	흥미가 특정한 사물로 향하고 있을 때의 심적 태도나 감정
	학습동기	특정 학습과제에 대하여 학습의욕을 가지고 학습하려는 힘
자신감	자아개념	학업적 상황에 있어서 학습자로서 자기 자신에 대해 가지고 있는 지각
	자아효능감	목표달성에 필요한 행동과정을 조직하고 행하는 자신의 능력에 대한 믿음
가치 인식	신념	여러 가지 반응을 시도하고 다양한 시행착오의 과정을 반복하면서 대상에 대하여 형성된 가치체계
	유용성	교과에 학습한 내용이 실생활 활용에 얼마나 쓸모가 있는지에 대한 주관적인 판단
	교과관	교과로서의 특성에 관한 학습자의 개인적인 관점
태도	수업준비도	수업에 필요한 준비물을 챙기는 학습자의 준비 정도
	학습참여도	수업내용에 관련해 질문 여부, 모둠활동에 적극적 참여 정도
	협동성	2명 이상의 학습자가 어떠한 목표를 공유해 함께 힘을 모으는 행위
	자기조절력	목표를 성취하기 위해 바람직한 행동을 추구하고 스스로 문제를 계획, 해결, 평가하려는 경향성
	도전의식	학습자가 어려움을 극복하고 목표를 성취하려는 노력 및 새로움과 변화에 대처하는 자세
	목표지향성	성취 상황에서 개인이 과제를 수행하는 목표에 대한 개인의 지향성
	책임	학습자가 수행해야 하는 임무나 의무

〈표 6-5〉는 수행평가 도중에 교사가 학생을 관찰하면서 포착되는 학생 개인의 구체적인 정의적 능력 또는 행동 사례를 간략하게 기술하는 방법이다. 학생들의 배려 태도를 기록하고 이를 학생과 공유하며, 학생의 정의적 영역을 발전시킬 수 있는 방향을 제시할 수 있다. 이러한 정의적 능력 평가는 누적 관찰되어 지속적으로 성장할 수 있도록 지원해야 한다.

〈표 6-5〉 수행평가를 통한 정의적 영역 평가 기록지 예시(경기도교육청, 2013)

정의적 능력 관찰 체크리스트						
정의적 능력 범주	교사 관찰 내용 요약	매우 많음	많음	보통	부족	매우 부족
배려의 의미를 알고 중요성을 이해						
타인의 감정을 이해하고 배려하는 능력						
상황에 맞게 배려하려는 태도						

또한 교과에 따라 학생의 정의적 능력은 차이가 나타날 수도 있다. 국어에서 학습동기가 높은 학생이 수학에서도 반드시 학습동기가 높지는 않다는 것이다. 따라서 과목별로 학생들의 정의적 능력을 중시하여 평가, 피드백하고 지원하는 체제가 자리 잡아야 할 것이다.

우리나라의 교육은 그동안 인지적 영역의 신장에만 편중되어 교육활동과 평가활동이 이루어졌다. 이러한 인지적 영역에 대한 지나친 편중은 학생들의 정의적 능력 저하로 나타났고, PISA와 TIMSS 등 국제학업성취도평가에서 확인되고 있다. 또한 정의적 능력의 평가는 성적 산출용 정기 평가에서 시행하기에는 적합하지 않다. 따라서 학생들의 인지적 영역과 정의적 영역의 균형이 이루어져 참된 학력의 신장을 달성하도록 돕기 위해 형성평가에서의 수행평가의 활용이 바람직하다.

제7장

형성평가의 실제

1. 형성평가의 일반적 절차
2. 형성평가의 목적 확인
3. 학습목표 확인
4. 형성평가 계획
5. 형성평가 도구 개발
6. 채점
7. 피드백

형성평가는 학생의 학습을 지원하기 위해 교육적인 정보를 최대한 수집하는 활동이므로 수업을 진행하는 중에 일어나는 비구조적인 질의응답부터 구조적인 지필평가 및 수행평가에 이르기까지 평가의 시기, 방법, 횟수의 획일성에서 벗어나 다양하고 창의적인 모습으로 이루어질 수 있다.

김성숙, 김희경, 서민희(2013)에서는 가장 손쉬운 형성평가 방법은 수업 중에 일어나는 '관찰'로서 교사는 수업이 진행되는 도중에 학생의 발언, 행동, 표정, 반응 등을 관찰함으로써 학생의 참여도, 협동성, 친구들 간의 관계, 의사소통 능력, 흥미, 수업내용에 대한 이해도 등을 파악할 수 있다고 하였다. 또한 수업 전후에 교사와 학생 간의 질의응답을 통해 학생 측면에서는 자신의 학습과정을 되돌아볼 기회를 제공하고, 교사 측면에서는 학생이 어떤 부분에서 학습곤란을 겪고 있는지 확인할 수 있다. 또한 비교적 구조적인 형태로 숙제, 퀴즈, 시험과 같은 형성평가가 이루어질 수도 있다. 더 나아가서 교과 특성을 반영한 실험, 실습, 체험, 글쓰기, 프로젝트, 토론 등의 형태로 수업과 연계하여 학습의 과정과 평가가 동시에 일어나는 '배움의 한 형태로서의 평가'로 시행될 수도 있다.

비구조적 형성평가는 정형화된 형식이 아니라 관찰, 질의응답, 자기반성, 계획표 짜기 등의 다채롭고 창의적인 형태로 일상적인 수업에서 시간과 대상에 대한 사전 계획 없이 이루어질 수 있다. 또한 채점 단계도 대부분 생략된다. 수업 도입 단계에서 학생들에게 질의응답과 연결하여 제공하는 개별적인 격려의 피드백은 학생의 동기를 유발시키며, 수업 중반과 마무리 단계에서 여러 가지 비구조적 형성평가 기법으로 학습내용과 관련한 이해도 확인, 오류 교정 및 추후 학습에 대한 피드백의 제공으로 학생의 학습을 촉진시킬 수 있다. 반면, **구조적 형성평가**는 퀴즈, 시험, 보고서, 수행평가 등을 포함하며 일정한 틀에 맞추어 정해진 시기에 계획된 평가활동에 의해 이루어진다(McMillan, 2014).

형성평가는 학생이 학습목표를 어느 정도 성취하였는지 점검하고, 학습목표와의 차이를 확인하여 향후 학습에 대한 정보를 얻기 위한 활동임을 명심하고 실제 학교현장에서 형성평가를 활용하기 위한 구체적인 절차 및 방법 등을 제시하고자 한다.

1 형성평가의 일반적 절차

학생의 학습목표달성을 돕는 형성평가의 전체적인 절차를 제시하고, 이를 통해 학교현장에서 형성평가를 실시할 때 쉽게 따라할 수 있도록 구성하였다. 형성평가를 제대로 활용하기 위해서는 무엇보다 사전에 평가계획을 잘 세우는 것이 중요하고, [그림 7-1]과 같은 절차를 거쳐 적절한 평가도구를 개발·시행하여 형성평가의 결과를 유용하게 활용할 수 있어야 한다.

형성평가를 실시하기 위해서는 가장 먼저 형성평가의 목적을 확인해야 한다. '형성평가의 결과를 통해서 어떤 정보를 얻기를 원하는가?'에 대한 질문은 형성평가의 목적을 확인하는 데 도움이 된다. 예를 들어, 학생이 학습목표를 제대로 알고 있는가를 파악하고 싶은지, 학생의 수업 이해도를 확인하고 싶은지 등 형성평가를 통해 얻고자 하는 목적을 확인하도록 한다. 두 번째 단계는 학습목표를 상세화하는 것이다. 이를 위해 학생에게 가르치고자 하는 성취기준을 검토·분석하여 학습목표를 수립한다. 주요 성취기준을 몇 개 선정하고 이를 통합하여 학습목표를 수립할 수도 있고, 개별 성취기준을 그대로 학습목표로 삼을 수도 있다. 학습목표를 확인한 후에는 세 번째 단계로 형성평가를 계획한다. 교과별 수업 진도에 맞춰 형성평가 계획을 세울 수 있다. 네 번째 단계로 계획에 따라 형성평가 도구를 개발한다. 형성평가 도구는 비구조적 형성평가 또는 구조적 형성평가 중에서 상황에 따라 적절하게 활용하도록 한다. 다섯 번 째 단계인 형성평가 시행은 수업의 도입 단계, 수업 중, 또는 수업 마무리 단계에 이루어질 수 있다. 형성평가 시행 후에는 마지막 두 단계로 채점 및 피드백이 이루어진다.

1. 형성평가의 목적 확인

- 계획하고자 하는 형성평가의 구체적 목적 확인
- 형성평가의 목적 확인을 위해 다음의 두 가지 질문에 답해 보기
  - 평가결과로 어떠한 정보를 얻기를 원하는가?
    (예) 학습목표 전달 확인, 학생의 수업 이해도 확인, 학생의 취약점 확인 등
  - 평가결과로 얻어지는 정보를 어떻게 활용하고자 하는가?
    (예) 교사의 교수·학습계획 수립 및 개선, 보충수업 제공, 학생 자신의 학습에 대한 성찰 기회 제공을 통한 향후 학습 촉진 등

⇓

2. 학습목표 확인

- 교육과정상에 나타난 성취기준 검토
- 반드시 가르치고 평가해야 한다고 생각되는 주요 성취기준 선정
- 선정된 성취기준을 토대로 학습목표 수립(또는 성취기준을 학습목표로 활용)

⇓

3. 형성평가 계획

- 교과 진도 운영에 맞는 형성평가 계획
- 형성평가 계획표에는 학습목표, 평가시기, 평가방법(기법) 등을 포함

⇓

4. 형성평가 도구 개발

- 학습목표 또는 성취기준에 근거한 형성평가 도구 개발

비구조적 형성평가		• 관찰, 질의응답, 그 밖에 다양한 비구조적 형성평가 기법(목표설정, 자기반성, 모둠대항 게임, 아이디어 지도 작성 등)
구조적 형성평가	지필평가	• 지필평가로는 선택형 문항 이외에도 완성형, 단답형, 서술형, 논술형 문항을 포함하여 출제 가능
	수행평가	• 수행평가는 과제 개발과 채점기준 개발이 동시에 이루어짐

- 교과협의회를 통한 공동 또는 교대 출제 및 검토 적극 활용

⇓

5. 형성평가 시행

- 수업 '초기' 시행
- 수업이 진행되는 '중간'에 시행
- 수업을 '마무리'하는 단계에서 시행

⇓

6. 채점

- 비구조적 형성평가는 정답이 있어 채점의 단계가 따로 있다고 하기보다는 형성평가를 시행하는 중에 교사-학생 간 상호작용이 일어나는 상황이 대부분임. 비구조적 형성평가의 결과를 수합하여 심층분석하는 것은 가능함
- 완성형, 단답형 문항은 교사가 정답을 불러주면 짝끼리 교환하여 상호 채점하는 방식 활용 가능
- 논술형 문항, 수행평가는 채점기준에 따라 채점

⇓

7. 피드백

- 비구조적 형성평가 후 교사의 정리 및 설명이 피드백이 될 수 있음
- 정·오답 제공 이상의 피드백을 제공하도록 노력
- 논술형 문항, 수행평가는 채점기준에 표시한 결과를 피드백으로 활용 가능

[그림 7-1] 형성평가의 일반적 절차

2 형성평가의 목적 확인

평가계획을 수립함에 있어서 가장 우선적으로 필요한 일은 지금 계획하고 있는 평가의 본질적 목적을 명확히 파악하는 것이다. 평가의 목적에 대한 이해의 결여는 첫 단추를 잘못 끼우는 것과 마찬가지라고 할 수 있다. '평가의 결과로 어떠한 정보를 얻길 원하는가?', '평가결과로 얻게 되는 정보를 어떻게 활용하고자 하는가?'라는 질문에 대한 진지한 고찰은 평가를 계획, 시행하고 그 결과를 활용하는 모든 단계에서 혼란이 발생하는 것을 방지하는 기능을 한다. 예를 들어, 평가결과로 학생의 최종적인 학업성과를 판단하고자 하며, 그러한 정보를 학생의 성적을 결정하기 위하여 사용하고자 한다면, 평가의 목적을 '**총합평가**'에 집중하여 정확한 채점 및 성적 산출을 목표로 평가계획부터 평가결과표 제공까지의 단계를 거쳐야 한다. 반면에 평가결과를 기반으로 학생의 학습동기를 유발하고 유지하며, 학습목표를 이해하도록 한다거나, 더 학습해야 하는 부분을 파악하도록 하는 것에 목적이 있고, 학생의 성장에 대해 교사와 학생 간의 지속적으로 진행되는 정보교환이 성적산출보다 훨씬 중요하다는 목적을 가진다면, '**형성평가**'의 목적에 맞는 차별화된 절차가 적용되어야 한다. 학생들의 학습을 지원하기 위한 형성평가는 점수 매기기가 아닌, 배움과 성장을 위한 지원과정으로 이해해야 한다.

형성평가의 특징 및 목적을 정리하면, 첫째, 형성평가란 교수·학습이 최종적으로 완료되지 않은 유동적인 시점에 실시하여 학생의 학습을 증진하는 기능과 학생의 특성 및 요구를 보다 잘 이해하여 지원하기 위한 다양한 교육적 정보를 수집·제공하는 '형성적' 기능이 강조된 평가를 말한다.

둘째, 형성평가의 주요 목적은 서열화나 경쟁 유도가 아니라 학생의 추후 학습에 대한 방향을 제시하고, 학습상의 문제점을 파악하여 도움을 주며, 나아가 교수·학습 전반을 개선하는 데 유용한 정보를 제공하려는 것이다.

셋째, 형성평가는 교수·학습을 종료하는 시점보다 일찍 이루어져야 하며, 그 결과를 활용하여 학습을 보정할 수 있는 시간이 주어져야 한다. 형성평가에 비해 총합평가는 교수·학습방법을 종료한 시점에 이루어지는 평가로서, 총합평가에 의한 평가결과는 교육의 성과를 확인하고 성적을 부여하는 것에는 유용하지만 학생의 학습과 성장을 위한 정보를 주기에는 시기적으로 늦다.

넷째, 형성평가 결과를 성적 산출을 위해 사용하지 않을 때, 교사와 학생 모두 부담 없이 강·약점과 오류 등에 대한 피드백을 주고받을 수 있어 전체적인 교수·학습 과정의 안내자료로서의 활용도가 높아진다. 최근 자유학기제의 평가 방안으로서 형성평가가 많은 관심을 받고 있으며 성적 산출보다는 학생의 강·약점, 향후 학습 방향 제시, 격려 등의 진술로 이루어진 피드백이 강조되고 있다.

3 학습목표 확인

성취기준은 교육과정에서 제시하는 각 교과목에서 학생들이 학습을 통해 얻어야 할 지식, 기능, 태도를 진술한 것을 말한다. 따라서 성취기준은 교사 입장에서 무엇을 가르치고 평가해야 하는지에 관한 실질적인 지침을 제공한다. 학교에서의 수업은 성취기준을 중심으로 구성되므로 **학습목표** 설정은 성취기준을 기반으로 수립된다. 수업을 통해 학생들이 학습목표에 도달할 수 있도록 교수·학습을 진행하고, 형성평가를 통해 학생들이 학습목표에 도달할 수 있도록 지속적인 피드백을 제공함으로써 [그림 7-2]와 같이 교수·학습과 평가가 학습목표를 연결고리로 삼아 단단하게 연계된다.

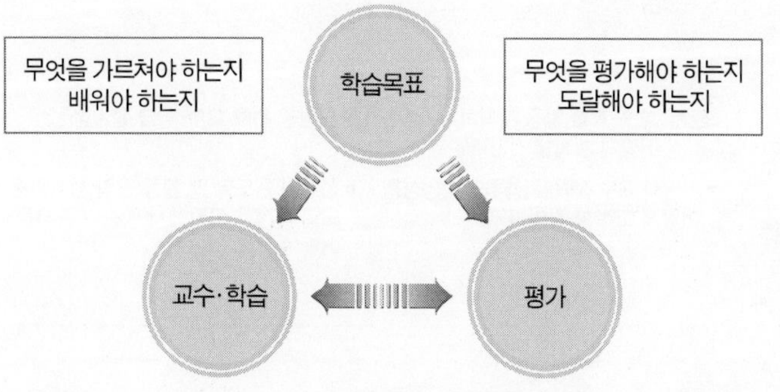

[그림 7-2] 교수·학습 및 평가의 연계

학생 간의 경쟁을 유발하는 규준참조평가(상대평가) 체제에서는 수업에서 가르친 내용을 출제하기보다는 학생을 보다 잘 변별할 수 있도록 평가도구를 개발하기 위해 노력을 기울인다. 반면, 학생에 대한 이해와 진단이 목적인 형성평가에서는 학습목표를 토대로 평가도구를 개발하도록 유의해야 한다. 즉, 학생이 학습목표에 도달하였는지 확인할 수 있는 증거를 '학습의 증거'라 할 수 있는데 이를 어떻게 확인할 것인지를 염두에 두어야 한다.

박은아 외(2013)는 학습목표에 기반을 둔 수업설계의 양식을 [그림 7-3]과 같이 제시하였다. 이러한 방식의 수업설계는 형성평가를 계획하는 데에도 많은 도움이 된다.

단계 :	날짜 :
1단계: 원하는 결과 확인하기-학생들이 수업을 듣고 무엇을 성취할 수 있어야 하는가?	
■성취기준에 근거한 학습목표	
■큰 아이디어: 무엇을 이해할 수 있어야 하는가?	■핵심질문: 어떤 핵심 질문에 대답할 수 있어야 하는가?
■지식: 무엇을 알아야 하는가?	■기능: 무엇을 할 수 있어야 하는가?
2단계: 학습의 증거 결정하기-학생들의 성취기준 도달을 확인하기 위해 어떤 증거가 필요한가?	
■수행 증거: 어떤 수행과제가 필요한가? 과제수행에서 수준 차이를 보여 주는 특성은 무엇인가?	■다른 증거: 수행과제 외에 어떤 것이 증거가 될 수 있는가?
3단계: 교수·학습 활동 계획하기-성취기준 도달을 위해 교수·학습 활동을 어떻게 계획할 것인가?	
■차별화 교수 전략: 학생들의 다양성을 어떻게 고려할 것인가?	■성취기준 도달 맵 활용 전략:성취기준 도달 과정을 고려해서 학습의 순서를 어떻게 정할 것인가?

[그림 7-3] 성취기준에 기반을 둔 교수·학습 설계 양식

교수·학습 활동을 계획할 때 형성평가를 함께 계획하는 것이 바람직하다. 〈표 7-1〉에 제시된 3단계 교수·학습 설계는 교수·학습 계획과 형성평가 계획을 병행하기 위한 가이드라인으로 활용할 수 있다. 성경희 외(2014)는 성취기준 및 학습목표를 토대로 무엇을 알아야 하는가와 같은 지식, 그리고 무엇을 할 수 있어야 하는가라는 기능을 분석하는 예시를 〈표 7-2〉와 같이 제시하였다.

〈표 7-1〉 형성평가 계획을 위해 고려할 내용과 질문

단계	내용	질문
1. 명확한 목표 설정: 성취기준 풀어 내기	알아야 할 구체적 지식이나 기능	• 수업을 듣고 학생들이 무엇을 알고 할 수 있어야 하는가?
	지식이나 기능 간의 관련성이나 위계성	• 각각의 지식이나 기능들은 어떤 관련성이나 위계성을 가지고 있는가?
	주요 학습요소/핵심 질문	• 수업 후 학습해야 할 요소는 무엇이고, 어떤 핵심 질문에 대답할 수 있어야 하는가?
2. 목표에 대한 평가 계획: 학습 증거 설정하기	학습의 증거가 될 수 있는 것(예: 응답, 결과물, 수행)	• 학생들이 성취기준을 달성했다는 증거가 되는 수행은 어떤 것인가?
	증거를 끌어낼 수 있는 활동	• 학습의 증거를 확인하기 위해 어떤 활동이나 과제가 필요한가?
	수준 차이를 보여 주는 특성	• 어떤 특성들이 학생들의 성취기준 도달 정도의 차이를 보여 주는가?
3. 목표달성을 위한 수업계획: 교수·학습 활동 계획하기	학생들의 다양성	• 어떻게 학생들의 출발점(선수지식)를 확인할 것인가? • 학생들의 학습준비도나 수준에 따라 어떻게 교수·학습 활동을 달리 할 것인가?
	성취기준 도달에 필요한 충분한 학습 기회	• 학생들의 성취기준 도달 과정은 어떤 단계를 거치는가? • 그 도달 단계를 고려하여 어떻게 교수·학습 활동의 순서를 정할 것인가?
	학습과정 점검 및 피드백을 위한 형성평가	• 학생들의 성취기준 도달 과정을 점검하고 피드백을 해 주기 위해 어떤 형성평가가 필요한가?

〈표 7-2〉 성취기준을 근거로 한 학습목표 분석 사례

성취기준	무엇을 알아야 하는가?	무엇을 할 수 있어야 하는가?
사1233-1. 문화를 바라보는 관점에는 비교론적 관점과 총체론적 관점이 있음을 파악하고, 이 두 관점 간의 차이점을 비교하여 설명할 수 있다.	• 문화를 바라볼 때의 관점은 비교론적 관점과 총체론적 관점이 있음을 이해한다. • 두 관점의 차이는 나와 다른 집단의 문화를 바라볼 때의 태도에 반영됨을 사례를 통해 발표할 수 있다.	비교론적 관점과 총체론적 관점을 사례를 보고 구분하기, 각 관점의 특성을 표로 정리하기, 관련된 사례를 인터넷 및 서적 검색을 통해 발견하기
사1233-2. 자신이 속한 집단의 문화와 다른 공동체의 문화를 바라볼 때, 나타나는 다양한 태도를 설명할 수 있다.	자문화 중심주의, 문화사대주의, 문화상대주의의 특성과 장단점을 구분하고, 이를 구체적 사례를 적용하여 설명할 수 있다.	자문화 중심주의, 문화사대주의, 문화상대주의를 구분할 때의 기준이 무엇인지 발표하기, 다양한 태도의 특성과 영향을 표로 정리하기, 문화를 바라보는 다양한 태도와 관련된 사례를 구분하고 설명하기, 이와 관련된 문제점을 대본으로 표현하고 역할극하기

※ 사 1233-1, 사 1233-2는 실제 교육과정상의 성취기준 코드임.

평가계획을 세우기 위해서는 학습목표 확인이 필요하며, 이를 위해 필수적으로 성취기준을 분석하게 된다. 성취기준을 분석하는 것은 또한 각 성취기준의 숙달 여부를 평가하기에 가장 적절한 평가방법을 선정하기 위해서도 필요하다. 성취기준을 근거로 하여 학습목표를 수립한 후, 이에 따른 평가방법을 선정할 때에는 측정하고자 하는 능력의 특성을 우선적으로 고려하되, 문항 제작의 용이성, 채점의 용이성 등을 참고하여 결정한다. 이때 성취기준의 행동동사를 참조하여 가장 적절한 평가방법을 결정하는 것도 한 가지 방법이 될 수 있다.

〈표 7-3〉은 성취기준 및 학습목표에 자주 나타나는 행동동사들의 예시다.

〈표 7-3〉 성취기준의 행동동사 예시(Bloom et al., 1956)

항목	행동동사 예시				
지식	연계하다 비교하다 대조하다 정의하다	설명하다 차별화하다 분별하다 식별하다	암시하다 목록화하다 명명하다 바꾸어 말하다	인식하다 반복하다 재진술하다 검토하다	보여 주다 진술하다 요약하다 말하다
적용	계산하다 증명하다 도출하다 사용하다	추정하다 예시를 주다 실례를 설명하다 찾아내다	측정하다 조작하다 수행하다 지시하다	기록하다 설치하다 밑그림 그리다 해결하다	추정하다 사용하다
문제해결	주장하다 분석하다 측정하다 도전하다 구성하다	결론짓다 구성하다 창조하다 비판하다 토론하다	결정하다 방어하다 추론하다 설계하다 평가하다	형성하다 추측하다 판단하다 조직하다 계획하다	제안하다 순서 매기다 추천하다 선택하다 제의하다

이러한 행동동사에 유의하면 지필평가와 수행평가 중 어느 쪽이 더 적절한지 판별하는 데 도움이 된다. 수행평가는 학생이 실제로 할 수 있는 것이 무엇인지를 평가할 수 있어야 한다. 학생이 단순히 암기할 수 있는 지식만을 습득하였는지, 지식을 적용하여 실제적인 문제해결을 처리할 수 있는지의 여부를 확인할 수 있어야 한다. 즉, '아는 것'과 '실제로 할 수 있는 것'에는 차이가 있으므로 이 두 가지를 균형적으로 습득했는지 확인하기 위해서 수행평가를 활용해야 한다.

개념에 대한 이해, 특징에 대한 설명과 같은 '지식'을 강조하는 학습목표의 달성 여부를 확인하기 위해서는 지필평가의 방법으로, 사례나 근거를 제시하거나 어떻게 사용할 수 있는지에 대한 '적용 및 활용' 능력을 강조하는 학습목표의 확인은 지필평가라 하더라도 서술·논술형, 또는 수행평가로 평가할 수 있다. '문제해결이나 판단' 능력과 같은 지식을 완전히 숙달한 후에야 달성할 수 있는 고차원적인 사고능력에 대한 평가는 수행평가를 통해 측정하는 것이 적합하다. 예를 들어, '요구사항과 문제해결 방안을 담아 건의하는 글을 쓸 수 있다.'는 학습목표는 지식과 기능이 통합된 보다 고차원적인 수행능력을 요구하므로 '적용' 능력을 요구한다고 할 수 있다. '적용' 능력을 포함하는 학습목표의 도달 정도를 타당하게 측정하기 위해서는 수행평가의 방법이 가장 적절하다. 반면 '보고하는 글의 목적, 특성, 구성요소를 설명할 수 있다.'는 '지식'과 관련되므로 지필평가의 선택형 문항으로도 충분히 평가가 가능하다. 이렇듯 문항이나 과제에서 요구되는 능력이 측정하고자 하는 학습목표와 일치할 수 있도록 문항을 제작한다. 김희경 외(2014b)는 [그림 7-4]와 같이 학습목표에 따른 적절한 평가도구의 예시인 동시에 수업과 연계되어 진행되는 수행평가 예시를 제시하였다.

[과학과 수행평가]

가열된 액체의 상태 변화 실험

[평가 목적 및 취지]

- 가열된 액체의 온도 변화를 측정하여 이를 표와 그래프로 나타내고, 상태 변화가 일어날 때의 온도 변화를 확인하며, 이를 해석할 수 있는지를 알아보기 위해 고안된 것으로, 온도 측정 능력, 그래프로 표현하기, 상태 변화 시의 온도 변화 이해와 관련된다.
- 절차에 따라 탐구활동을 수행하여 결과를 얻고 이를 해석하기 위한 능력을 요구하는 문항으로, 각 과정에서 학생들의 수행 정도를 교사가 확인하여 평가해야 하기 때문에 관찰 평가와 보고서 평가를 병행하는 것이 적절하다.

학년군	중학교 1~3학년군	단원명	06. 분자 운동과 상태 변화
학습목표	상태 변화가 일어날 때의 온도 변화를 측정하여 이를 표와 그래프로 나타내고 이를 해석할 수 있다.		

평가 실행 계획

단계	교수·학습 활동 및 평가
도입	학습목표 안내 실험 준비물, 실험과정 및 유의사항 지도
전개	온도 측정
	표 작성
	그래프 작성
정리	그래프 해석하기

[채점 기준]

평가 항목	채점 기준	배점
온도 측정	• 시계를 이용하여 정확한 시간 간격에 따라서 온도계의 눈금을 올바른 방식으로 읽는다.	2점
표 작성	• 측정한 값들을 정확하게 표에 기입한다.	2점
그래프 작성	• 표의 값들을 정확하게 좌표에 표시하고 점들을 선으로 바르게 연결한다.	4점
결과 정리	• 요구되는 구간의 온도를 찾고 이를 정확한 용어를 사용하여 표현한다.	2점

[그림 7-4] 학습목표에 근거한 평가도구 예시

4 형성평가 계획

형성평가의 계획은 성적산출용으로 시행되는 정기고사(중간, 기말평가)에서의 획일적인 형태(문항유형의 비율 준수, 평가 시기 준수)와는 달리, 교과별로 교육과정 운영에 따라 자율적으로 평가를 계획한다. 평가의 시기도 학급별 진도에 따라 융통성 있게 조정하여 실시한다. 형성평가는 선택형, 단답형, 완성형 문항 일변도의 암기 능력 평가를 지양하고, 과목 특성에 따라 서술형, 논술형 문항, 수행평가(실험·실습·실기 평가, 듣기·말하기·쓰기 평가, 관찰·조사 보고서 평가, 과제물 평가 등), 표현 및 태도의 관찰 등 다면적 평가방법이 조화롭게 이루어지도록 한다.

또한 형성평가는 수업 도입 단계에서 학습목표를 명확히 공유하기 위해 시행할 수도 있고, 수업 중에 학습을 돕기 위한 방편으로 시행할 수도 있으며, 수업활동이 끝날 무렵 시행하여 학생의 이해도 및 학습목표 도달 여부를 확인할 수 있으므로 효율성을 극대화할 수 있도록 계획하는 것이 좋다. 초등학교 6학년 국어과의 형성평가 계획표의 예시를 〈표 7-4〉에 제시하였다. 여기에 제시된 형성평가 방법들은 8장에 자세하게 소개하기로 한다.

〈표 7-4〉 초등학교 6학년 국어과 형성평가 계획표 예시

순번	단원	영역	학습목표	시기	평가방법
1	1. 상상의 세계	쓰기 문학	문학작품을 다른 문학 갈래로 바꾸어 쓸 수 있다.	4월 1주	• 형성평가: 과제물 분류하기 • 수행평가: 논술형
2	3. 다양한 주장	듣기 말하기	학습상황이나 일상생활에서 제기되는 문제를 토의를 통하여 해결할 수 있다.	4월 3주	• 형성평가: 거울보기
3	4. 나누는 즐거움	듣기 말하기	공식적·비공식적 상황에서 사회적 관계를 고려하여 적절한 인사말을 한다.	5월 2주	• 형성평가: 증거 수집하기

수행평가를 형성평가로 활용하는 경우에는 수업 중에 이루어지는 것이 학생의 학습효과를 증진시키는 데에도 도움이 된다. 그러므로 수행평가가 수업 중에 어떠한 방식으로 이루어질지를 계획하여 각 차시별 수업 및 평가내용과 평가문항의 유형을 계획하는 것이 좋다. 〈표 7-5〉는 학습목표와 관련하여 수행평가를 수업과 어떤 방식으로 연계하여 시행할 것인지를 보여 주고 있다. 수행평가를 실행하기 이전에 다양한 형성평가 기법을 통해 학생들에게 학습목표를 확인시켜 주기도 하고, 수행평가 과제 산출을 위한 중간 내용을 점검할 수도 있다. 예를 들어, 1차시에 교사는 조사 보고서의 특성과 작성과정에 대해서 지도한다. 이와 연결하여 학생들의 조사 보고서 작성 순서에 대한 이해 정도를 '빈칸 채우기'를 통한 형성평가 기법으로 확인해 볼 수 있다. 형성평가 시행과 피드백을 통해 조사 보고서의 작성 순서에 대해 학생들이 명확하게 이해한 후에는 조사 보고서를 작성하기 위한 '계획표 만들기' 형성평가를 시행할 수 있다.

2차시에는 교사가 쓰기 윤리의 개념과 유형을 지도한 후, 쓰기 윤리에 대해 학생들이 이해하였는지를 'O X 선택'을 통한 형성평가로 확인할 수 있다. 또한 조사결과를 정리하고 보고서에 담을 핵심 내용을 선별하는 방법에 대해 수업을 진행한 후에는 학생들이 조사결과 정리 및 선별에 대한 학습목표를 달성했는지 점검하기 위해

조사한 핵심 내용의 목록을 작성하는 '수첩 만들기' 형성평가를 시행할 수 있다.

3차시에는 학생들이 모둠으로 조사 보고서를 작성해 보도록 하는 수행평가를 실시한다. 4차시에는 보고서 초안을 검토하고 고쳐쓰기 하는 방법을 지도하고, 이에

〈표 7-5〉 국어과 수행평가 '세부 평가계획' 작성 예시

차시	수업내용			평가
1차시	교사의 지도	조사 보고서의 특성과 작성과정 지도	조사 보고서 작성과정을 이해한다.	형성평가: 빈칸 채우기 (조사 보고서 작성 순서 흐름도의 빈칸 채우기)
	모둠수행	조사 보고서 계획 세우기	조사 보고서 작성을 위한 계획을 세울 수 있다.	형성평가: 계획표 만들기 (조사 보고서 작성을 위한 계획표 만들기)
2차시	교사의 지도	쓰기 윤리의 개념과 유형 지도	쓰기 윤리 준수 여부를 판단할 수 있다.	형성평가: OX 선택 (예시를 보고 쓰기 윤리 준수 여부를 판단하여 OX 선택하기)
		조사결과 정리 및 내용 선별 방법 지도		
	모둠수행	조사결과 정리 및 쓸 내용 선별	조사결과를 정리하고 보고서에 포함할 내용을 선별할 수 있다.	형성평가: 수첩 만들기 (조사한 핵심 내용을 정리하는 수첩 작성)
3차시	모둠수행	조사 보고서 작성	조사 보고서를 작성할 수 있다.	수행평가: 조사 보고서 작성 ※ 앞서 시행한 형성평가에서의 수행결과를 통합 활용하여 조사 보고서를 작성
4차시	교사의 지도	'고쳐쓰기' 지도하기	'고쳐쓰기'의 필요성과 방법을 이해한다.	
	모둠수행	조사 보고서 고쳐쓰기	고쳐 써야 할 부분을 스스로 점검할 수 있다.	형성평가: 거울보기 (보고서 자기평가표 작성) (쓰기 윤리 자기평가표 작성)
5차시	모둠수행	조사 보고서 발표하기	조사 보고서를 발표할 수 있다	수행평가: 조사 보고서 발표

대한 학습목표 달성 여부를 '거울보기' 라는 형성평가 기법을 통해 점검할 수 있다. 마지막으로 5차시에는 작성된 조사 보고서를 발표하는 수행평가를 실시할 수 있다.

5 형성평가 도구 개발

형성평가의 목적을 확인하고, 학습목표를 선정한 후, 형성평가에 대한 계획을 세웠다면 이제 평가계획을 실천하기 위한 평가도구를 개발해야 한다. 구조적인 형성평가에서 평가도구 개발 절차는 [그림 7-5]와 같다.

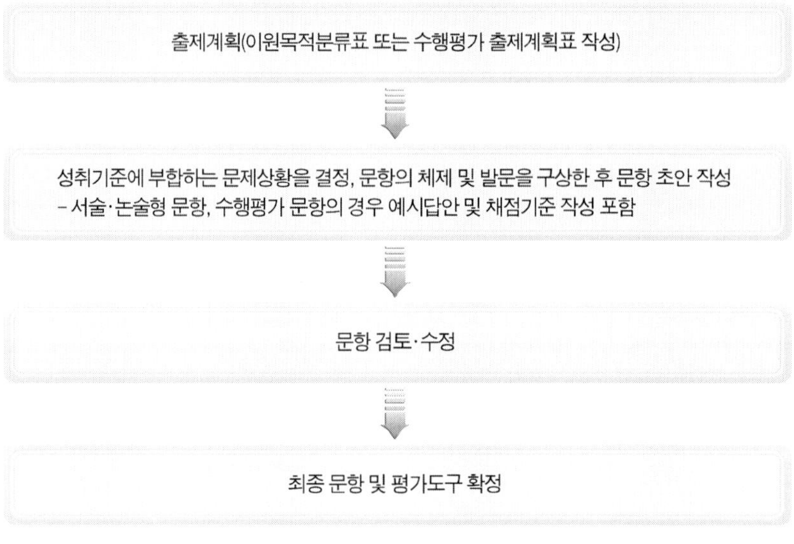

[그림 7-5] 평가도구 개발 절차

[그림 7-5]에 나타난 형성평가 도구 개발 절차의 각 단계는 지필평가와 수행평가의 경우로 구분하여 자세히 제시하기로 한다.

1) 출제계획

지필평가로 형성평가를 시행하고자 하는 경우 〈표 7-6〉과 같은 이원목적분류표를 작성한다. **이원목적분류표**는 지필평가를 제작하기 위한 출제계획표로서 각 문항의 평가내용, 성취기준, 행동영역, 난이도, 정답 및 배점 등의 정보로 구성된다(강신천, 2014). 문항의 수는 물론이고, 측정하고자 하는 내용영역, 성취기준, 문항의 행동영역, 난이도 등이 편중되거나 결핍되지 않도록 본격적인 문항 개발에 앞서 작성해 보는 설계도라고 할 수 있다.

〈표 7-6〉 과학과 형성평가의 이원목적분류표 예시

선택형 문항										
문항 번호	내용영역	성취기준	행동영역		난이도				배점	정답
			지식	이해	적용	어려움	보통	쉬움		
1	기체의 온도와 부피	기체의 온도에 따른 부피 변화를 모형을 사용하여 설명할 수 있다.	○					○	2	4
2	기체의 온도와 부피	기체의 온도에 따른 부피 변화를 모형을 사용하여 설명할 수 있다.		○			○		3	2
3	상태 변화와 열에너지	상태 변화에서의 에너지의 출입을 분자의 운동과 관련지어 설명할 수 있다.	○					○	2	3
4	상태 변화와 열에너지	상태 변화에서의 에너지의 출입을 분자의 운동과 관련지어 설명할 수 있다.	○					○	2	5
서술형 문항										
문항 번호	내용영역	성취기준	행동영역			난이도			배점	정답
			지식	이해	적용	어려움	보통	쉬움		
5	온도에 따른 기체의 부피	기체의 온도에 따른 부피 변화를 모형을 사용하여 설명할 수 있다.			○	○			6	별도 제시
총합계									15	–

수행평가로 형성평가를 시행하고자 하는 경우 〈표 7-7〉과 같은 수행평가 출제계획표를 작성한다. 수행평가는 수업의 진행에 맞추어 학습활동을 촉진하는 역할을 하는 것이 중요하므로 〈표 7-7〉과 같이 출제계획표에 수업계획안을 함께 포함하는 것이 좋다. 성취기준과 연결하여 수업을 계획하고, 이와 연결하여 토론, 실험·실습, 보고서, 포트폴리오, 구술시험/발표 등의 다양한 수행평가 방법에 적합한 장면을 구상해야 한다.

또한 출제계획부터 수행평가의 경우 채점기준을 포함시키는 것이 원칙인데, 이때에는 구체적인 출제가 이루어진 상태가 아니므로 채점기준도 서술·논술형 문항에 적용되는 일반적 채점기준, 수행평가의 유형(발표, 토론, 보고서 쓰기, 포트폴리오 등)에 따른 일반적 채점기준을 제시할 수 있다.

〈표 7-7〉 사회과 수행평가 출제계획표 예시

수행평가 출제계획표			
학년	중학교 3학년	단원명	04. 현대사회의 변화와 대응
수행평가 유형	☐ 실험·실습 ☑ 토론 ☐ 포트폴리오 ☐ 보고서 평가 ☑ 구술시험/발표 ☐ 기타( )		
성취기준	현대사회 변화의 기본적 경향과 요인을 종합적인 관점에서 이해하고, 인류가 당면한 과제에 대한 문제의식과 미래 사회에 대한 비전을 가진다.		

교수·학습 및 평가 계획			
수업활동		형성평가	
교사지도	현대사회의 변동 방향 설명(정보화, 개방화, 세계화 등)		
질의·응답	학생들의 질문에 응답하며 학습내용 정리		
모둠수행	현대사회의 변화에 따른 문제점과 해결방안에 대한 조별 토론	관찰	교사가 조별 토론하는 모습 관찰하며 즉각 피드백
		수행평가(보고서 쓰기)	조별 토론 결과에 따라 개별 보고서를 작성하고 제출
교사지도	정리		

보고서 쓰기의 일반적 채점기준		
평가항목	평가요소	점수
주제	문제점을 명료하게 제시하였는가?	1 □ 2 □ 3 □ 4 □ 5 □
	문제해결 방안이 타당하게 제시되었는가?	1 □ 2 □ 3 □ 4 □ 5 □
	과제의 의도에 맞게 주제를 설정했는가?	1 □ 2 □ 3 □ 4 □ 5 □
창의성	문제점과 해결책이 창의적이고 흥미로운가?	1 □ 2 □ 3 □ 4 □ 5 □
가독성	전체적인 구성이 체계적인가?	1 □ 2 □ 3 □ 4 □ 5 □
	자료 및 근거가 적절히 제시되어 있는가?	1 □ 2 □ 3 □ 4 □ 5 □
	단어의 선택이 적절한가?	1 □ 2 □ 3 □ 4 □ 5 □

2) 문항 초안 및 채점기준 작성

다음 단계는 이원목적분류표에 의거하여 각 문항의 초안을 작성하는 것이다. 이원목적분류표 또는 수행평가 출제계획표에 명시한 성취기준을 염두에 두고 성취기준 습득 여부를 판단할 수 있는 개별 문항 및 수행과제를 제작하는 단계다.

문항 초안을 작성하는 단계에서는 서술형·논술형 문항은 예시답안(모범답안, 유사답안)도 함께 작성하여 문항 초안에 포함시켜야 하며, 수행평가의 경우에도 계획표에 포함했던 일반적인 채점기준이 아닌, 개발된 수행평가의 출제의도에 맞춰 상세한 채점기준을 작성하여 포함시켜야 한다. 수행평가 과제와 관련된 성취기준에 제시되어 있는 성취수준(상/중/하) 진술을 채점기준 개발에 활용할 수도 있다. 채점기준 개발 절차는 [그림 7-6]과 같다.

성취기준 확인

↓

성취기준을 달성했을 때 보이는 기대수준 확인

↓

평가항목 및 평가내용 결정

↓

채점기준 작성

[그림 7-6] 채점기준 개발 절차

〈표 7-7〉에 제시된 바와 같이 출제계획 단계에서 작성한 보고서 쓰기의 일반적 채점기준과는 달리, 개발된 수행평가 과제에서 주어진 특정한 문제상황에 맞춰 〈표 7-8〉과 같은 상세한 채점기준을 작성하여 포함시키는 것이 좋다.

〈표 7-8〉 특정 보고서 쓰기 주제에 따른 구체적 채점기준 예시

평가항목	평가요소	점수
주제	현대사회의 급속한 변화에 따른 문제점을 명료하게 제시하였는가?	1 □ 2 □ 3 □ 4 □ 5 □
	현대사회의 급속한 변화에 따른 문제점을 해결하기 위한 방안이 타당하게 제시되었는가?	1 □ 2 □ 3 □ 4 □ 5 □
	현대사회의 급속한 변화에 따른 문제점 및 해결방안이라는 주제에 초점을 맞춰 보고서를 작성하였는가?	1 □ 2 □ 3 □ 4 □ 5 □
창의성	현대사회의 급속한 변화에 따른 문제점 및 해결방안이 창의적이고 흥미로운가?	1 □ 2 □ 3 □ 4 □ 5 □
가독성	현대사회의 급속한 변화에 따른 문제점 및 해결방안의 제시가 전체적으로 자연스럽게 연결되어 있는가?	1 □ 2 □ 3 □ 4 □ 5 □

가독성	현대사회의 급속한 변화에 따른 문제점에 대한 자료 제시 및 해결방안에 대한 근거가 적절히 제시되어 있는가?	1 □ 2 □ 3 □ 4 □ 5 □
	현대사회의 급속한 변화에 따른 문제점 및 해결 방안을 제시하기 위해 단어 및 용어 사용을 적절히 하였는가?	1 □ 2 □ 3 □ 4 □ 5 □

3) 최종 평가도구 확정

문항 초안을 작성하고, 이에 따른 예시답안 및 채점기준을 작성한 후에는 이를 다시 한번 세밀하게 검토하며 수정하는 과정을 거친다. 문항을 검토할 때에는 학습목표를 달성하는 데 요구되는 핵심적인 성취기준과 결합하는 문항을 제작하였는지, 수업에서 가르친 내용을 반영하고 있는지 등을 중점적으로 검토해야 한다.

문항 검토 단계에서는 문항을 개발한 교사가 아닌 동료교사의 도움을 받는 것이 바람직하다. 동료교사가 문항을 직접 풀어 보면서 문항 내용이 명료하고 타당한지를 확인하고 조언을 주는 것이 좋다. 문항 초안과 함께 제시된 예시답안 이외의 다른 반응이 있을 수 있는지를 확인하고, 채점기준의 평가항목, 평가 내용, 전체적인 배점 등이 타당하게 이루어졌는지를 확인한다.

6 채점

선택형, 단답형 문항 등과 같이 **채점**의 객관성이 어느 정도 보장되는 객관식 평가 이외에 논술형 문항, 수행평가를 안정적으로 채점하기 위해서는 채점의 객관성 및 공정성을 확보할 수 있는 교사의 평가 전문성 함양이 중요하다. 특히 교사협의회를 통한 공동출제 및 공동채점 체제를 확립하는 것도 채점상의 오류를 예방하는 방안이다.

채점 초기에 학생의 답안을 표집하여 가채점을 한 후, 가채점 결과를 놓고 함께 채점하는 교사들 간의 불일치성에 대해 협의하는 '연습채점' 단계를 포함시키는 것도 채점의 신뢰성을 효과적으로 높이는 방안이다. 연습채점 단계에서 발견된 다양한 학생 반응유형 사례에 대해서도 공유하고 어떻게 채점할 것인지 협의하여 인정 범위를 결정하게 되므로 채점기준을 확고히 할 수 있다.

7 피드백

형성평가의 목적은 평가를 통한 학습촉진에 있으므로 채점 후 평가가 종결되는 것은 바람직하지 못하다. 평가를 통해 나타난 학생들의 학습상의 어려움, 오류 유형 등을 피드백하여 다시 교수·학습으로 이어질 수 있도록 하는 것이 형성평가의 본질적 목적을 달성하는 것이 된다.

형성평가 결과의 활용은 학생들에 대한 정보를 다양한 방법으로 수집하여 이를 분석·해석하고, 그 결과를 교수·학습 활동 및 학생에 대한 교육적 의사결정에 활용하며, 학생, 학부모와 지속적으로 의사소통하는 것이라 볼 수 있다. 〈표 7-9〉와 같은 교과별 형성평가 기록표는 교과별로 어떠한 세부적 영역에서 학생에게 보정과 도움이 필요한지에 대한 정보를 한눈에 알아볼 수 있도록 피드백할 수 있는 방법이라고 할 수 있다.

학교에서 실시되는 형성평가는 지속적으로 실시되므로 장기간의 학습계획을 실천하고, 수시로 평가결과를 확인함으로써 자신의 학업 향상을 직접 경험할 수 있다. 따라서 교사는 이와 같은 형성평가 누적 기록표를 학생과 학부모와 공유하며 학생을 격려하고, 도움이 필요한 부분을 헤아려 지원해 줄 수 있다. 누적된 결과뿐 아니라 단일 형성평가 결과를 바탕으로 피드백 제공 및 학생과 학습상담을 통해 학생이 자신의 능력에 대해 올바로 이해할 수 있도록 도움을 줄 필요가 있다.

또한 학생의 학습과 성장을 돕기 위해서는 교과별 성취기준과 관련된 인지적 영역의 피드백 외에도 학습태도, 교우관계 등을 긍정적으로 신장시킬 수 있는 정의적 영역의 피드백 또한 중요하다. 학생의 정의적 요인에 대한 피드백은 〈표 7-10〉과 같은 방법으로 이루어질 수 있다.

〈표 7-9〉 형성평가 결과표 예시

교과	평가 일시	단원	영역	성취 기준	평가방법	형성평가 결과
수학	4/8	1. 세 자리의 수	수와 연산	• 세 자리의 수를 읽고 쓸 수 있다.	지필평가	하 □ 중 □ 상 □
				⋮ 중략 ⋮		
국어	4/10	1. 느낌을……	듣말	• 문학작품에 나오는 인물의 말을 실감나게 표현한다.	수행평가 (역할극)	하 □ 중 □ 상 □
				⋮ 중략 ⋮		

〈표 7-10〉 형성평가 결과에 대한 정의적 영역 피드백 예시

구분		내용	성취 기준	자기평가	교사평가
3월	학습 태도	발표	• 학습시간에 발표를 자주 하나요?	하 □ 중 □ 상 □	하 □ 중 □ 상 □
		듣기	• 다른 사람의 이야기를 주의 깊게 듣나요?	하 □ 중 □ 상 □	하 □ 중 □ 상 □
		과제/수업준비	• 과제/교과서(준비물)를 잘 준비하나요?	하 □ 중 □ 상 □	하 □ 중 □ 상 □
		집중(몰두)	• 학습시간에 집중을 잘 하나요?	하 □ 중 □ 상 □	하 □ 중 □ 상 □
	학교 생활	질서생활/규칙준수	• 실내·외에서 지켜야 할 규칙을 잘 지키나요?	하 □ 중 □ 상 □	하 □ 중 □ 상 □
		교우관계/이웃돕기	• 친구들과 사이좋게 지내고, 주변을 돌아보며 스스로 도울 일을 찾나요?	하 □ 중 □ 상 □	하 □ 중 □ 상 □

<table>
<tr><td>3월</td><td>학교
생활</td><td>협동심
(사회성)</td><td>• 모둠/반 친구들과 협동하여 학습하나요?</td><td>하 □ 중 □ 상 □</td><td>하 □ 중 □ 상 □</td></tr>
<tr><td rowspan="7">4월</td><td rowspan="4">학습
태도</td><td>발표</td><td>• 학습시간에 발표를 자주 하나요?</td><td>하 □ 중 □ 상 □</td><td>하 □ 중 □ 상 □</td></tr>
<tr><td>학교생활</td><td>• 다른 사람의 이야기를 주의 깊게 듣나요?</td><td>하 □ 중 □ 상 □</td><td>하 □ 중 □ 상 □</td></tr>
<tr><td>과제/
수업준비</td><td>• 과제/교과서(준비물)를 잘 준비하나요?</td><td>하 □ 중 □ 상 □</td><td>하 □ 중 □ 상 □</td></tr>
<tr><td>집중(몰두)</td><td>• 학습시간에 집중을 잘 하나요?</td><td>하 □ 중 □ 상 □</td><td>하 □ 중 □ 상 □</td></tr>
<tr><td rowspan="3">학교
생활</td><td>질서생활/
규칙준수</td><td>• 실내·외에서 지켜야 할 규칙을 잘 지키나요?</td><td>하 □ 중 □ 상 □</td><td>하 □ 중 □ 상 □</td></tr>
<tr><td>교우관계/
이웃돕기</td><td>• 친구들과 사이좋게 지내고, 주변을 돌아보며 스스로 도울 일을 찾나요?</td><td>하 □ 중 □ 상 □</td><td>하 □ 중 □ 상 □</td></tr>
<tr><td>협동심
(사회성)</td><td>• 모둠/반 친구들과 협동하여 학습하나요?</td><td>하 □ 중 □ 상 □</td><td>하 □ 중 □ 상 □</td></tr>
</table>

제8장

형성평가 실행 기법

1. 형성평가 실행의 의의
2. 과제물 부여 시 활용 가능한 형성평가 기법
3. 수업 도중 활용 가능한 형성평가 기법
4. 프로젝트 수행 시 활용 가능한 형성평가 기법
5. 총합평가 이전 활용 가능한 형성평가 기법
6. 총합평가 이후 활용 가능한 형성평가 기법

목표 맞추기

과제: 독후감 작성

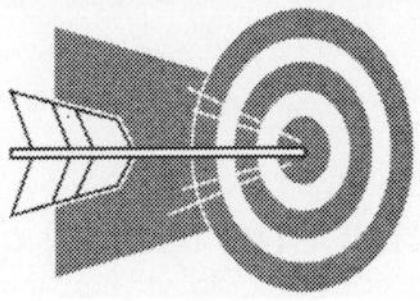 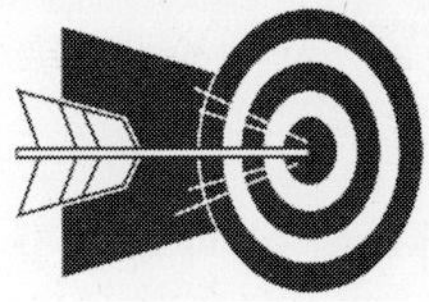

과제는 무엇일까요?	잘한 과제물은 어떤 모습일까요?
본인이 읽고 싶은 책을 선정한 후 선생님에게 먼저 보여 주고 과제를 시작할 것이다. 책을 읽고 독후감을 쓴다. 첫째, 이야기의 요약을 먼저 쓴다. 둘째, 본인이 가장 좋아하는 부분이 어느 부분인지 왜 좋아하는지에 대해서 서술한다.	요약은 이야기의 중요한 부분을 시작, 중간, 끝의 순서대로 잘 제시하여야 할 것이다. 내가 가장 좋아하는 부분은 그 책의 가장 재미있는 부분으로 책에서의 이야기와 함께 내 이야기도 곁들일 것이다. 보고서는 명확하고 문장들이 명료해야 할 것 같다. 이 보고서를 보고 다른 사람들이 그 책을 읽어 보고 싶어 한다면 좋은 보고서일 것 같다.

[그림 8-2] '목표 맞추기' 기법 예시

1) 실행 절차

① 과제물을 정한 후, 학생들에게 수업시간에 주어진 과제물을 수행하는 방법을 왼쪽 박스에 쓰도록 한다.

② 학생들이 과제를 잘 기억하게 하기 위해 과제의 특징에 대해 쓰도록 한다.

③ 오른쪽 박스에는 잘한 과제물의 모습에 대해 쓰도록 한다.

2) 관찰 및 평가 항목

• 학생들이 정확하게 이해하고 있는지, 작성한 항목들이 서로 연관되어 있는지

등을 파악한다.

- 학생이 기술한 과제를 잘 수행하기 위한 방법에서 누락된 항목은 없는지 확인한다.

3) 평가결과 반영

- 학생이 생각하기에 이 과제를 잘 수행하기 위해 어떤 것이 필요한지에 대해 이야기를 나누게 한다. 이때 학생의 생각에 관심을 가져서 학습목표를 성취할 수 있는 수행이 되도록 지원한다.
- 학생들이 과제를 마칠 동안 '채점 기준표'를 지니고 있게 하고, 그것을 이용해 스스로 평가하도록 한다. 이 과정에서 학습목표와 학생 자신의 수준을 비교하는 역량을 키워 줄 수 있다.

4) 주의점 및 응용 예시

- 학생 혼자서 이 활동을 하기보다는 집단으로 할 수 있도록 허용하면 좀 더 분명하게 목표를 알 수 있다.
- 초등학교 학생들의 경우, 공책에 그림을 그리는 것으로 적용해 볼 수 있다.

과제물 분류하기

이 기법을 통해 성취할 수 있는 항목	
▣ 학습목표의 이해	▣ 강점과 약점 파악
□ 결과물 산출	□ 학습개선 방법 도출
▣ 학습목표와 현재 수준의 비교	□ 학습개선 방법 실행

'과제물 분류하기' 기법의 예시는 [그림 8-3]과 같고, 이 기법의 실행 절차와 특징은 다음과 같다.

과제물 분류하기

과제: 최근 사건 보고서 작성

제시된 과제물들을 잘한 순서대로 '잘함', '보통', '부족함'의 서류함에 분류해 보세요. 각 서류함에 있는 과제물들을 검토한 후 순서대로 과제물들을 표현해 보세요.

잘함	보통	부족함
• 중요한 사건 • 명확한 설명 • 다른 사건들 또는 역사적 주제와 연결되어 있음 • 읽어 내려가기 쉬움 • 명료함 • 흥미 있음 • 뉴스자료들이 첨부되었음	• 중요한 사건 • 설명들을 이해할 수 있음 • 읽어 내려갈 수 있음 • 어느 정도 흥미 있음 • 뉴스자료들이 첨부되었음	• 중요한 사건보다는 짧은 이야기 중심임 • 설명들이 명확하지 않음 • 읽어 내려가기 힘듦 • 흥미를 끌지 않음 • 뉴스자료들이 첨부되지 않음

[그림 8-3] '과제물 분류하기' 기법 예시

1) 실행 절차

① 학생들이 수행과제를 정하면 이와 관련하여 과년도 학생들이 제출한 다양한 수행 결과물을 제공한다. 이전 학생들의 이름과 교사의 점수나 견해는 제거한다.

② 학생들이 자신들의 수행에 대한 평가기준들을 서로 이야기하도록 한다. 이때 개별 학생들로 수행할 수도 있지만 소규모의 집단으로 진행하는 것이 효과적일 수 있다.

③ 과년도 학생들의 수행 결과물을 학생들이 평가하여 서류함에 분류하도록 한다(예: 잘함, 보통, 부족함).

④ 각 서류함에 포함되어 있는 수행 결과물들은 하나의 세트로 볼 수 있는지에 대해 토론하도록 한다. '잘함'에 분류된 과제물, '보통'에 분류된 과제물, '부족함'에 분류된 과제물에 대해 설명하도록 한다.

⑤ 학생들이 말한 기준들을 토대로 이 과제를 수행하기 위한 계획을 세우라고 한다.

2) 관찰 및 평가 항목

이 과제가 의도한 학습목표와 학생들이 기술한 기준들이 적절하게 연관되었는지를 확인한다. 일부 학생들은 과제물의 본래 목적보다는 산출된 외적 모습에 중점을 둘 수 있으므로 그러한 경향이 있는지도 주의를 가지고 관찰한다.

3) 평가결과 반영

- 학생들의 설명이 의도된 학습목표를 제대로 반영하였다면 향후 과제수행의 지침으로 사용하도록 한다.
- 만약 학생들이 제시한 설명이 학습목표에서 벗어나거나 부족하다면, 계속해서 학생들에게 그들이 분류하였던 수행 결과물들에 대해 이야기하도록 한다.

4) 주의점 및 응용 예시

- 과년도 학생들의 과제물을 평가했던 채점기준표를 이용하여 과제의 질에 대한 평가를 비교·대조하도록 한다. 이때 과제의 질과 각 특성이 얼마나 중요한지에 대해 집중하도록 한다.
- 제시한 기준들을 토대로 향후 과제수행을 마친 후 학생들 본인이 제출한 과제물을 평가하도록 한다.

채점기준표 만들기

이 기법을 통해 성취할 수 있는 항목	
■ 학습목표의 이해	■ 강점과 약점 파악
□ 결과물 산출	□ 학습개선 방법 도출
■ 학습목표와 현재 수준의 비교	□ 학습개선 방법 실행

'채점기준표 만들기' 기법의 예시는 [그림 8-4]와 같고 이 기법의 실행 절차와 특

징은 다음과 같다.

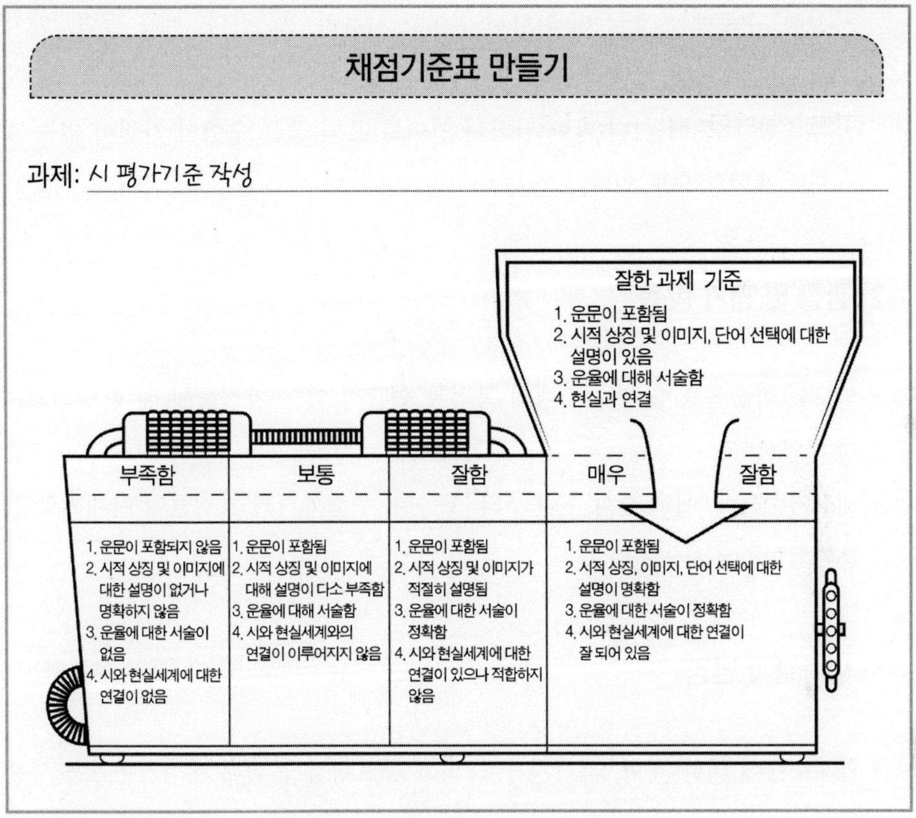

[그림 8-4] '채점기준표 만들기' 기법 예시

1) 실행 절차

① 학생들에게 과제를 부여한 후 해당 과제를 잘 수행하기 위한 자질들을 토론하여 나열하게 한다.

② 나열된 자질들을 토대로 각 자질을 '매우 잘함, 잘함, 보통, 부족함' 등의 수준으로 나누어 작성하도록 한다.

- '매우 잘함' 수준에는 이전의 도구에서 나온 내용 혹은 그들의 토론 중에 합의한 것을 그대로 쓰도록 하되 명확한 언어로 표현하도록 한다. 예를 들면, '분명하게' 혹은 '완벽하게' 등의 부사어를 사용하여 표현하도록 한다.

- '잘함' 수준에는 약간 완화된 언어, 예를 들면 '대부분' 또는 '전체적으로' 등의 단어를 사용하도록 한다.
- '보통' 수준에는 조금 더 완화된 언어를 사용하도록 한다. 예를 들면, '단지' 혹은 '약간' 정도로 표현한다.
- '부족함' 수준에는 더 많이 완화된 언어를 쓰되 좋은 수행의 자질이 없는 것으로 표현할 수도 있다.

2) 관찰 및 평가 항목

- 의도된 학습목표 및 과제수행의 목적과 연관성 있는 자질들이 잘 반영되었는지 확인한다.
- 채점기준표에 '매우 잘함' 수준부터 '부족함' 수준까지의 자질들이 단계별로 잘 분류되었는지 확인한다.

3) 평가결과 반영

- 과제수행에 대한 계획, 자기평가, 그리고 동료평가를 위해 채점기준표를 사용하게 한다.
- 만약 채점기준표의 수정이 필요하다면, 반 전체를 각 소규모 집단으로 나누어 채점기준표를 보고 비슷한 점과 다른 점에 대해 생각해 보도록 하거나 교사가 도움을 주어 보완한다.

4) 주의점 및 응용 예시

- 학생들에게 각 소규모 집단이 만든 채점기준표를 비교·대조하도록 하여 채점기준표를 더 정비하게 할 수 있다. 그러고 나서 반 전체가 함께 사용할 수 있는 하나의 채점기준표를 만들도록 한다.
- 학생들이 만든 채점기준표를 향후 학생들이 제출한 과제물의 채점기준표로 활용할 수 있다. 그렇게 할 경우 학생들에게 이 점을 알려 준다.

질문 만들기

이 기법을 통해 성취할 수 있는 항목	
▣ 학습목표의 이해	□ 강점과 약점 파악
□ 결과물 산출	□ 학습개선 방법 도출
□ 학습목표와 현재 수준의 비교	□ 학습개선 방법 실행

'질문 만들기' 기법의 예시는 [그림 8-5]와 같고, 이 기법의 실행 절차와 특징은 다음과 같다.

질문 만들기

학습목표 또는 과제: 교과서 15~17쪽, 합집합, 교집합, 부분집합

관련 질문들:

합집합이 필요한지 또는 교집합이 필요한지를 어떻게 결정합니까?

하나의 집합이 합집합인 동시에 부분집합이 될 수 있을까요?

교집합을 나타내는 ∩는 어디에서 왔을까요?

[그림 8-5] '질문 만들기' 기법 예시

1) 실행 절차

① 과제물을 정한 후 과제물과 관련한 질문을 작성하도록 한다. 이 기법은 특히 읽기 과제나 연속 질문으로 해결이 가능한 과제물(예: 날씨에 대한 과학 수업 시리즈)에 적합하다.
② 질문에 답해 보도록 한다.

2) 관찰 및 평가 항목

• 학생들이 작성한 질문이 과제물과 직접적인 연관이 있고 분명하게 표현되었는지 확인한다.
• 과제에 대한 이해가 부족하여 관련 질문조차 생각하지 못하고 있는 것은 아닌지 확인한다.

3) 평가결과 반영

• 질문이 합리적이고 분명하다면 학생들이 바로 답할 수 있도록 진행한다. 이때 개별 또는 소규모 그룹을 사용하여 학생들이 서로 대화를 할 수 있도록 하고, 추가적인 정보나 추가적인 연습이 제공되는 형태로 진행한다.
• 학생들의 이해가 부족하여 질문을 만들지 못하는 경우, 내용에 대한 재교육 방법을 계획한다.
• 학생들 중 기본 자료에 대해 질문이 전혀 없는 학생을 찾는다. 그런 학생에게는 혹시 알고 싶은 것이 더 있는지 적어 두게 하고 그것을 반영한다.

4) 주의점 및 응용 예시

• 이 기법을 개별활동으로 사용한다면 각 학생들의 질문에 따라 교사가 학생의 보완점 및 개별 수준을 파악하는 데 도움을 줄 수 있다.
• 처음에는 학생들에게 개별 질문을 적게 한 후 소규모 집단으로 만들어 서로의

질문에 답하게 하고 그들 스스로의 질문에 대한 대답을 작성하게 할 수도 있다. 또한 각 집단에서 나온 질문 중 함께 생각해도 답을 할 수 없었던 질문을 모아 목록을 만들게 할 수 있다.

계획표 만들기

이 기법을 통해 성취할 수 있는 항목	
■ 학습목표의 이해	□ 강점과 약점 파악
■ 결과물 산출	□ 학습개선 방법 도출
□ 학습목표와 현재 수준의 비교	□ 학습개선 방법 실행

'계획표 만들기' 기법의 예시는 [그림 8-6]과 같고, 이 기법의 실행 절차와 특징은 다음과 같다.

계획표 만들기

학습목표 또는 과제: 대륙회의(The Continental Congress)에 대한 보고서 작성하기

과제수행을 하기 위한 나의 계획:

1단계 대륙회의에 관한 교과서 읽기

2단계 적어도 5가지 이상의 참고자료 찾기
- 학교: 교내 도서관, 역사 잡지 살펴보기
- 집: 인터넷 검색

3단계 수집한 참고자료 읽고 대륙회의가 무엇이고 어떤 일을 하는지에 대해 정보 정리하기

4단계 정리한 정보를 토대로 문단 만들기, 참고자료 출처 적기

5단계 작성한 보고서 출력해서 검토하기, 관련 그림이나 사진이 있는지 확인하고 보충하기

[그림 8-6] '계획표 만들기' 기법 예시

1) 실행 절차

① 과제물을 정한 후 학생들에게 개별적으로 어떻게 그 과제를 수행할 것인지 계획표를 작성하게 한다. 모둠활동으로 활용한다면 집단 내 학생들이 함께 계획표를 작성하게 한다.
② 단계별로 구체적이고 자세하게 기록하지만 너무 세부적으로 작성된 것이 아닌지 확인하여 수정하도록 한다.

2) 관찰 및 평가 항목

- 계획이 합리적이고 실현 가능한지 관찰한다.
- 학습목표와 과제 목표에 연관된 계획인지 확인한다.

3) 평가결과 반영

- 일부 학생의 계획이 합리적이거나 실현 가능하지 않다면 그 학생과 계획에 대해 이야기를 나눠 보고 좀 더 합리적인 단계들을 계획할 수 있도록 돕는다. 만약 소집단에서 작성한 계획이 과대하다면 학생들에게 몇 가지 질문을 주고 수정할 수 있도록 한다(예: 너희 네 명이 그것을 하는 데 얼마만큼의 시간이 걸릴 것 같니? 얼마나 자주 도서관에 갈 거니?).
- 과제가 완성되고 나면 계획표에 제시된 계획에 대해 학생들이 평가하도록 한다(예: 계획의 어떤 면이 도움이 되었는가, 다음에는 어떻게 다르게 할 수 있을 것인가).

4) 주의점 및 응용 예시

- 학생들의 계획하고 있는 시기가 적절한지 점검하고, 필요하다면 목표달성일을 더 연장하도록 한다.
- 과제를 수행하는 동안 자신들의 수행을 관리할 수 있도록 계획표를 보관하도록 한다.

3 수업 도중 활용 가능한 형성평가 기법

추론 상자 만들기

이 기법을 통해 성취할 수 있는 항목	
■ 학습목표의 이해	□ 강점과 약점 파악
■ 결과물 산출	□ 학습개선 방법 도출
□ 학습목표와 현재 수준의 비교	□ 학습개선 방법 실행

'추론 상자 만들기' 기법의 예시는 [그림 8-7]과 같고, 이 기법의 실행 절차와 특징은 다음과 같다.

추론 상자 만들기

다음 문제를 풀고 문제해결 과정을 각 단계대로 제시하시오.

문제:
옆반 교실의 면적은 각 10미터와 15미터로 이루어진 직사각형이다. 옆반 선생님께서는 50센티미터 폭을 가진 책장을 3개 벽면(2개는 짧은 벽면, 1개는 긴 벽면)에 놓고 싶어 하신다. 책장을 들여놓는다면 책장이 차지하는 면적은 얼마이고 남아 있는 면적은 얼마가 될까?

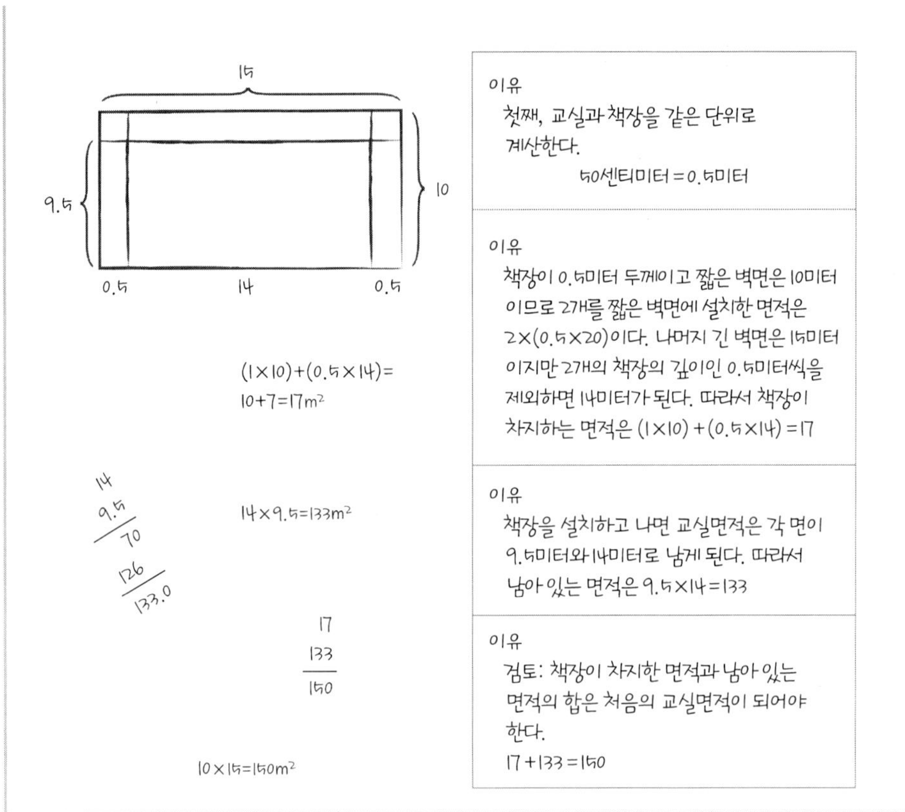

[그림 8-7] '추론 상자 만들기' 기법 예시

1) 실행 절차

① 평가문항을 만든 후 교사가 먼저 문제풀이를 해 본다.

② 학생들에게 문제해결에 필요한 모든 단계를 제시하며 문제를 풀도록 하고, 각 상자 모양의 칸에 그들의 생각을 설명하도록 한다. 이 기법은 여러 단계를 거치면서 해결해야 하는 추론이 필요한 과제에 보다 적합하다.

2) 관찰 및 평가 항목

- 추론, 완성도, 정확성의 질을 확인한다.
- 학생들이 제시한 설명이 자신들의 수행활동과 일치하는지 확인한다.

3) 평가결과 반영

- 추론 부분을 시작도 못하는 학생들이 있다면 어떻게 설명을 쓰는지 가르쳐 주거나 예시를 보여 준다.

4) 주의점 및 응용 예시

- 학생들이 추론을 쓰도록 하는 것은 추론과정을 시각적으로 나타내어, 오해를 하거나 추론 단계를 건너뛰는 것을 교사가 확인할 수 있게 해 준다. 이 진단적 정보를 추후 수업계획에 사용한다.
- 학생들이 서로의 추론을 검토할 수 있도록 소규모 집단으로 수행하게 할 수 있다.

표정 만들기

이 기법을 통해 성취할 수 있는 항목	
■ 학습목표의 이해	■ 강점과 약점 파악
□ 결과물 산출	□ 학습개선 방법 도출
■ 학습목표와 현재 수준의 비교	□ 학습개선 방법 실행

'표정 만들기' 기법의 예시는 [그림 8-8]과 같고, 이 기법의 실행 절차와 특징은 다음과 같다.

표정 만들기

앞면에 행복한 얼굴을 그린 다음 색칠하세요. 동그라미를 오려서 뒷면에는 불만족스런 얼굴을 그리고 색칠해 보세요.

[그림 8-8] '표정 만들기' 기법 예시

1) 실행 절차

① 학생들에게 원의 앞면에 웃는 얼굴을 그리고 잘라 낸 후, 뒷면에는 슬픈 얼굴을 그리라고 한다.

② 원을 책상 모서리에 놓게 한 후, 수업이나 질문들을 이해했으면 '웃는 얼굴', 수업의 내용이 이해되지 않거나 혼란스러울 때는 '슬픈 얼굴'을 보이도록 한다.

2) 관찰 및 평가 항목

- 어느 정도의 학생들이 이해가 부족한지 확인한다.
- 심화 혹은 다음 단계로 진행할 것인지 판단한다.

3) 평가결과 반영

- 개인별 혹은 집단별로 필요한 내용에 대한 설명 또는 도움의 정도를 조절한다.
- 학생들에게 도움을 주기 전에 왜 '슬픈 얼굴'로 바꾸었는지 물어본 후 향후 계획을 설정한다.

4) 주의점 및 응용 예시

- 고학년의 학생들에게는 과제물을 제출하기 전에 자기평가를 하여 본인의 과제물에 만족한다면 '웃는 얼굴'을 그리게 한다. 더 잘하고 싶거나 도움을 받고 싶다면 '슬픈 얼굴'을 그려서 제출하도록 한다. 도움을 필요로 한 학생들에게는 글로 표현된 피드백을 추가로 주거나 추가 면담을 실시한다.

사다리 오르기

이 기법을 통해 성취할 수 있는 항목	
■ 학습목표의 이해	■ 강점과 약점 파악
□ 결과물 산출	■ 학습개선 방법 도출
□ 학습목표와 현재 수준의 비교	□ 학습개선 방법 실행

'사다리 오르기' 기법의 예시는 [그림 8-9]와 같고, 이 기법의 실행 절차와 특징은 다음과 같다.

사다리 오르기

4단원 '단어 맞춤법 익히기'에 대한 나의 향상도

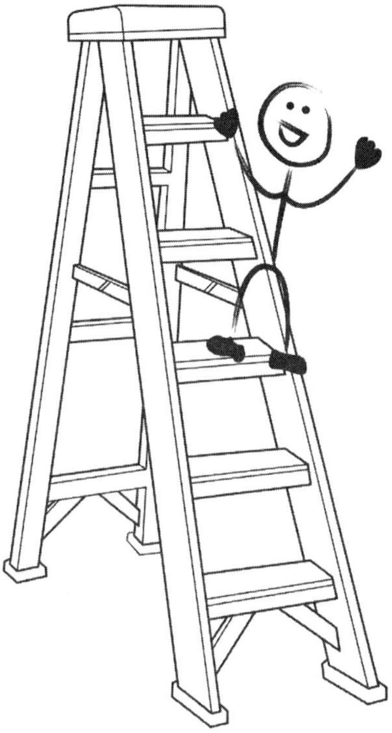

나는 4단원에 나온 단어들을
나의 일상생활에서 올바르게
사용할 수 있다.

나는 4단원에 나온 단어들을
문장 속에서 올바르게
사용할 수 있다.

나는 4단원에 나온 모든 단어들을
뜻을 알고 쓸 수 있다.

나는 4단원에 나온 모든 단어들을
쓸 수 있다.

[그림 8-9] '사다리 오르기' 기법 예시

1) 실행 절차

① 학생들에게 단기 학습목표를 부여한다.

② 단기 학습목표에 도달하기 위해 가장 아래의 기본 단계부터 가장 위의 복잡한 단계까지 구분하여 작성하도록 한다.

2) 관찰 및 평가 항목

- 학생들이 분류한 단계들이 동일한 수준이나 범위로 구성되었는지 확인한다.
- 단계의 순서가 효율적으로 배열되었는지 확인한다.

3) 평가결과 반영

- 작성한 단계 목록을 다음에 수행할 내용들을 결정하는 자료로 활용하게 한다.

4) 주의점 및 응용 예시

- 주기적으로 반복되는 단기 목표(예: 단어 암기 시리즈)를 성취하는 데 효과적으로 사용할 수 있다.
- 사다리를 체크리스트로 활용하여 단계별 목표 성취를 이룰 수 있다.

골칫거리 찾기

이 기법을 통해 성취할 수 있는 항목	
■ 학습목표의 이해	■ 강점과 약점 파악
■ 결과물 산출	□ 학습개선 방법 도출
■ 학습목표와 현재 수준의 비교	□ 학습개선 방법 실행

'골칫거리 찾기' 기법의 예시는 [그림 8-10]과 같고, 이 기법의 실행 절차와 특징은 다음과 같다.

골칫거리 찾기

학습목표: 이차방정식의 인수분해

나의 골칫거리:

나는 인수를 찾는 데 어려움을 겪고 있어요. 다음과 같이 인수를 다항식으로 전개하는 것은 할 수 있어요.

$$\begin{aligned}(2x-y)(x+2y) &= 2x^2 - xy + 4xy - 2y^2 \\ &= 2x^2 + 3xy - 2y^2\end{aligned}$$

하지만 반대로 먼저 전개된 다항식이 주어지면
인수를 찾아서 분해하는 게 어려워요.
어떻게 2차식에서 2개의 인수로 꺼낼 수가 있죠?

[그림 8-10] '골칫거리 찾기' 기법 예시

1) 실행 절차

① 학습 자료에서 이해하지 못하는 부분을 찾도록 한다.

② 해당 부분에 대해 본인이 생각하는 바를 기술하도록 한다.

2) 관찰 및 평가 항목

- 학생이 이해하지 못하는 부분을 확인한다.
- 본인이 모르는 부분이 어디인가를 인식하지 못하는 학생이 있을 수 있으므로 학생들이 찾은 부분이 정확한지 확인한다.

3) 평가결과 반영

- 학생들이 제시한 내용을 개별 학습 및 맞춤별 과제로 선정한다.
- 공통으로 제기되는 내용이 있다면 반 전체에 다시 한 번 설명해 준다.

4) 주의점 및 응용 예시

- 본인이 모르는 것을 설명할 수 있도록 연습이 필요한 학생들을 확인한다.

아는 것과 모르는 것 구분하기

이 기법을 통해 성취할 수 있는 항목	
■ 학습목표의 이해	■ 강점과 약점 파악
■ 결과물 산출	□ 학습개선 방법 도출
■ 학습목표와 현재 수준의 비교	□ 학습개선 방법 실행

'아는 것과 모르는 것 구분하기' 기법의 예시는 [그림 8-11]과 같고, 이 기법의 실행 절차와 특징은 다음과 같다.

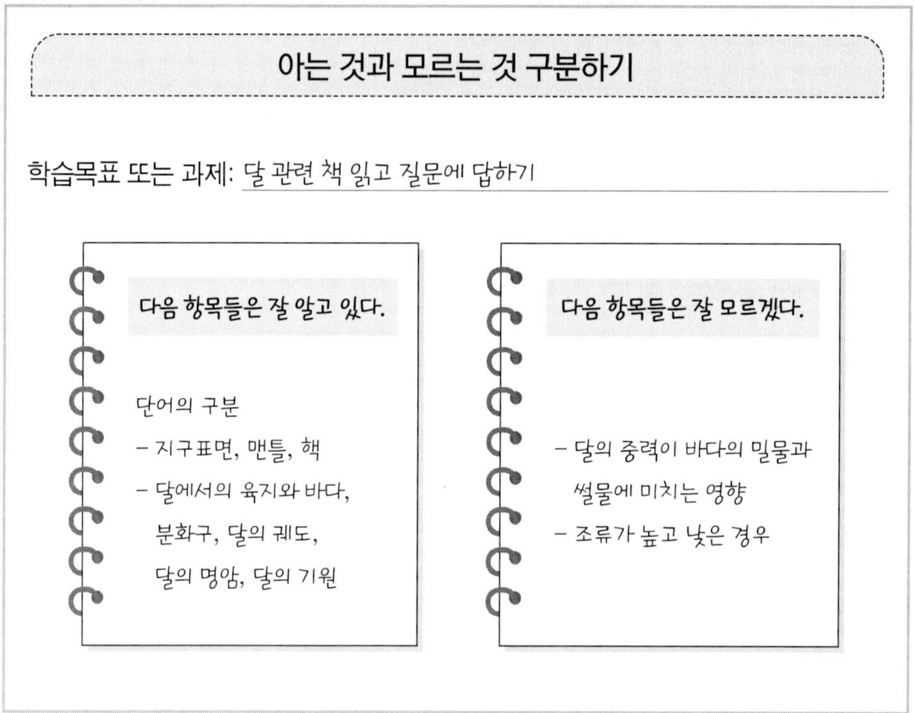

[그림 8-11] '아는 것과 모르는 것 구분하기' 기법 예시

1) 실행 절차

① 학습 자료에서 잘 이해되는 부분과 이해되지 않는 부분을 찾아보라고 한다.
② 각자 찾은 부분을 해당 칸에 작성하도록 한다. 이 기법은 긍정적인 점과 부정적인 점 두 가지 모두에 초점을 맞췄다는 것을 제외하고는 '골칫거리 찾기'와 유사하다.

2) 관찰 및 평가 항목

- 학생들이 쓴 내용을 확인하고 어떤 부분이 명확하고 명확하지 않은지 구별한다.
- 학생들이 이해하고 있는 부분과 이해하지 못하고 있는 부분을 제대로 판단하고 있는지 확인한다.

3) 평가결과 반영

- 학생들이 제시한 내용을 개별 학습 및 맞춤별 과제로 선정한다.
- 학생들이 명확하게 이해한 부분과 이해하지 못한 부분들과의 관계를 설명함으로써 향후 학습발전에 돕거나 학습동기를 자극해 준다.

4) 주의점 및 응용 예시

- 본인이 모르는 것을 구분할 수 있는 연습이 필요한 학생들을 확인한다.

수첩 기록하기

이 기법을 통해 성취할 수 있는 항목	
■ 학습목표의 이해	□ 강점과 약점 파악
■ 결과물 산출	□ 학습개선 방법 도출
□ 학습목표와 현재 수준의 비교	□ 학습개선 방법 실행

'수첩 기록하기' 기법의 예시는 [그림 8-12]와 같고, 이 기법의 실행 절차와 특징은 다음과 같다.

수첩 기록하기

수첩 주제: 바이러스

주제 1

바이러스는 살아 있는 세포 속에서만 활동한다.

세부 내용

- 구조: DNA 또는 RNA 위에 단백질로 쌓임
- 세포막 안의 수용체에 연결하여 DNA 또는 RNA에 주입됨
- 세포 기능을 변형시킴

주제 2

신체는 바이러스가 침투하지 못하게 방어한다.

세부 내용

- 피부
- 신체 내 자연 소독제(침, 눈물, 콧물, 위산)

주제 3

바이러스가 침투하여 공격할 때 신체 내 면역체계가 발동한다.

세부 내용

- B 세포가 항체를 만든다.
- 소식세포가 바이러스를 둘러싼다.
- T 세포가 경고를 보낸다.

[그림 8-12] '수첩 기록하기' 기법 예시

1) 실행 절차

① 교과서나 학습 자료에서 수업 관련 부분을 지정하여 읽어 오도록 한다.

② 학생들이 읽어 온 부분을 수첩에 정리하여 메모하도록 한다.

2) 관찰 및 평가 항목

• 학생들이 주요 주제들 및 그와 관련된 주요 정보들을 놓치지 않았는지 확인한다.

3) 평가결과 반영

• 학생들이 정리한 결과가 적절하다면 수첩을 학습 보조자료로 사용하도록 한다.
• 만약 학생들이 주요 주제들과 관련 세부 정보들을 제대로 구분하지 못했다면 왜 그런지 구체적으로 질문하여 확인한다.

4) 주의점 및 응용 예시

• 메모를 정리하는 데 익숙해지고 습관화되도록 장기간 적용한다면 수첩 없이도 정리할 수 있는 능력을 키울 수 있다.

4 프로젝트 수행 시 활용 가능한 형성평가 기법

거울 들여다보기

이 기법을 통해 성취할 수 있는 항목	
▣ 학습목표의 이해	▣ 강점과 약점 파악
□ 결과물 산출	▣ 학습개선 방법 도출
▣ 학습목표와 현재 수준의 비교	□ 학습개선 방법 실행

'거울 들여다보기' 기법의 예시는 [그림 8-13]과 같고, 이 기법의 실행 절차와 특징은 다음과 같다.

거울 들여다보기

거울을 통해 볼 과제: 내가 쓴 보고서

무엇이 보이죠?

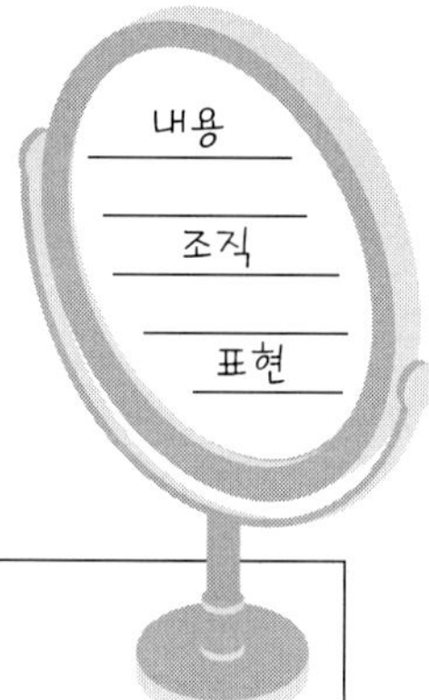

내용

좋은 정보들이 있다. 필요한 내용보다 더 많은 내용이 있지만 나름 흥미를 끌 수 있는 내용이므로 그대로 두는 것이 좋을 듯함 특히 워싱턴 장군 때의 내용

조직

보고서를 시간에 따라 조직하였지만 서술된 내용에 따라 명확하지 않음. 각 문단들을 시작하는 문장에 날짜나 시간들을 포함하는 것이 좋을 듯함. 일부 파트에서는 소주제를 넣는 것도 좋을 듯함

표현

맞춤법과 띄어쓰기 등은 좋아 보임. 일부 문장들은 매끄럽게 연결되지 못해 보이므로 조금 부드럽게 연결하는 것이 좋을 듯함

기타

참고문헌 작성 형식을 검토해야 함

[그림 8-13] '거울 들여다보기' 기법 예시

1) 실행 절차

① 학생들에게 과제 안내문과 채점기준표를 제공한다.

② 학생들에게 본인의 수행 결과물을 제공된 채점기준에 비추어 평가결과를 작성해 보도록 한다.

- 이 기법은 수행 결과물을 제출하기 전에 자기평가와 재검토를 위해 사용한다.

2) 관찰 및 평가 항목

• 학생들이 작성한 내용이 채점기준에 비추어 연관성이 높은지, 정확하게 기술되어 있는지를 확인한다.

3) 평가결과 반영

• 작성 내용이 불명확하거나 평가적 요소가 없는 학생이 있다면 왜 그렇게 작성하였는지 물어본 후 채점기준에 대하여 충분히 설명해 준다.
• 최종 수행 결과물 제출 전에 학생들이 작성한 내용을 기초로 보완해야 할 점을 피드백 해 준다.

4) 주의점 및 응용 예시

• 이 기법은 학생들의 자기평가로 사용하지만 다른 학생들에게 평가하도록 하여 동료평가로도 이용할 수 있다.
• 평가내용을 작성한 후 개선을 위해 무엇을 어떻게 수정할 것인지에 대한 계획을 작성해 보라고 할 수도 있다.

로켓 발사

이 기법을 통해 성취할 수 있는 항목	
■ 학습목표의 이해	■ 강점과 약점 파악
□ 결과물 산출	■ 학습개선 방법 도출
■ 학습목표와 현재 수준의 비교	■ 학습개선 방법 실행

'로켓 발사' 기법의 예시는 [그림 8-14]와 같고, 이 기법의 실행 절차와 특징은 다음과 같다.

로켓 발사

로켓 조종사: 최소노

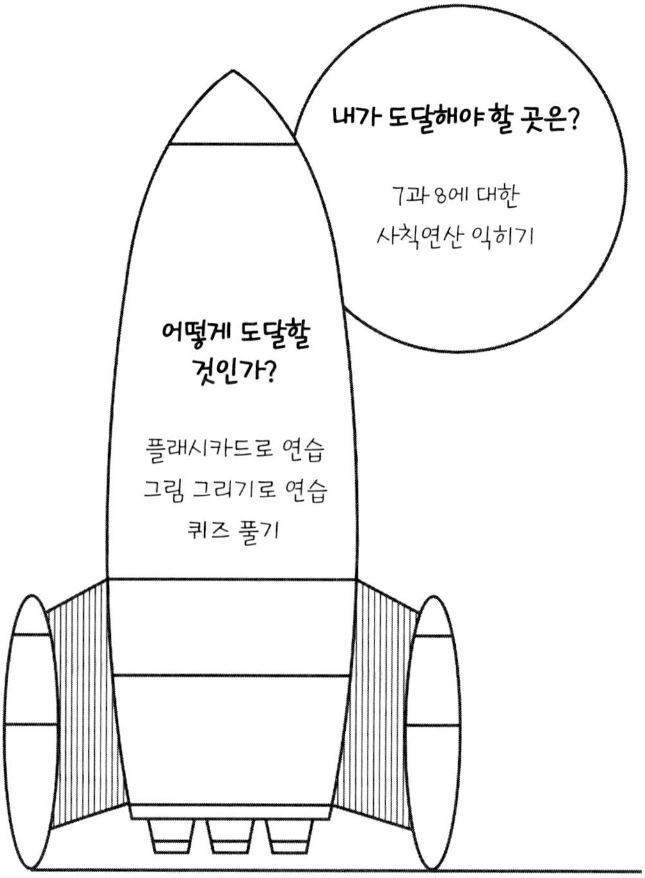

[그림 8-14] '로켓 발사' 기법 예시

1) 실행 절차

① 학습 보완이 더 필요한 주제나 기술을 달 위에 적는다.

② 학생들이 작성한 주제나 기술을 습득하기 위한 전략을 세우도록 한다.

③ 학생들이 선정한 전략을 실행에 옮기도록 한다.

2) 관찰 및 평가 항목

- 학생들이 선정한 목표(주제 혹은 기술)가 중요한 내용이면서 단기간에 향상시킬 수 있는 목표인지 확인한다.
- 학생들이 제시한 전략이 적절하고 효과적인지 확인한다.

3) 평가결과 반영

- 학생들이 해당 주제나 기술을 요하는 수행을 할 때, 자신이 선정한 전략을 사용하도록 한다.
- 학습 향상에 도움이 된 전략을 선정하여 향후 교수·학습 활동에 활용한다.

4) 주의점 및 응용 예시

- 학생들이 효과를 본 전략에 대해 토론을 함으로써 다른 학생들과 효과적인 전략을 공유할 수 있다.

주간계획표 세우기

이 기법을 통해 성취할 수 있는 항목	
■ 학습목표의 이해	□ 강점과 약점 파악
■ 결과물 산출	□ 학습개선 방법 도출
□ 학습목표와 현재 수준의 비교	□ 학습개선 방법 실행

'주간계획표 세우기' 기법의 예시는 [그림 8-15]와 같고, 이 기법의 실행 절차와 특징은 다음과 같다.

주간계획표 세우기

과제: 청동기 시기 관련 보고서 작성

임무	월	화	수	목	금
정보탐색	수업시간에 도서관	방과 후에 도서관	필요하다면 도서관 한번 더		
인터넷 검색	집에서 인터넷 검색, 논문 찾기				
자료 읽기, 노트 작성					
자료 정리				←→ 보고서에 포함할 그림 자료 찾기	
		←→ 도서관과 인터넷에서 수집한 자료 읽기			
				←→ 보고서 목차에 맞춰 수집한 정보 분류하기	

[그림 8-15] '주간계획표 세우기' 기법 예시

1) 실행 절차

① 제시된 계획표의 세로축에 성취해야 할 목표와 관련된 세부 과제들을 적도록 한다.

② 계획표에 따라 수행하면서 진행 상황이나 성취 정도를 메모하거나 화살표 및 막대 등으로 표시하도록 한다.

2) 관찰 및 평가 항목

- 과제 목록이 적당하고 완전한지 확인한다.
- 학생들의 계획에 시간 할당이 적합하게 되었는지 확인한다. 개별 학생에 따라 합리적인 시간이 다르게 정해질 수 있다는 것을 인식한다.

3) 평가결과 반영

- 학생들이 중요한 과제를 빠뜨렸거나 시간을 과소 혹은 과대 추정했다면 계획에 대해 다시 이야기해 본 후 수정하도록 한다.
- 학생들이 작성한 계획표대로 수행하고 있는지 관찰한다.

4) 주의점 및 응용 예시

- 학생들에게 일정 시간이 흐른 후 계획표를 변경할 수 있는 기회를 준다.
- 프로젝트가 완료된 후에 학생들에게 그들의 계획이 얼마나 유용했는지, 다음에 또 작성한다면 어떻게 개선할 것인지에 대해 다시 토론해 보도록 한다.

증거 목록 채우기

이 기법을 통해 성취할 수 있는 항목	
■ 학습목표의 이해	■ 강점과 약점 파악
□ 결과물 산출	□ 학습개선 방법 도출
■ 학습목표와 현재 수준의 비교	□ 학습개선 방법 실행

'증거 목록 채우기' 기법의 예시는 [그림 8-16]과 같고, 이 기법의 실행 절차와 특징은 다음과 같다.

증거 목록 채우기

과제: 재활용에 대한 발표

나의 발표가 좋았다고 생각하는 이유는?

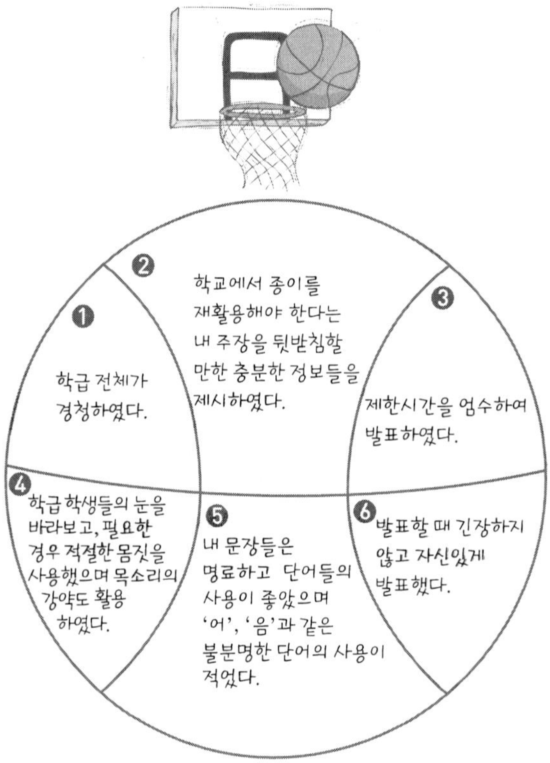

[그림 8-16] '증거 목록 채우기' 기법 예시

1) 실행 절차

① 과제 안내문이나 채점기준표를 제공한다.

② 본인의 수행 결과물과 채점기준표를 비교해 보도록 한다.

③ 본인의 수행 결과물이 잘되었다고 판단할 수 있는 근거를 제시하도록 한다.

2) 관찰 및 평가 항목

- 학생들의 관점이 적합한지 확인한다.
- 학생들이 제시한 근거가 과제수행의 목표와 채점기준에 부합되는지 확인한다.
- 학생들이 다각도에서 평가하고 있는지 확인한다.

3) 평가결과 반영

- 과제물을 제출하여 이에 대한 점수를 받을 때까지 증거 목록을 보관하도록 한 후, 평정결과를 자신의 증거 목록과 비교해 보도록 한다.

4) 주의점 및 응용 예시

- 증거 목록 가운데 하나는 동료에게 작성하도록 하여 서로 응원할 수 있는 기회를 부여한다.

피드백 신청서 작성하기

이 기법을 통해 성취할 수 있는 항목	
■ 학습목표의 이해	■ 강점과 약점 파악
■ 결과물 산출	■ 학습개선 방법 도출
■ 학습목표와 현재 수준의 비교	□ 학습개선 방법 실행

'피드백 신청서 작성하기' 기법의 예시는 [그림 8-17]과 같고 이 기법의 실행 절차와 특징들은 다음과 같다.

피드백 신청서 작성하기

이름: 이 민희

날짜: 2015년 5월 3일

과제: 단편소설

다음의 항목과 관련하여 내 과제물에 대한 피드백을 주세요.

1. 대화 내용이 조금 어색해요. 어떻게 하면 실제 대화처럼 자연스럽게 만들 수 있을까요?

2. 제가 쓴 소설의 길이가 너무 짧은가요? 갑자기 결말을 맺은 것 같은데, 무엇을 더 써야 할지 모르겠어요.

3. 제가 교정한 내용이 괜찮은가요?

참고: 요청 사항이 구체적일수록 더 자세한 피드백을 받을 수 있음

[그림 8-17] '피드백 신청서 작성하기' 기법 예시

1) 실행 절차

① 학생들이 과제의 첫 번째 초안을 만들 때 이 기법을 사용한다.

② 학생들에게 피드백을 신청하는 것은 과제 점수에 영향을 미치지 않을 것이라고 알려 준다.

③ 피드백을 받고자 하는 과제의 부분들에 대해 나열하도록 한다.

2) 관찰 및 평가 항목

- 학생들이 신청하는 피드백 부분을 보면서 학생들이 필요로 하는 내용에 대한 정보를 얻는다.
- 교사가 학생들이 어려워 할 것이라 예상해 왔던 점과 비교해 본다.

3) 평가결과 반영

- 학생들이 제출한 피드백 신청서를 토대로 서면 또는 구두로 피드백을 제공한다.
- 공통으로 제기한 부분은 전체적으로 피드백을 제공한다.
- 가능하다면 학생들이 교사의 피드백을 반영할 기회를 준다.

4) 주의점 및 응용 예시

- 학생들이 현재 완성한 과제와 함께 피드백 신청서를 제출하도록 하여 교사가 학생의 현재 수준에 적합한 피드백을 제공하도록 한다.

동료평가지 작성하기

이 기법을 통해 성취할 수 있는 항목	
■ 학습목표의 이해	■ 강점과 약점 파악
□ 결과물 산출	■ 학습개선 방법 도출
■ 학습목표와 현재 수준의 비교	■ 학습개선 방법 실행

'동료평가지 작성하기' 기법의 예시는 [그림 8-18]과 같고, 이 기법의 실행 절차와 특징은 다음과 같다.

동료평가지 작성하기

과제: '무서운 원숭이' 이야기 쓰기

과제 안내지와 채점기준표를 충분히 숙지하고 그와 관련된 항목에서 강점과 약점을 쓰세요. 약점에 대해서는 긍정적인 제안으로 표현하세요.

과제물 완성 학생: 강 민수

검토 학생: 박 수진

강점	약점
- 읽기 쉬움, 명료한 표현 - 3개의 장소(연구실, 집, 공원)들로의 이동이 분명하고 자연스러움 - 원숭이의 무서움에 대한 표현의 강도가 수식어를 통하여 잘 표현됨	- 프랑켄슈타인처럼 의사에 대한 표현들이 지나치게 과격한 원문에 조금 더 가까우면 어떨까? - 네가 마지막에서 원숭이가 탈출한 것으로 마무리를 하고 싶다면 그 이유가 있어야 함

[그림 8-18] '동료평가지 작성하기' 기법 예시

1) 실행 절차

① 동료평가에 적합한 과제를 선정한다.

② 학생들에게 동료의 과제를 평가하기 전에 과제 안내문과 채점기준표를 검토하도록 한다.

③ 동료가 완성한 과제의 강점들과 약점들에 대한 의견을 적도록 한다.

2) 관찰 및 평가 항목

- 학생들이 작성하는 의견이 정확하고 관련이 있는지 확인한다.
- 상대방의 마음을 상하게 하거나 무례한 표현 혹은 지나치게 비판적인 태도를

보이는 표현은 쓰지 않도록 안내한다. 필요하다면 학생들에게 정중하게 의견을 제시하는 방법을 가르친다.

3) 평가결과 반영

- 동료평가 의견들이 적절한지 판단하고 필요한 경우 교사가 추가 의견을 제공한다.
- 학생들은 동료평가 의견을 반영하여 자신의 과제를 수정할 수 있다.

4) 주의점 및 응용 예시

- 학생들이 최종 수행 결과물을 제출할 때 동료평가지를 이용하여 자기평가를 하도록 한다.
- 학생들이 동료평가지를 과제와 함께 제출하도록 함으로써 어떠한 이유로 어떤 부분을 수정하였는지 인식하게 한다.

5 총합평가 이전 활용 가능한 형성평가 기법

자기점검표 만들기

이 기법을 통해 성취할 수 있는 항목	
■ 학습목표의 이해	■ 강점과 약점 파악
□ 결과물 산출	■ 학습개선 방법 도출
■ 학습목표와 현재 수준의 비교	■ 학습개선 방법 실행

'자기점검표 만들기' 기법의 예시는 [그림 8-19]와 같고, 이 기법의 실행 절차와 특징은 다음과 같다.

자기점검표 만들기

시험: 영국 식민기(1607~1750)

나는 자신있다!

나는 다음의 부분들을 잘 알고 있음

간략하게 제시해 보자면:

1. 식민지 통치집단
    - 3개의 성격
        - 귀족
        - 독점
        - 자치정부
    - 식민지 총독과 입법기관
2. 영국 식민기의 생활
    - 종교
    - 생업
    - 기후

나는 노력중이다!

나는 다음의 자료들을 더 공부해야 함

1. 무역과 상거래
    - 교역의 상업이론
    - 영국의 항해 조례와 무역법
    - 노예무역을 포함한 삼각무역
2. 원주민들의 영향
    - 정책, 자원, 프랑스인에 대한 영향들

[그림 8-19] '자기점검표 만들기' 기법 예시

1) 실행 절차

① 이 기법은 시험 준비의 한 부분으로 사용할 수 있다.

② 학생들에게 자신 있는 영역과 더 깊이 공부해야 할 영역을 구분하도록 한다.

③ 각 영역에서 큰 주제와 세부 항목을 나누어 기술해 보도록 한다.

2) 관찰 및 평가 항목

- 각각의 큰 주제와 세부 항목들이 적절하게 연결되어 있는지 확인한다.
- 학생들이 자기점검표에 따라 공부 시간과 에너지를 적절하게 활용하는지 확인한다.

3) 평가결과 반영

- 자기점검표가 적절하게 반영되지 못하거나 큰 주제와 세부 항목들의 연관성이 부족한 학생은 교사가 도움을 주어 효율적인 학습을 할 수 있도록 한다.

4) 주의점 및 응용 예시

- 주제별로 나누어, 특정 주제가 '자신 있음' 영역에 있는 학생들이 '노력 중' 영역에 있는 학생들에게 퀴즈를 낼 수 있다. 만약 모든 학생이 그 주제에 대해 '노력 중'이라고 분류하였다면 교과서의 자료를 다시 읽고 문제나 단어를 다시 연습해 보는 활동을 할 수 있다.
- '자신 있음'에 속하는 학생들에게 시험 준비를 위해 더 깊이 공부해야 할 내용에 대한 학습계획을 세워 보도록 한다.
- 시험이 끝난 후에 학생들에게 자기점검표를 사용하여 공부한 것에 대해 평가하는 시간을 마련할 수 있다.

핸드폰으로 통화하기

이 기법을 통해 성취할 수 있는 항목	
■ 학습목표의 이해	■ 강점과 약점 파악
□ 결과물 산출	■ 학습개선 방법 도출
□ 학습목표와 현재 수준의 비교	■ 학습개선 방법 실행

'핸드폰으로 통화하기' 기법의 예시는 [그림 8-20]과 같고, 이 기법의 실행 절차와 특징은 다음과 같다.

핸드폰으로 통화하기

오늘 저녁 친구에게 (함수의 기초) 시험에 대해 대화하기 위해 전화를 건다고 생각하자. 친구에게 무엇을 어떻게 공부할지에 대하여 조언을 해 준다면?

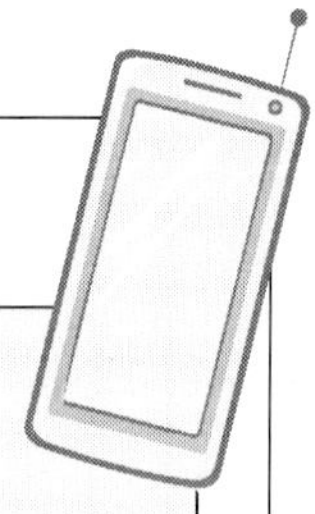

1. 중요한 용어 파악하기

- 함수 - 순서쌍 - 영역 - 범위 - 기울기 - 절편	책에서 이 용어들의 정의를 찾아보고 예시를 만들어 봐.

2. 순서쌍을 그래프로 그리는 것 연습하기

3. 기울기와 절편을 계산하고 등식 쓰기
   - 교과서에서 나온 문제 외에 다른 문제집에서 기울기와 절편 관련 문제 풀기
   - 두 개의 점을 잇는 선을 그리고 등식을 만들어 표현하기

[그림 8-20] '핸드폰으로 통화하기' 기법 예시

1) 실행 절차

① 이 기법 역시 시험 준비의 한 부분으로 사용할 수 있다.
② 같이 공부할 학생을 선정해 보라고 한다.
③ 그 학생에게 알려 줄 꼭 공부해야 할 내용과 공부하는 방법을 작성하도록 한다.

2) 관찰 및 평가 항목

- 학생들이 복습할 내용으로 선택한 부분이 중요하거나 적절한 부분인지 확인한다.
- 공부할 내용에 대한 설명이 정확한지 확인한다.
- 선택한 복습 방법들이 효과적이고 생산적인지 확인한다.

3) 평가결과 반영

- 학생들의 복습계획과 시험 결과를 비교하여 확인한다.
- 복습계획이 부족한 학생들에게 도움말을 제공한다.

4) 주의점 및 응용 예시

- 실제로 친구에게 전화를 걸어 공부를 같이 할 약속을 잡도록 적절하게 고무시킬 수 있다.
- 복습에 효과적인 방법들에 대해 토론하도록 하여 서로 다른 방법들을 소개하고 각 방법들에 대한 효과성에 대해 공유하게 할 수 있다.

가정학습 도우미 만들기

이 기법을 통해 성취할 수 있는 항목	
■ 학습목표의 이해	■ 강점과 약점 파악
■ 결과물 산출	■ 학습개선 방법 도출
■ 학습목표와 현재 수준의 비교	■ 학습개선 방법 실행

'가정학습 도우미 만들기' 기법의 예시는 [그림 8-21]과 같고, 이 기법의 실행 절차와 특징은 다음과 같다.

가정학습 도우미 만들기

시험: 품사

시험일: 5월 16일, 화요일

날짜	공부 내용	공부 시간	공부 형태
5월 8일, 월요일	명사	15분	자습
5월 9일, 화요일	명사, 동사	20분	자습
5월 10일, 수요일	형용사, 부사	20분	자습
5월 11일, 목요일	부사	15분	엄마가 연습문제 푸는 것을 도와줌
5월 13일, 토요일	명사, 동사, 형용사, 부사	30분	연습문제를 스스로 풀고 엄마와 함께 검토함
5월 15일, 월요일	명사, 동사, 형용사, 부사	30분	자습

[그림 8-21] '가정학습 도우미 만들기' 기법 예시

1) 실행 절차

① 지속적인 학습관찰이 필요한 학생 또는 집에서 체계적이고 지속적으로 학습하고 싶어 하는 학생을 선정한다.

② 가정학습의 각 항목에 따라 무엇을 어떻게 학습했는지 기록하도록 한다.

2) 관찰 및 평가 항목

- 학생들이 적절한 학습자료와 방법으로 학습하고 있는지 확인한다.
- 학습이 규칙적이고 적당한 시간 동안 이루어지는지 확인한다.

3) 평가결과 반영

- 비효율적인 학습이 반복되고 있는지 확인한다.
- 학생들이 노력한 것과 관련하여 성취한 결과를 볼 수 있도록 도와준다.

4) 주의점 및 응용 예시

- 시험을 위한 준비뿐만 아니라 어떠한 목표가 있을 때 자기주도적으로 계획하고 수행할 수 있는 역량과 학생 스스로 조절해 나가는 습관을 익힐 수 있게 한다.

'아하! 노트' 만들기

이 기법을 통해 성취할 수 있는 항목	
■ 학습목표의 이해 □ 결과물 산출 ■ 학습목표와 현재 수준의 비교	■ 강점과 약점 파악 ■ 학습개선 방법 도출 □ 학습개선 방법 실행

'아하! 노트 만들기' 기법의 예시는 [그림 8-22]와 같고, 이 기법의 실행 절차와 특징은 다음과 같다.

아하! 노트 만들기

학습목표 또는 과제: 광합성 - 식물이 영양분을 만드는 방법 이해하기

잘 모르겠어요...	아하!
- 빛이 필요한 명반응과 빛이 없어도 되는 암반응의 관계 - 2차 과정의 화학반응에서 화학물질과 에너지의 합성	- 화학공식 물 + CO2 → 설탕과 산소 - 식물의 각 부분들 - 광합성 과정을 위해 엽록소와 다른 색소들이 빛을 받아들이는 방법 - 엽록체의 구조

[그림 8-22] '아하! 노트 만들기' 기법 예시

1) 실행 절차

① 학생들에게 노트의 왼쪽 상자에는 이해하지 못한 내용을, 오른쪽 상자에는 이해한 내용을 작성하도록 한다.
② 시험을 준비할 때 작성한 노트를 사용하여 공부하도록 한다.

2) 관찰 및 평가 항목

- 학생들이 적은 내용이 그들이 이해하는 것을 정확하게 반영하는지 확인한다.
- 과거 활동이나 경험들을 근거로 작성할 수 있도록 한다(예: 시험에서 문제를 빼먹

거나, 그들이 이해하지 못한 읽기 과제들 등을 "이해 못했어요" 칸에 쓰거나 잘 답한 질문들이나 이해한 과제들은 "이해했어요" 칸에 쓴다.).

3) 평가결과 반영

- 학생들이 이해한 부분에 대해서 칭찬해주고 해당 개념에 대해서 다른 학생들을 도와줄 수 있도록 지원한다.
- 학생들이 이해하지 못한 부분에 대해서 질문하게 함으로써 어떠한 부분을 더 학습해야 하는지 확인하도록 돕는다.

4) 주의점 및 응용 예시

- 이해하지 못한 부분을 그냥 넘어가지 않도록 일정 시간이 지난 후 재검토해 보도록 한다.

6 총합평가 이후 활용 가능한 형성평가 기법

만약에~ 작성하기

이 기법을 통해 성취할 수 있는 항목	
■ 학습목표의 이해	■ 강점과 약점 파악
□ 결과물 산출	■ 학습개선 방법 도출
■ 학습목표와 현재 수준의 비교	■ 학습개선 방법 실행

'만약에~ 작성하기' 기법의 예시는 [그림 8-23]과 같고, 이 기법의 실행 절차와 특징은 다음과 같다.

만약에~ 작성하기

과제: 툰드라에 대한 보고서 작성

점수: B

위에 제시한 시험 또는 과제 결과에 대한 반성

- 다시 한 번 기회가 주어진다면 어떤 점을 다르게 할 것인가?

  – 세계지도를 이용하여 툰드라 지역을 표시해 보겠다.

  – 지난번에는 대부분 기후에 대해서만 서술하였는데 다시 한다면 그 지역의 동물과 식물에 대한 정보도 더 많이 포함하겠다.

  – 관련된 자료나 그림을 찾아서 보고서에 포함하겠다.

기회가 주어진다면 다시 해 보고 싶은가요?

– 네!

[그림 8-23] '만약에~ 작성하기' 기법 예시

1) 실행 절차

① 시험, 과제, 프로젝트 등에 대한 평정이 끝난 후 사용한다.

② 시험 또는 과제를 다시 한다면 어떠한 부분을 다르게 할 것인지 기술하도록 한다.

2) 관찰 및 평가 항목

- 학생이 제시한 내용이 학생의 수행결과와 관련이 있는지 확인한다.
- 학생이 제시한 내용이 평정결과에 영향을 미칠 수 있는 방법인지 확인한다.

3) 평가결과 반영

- 짧게라도 개별 면담 시간을 가지고 학생들의 의견을 검토한다. 만약 교사와 학생 모두 그와 같이 하는 것이 합리적이라고 동의한다면, 특정 학생에게 그 과제를 한 번 더 할 수 있는 기회를 준다.
- 만약 한 학생이 스스로 그 과제를 다시 하기를 요청하면, 그 요청이 정당함을 증명하기 위해 반성문을 써 오도록 권장하는 것이 좋다. 만약 학생의 요구가 실용적이지 않거나 합리적이지 않다면 과제를 다시 하도록 고려해 주는 것이 불공평하다. 단, 개선 가능성이 있는 전략들은 두 번의 기회를 줄 가치가 있다.

4) 주의점 및 응용 예시

- 교사가 학생들에게 과제를 다시 할 기회를 주기 위해서는 그에 맞는 채점정책을 가지고 있는지 확인해야 한다. 학생들은 성적에 대해 알고 싶어 하므로 모든 학생에게 채점정책은 공평하고 현실적이어야 하며, 관리가 가능해야 한다. 성적은 궁극적으로 그 학생의 노력의 정도가 아니라 실제 성취수준을 반영할 필요가 있다.

학습 향상 지도 만들기

이 기법을 통해 성취할 수 있는 항목	
■ 학습목표의 이해	■ 강점과 약점 파악
□ 결과물 산출	■ 학습개선 방법 도출
■ 학습목표와 현재 수준의 비교	■ 학습개선 방법 실행

'학습 향상 지도 만들기' 기법의 예시는 [그림 8-24]와 같고, 이 기법의 실행 절차와 특징은 다음과 같다.

학습 향상 지도 만들기

내용 영역: 로미오와 줄리엣

과제	1~2장 퀴즈	3~4장 퀴즈	5장 퀴즈	뉴스 사설-두 집안의 불화	캐릭터 분석: C & M	이야기 쓰기: 엘리자베스의 결혼	그룹 프레젠테이션	시험
제출일	10월 2일	10월 9일	10월 16일	10월 17일	10월 18일	10월 19일	10월 20일	10월 23일
점수	79	82	95	100	89	95	A	92
노트	단어가 어려움. 각 장들을 여러 번 더 읽어야 함	단어가 여전히 어려움. 단어 공부 더 해야 함	단어 극복	현재 언어들을 사용한 문장들이라 쉬웠음	셰익스피어가 쓰고 있는 고어들의 의미 파악이 여전히 어려움	재미있음. 내가 이해할 수 있는 정보를 사용하여 글쓰기는 잘 할 수 있음	우리 그룹 모두 열심히 함. 내가 맡은 대사가 그리 많지 않아서 다행이었음	

[그림 8-24] '학습 향상 지도 만들기' 기법 예시

1) 실행 절차

① 지속적인 학습 향상도를 확인할 수 있는 영역이나 순차적인 단계를 거쳐 완성될 수 있는 과제를 선정한다.

② 학생들이 학습한 내용과 더 학습해야 할 내용을 작성하면서 각자가 목표로 하고 있는 도달점에 다다르기 위한 지도처럼 사용하도록 한다.

2) 관찰 및 평가 항목

- 학생들이 목표에 도달해 가는 과정을 확인한다.
- '메모' 칸에 적힌 내용들을 검토하여 학생들의 이해 정도를 파악한다.

3) 평가결과 반영

- 학생들의 향상 정도나 설정된 목표가 적절하지 않다면 각자의 수준에 적합한 수준을 설정하도록 돕는다.
- 단순히 점수가 지속적으로 높아지는 것에 집중하는 것을 피하도록 한다.
- 학생들이 적절한 순서나 속도로 진행하고 있는지 확인한다.

4) 주의점 및 응용 예시

- 학습하는 내용들의 연관성이 적거나 과제 산출을 위한 과정이 순차적이지 않다면 이 기법은 적절하지 않다.
- 일정 기간 후에 이 기법을 다시 사용하여 학생들이 자신의 향상 정도를 되짚어 보게 할 수 있다.

학습 처방전 만들기

이 기법을 통해 성취할 수 있는 항목	
▣ 학습목표의 이해 □ 결과물 산출 □ 학습목표와 현재 수준의 비교	□ 강점과 약점 파악 ▣ 학습개선 방법 도출 ▣ 학습개선 방법 실행

'학습 처방전 만들기' 기법의 예시는 [그림 8-25]와 같고, 이 기법의 실행 절차와 특징은 다음과 같다.

학습 처방전 만들기

연습 영역: 그림 그리기

목표 기술	연습	얼마나 오래	얼마나 자주	연습	얼마나 오래	얼마나 자주
중심점 잡기	책에서 몇몇 그림을 선정하고 각각의 중심점 이야기하기	10분	일주일에 2번	중심점에 집중하여 자유 스케치하기	10분	일주일에 2번
질감 표현하기	여러 가지 모형을 그려 질감 표현하기	10분	하루에 한 번			

[그림 8-25] '학습 처방전 만들기' 기법 예시

1) 실행 절차

① 학생들에게 보완이 필요한 영역을 선정하게 한 후 그 영역을 연습할 수 있는 한두 개의 기술을 적도록 한다.

② 학생들이 적은 각 기술을 발전시킬 수 있는 한두 개의 연습활동을 선정하여 얼마나 자주, 어느 정도의 시간을 투자하여 연습할 것인지 기술하도록 한다.

2) 관찰 및 평가 항목

- 학생들이 목표로 한 영역, 분야, 기술 등이 중요하고 연습시간을 투자할 만한 가치가 있는지 확인한다.
- 학생들이 선정한 기술과 각자의 역량 및 연습활동들이 잘 연결되어 있는지 확인한다.
- 연습시간이 실현 가능한지 또는 연습에 필요한 도구나 자료들이 사용 가능한지 확인한다.

3) 평가결과 반영

• 본인의 처방전대로 따르도록 한 후 재평가한다.

4) 주의점 및 응용 예시

• 코치가 운동선수에게 적합한 연습활동을 처방하거나 물리치료사가 환자를 위해 운동방법들을 처방하는 상황에 대해 이야기함으로써 학생들의 동기를 자극할 수 있다.
• 학생들에게 부여한 과제나 숙제와 함께 사용하도록 할 수 있다.

목표 설정하기

이 기법을 통해 성취할 수 있는 항목	
■ 학습목표의 이해	□ 강점과 약점 파악
□ 결과물 산출	■ 학습개선 방법 도출
□ 학습목표와 현재 수준의 비교	■ 학습개선 방법 실행

'목표 설정하기' 기법의 예시는 [그림 8-26]과 같고, 이 기법의 실행 절차와 특징은 다음과 같다.

목표 설정하기

주제: 기하학에서의 증명

달성할 목표 3가지

1. 다이어그램을 더 잘 그리고 이해하기 쉽게 명명하기
2. 법칙들을 외우고 이론에 대해 공부하기
3. 논리적으로 생각하려고 노력하기

목표를 위해 어떻게 노력하겠습니까?

- 숙제 빠짐없이 하기
- 함께 공부할 친구 찾기
- 수학교과서 집에 가져가서 보기

[그림 8-26] '목표 설정하기' 기법 예시

1) 실행 절차

① 학생들에게 더 공부하고 싶거나 보완이 필요한 영역을 선택하도록 한다.

② 학생이 선택한 영역에서 세부 목표를 3개까지 작성하도록 한다.

2) 관찰 및 평가 항목

• 학생들이 선택한 목표가 현실적이고 성취 가능한지 확인한다. 또한 목표들이

교육과정 및 수업과 연결되는지 확인한다.
- 학생들이 스스로 목표를 설정할 수 있는지 확인한다.

3) 평가결과 반영

- 학생들이 선택한 목표를 해결하기 위한 전략을 찾을 수 있도록 돕는다.
- 목표달성을 위한 진행 경과를 스스로 모니터링하도록 한다.
- 목표를 성취하면 학생 스스로 성취감을 느끼며 축하하게 하고 다른 목표를 설정할 수 있도록 돕는다.

4) 주의점 및 응용 예시

- 수준별 수업을 진행할 때 이 기법을 사용할 수 있다.
- 목표를 설정할 때 추상적으로 떠올리기보다는 그동안의 학습경험을 생각하면서 설정하도록 한다.

노력 계기판 표시하기

이 기법을 통해 성취할 수 있는 항목	
■ 학습목표의 이해	■ 강점과 약점 파악
□ 결과물 산출	■ 학습개선 방법 도출
■ 학습목표와 현재 수준의 비교	□ 학습개선 방법 실행

'노력 계기판 표시하기' 기법의 예시는 [그림 8-27]과 같고, 이 기법의 실행 절차와 특징은 다음과 같다.

노력 계기판 표시하기

과제: 책 리뷰쓰기

다음 질문에 대한 답을 면적을 그려 표시하시오.

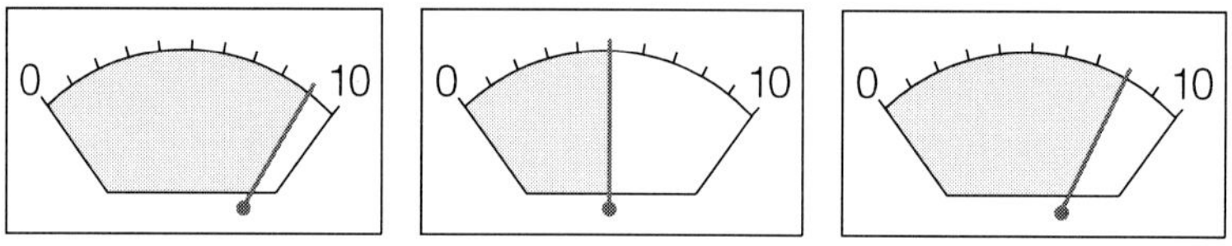

얼마나 많이 집중했나요? | 얼마나 많은 시간을 투자했나요? | 얼마나 성실히 임했나요?

왜 위와 같은 점수를 주었는지 설명하세요.

- 나는 이 책을 정말 재미있게 읽었고 좋아하기에 이 보고서 작성을 정말 열심히 했다.
- 머릿속에 이야기할 부분이 이미 많이 있었기 때문에 보고서를 작성하는 시간은 생각한 만큼 오래 걸리지 않았다.
- 그러나 정말 열심히 성실히 과제를 수행했고 제출하기 전에 최종보고서를 재검토했다.

[그림 8-27] '노력 계기판 표시하기' 기법 예시

1) 실행 절차

① 학생들이 시험, 프로젝트, 보고서 등을 제출한 후, 교사의 채점은 끝났지만 학생들은 본인의 점수를 알기 전인 상태에서 자신이 노력한 정도를 떠올려 보도록 한다.

② 얼마나 열심히 집중하였는지, 얼마나 많은 시간을 들였는지, 얼마나 신중하게 수행하였는지 계기판에 표시하도록 한다.

2) 관찰 및 평가 항목

- 수행결과와 학생이 표시한 본인의 노력에 대한 평가가 합리적인지 확인한다.

3) 평가결과 반영

- 교사가 생각하고 있는 정도와 학생이 표시한 노력 계기판의 결과 사이에 차이가 크다면 해당 학생과 이야기를 해 본다.

4) 주의점 및 응용 예시

- 학생들에게 점수 또는 과제물 채점결과를 돌려 주고 노력과 성취의 연관성을 설명해 보도록 한다.
- 다른 학생들과 더불어 각자의 노력 계기판에 대해 이야기하거나 상대방의 과제물을 보고 노력 계기판에 표시해 보도록 하여 동료평가로 활용할 수 있다.

제9장

언어영역 형성평가의 적용 사례

1. 비구조적 형성평가 사례
2. 수행평가를 활용한 형성평가 사례
3. 미국 차세대 평가체제의 형성평가 사례

7장에서는 형성평가를 실제적으로 실천하기 위한 절차를 살펴보았다. 형성평가는 그 본질적인 목적에 따라 학습목표와 연계하여 적절한 방법으로 실행되어야 한다. 따라서 형성평가의 목적, 학습목표, 형성평가 방법은 기본적으로 형성평가의 사례를 제시할 때 함께 나타내야 할 정보라고 할 수 있다. 8장에서는 시기에 따라, 즉 과제를 부여하는 시점, 수업 도중, 프로젝트 수행과 병행하는 시점, 총합평가 이전 또는 이후에 시행할 수 있는 형성평가의 다양한 기법을 소개하였다.

이러한 7장과 8장에서 나타난 형성평가 실천 지식을 바탕으로 실제 학교현장에서 형성평가를 활용하고자 할 때 교과별로 나타나는 예시에는 공통점과 차이점이 있을 것이다. 이 장에서는 언어영역 수업 중에 시행할 수 있는 형성평가 예시를 제시하였다.

1 비구조적 형성평가 사례

수업 도입 부분에서 형성평가는 학생들이 학습목표를 이해할 수 있도록 돕고, 학습내용에 대한 호기심·흥미를 유발하는 효과가 있다. 재미있는 자료를 사용하여 학습을 지루하지 않고 놀이나 게임과 같은 느낌을 주는 것도 한 가지 방법이 될 수 있다. 재미있는 형성평가를 진행하고, 교사가 이에 대한 도움말, 정리를 해 줌으로써 학생들은 무의식중에 학습을 경험하게 된다.

적용 사례 1

김희경 외(2015)는 중학교 국어과 수업 중에 학생들이 학습목표를 명확히 이해하도록 돕고, 학습동기를 유발하기 위한 형성평가 사례를 제시하였다. 이는 중학교 1학년 국어과의 '글이나 매체에 제시된 다양한 자료의 효과와 적절성을 평가하며 읽는다.'라는 성취기준을 학습하기 위한 수업을 진행하는 중에 활용할 수 있는 형성평가 예시다. 여기에서는 김희경 외(2015)가 활용한 예시를 조금 변형하여 [그림 9-1]과 같이 제시하였다.

[그림 9-1]에서 '모둠 사고공유' 기법의 형성평가를 통해 두 가지 광고를 학생들에게 제시하고 광고의 목적에 맞게 내용을 전달하는 데 적합한 자료가 활용되었는지를 자유롭게 말해 보면서 학생들끼리 자신의 생각을 공유하는 형성평가를 진행하고 있다. 우선 모둠을 구성하고, 광고사진을 보면서 즉각적으로 답할 수 있는 질문을 만들도록 한다. 모둠의 구성원이 돌아가면서 자신이 만든 질문을 하면 나머지가 자유롭게 응답을 해 볼 수 있다. 광고에 쓰인 자료에 대해 질의응답하는 과정을 통해 '효과적 전달'에 대한 개념을 파악할 수 있도록 서로 도움을 주고받는 협력이 일어나도록 한다. 다음으로 모둠 내에서 가장 잘 만든 질문을 하나씩 선택하여 칠판에 게시하고 전체 학생이 다시 이에 대답해 볼 수 있도록 함으로써 모둠에서 전체로의 사고를 공유하는 효과를 가져올 수 있다. 광고를 위해 제시된 자료들이 내용을 효과적으로 전달하는지에 대해 모둠별로 정리한 내용을 공유하며 '효과적인 전달'이라는 개념에 대해 전체 학생들이 더 잘 이해할 수 있게 된다. 예시와 같은 형성평가 활용은 글이나 매체에 사용된 자료가 효과적인 경우와 그렇지 않은 경우의 사례에 대해 함께 이야기하며, 효과적인 자료의 개념에 대해 파악할 수 있도록 돕는 기능을 한다.

대상	중학교 1학년
교과	국어
목적	학습목표의 이해, 학습에 대한 호기심 유발
기법	모둠 사고공유
성취기준	글이나 매체에 제시된 다양한 자료의 효과와 적절성을 평가하며 읽는다.

형성평가 절차

효과적인 전달이란?

※ 교사는 사진자료를 제시한 후 1~4와 같은 활동을 하도록 지도한다.

1. 다음과 같은 사진자료를 제시하고 이 자료는 광고임을 알려 준다.

2. 제시된 사진자료를 보고 바로 답할 수 있는 질문을 모둠 구성원들이 만들어 보도록 지도한다.
   (질문 예시)
   - 광고가 전달하는 내용은 무엇입니까?
   - 사진 속의 장소는 어디입니까?
   - 소변기를 바라보고 있는 사람은 어떤 기분입니까?
   - 머리와 신발만 있는 인물은 어떤 사람을 상징한다고 생각합니까?

3. 교사는 이 광고의 목적과 내용에 대해 학생들에게 설명한다.
   - 이 광고의 목적은 키가 크기 위해 우유를 마셔야 한다는 우유 홍보 광고임을 설명한다.

4. 광고의 목적이 잘 드러났는지 그렇지 않은지에 대해 판단하고 그렇게 판단한 이유를 제시하면서 모둠별 협의 내용을 발표한다.
   (협의 내용 예시)
   - 효과적으로 드러나지 않았다. 머리와 신발만 있는 인물은 키가 작은 인물이라는 느낌보다 장애인으로 생각하기 쉬워서 혼란을 준다. 그러므로 키가 작은 인물을 더 효과적으로 상징할 수 있어야 할 것이다. 또한 우유 광고임을 알 수 있는 단서가 없다.

※ 교사는 사진자료를 제시한 후 5~8과 같은 활동을 하도록 지도한다.

5. 오른쪽과 같은 사진자료를 제시하고 이 자료는 광고임을 알려 준다.

6. 제시된 사진자료를 보고 바로 답할 수 있는 질문을 모둠 구성원들이 만들어 보도록 지도한다.
   (질문 예시)
   - 광고가 전달하는 내용은 무엇입니까?
   - 어떤 상황입니까?
   - 사용한 소재는 무엇입니까?
   - 광고에 등장한 사람의 표정으로 소재의 어떤 특성을 알 수 있습니까?

7. 교사는 앞의 광고에서 가장 인상적인 것은 무엇인지 학생들에게 질문한다.
   (학생 응답 예시)
   - 양말을 사용한 것이 인상적이다.
   - 등장인물의 표정이 재미있다.

8. 교사는 이 광고의 목적과 내용에 대해 학생들에게 설명한다.
   - 이 광고는 냄새 탈취제 상업 광고로서 양말 냄새가 심하면 전쟁이나 납치 시 양말 냄새만으로도 상대방의 정신을 혼미하게 할 수 있다는 것과 그렇게 지독한 냄새도 깨끗하게 탈취할 수 있는 탈취제라는 점을 강조하였다.

※ 두 가지 사진자료에 대해 1~8과 같은 활동을 한 것을 토대로 질의응답을 한다.

9. '효과적인 자료'란 말의 뜻은 무엇인지에 대한 질문에 학생들이 자유롭게 답해 보도록 한다.
   (학생 응답 예시)
   - 내용을 쉽게 전달하는 것
   - 한눈에 보고 판단할 수 있도록 도와주는 것
   - 백마디 말보다 더 즉각적이고 분명하게 내용을 제시하는 것
   - 인상적인 소재로 기억하기 쉽게 하는 것

10. 목표를 확인하는 질문으로 마무리한다. 효과적인 전달이란 어떻게 하는 것일까?
   (학생 응답 예시)
   - 말하거나 글쓰기를 할 때 내용을 쉽게 전달하여 목적을 이루는 데 도움이 되도록 적절하게 자료를 사용하는 것이다.

[그림 9-1] '모둠 사고공유' 기법의 형성평가 사례

학습목표를 파악하는 것 이외에도 형성평가는 배움의 한 형태로서의 역할을 할 수 있다. 수업이 진행되는 도중에 형성평가를 활용하여 학습목표에 근접하기 위한 피드백을 제공함으로써 학생들이 방향을 잃지 않고 목적지에 도달할 수 있도록 돕는다.

적용 사례 2

앞서 제시한 예시와 마찬가지로 중학교 1학년 국어과의 '효과적인 전달' 단원에서 '글이나 매체에 제시된 다양한 자료의 효과와 적절성을 평가하며 읽는다.'라는 성취기준을 학습하기 위한 수업을 진행하는 중에 이루어질 수 있는 형성평가 사례를 살펴보고자 한다. 먼저 제시한 적용 사례 1(도입 단계 예시)에서 글이나 매체를 전달할 때 도표, 그림, 사진, 동영상 등의 자료를 활용할 수 있으며, 어떤 경우에 효과적인 전달이 일어났다고 판단할 수 있는지의 개념을 명확히 하였다. 이제 수업을 진행하며 자료의 형태, 제시 방법, 제시 순서 등에 따라 내용을 이해할 수 있도록 돕는 효과가 달라지는 점을 분석할 수 있어야 한다.

[그림 9-2]는 김희경 외(2015)가 제시한 사례로서 자료의 종류를 알아보고 종류에 따른 효과를 분석할 수 있도록 돕는 형성평가다. 학생들은 이러한 형성평가를 수행하면서 자료의 종류를 구분하고, 종류에 따른 효과를 파악하는 것을 익힐 수 있다. 한눈에 보기 쉽고 빠른 판단을 돕는 자료는 도형이나 눈금을 활용한 그래프, 막대그래프, 꺾은선그래프, 원그래프 등의 그래프 방식이다. 반면 숫자 방식은 즉각적으로 알아보기에는 적절치 않지만 수치를 알려 주므로 정확성이 필요한 경우에는 더 적절하다는 것을 학생들이 형성평가를 수행하며 배울 수 있도록 한다.

대상	중학교 1학년
교과	국어
목적	학습목표와 현재 수준의 비교, 학습개선 방법 도출
기법	OX 선택
성취기준	글이나 매체에 제시된 다양한 자료의 효과와 적절성을 평가하며 읽는다.

형성평가 절차

자료의 종류

1. 다음의 표를 제시하고 이 자료는 숫자형 자료임을 설명한다.
   - 이 자료는 보행신호등의 녹색신호의 남은 시간을 알려 주는 방식을 숫자 또는 도형으로 제시하고 있는 사례의 개수를 조사하여 정리한 표다. 이 자료의 종류는 숫자형인가? 도형형인가?

〈보조 장치가 달린 횡단보도 신호등 설치 통계표〉

〈단위: 개〉

	숫자형	도형형
2010년 10~12월	1,287	4,489
2011년 1~3월	1,472	4,693
2011년 4~6월	1,476	4,749
2011년 7~9월	1,502	4,777
2011년 10~12월	1,520	4,830

2. 다음의 자료들이 숫자형 자료인지, 도형형 자료인지를 판단해 보도록 한다.
   - 도형형 자료의 예로 적절한 것은 ○로 표시하고, 그렇지 않은 것은 X로 표시한 후, 그렇게 판단한 이유를 말해 보도록 지도한다.

	OX 선택	이유는?
① 자동차 연료 계기판 	○	기름의 남은 양을 한눈에 알아볼 수 있도록 눈금을 사용하여 보여 주고 있다.
② 신호등 보조 장치 	○	삼각형 개수가 줄어든 것을 보면 한 눈에 지나간 시간과 남아 있는 시간을 비교하도록 돕는다. 남은 시간의 길고 짧음을 불이 들어온 삼각형 개수로 즉각적으로 판단할 수 있다.

③ 신호등 보조 장치  	X	숫자로 35초 남았음을 나타내며, 30초나 40초가 아니라 정확히 35초라는 정확한 정보를 전달하나, 그 시간의 길고 짧음을 한눈에 파악할 수 있도록 하는 효과는 적다.
④ 전자시계 	X	숫자로 시간이 4시 44분임을 정확히 나타내므로 5시가 되려면 16분이 남았다는 등의 정보를 알 수 있다는 장점이 있으나 점심시간 후 흘러간 시간, 그리고 저녁시간까지 기다려야 하는 시간을 한눈에 비교하기에는 적절치 않다.

3. 보행신호등의 남은 시간을 제시하는 방식은 도형형, 숫자형으로 구분할 수 있는데, 각 방식의 장점이 무엇인지 학생들끼리 이야기해 보도록 한다.
   (학생 응답 예시)
   길을 건너야 할지 말아야 할지를 즉각적으로 판단해야 하는 경우에는 도형형이 유리하고, 정확하게 남은 시간을 알고자 할 때에는 숫자형이 유리하다.

[그림 9-2] 'OX 선택' 기법의 형성평가 사례

적용 사례 3

[그림 9-3]은 초등학교 영어과 쓰기 영역의 성취기준 중에서 '자신이나 가족에 관한 짧고 간단한 글을 쓸 수 있다.'를 확인하기 위한 형성평가 예시다. 자신의 장래희망 또는 가족의 직업에 대한 단어를 학습한 후에 자신이 떠올릴 수 있는 직업에 대한 단어를 브레인스토밍하여 기입하고, 그 직업에 대하여 떠오르는 단어들을 그 옆에 제시하는 '아이디어 지도'를 만드는 형성평가를 시행할 수 있다. 모둠별로 진행하면 좋은데, 모둠끼리 단어를 브레인스토밍하는 과정에서 자기가 몰랐던 단어를 다른 친구가 알고 있으면 함께 배우게 되는 학습효과를 기대할 수 있다. 학생들이 만든 아이디어 지도는 마지막에 교사가 철자 등의 오류 수정을 해 주고 마칠 수 있다.

대상	초등학교 6학년
교과	영어
목적	학습목표와 현재 수준의 비교, 학습개선 방법 도출
기법	아이디어 지도 만들기
성취기준	자신에 관한 짧고 간단한 글을 쓸 수 있다. 가족에 관한 짧고 간단한 글을 쓸 수 있다.

형성평가 절차

아이디어 지도 만들기

1. 자신의 장래희망에 대해 또는 가족·친척의 직업에 대해 모둠으로 이야기하도록 한다.
2. 모둠으로 이야기하며 나온 직업에 대한 단어를 쓰고 그 직업과 함께 떠오르는 단어들을 함께 적어 보도록 한다.

(아이디어 지도 예시)

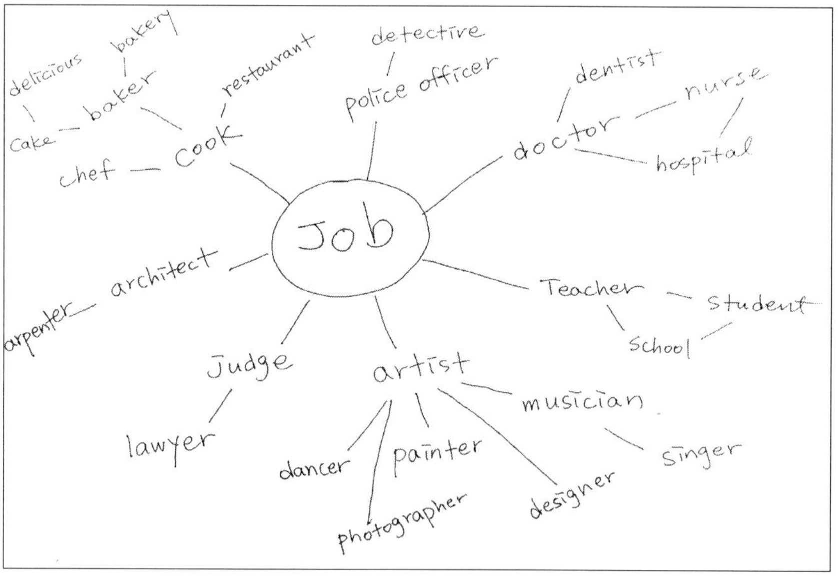

3. 다른 모둠에서 만든 아이디어 지도를 교환하여 보고, 우리 모둠에서 나오지 않은 직업에 대한 단어에 대해 이야기한다.

[그림 9-3] '아이디어 지도 만들기' 기법의 형성평가 사례

적용 사례 4

[그림 9-4]는 [그림 9-3]과 동일한 성취기준에 대한 수업 중에 '**단어카드 당첨**' 기법을 활용하는 형성평가 예시다. 학생은 각자 단어카드에 직업에 대한 단어 3가지를 쓰도록 한다. 교사는 직업에 대한 단어들 중 하나를 랜덤으로 제시하고, 학생은 교사가 제시한 단어가 자신의 단어카드에 있으면 점수를 획득한다.

대상	초등학교 6학년
교과	영어
목적	학습목표와 현재 수준의 비교, 학습개선 방법 도출
기법	단어카드 당첨 게임
성취기준	자신에 관한 짧고 간단한 글을 쓸 수 있다. 가족에 관한 짧고 간단한 글을 쓸 수 있다.

형성평가 절차

단어카드 당첨 게임

1. 학생들은 자신이 아는 직업에 대한 단어를 단어카드에 쓰고 그 의미를 쓴다.
2. 교사는 앞에서 직업에 대한 단어를 하나씩 제시한다.
3. 학생은 자신의 단어카드에서 교사가 제시하는 단어와 동일한 단어가 있으면 1점을 얻는다. 이때 철자와 의미가 맞아야 점수를 받을 수 있다.

(단어카드 예시)

김 ○○의 단어카드		
단어	뜻	점수(당첨: 1, 비당첨: 0)
nurse	간호사	0
singer	가수	1
farmer	농부	0

박 ○○의 단어카드		
단어	뜻	점수(당첨: 1, 비당첨: 0)
dancer	춤추는 사람	0
fire fighter	소방관	0
pilot	조종사	0

4. 모둠별로 구성원 단어카드의 합계 점수가 높은 모둠은 축하 박수를 받는다.
5. 위와 같은 게임을 반복하여 할 수 있다.

[그림 9-4] '단어카드 당첨 게임' 기법의 형성평가 사례

적용 사례 5

고등학교 영어과에서 '인물의 외모, 성격, 특징 등에 대하여 상세하게 묘사하는 글을 쓸 수 있다.'라는 성취기준을 학습하기 위해 친한 친구를 소개하는 글을 써 보는 수업을 진행한 후, 자기 자신의 영작문을 스스로 평가를 해 보게 하는 것도 학생이 자신의 쓰기에 대해 돌아보게 하는 데 도움이 되고, 교사도 학생이 어려워하는 부분을 파악할 수 있다. [그림 9-5]는 학생이 자신이 쓴 영작문을 편집하는 편집장이 되었다고 생각하고 만드는 체크리스트의 예시다. 모든 평가 중 가장 효과적인 평가는 자기 자신의 학습성과를 스스로 평가하는 것이라고 할 수 있다. 학생들은 이러한 **자기평가**를 통해 그들이 학습한 것과 아직 더 해야 할 것을 스스로 되돌아보고 반성하는 능력을 획득할 수 있게 된다. 자기평가를 할 수 있게 되면 학생은 지속적인 학습을 할 수 있게 되고, 그들의 잠재능력을 개발하는 것도 수월해질 것이다.

대상	고등학교
교과	영어
목적	학습목표와 현재 수준의 비교, 강점과 약점 파악, 학습개선 방법 도출
기법	자기평가
성취기준	인물의 외모, 성격, 특징 등에 대하여 상세하게 묘사하는 글을 쓸 수 있다.

형성평가 절차

1. 친한 친구를 소개하는 영작문을 쓰도록 한다.
2. 자신의 영작문을 다음과 같은 체크리스트에 비추어 보며, 수정하도록 한다.
3. 수정작업을 마친 후에는 영작문을 쓸 때 자신이 보완해야 할 점을 자기평가해 보도록 한다.

자기평가 체크리스트

영작문 자기평가표

이름: ○○○
일시: 2015년 6월 25일 목요일
글쓰기 제목: My Best Friend

※ 자신의 영작문 결과를 점검하며 아래 체크리스트 중에서 맞다고 생각하는 문장에 체크하세요.

1. (√): 주제가 분명하게 드러나 있다.
2. ( ): 다른 친구들의 흥미와 관심을 불러일으킬 내용을 담고 있다.
3. ( ): 글의 내용이 창의적이다.
4. (√): 글의 내용에 통일성이 있다.
5. (√): 적절하고 효과적인 단어를 사용하였다.
6. (√): 문장이 간결하고, 뜻을 명확히 전달한다.
7. (√): 단어의 맞춤법과 띄어쓰기가 정확하다.
8. ( ): 내용을 짜임새 있게 단락으로 구성하였다.
9. ( ): 단락끼리 자연스럽게 연결된다.

※ 이 영작문은 내게
( ) 어려웠다.
( ) 보통이다.
( ) 쉬웠다.

※ 내가 가장 노력해야 할 부분이 무엇인지 위의 박스 안의 체크리스트 중에서 골라 적어 보세요.

[그림 9-5] '자기평가' 기법의 형성평가 사례

2 수행평가를 활용한 형성평가 사례

수행평가를 활용한 형성평가는 수업과 평가활동이 연계된 방식으로 수업 중에 수행평가 과제를 수행하여 학습목표를 달성하도록 하는 점에서 수업과 평가의 경계선을 허물 수 있다는 장점이 있다.

적용 사례 1

중학교 국어과 성취기준 '자신의 삶과 경험을 바탕으로 감동이나 즐거움을 줄 수 있는 글을 쓴다.'에 대한 형성평가를 수행하기 위해 수행평가를 활용하는 사례를 [그림 9-6]을 통해 살펴본다.

대상	중학교
교과	국어
목적	과제물 산출, 학습목표와 현재수준의 비교, 강점과 약점 파악, 학습개선 방법 도출
기법	수행평가
성취기준	자신의 삶과 경험을 바탕으로 감동이나 즐거움을 줄 수 있는 글을 쓴다.

형성평가 절차

협동시로 표현하기

〈수업활동〉
○ 친구의 경험을 듣고 가치 있는 경험을 공유하면서 즐거움과 감동의 요소를 탐색한다.
○ 가치 있는 경험을 소재로 협동시로 표현하여 효과적으로 전달한다.

도입

교사: (감동을 주는 체험 글을 읽어 준다. 예를 들어, 장영희의 「엄마의 눈물」) 이 글에 등장하는 인물은 어떤 경험을 하였습니까? 걷기 불편한 어려움이 있었지요?

그런 어려움을 함께 극복해 준 사람이 누구입니까? 어머니입니다. 어머니와 함께 겪었던 경험을 듣고 여러분은 어떤 마음이 들었습니까? 따뜻하고, 사랑이 있고, 고통이 느껴졌습니다. 이처럼 다른 사람의 경험을 듣고 감동이 전해지는 이유는 어머니의 사랑을 효과적으로 전달하고 있기 때문입니다.

우리는 친구들의 경험을 듣고 경험에 담긴 가치를 발견하고 그것을 시로 표현하여 다른 사람에게 감동과 즐거움을 줄 수 있습니다.

모둠원이 각자 가치 있는 경험을 친구들과 나누고 그중 가장 인상적인 경험을 선택하여 그 내용을 소재로 시를 써 보도록 합니다. 그리고 배경 음악을 준비하여 모둠원 전체가 함께 시를 낭송해 보도록 하겠습니다.

1. 다음 두 입장 중에서 하나를 택하여 가치 있는 경험에 대한 자신의 생각을 말해 보자.

가치 있는 경험은 일상적인 경험이다.	가치 있는 경험은 누구나 겪어 보기 어려운 특별한 경험이다.
- 매일매일의 평범한 경험 속에서 가치 있는 경험을 할 수 있다. - 누구라도 공감할 수 있는 경험이어야 한다. - 가치 있는 경험이란 사소한 경험이라도 경험을 한 후 깨달음이 중요하다.	- 누구나 겪는 일은 특별한 사건이 아니므로 큰 영향을 줄 수 없다. - 새로운 경험에서만 특별한 깨달음을 얻을 수 있으므로 가치 있는 경험은 일상적이 아닌 특별한 기적 같은 일에서 얻을 수 있다. - 경험에는 발견과 깨달음이 있어야 다른 사람들에게 재미와 감동을 줄 수 있다.

2. 자신의 가치 있는 경험을 생각해 보고, 육하원칙에 따라 경험을 구체적으로 표현해 보자. 또한 친구의 경험 이야기를 듣고 다음 기준에 따라 평가표 해당 칸에 친구의 경험 이야기가 어떤지를 판단하여 적어 보자.

경험한 일: 언제, 어디서, 누가, 무엇을, 왜, 어떻게
누가 –
언제 –
어디서 –
무엇을 –
어떻게 –
왜 –
경험할 당시의 상황이나 배경:

경험으로 인해서 얻은 것과 잃은 것:
심리적 변화나 깨달음:

〈평가표〉

기준	그렇다	보통이다	아니다
감동이나 즐거움, 재미를 줄 수 있는 가치 있는 경험이 담겨 있는가?			
자신의 경험을 솔직하게 표현하였는가?			
경험을 통해 느낀 점이나 깨달은 점이 잘 드러났는가?			

3. 가치 있는 경험을 다음 과정에 따라 협동시로 표현해 본다.

〈진행과정〉

가. 4명을 한 모둠으로 한다.
나. 4명이 돌아가면서 자신의 가치 있는 경험을 모둠원에게 들려준다.
다. 친구의 경험 중에서 인상적인 부분을 2행으로 표현해 본다.
라. 모둠원이 표현한 시행 8행을 주제에 맞게 재구성해 본다.
마. 비유적인 표현(직유, 은유, 의인)을 두 가지 이상 사용하여 시적으로 표현한다.
바. 운율에 맞추어 보고, 주제의 통일성을 살려 정리한다.
사. 시를 소리 내어 낭송해 보고 완성한 후 제목을 적어 본다.
아. 모둠원은 완성된 시를 낭송한다.
(전체가 함께 외우기/자신이 쓴 부분만 외우기/음악을 배경으로 하여 낭송하기 등에서 선택)

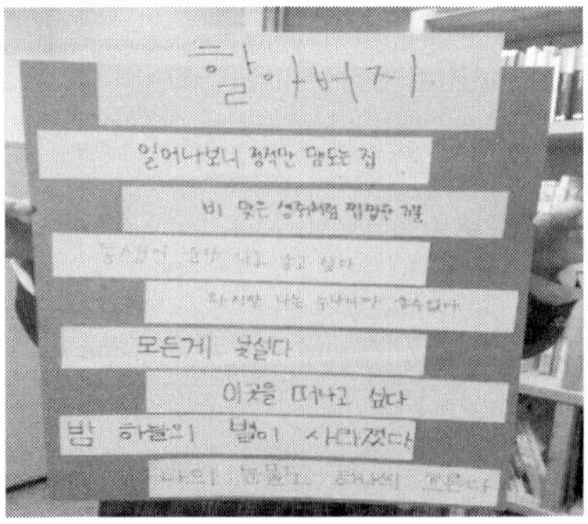

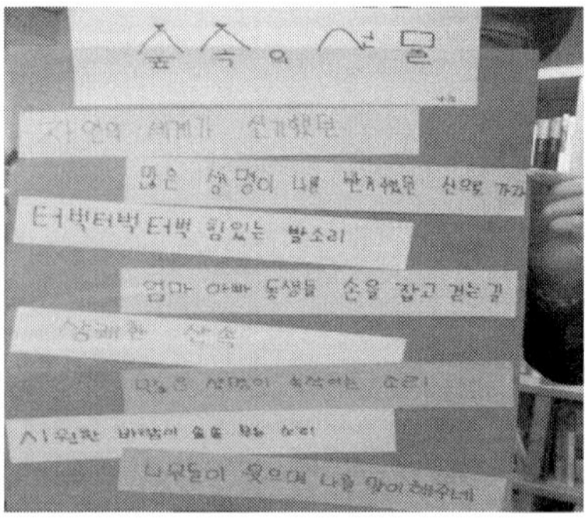

※ 다른 모둠의 협동시 발표를 듣고 다음 기준에 따라 평가를 해 보자(5, 4, 3점으로 평가한다).

기준	모둠평가								
	1	2	3	4	5	6	7	8	9
감동이나 즐거움을 줄 수 있는 가치 있는 경험이 담겨 있는가?									
주제가 하나로 분명하게 드러났는가?									
비유적인 표현을 사용하였는가?									
운율이 효과적으로 드러났는가?									
합계									

4. 다음 기준에 따라 자신의 학습과정을 평가해 보자.

기준	자기평가				
	1점	2점	3점	4점	5점
1. 가치 있는 경험의 의미를 설명할 수 있다.					
2. 자신의 경험이 가치 있는 경험인지 판단할 수 있다.					
3. 친구의 경험을 비유적인 표현을 사용하여 효과적으로 표현할 수 있다.					
4. 가치 있는 경험이 잘 드러나도록 운율을 살려 시를 완성할 수 있다.					
5. 완성된 시를 분위기를 살려 큰 소리로 낭독할 수 있다.					
합계					

[그림 9-6] 수행평가를 활용한 형성평가 사례

3 미국 차세대 평가체제의 형성평가 사례

Smarter Balanced Assessments는 미국의 여러 주정부가 함께 참여해서 개발하는 온라인 평가 프로그램으로 2015년부터 시행하는 것을 목표로 하는 미국의 차세대 평가체제(Assessment 2.0: Next-generation Comprehensive Assessment System) 중 하나다. 주정부의 공통된 핵심 성취기준(common core)을 기반으로 구성되는데, 프로젝트 수업과 연계한 읽기, 쓰기, 말하기, 문제해결 등의 '**수행평가**'를 포함한다. 이처럼 미국은 최근에 형성평가와 수행평가, 온라인 평가를 통합적으로 활용하여 핵심역량을 평가할 수 있는 평가체제를 갖추려 노력하고 있다. 다양성의 시대, 다문화의 시대에서 구성원에게 요구되는 것은 남과 더불어 살 수 있는 능력, 소통능력, 창의력 등 지금까지와는 다른 새로운 역량들이 요구된다. 따라서 협력학습, 프로젝트 학습 등을 통해 학생 상호 간 적극적인 협력을 통한 학습활동을 지향하는 것이 최근 교수·학습의 패러다임이다. 성태제 외(2013)는 협력중심 교육에서는 학생들의 지적 능력 향상뿐 아니라 의사소통능력, 사회성 발달 등 사회에서 필요로 하는 정의적 영역에 긍정적인 효과를 만들어 낸다고 하였다. 따라서 교육평가 분야에서도 집단의 협업을 통해 복잡한 문제를 풀어 나가는 과정을 평가하기 위한 노력이 시도되고 있다. 따라서 창의력, 협력적 문제해결력, 의사소통 등을 평가할 수 있는 다양한 형태의 수행평가 과제를 개발할 필요가 있다.

다음에 제시된 '소풍가기'는 Smarter Balanced Assessments의 예시 문항으로 6학년 언어영역 프로젝트 수업 중에 수행평가 활동이 연계된 방식이다(http://www.smarterbalanced.org/sample-items-and-performance-tasks/).

적용 사례

[그림 9-7]은 미국 Smarter Balanced Assessments의 수행평가 과제 예시다. 수행평가 과제를 수업 중에도 활용할 수 있는 프로젝트 과제로 개발되었다는 점에서 우리나라의 형성평가 실천에 많은 시사점을 제공한다.

대상	초등학교
교과	언어영역
목적	과제물 산출, 학습목표와 현재수준의 비교, 강점과 약점 파악, 학습개선 방법 도출
기법	수행평가

초등학교 6학년 영어과의 수업과 연계된 수행평가(소풍 계획)

수업활동

〈유의점〉

- 소풍 장소까지의 거리는 실제 학교의 위치를 고려해 조정하여 활용한다.
- 학생들에게 다음과 같은 사항을 고려해야 한다는 것을 알려 준다.
  - 소풍 장소까지의 거리
  - 교통요금
  - 입장료

〈도입〉

교사: 오늘은 소풍 계획을 짜려고 한다.
학교에서 소풍을 갔던 경험, 가족과 소풍을 갔던 경험을 떠올려 보기 바란다.
(학교 친구들 또는 가족과 박물관, 수족관, 자연공원, 놀이공원, 동물원 등으로 갔던 경험을 떠올리도록 유도한다.)

교사: 소풍을 갔던 지난 경험을 떠올렸을 때, 특별히 좋았던 점이 무엇이니? 만약에 딱히 떠오르는 것이 없다면, 소풍을 가고 싶은 장소가 떠오르는 곳이 있니?

학생: (손을 들고, 자신의 생각을 말한다.)

교사: 앞으로 5분 동안 조별로 서로의 생각을 얘기해 보도록 하자.
(학생들은 친구와 가고 싶은 곳, 가족과 가고 싶은 곳, 새로운 것을 배울 수 있는 곳, 한 번도 가보지 않았지만 언젠가 가 보고 싶은 곳에 대해 서로의 생각을 나누도록 한다.)

교사: (조별 토론이 끝나면, 교사는 학생들이 손을 들고 말하는 장소의 목록을 칠판에 적는다.)

〈선호도 조사〉

(교사는 칠판에 적혀 있는 소풍 장소 목록들 중에서 학생의 선호도를 손을 들게 하여

기록한다)

교사: 자신이 소풍가고 싶다고 밝힌 장소를 왜 가고 싶은지 이유를 말해 보기로 하자. 그 장소의 어떤 점이 좋아서 선택했니?

(학생들이 자유롭게 이유를 밝히도록 하고, 이유를 각 목록 아래에 기입한다.)

교사: 지금 조사된 이유 외에 고려해야 할 조건으로 어떤 것이 더 있을까?

(학생들이 브레인스토밍을 하도록 유도한다. 거리, 안전, 비용 등의 조건들이 떠오르도록 유도한다.)

교사: 지금 기록된 모든 조건들 중에서 비용에 대해서 생각해 보도록 하자. 각 장소에 소풍을 가기 위해 드는 비용이 얼마나 될까?

(교통요금, 입장료 등을 생각해 낼 수 있도록 유도한다.)

교사: 소풍을 가기 위해서는 지금 말했듯이 '비용' 외에도 고려해야 할 조건들이 있단다. 이러한 조건에 대해 생각하는 것이 소풍 계획의 일부란다.

(다음과 같은 그림을 칠판에 그린다.)

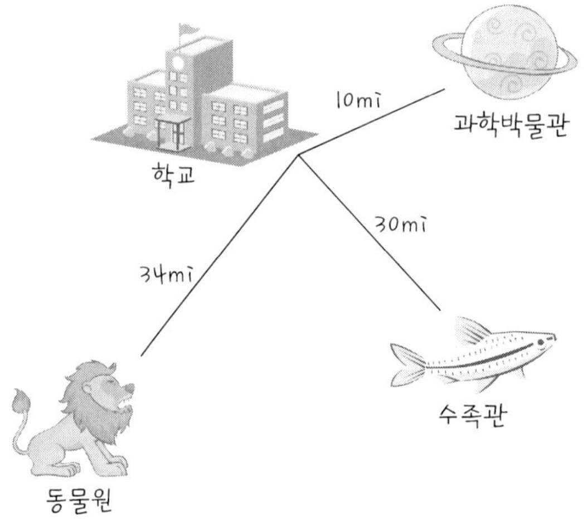

교사: 학교에서 소풍을 갈 수 있는 장소에 대해 조사해 보았을 때, 그림과 같은 세 가지 장소가 가장 거리가 가깝기 때문에 가능성이 높은 것으로 나타났다. 이제 세 곳 중에 어느 곳으로 소풍을 갈지 결정하는 일을 하도록 하자.

(다음과 같은 표로 조사한 선호도를 보여 준다.)

우리 반 학생들의 선호도

	동물원	과학박물관	수족관	합계
학생 수	12명	10명	8명	30명

(다음과 같은 표로 소풍 비용을 제시한다.)

소풍 비용

	동물원	과학박물관	수족관
버스 요금	6달러	6달러	6달러
입장료	6달러	10달러	3달러

〈수행평가〉

• 각자 제시된 조건들(각 소풍 장소까지의 거리, 학생들의 선호도, 비용)을 고려하고, 내가 왜 그 장소를 좋아하는지 이유를 설명하여 다른 학생들을 설득하는 글을 써 본다.

[그림 9-7] 미국 차세대 평가에서의 수행평가 사례

제10장

과학 및 수학 영역 형성평가의 적용 사례

1. 비구조적 형성평가 사례
2. 수행평가를 활용한 형성평가 사례
3. 미국 차세대 평가체제의 형성평가 사례

형성평가를 수업에서 적극 활용하고자 하는 것은 학생의 이해 정도를 점검하고 상호작용 속에서 학습할 수 있도록 정보를 수집하고 피드백을 제공하고자 함이다. 7장 형성평가의 실제에서 설명하였듯이 수업에서 형성평가를 적용할 때 우선 계획해야 하는 것은 평가결과를 통해 어떠한 정보를 얻고자 하는가다. 학생의 수업 이해도를 확인하거나 학습목표가 어느 정도 도달하였는지 점검하는 데 있다거나 또는 교사의 교수·학습 개선과 보충수업 제공 등 목표를 구체화할수록 효율적으로 결과를 활용할 수 있다. 그리고 다음 단계로 교육과정상에 나타난 성취기준을 검토하여 성취기준을 토대로 학습목표를 수립하게 된다. 형성평가 계획표는 해당학년과 교과의 성취기준과 함께 평가목적과 기법을 포함한다. 형성평가 도구를 개발함에 있어 구조화된 형성평가와 비구조화된 형성평가 방법에 대해 이미 설명하였으며, 실제 수업에서 어떤 기법을 통해 어떻게 적용할 수 있는지 몇 가지 사례를 제시하고자 한다.

이 장에서는 다양한 수업활동을 포함하고 있는 과학 수업에서 사용되는 비구조화된 형성평가와 수행평가를 활용한 형성평가의 예를 살펴본다. 즉, 질의응답을 통한 관찰, 응답과정에서의 태도 등을 분석함으로써 다음 단계의 교수·학습 활동을 어떻게 이어갈 수 있는지 부각시킨다. 이 장에 소개되는 과학 적용사례는 김희경 외(2015)의 연구에서 일부 발췌하였다.

그리고 미국에서 전면 도입되고 있는 차세대 평가 시스템(Assessment 2.0)을 설명하면서 수학교과에서 피드백이 가능한 총합적 수행과제를 소개하고자 한다.

1 비구조적 형성평가 사례

중학교 과학과 수업 도입 부분에서 형성평가는 학생들의 학습내용에 대한 초기 집중, 호기심 유발, 학습의지 확인, 개념 이해 정도 확인 등을 위해 활용될 수 있다. 간단한 질의응답 형식으로 학생 응답을 통해 어느 부분을 어떻게 이해하고 오해하고 있는지 파악한다.

적용 사례 1

[그림 10-1]의 사례는 중학교 2학년 과학의 '파동에는 어떤 것이 있는지 예를 제시할 수 있다.'라는 성취기준을 학습하기 위해 사용된 형성평가의 예다. '파동'을 나타내는 다양한 그림을 보여 주면서 파동이라고 생각하는지 여부와 함께 그 이유를 설명하게 함으로써 수업 주제에 대한 호기심을 유발하고 기본 개념을 제대로 이해하고 있는지 확인하고자 하는 과정이다.

이 사례는 '교사용 학생평가 매뉴얼 개발'(김희경 외, 2015)에서 일부 발췌하였다.

대상	중학교 2학년
교과	과학
목적	학습내용에 대한 호기심 유발과 학습의지 확인, 개념 이해도 확인, 강점과 약점 파악
기법	OX 퀴즈
성취기준	파동에는 어떤 것이 있는지 예를 제시할 수 있다.

형성평가 절차

1. 파동의 예시를 다음 ① ~ ⑤ 그림 자료와 함께 제시한다.
2. 그림의 예시가 파동이라고 생각하면 ○, 아니면 ×로 말하거나 표시하고 그 이유를 설명하도록 한다.

① 에네르기파

② 초음파

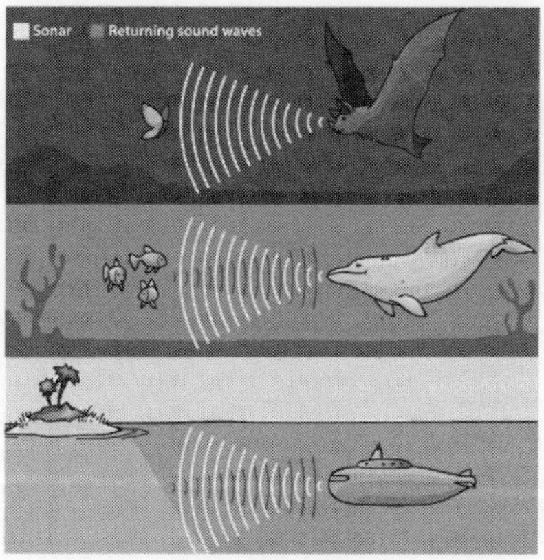

③ 물결파

④ 지진파

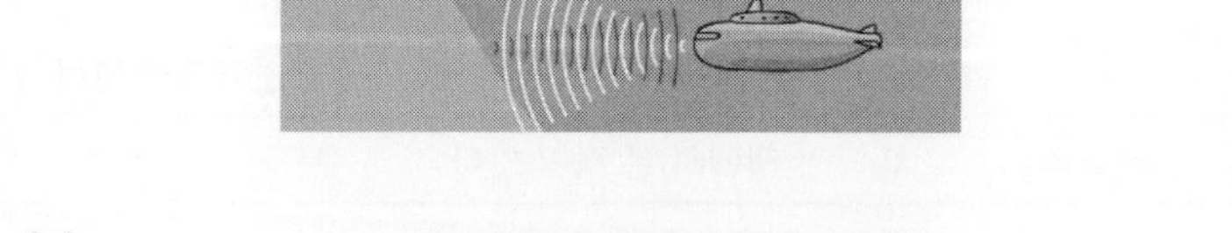

⑤ 음파(소리)

3. 학생이 응답한 답안과 설명의 예시는 다음과 같다.

	OX 선택	이유는?
① 에너르기파	X	만화에서 나오는 것으로 있을 수 없는 일이다. 말이 되지 않으므로 파동이 아니다.
② 초음파	X	일반 사람들이 느끼지 못하기 때문에 파동이 아니다.
③ 물결파	O	책에서 본 적이 있다.
④ 지진파	X → O	'땅이 갈라지는 것이므로 파동이 아니다.'라고 하였다가 1학년 때 p파 s파를 배운 적이 있다고 하면서 수정함
⑤ 음파(소리)	O	책에서 본 적이 있다.

4. 학생 반응에 대하여 교사는 피드백을 받는다: 이 학생은 '사람이 느낄 수 있거나 볼 수 있어야 파동이다.'라는 개념으로 이해하고 있음을 알게 된다.
5. 학생들이 '파동' 개념을 제한적으로 이해하고 있으므로 교사는 수정·보완하여 설명한다: 제시된 그림이 모두 '파동'이며 '파동'이란 "물질의 한 곳에서 생긴 진동(에너지)이 주위로 전달되는 것이다."라는 개념으로 다시 설명한다. 확장으로는 매질 개념을 도입 후 각각의 파동의 매질은 무엇인지 물어보면서 파동 개념을 견고하게 만들어 간다.

[그림 10-1] '○×퀴즈' 기법의 형성평가 사례

적용 사례 2

[그림 10-2]의 사례는 중학교 2학년 과학의 '물질의 구성'에서 '대표적인 여러 가지 원소를 원소기호로 나타낼 수 있다.'라는 성취기준을 학습하기 위해 사용된 형성평가의 예다.

이 영역에서는 원소와 원자, 원소기호, 이온을 다룬다. '원소'는 원소기호라는 상징으로 나타내며, 이를 이용하여 화학반응을 표현한다. 물질이 원자로 이루어져 있다는 원자론은 물질의 성질을 이해하는 기본적인 개념이다. 따라서 모든 물질은 원소로 이루어져 있음을 알고, 대표적인 여러 가지 원소를 원소기호로 나타낼 수 있어야 한다. 이에 이어질 학습으로는 불꽃반응으로 원소를 확인하기와 이온 및 이온의 검출 등이 있다. 따라서 이 수업에서 형성평가는 필수적으로 알아야 할 원소와 원소기호에 대하여 얼마나 알고 있는지 확인하고자 하는 과정이다.

대상	중학교 2학년
교과	과학
목적	학습내용에 대한 호기심 유발과 학습의지 확인, 개념 이해도 확인, 학습목표와 현재 수준의 비교
기법	메모리 게임
성취기준	대표적인 여러 가지 원소를 원소기호로 나타낼 수 있다.

형성평가 절차

1. 원소 기호와 명칭에서 필수로 외워야 할 원소 20개를 다음 그림과 같이 선정하여 카드를 총 20세트 준비한다.
2. 제한된 시간 동안(약 10분) 2인 1조를 구성하여 각 조는 카드 메모리 게임[1)]을 통해 원소기호와 명칭을 외우도록 한다.

H	C	O	N	S
Na	Cl	Ca	K	Al
Ag	Cu	Fe	Pb	I
Mg	Si	Sr	Hg	Ba

1) 메모리 게임: 카드 위치를 외운 후 뒤집어 위치를 더 많이 기억한 사람이 이기는 경기.

3. 메모리 게임 결과에 대한 성취수준과 성취수준 기술은 다음과 같다.

성취수준	성취수준 기술
상	15개 이상의 대표적인 원소를 원소기호로 나타낼 수 있다.
중	10개 이상 15개 미만의 대표적인 원소를 원소기호로 나타낼 수 있다.
하	10개 미만의 대표적인 원소를 원소기호로 나타낼 수 있다.

4. 중수준과 하수준 해당 조를 다시 편성하여 원소와 원소기호를 복습하도록 지도한다.
5. 불꽃반응으로 원소 확인하기에 들어가기 전 다시 한 번 메모리 게임을 수행한다.

[그림 10-2] '메모리게임' 기법의 형성평가 사례

적용 사례 3

[그림 10-3]은 중학교 3학년 과학의 '생식과 발생' 단원에서 '체세포 분열과 생식세포 분열의 특징에서 나타나는 차이점을 염색체의 행동을 중심으로 비교할 수 있다.'라는 성취기준을 학습하기 위하여 사용된 형성평가의 예다. 학생들은 체세포 분열과 생식세포 분열의 차이점을 분열의 의의, 이가염색체 형성, 중기 염색체의 배열 모습, 염색체 수 변화, 연속분열 횟수와 딸세포 수를 중심으로 비교하여 제시할 수 있어야 한다. 이러한 과정을 설명하는 모형을 만들어 사례를 비교하는 형성평가 방법을 적용하여 학생들이 어느 정도 비교, 제시할 수 있는지 파악한다.

대상	중학교 3학년
교과	과학
목적	학습의지 확인, 개념 이해도 확인, 과제물 산출, 학습개선 방법 도출, 학습개선 방법 실행
기법	모형 만들어 사례 비교하기
성취기준	체세포 분열과 생식세포 분열의 특징에서 나타나는 차이점을 염색체의 행동을 중심으로 비교할 수 있다.

형성평가 절차

1. 체세포 분열 모형을 만들기 위해 뻥튀기, 꿈틀이(젤리), 양파링을 준비해 오도록 한다.
2. 4인 1조로 구성하여 조별로 제한된 시간 내(약 10분) '체세포 분열' 모형을 만들도록 한다.
3. 학급 내 구성된 모든 조의 '체세포 분열' 모형을 디지털 카메라로 촬영하여 영상화면으로 학생들에게 보여 준다.
4. 각 조에서 만든 모형 중 다른 형태를 찾고 차이점이나 오류에 관하여 토의한다.
5. 다시 제한된 시간(10분) 동안 4인 1조로 '생식세포 분열' 모형을 만들도록 한다.
6. 학급 모든 조의 '생식세포 분열' 모형을 디지털 카메라로 촬영하여 영상화면으로 학생들에게 보여 준다.
7. 각 조에서 만든 모형 중 다른 형태를 찾고 차이점이나 오류에 관하여 토의한다.

모형 예시

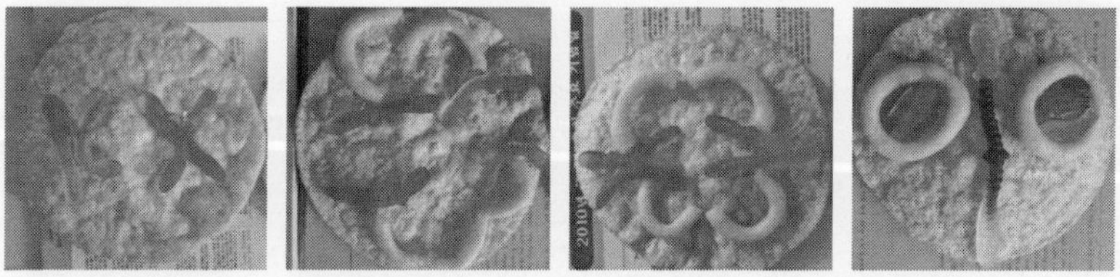

8. 체세포 분열과 생식세포 분열의 차이점을 설명하는 근거를 다음 중 얼마나 포함하고 있는지로 평가하고 그에 따라 피드백을 준다.

설명 근거	분열의 의의	이가 염색체 형성	중기 염색체 배열 모습	염색체 수 변화	연속분열 횟수	딸세포 수
포함 여부	○		○	○		

[그림 10-3] '모형 만들어 사례 비교하기' 기법의 형성평가 사례

2 수행평가를 활용한 형성평가 사례

수행평가를 활용한 형성평가는 수업 중에 수행평가 과제를 수행하여 학습목표에 얼마나 도달하였는지 확인하고, 적절한 피드백을 제공하고 함께 공유할 수 있다는 점

에서 수업과 평가활동이 직접 연계되는 방식이다. 특히 다양한 수행과제를 통해 개념의 이해 정도를 파악하고 적용능력을 확인하는 등 학습 마무리 단계에서 적용하면 학생에게 다각적인 피드백을 주며 교사의 다음 수업을 개선하는 데 도움을 받는다.

적용 사례 1

[그림 10-4]는 중학교 2학년 과학의 '빛과 파동' 중 '자연현상(해일, 파도 등)을 파동 개념을 적용하여 이해하고 설명할 수 있다.'라는 성취기준을 학습하고 마무리 단계에서 학생들이 얼마나 이해하고 개념을 적용할 수 있는가를 점검하기 위해 수행평가 과제를 적용한 사례다.

대상	중학교 2학년
교과	과학
목적	학생의 개념 이해도 확인, 개념의 적용능력 확인, 강점과 약점 파악, 학습개선 방법 도출
기법	수행평가
성취기준	자연현상(해일, 파도 등)을 파동 개념을 적용하여 이해하고 설명할 수 있다.

형성평가 절차

바다에서 일어날 수 있는 일

수업활동

○ 바다의 풍경을 여러 사진으로 보고, 사진에 제목을 붙여 본다.
○ 자연현상을 파동의 개념으로 설명할 수 있는지 알아본다.

1. 도입

교사: 바다에 가 본 적이 있지요? 뉴스에서는 바다에서 일어난 일에 대해(지진해일, 휴가철 해수욕장의 모습 등) 기사화하거나, 영화에서는 일어날 수 있는 일(해운대 등)에 대해 다룬 것을 본 적이 있을 것입니다.

그중 바다의 모습을 담은 사진을 몇 장 가져왔는데요. 모둠별로 비슷한 주제의 사진을 줄 거예요. 사진을 보고 모둠원이 토의하여 사진의 제목을 정해 보세요. 그리고 5분 후 발표하는 시간을 갖도록 하겠어요.

주제별 사진자료

(1모둠) 해일

(2모둠) 튜브를 타고 해수욕하는 사람들

(3모둠) 해양탐사

(4모둠) 파도와 물결

2. 주제 설명

교사는 동영상을 보며 모둠별 사진에서 주의 깊게 볼 점을 짚어 준다. 학생이 발표한 제목에 대한 피드백도 함께한다.

(1모둠) https://www.youtube.com/watch?v=qvb0xL09rjI – 지진해일에 대한 설명

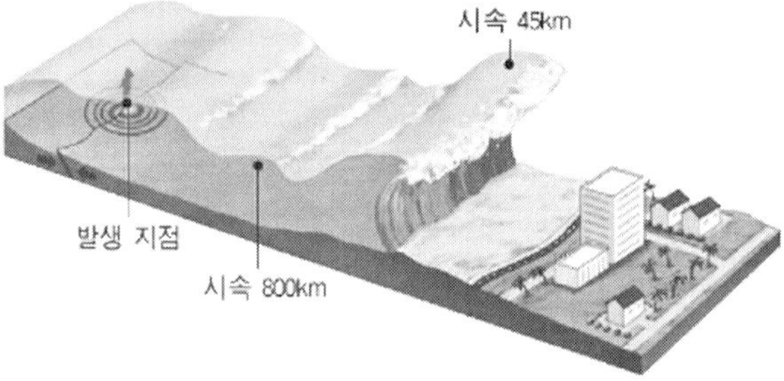

의미	해저에서 발생한 지진이나 화산활동으로 인해 바다에서 육지로 밀려오는 큰 파도
과정	1단계: 해저에서 지진이나 화산활동에 의한 충격으로 파도 발생 2단계: 시속 800km의 속도로 파도가 퍼져 나감 3단계: 육지 부근에 다다를수록 수심이 얕아져, 파도의 높이가 높아지면서 해일 발생

(2모둠) https://www.youtube.com/watch?v=2hxAg2gL4bQ−파도가 쳐도 튜브는 제자리에 머뭄
(3모둠) https://www.youtube.com/watch?v=ALhHdDBMld0−해양탐사 시 반드시 필요한 음파 탐지기
(4모둠) 파동에 대한 설명으로 정리

3. 수행평가 과제

자연현상을 파동의 개념을 적용하여 설명하기

① 바다에서 지진이 발생하면 바다에서 물결파가 발생한다. 지진이 발생한 바로 위 지점의 배는 피해가 없는데 지진이 발생한 곳에서 멀리 떨어진 해안에서 해일의 피해가 큰 이유는 무엇인가?

② 호수 위에 공이 떠 있다. 공을 이동시키기 위해 수면에 돌을 던지는 행위는 효과가 있을까? 없을까? 그 이유도 함께 서술하시오.

③ 초음파를 이용하여 바다의 깊이를 측정하거나, 물속에 물고기가 어느 곳에 몰려 있는지 알 수 있다. 다음 자료를 보고 측정한 곳의 바다 깊이는 몇 m인가? (단, 이 바다는 부유물 없이 투명하여 초음파 진행의 방해 요소가 없음)

〈자료〉
발생시킨 초음파의 진동수: 200kHz
초음파의 파장: 0.0001m
초음파를 발생시킨 후 되돌아오기까지 걸린 시간: 1초

풀이과정: ______

답: ______

4. 채점기준

과제번호	모범답안	인정답안
①	지진이 바다에서 발생하면 지진으로 인해 발생한 물결파가 수심이 깊은 곳에서 낮은 곳으로 전달된다. 수심이 낮아질수록 물결파의 속도가 느려지는데 속도가 느려지면 파도의 높이는 높아지게 된다. 파도가 높아지면서 위력이 강해지므로 해안가의 피해가 커진다.	해수면이 낮아질수록 물결파의 속도가 느려지면서 에너지는 보존되므로 파도가 높아짐을 설명하면 인정

②	효과가 없다. 그 이유는 물결파가 발생한 경우 물이 직접 이동하는 것이 아니라 에너지만 진동의 형태로 전달되는 것이므로 공을 이동시킬 수 없기 때문이다.		효과가 없다. 물결파는 상하로 움직(진동)일 뿐 좌우로의 이동은 없기 때문이다.
③	풀이 과정	거리 = 속력×시간 왕복거리 = 파동의 속력(파장/주기) × 시간 왕복거리 = 파장×진동수×시간 0.001×200000×1=20m 왕복거리이므로 깊이는 20÷2=10m	
	답	10m	

5. 수행평가 과제를 채점기준에 따라 평가하여 각 학생이 대답한 내용에 따라 어느 모둠의 학생이 어떻게 이해하고 있는지 확인하고 그 차이를 파악한다.
6. 다시 모둠별 바다의 풍경을 나타낸 사진과 그 자연현상을 어떤 파동의 개념으로 설명할 수 있는지 점검한다.

[그림 10-4] 수행평가를 활용한 형성평가 사례 1

적용 사례 2

[그림 10-5]는 중학교 3학년 과학 '물질과 에너지' 영역에서 '소리의 성질' 중 '우리 주변의 소리를 찾아보고, 다양한 소리를 만들어 소리를 이용한 효과적인 라디오극을 발표한다.'라는 성취기준을 학습하고 마무리 단계에서 학생들이 얼마나 이해하고 개념을 적용할 수 있는가를 점검하기 위해 수행평가 과제를 적용한 사례다.

대상	중학교 3학년
교과	과학 '소리의 성질'
목적	학생의 개념 이해도 확인, 개념의 적용 및 수행능력 파악, 과제물 산출, 학습개선 방법 도출, 학습개선 방법 실행
기법	수행평가
성취기준	우리 주변의 소리를 찾아보고, 다양한 소리를 만들어 소리를 이용한 효과적인 라디오극을 발표한다.

[3학년 과학의 수업과 연계된 평가] 1차시(라디오극 계획하기)

수업활동

- 전래동화 「햇님달님」을 이용하여 모둠별로 라디오극을 발표할 경우 필요한 소리들을 찾아 나열해 본다.

1. 도입

교사: (〈햇님달님〉 라디오극의 일부를 들려 준다.)
여러분, 이와 같이 소리로만 이야기를 상상해 볼 수 있는 라디오극을 들어 본 적이 있나요?

학생: 네.

학생: 아니요.

교사: 〈햇님달님〉 라디오극을 여러분이 직접 만들게 된다면 어떤 소리들이 필요할까요?

학생: 주인공의 목소리가 필요해요.

학생: 호랑이 목소리가 필요해요.

학생: 문 열리는 소리가 필요해요.

학생: 미끌어지는 소리가 필요해요.

학생: 동아줄이 내려오는 것을 표현하는 음악이 필요해요.

교사: 여러분이 들은 〈햇님달님〉 라디오극에 나오는 다양한 소리를 찾거나 만들어서 여러분만의 독특한 라디오극을 만들어 보도록 하겠어요.

2. 전개

교사: 지금부터 5분 동안 모둠별로 〈햇님달님〉 이야기에서 표현했으면 좋겠다는 다양한 소리와 음악을 브레인 라이팅으로 기록해 보세요.
(각 모둠별로 도화지를 나눠 주고 5분 동안 브레인 라이팅을 하도록 한다.)

교사: 이번에는 25분 동안 여러분이 생각해 낸 소리와 음악들을 어떤 방식으로 만들어 낼 것인지 토의하도록 하겠습니다. 인터넷 검색을 통해 기존에 있는 소리들을 찾아보고, 그와 같은 소리를 내려면 어떤 방식으로 소리를 만들어야 할지 토의해 보세요. 단, 모든 소리와 음악은 여러분이 스스로 만들어야 하며, 인터넷에 있는 음원은 참고만 할 뿐 그것을 극에 사용하는 것은 안 됩니다.

소리와 음악을 만드는 방법은 우리 주변에서 일어나는 소리를 녹음해도 되고, 그러한 소리를 만들어서 녹음해도 되며, 악기를 이용하여 연주하는 소리를 녹음해도 됩니다.

교사: (각 모둠별로 정보를 검색하여 소리와 음악을 만들어 낼 계획을 세운 후, 다음의 계획서 배점기준을 알려 준 후 모둠별로 계획서를 작성하여 제출한다.)

3. 소리와 음악계획에 대한 수행평가

라디오극을 효과적으로 만들기 위해 꼭 필요한 소리와 음악을 적절히 찾아내는지 그리고 계획을 어떻게 수립하는지 본다.

① 주변소리를 찾아서 녹음할 계획(1건 당 1점, 최대 10점)

② 도구를 가지고 직접 소리를 만들어 녹음할 계획(1건 당 1점, 최대 10점)

③ 기존음악(팝, 클래식, 가요)을 배경음악으로 효과적으로 사용할 부분(최대 5건) (단, 효과적인 정도를 상, 중, 하로 나누어 1건당 2, 1, 0점을 준다.)

[3학년 과학교과의 수업과 연계된 평가] 2차시(라디오극 제작하기)

수업활동

- 라디오극에 필요한 소리를 일정기간 동안 주변에서 찾아 녹음하고, 주변에서 찾지 못한 소리는 가장 알맞은 재료를 이용하여 소리를 만들어서 녹음한다. (가정에서 과제로 수행할 수 있음)
- 소리만으로도 상황을 짐작할 수 있도록 소리의 종류, 소리의 세기, 소리의 높낮이를 활용하여 효과적인 라디오극을 제작하여 발표한다.

1. 도입

교사: (발표하기 전 '라디오극 평가 학습지'를 나눠 준다.) 여러분이 가정에서 함께 제작해 온 라디오 방송극을 지금부터 발표하도록 하겠습니다. 다른 팀들의 라디오극을 청취하는 동안 '평가 학습지'를 작성하며 상대팀의 발표 내용을 잘 듣기 바랍니다.

[라디오극 평가 학습지 내용]

1. 상대팀의 라디오극에 등장하는 소리에는 어떤 것들이 있는지 쓰시오.
2. 그중에 만들어 낸 소리를 찾고, 어떤 방식으로 그 소리를 만들어 냈는지 쓰시오.
3. 상대팀이 효과적으로 극을 표현한 점과 보완했으면 좋을 점을 쓰시오.

2. 발표

모둠별로 돌아가며 녹음해 온 라디오극을 재생하고 다른 팀들은 평가 학습지를 작성한다.

3. 정리

교사: 〈햇님달님〉 라디오극 만들기를 통해 다양한 사물에 따라 소리가 다르고 같은 사물이나 물체로도 다양한 소리를 낼 수 있음을 경험해 보았습니다.

라디오극을 위한 소리들을 녹음하고 라디오극을 만드는 동안 배운 점들을 발표해 보도록 하세요.

4. 수행과제에 대한 조별 라디오극 평가기준(최대 60점)

1. 주변소리를 찾아서 녹음한다. (1건당 1점, 최대 10점)
2. 도구를 가지고 직접 소리를 만들어 녹음한다. (1건 당 1점, 최대 10점)
3. 기존음악(팝, 클래식, 가요)을 배경음악으로 효과적으로 사용한다. (최대 5건, 10점, 단 효과적인 정도를 최상, 상, 중, 하, 최하로 나누어 1건당 2, 1점)
4. 라디오극에 필요한 대사를 연기하여 녹음한다. (최상, 상, 중, 하, 최하로 나누어 1건당 10, 8, 6, 4, 2점)
5. 대사, 음향, 배경음악 등을 조화롭게 녹음한다. (최대 10점)
6. 창의적인 요소가 있으면 가산점을 부여한다. (창의적인 요소 1건당 5점)

5. 라디오극 발표 수행에 대한 평가와 피드백 제공

이 수행평가에서는 과제로 만들어 온 라디오극에 대한 평가와 다른 팀들의 라디오극의 발표를 보고 상대방이 만들어 낸 소리를 잘 찾는 것에 대해 평가한다.

1. 학생들의 계획서 평가(최대 30점)
2. 과제로 발표한 라디오극 평가(최대 60점)
3. 상대방의 발표내용을 보고 작성한 학습지 평가(최대 10점)

[그림 10-5] 수행평가를 활용한 형성평가 사례 2

3 미국 차세대 평가체제의 형성평가 사례

2010년 미국 교육부는 21세기 학생들은 문제해결과 비판적 사고력, 기업가 정신 및 창의성과 같은 기능들을 가져야 한다고 주장하고 선택형과 같은 단순한 기존 평가방식을 비판하면서 '평가 2.0: 차세대 평가시스템(Assessment 2.0: Next-Generation Comprehensive Assessment Systems)'을 제안하였다(Joaquin, 2010). 특히 NCLB법 적용 이후 주별 학업성취도 평가의 목적이 공교육 책무성 도달에 치우치고 평가결과가 학생에게는 시의적절하게 피드백되지 못하므로 교수·학습과정에 실질적 도움이 되지 않고 있다고 반성하였다. 미국의 차세대 평가체제는 다음과 같은 네 가지의 중요한 원칙을 바탕으로 진행되고 있다(King, 2011).

첫째, 모든 평가는 주정부에서 승인한 공통핵심 성취기준(common core state standard)을 기반으로 구성한다. PARCC의 평가는 3학년부터 11학년까지 모든 학생에게 부과되고, Smarter Balanced 평가는 3학년부터 8학년, 그리고 11학년 학생에게 부과된다. 모든 학생은 영어와 수학 시험을 보게 되는데, 공통의 성취기준과 성취수준을 구분하는 분할점수는 다른 여러 주들 간의 학생 능력을 고려하여 결정하도록 한다.

둘째, 전적으로 '수행평가' 기반의 평가가 되어야 한다. **PARCC**(Partnership for Assessment of Readiness for College and Careers)와 **Smarter Balanced**(Smarter Balanced Assessment Consortium) 평가 모두는 학생의 '대학 진학과 취업에 대한 준비도(readiness for college and careers: CCR)'를 측정하기 위해 읽기, 쓰기, 고차원적 사고가 요구되는 과제의 수리적 추론에서 에세이 및 연구과제를 포함한 과제를 통해 그 능력을 평가한다.

셋째, 복잡한 형태 그리고 신속하고 신뢰로운 채점을 위해 평가시스템은 '컴퓨터 기반'이어야 한다. 수행과제를 포함한 대부분의 평가는 컴퓨터와 온라인 자료를 활용하여 전달되고, 채점될 것이다. 이것은 전체적인 시스템 기능을 향상시키고 학교와 교사가 학생들의 성취 정도와 변화에 대한 데이터를 확보하는 데 있어 기존 지필평가보다 시간을 단축시키게 된다.

넷째, 명확한 성적 보고시스템은 효율적인 의사결정을 도울 수 있다. PARCC와 Smarter Balanced 평가는 명확하고 종합적인 학생의 수행 데이터를 제공함으로써 교육의 이해당사자들에게 현재 학생의 위치와 학생의 시계열 성장 정도를 정확히 파악하여 진학지도 및 진로지도에 활용할 수 있도록 해야 한다.

김성숙(2014)은 미국의 차세대 평가 시스템을 비교하면서 기존의 주단위 평가가 학교 책무성 확보 측면에서 총합평가적 측면이 강했다면 PARCC와 Smarter Balanced 평가는 진단-형성-총합평가로 이어지는 하나의 평가체계를 제공한다는 측면에서 공통점을 가진다고 지적하였다. 또한 두 평가 시스템은 한 학년도를 기준으로 학년도의 초기 및 중간에 진단 및 형성적 성격의 검사를 제공하고, 각 학년말에는 총합적 성격의 수행평가와 학년말 평가를 제공한다. 진단 및 형성평가는 의무사항이 아니고, 시기도 학생 및 교사의 요구에 따라 탄력적, 개별적으로 운영된다. 그러나 수행평가와 연말 평가는 매 학년도의 마지막 12주 범위 안에서 모든 학생에 대해 의무적으로 실시하게 되며, 이는 학교의 책무성 평가와 연계되어 활용된다.

특히 Smarter Balanced 평가는 **컴퓨터 활용 개별적응검사**(Computerized Adaptive Testing; CAT)의 형태로 개발되고 있다. 즉, 학생들의 기준문항 응답 결과가 실시간으로 분석되어 학생의 능력이 추정되고, 이에 따라 서로 다른 다음 문항이 제시되는 형태다. 이 경우 모든 학생이 동일한 문항으로 구성된 검사를 받지 않게 된다. CAT는 모든 범위에 걸쳐 학생들의 능력을 보다 정확하고 효율적으로 추정할 수 있다는 장점이 있는 반면 보다 정교한 문항반응이론의 적용, 고급 사양의 컴퓨터를 비롯한 시설 확보 등의 기술적·경제적 부담이 존재한다. 평가체제는 한 학년 동안 다음의 세 가지 유형의 평가로 구성된다.

- **선택적 중간평가**: 학교, 교사의 결정에 따라 선택적 형성평가 또는 벤치마크 평가의 중간평가가 이루어지고, 이는 학생의 취약점을 측정하는 진단평가 결과를 제공하는 데 목적을 둔다. 평가방법은 수행과제와 컴퓨터 적응검사로 수행되며 즉각적 결과처리로 학생에 대한 피드백을 강조한다.
- **총합적 수행과제**(필수): 학년말 마지막 12주 동안 수행평가가 이루어지는데 학생들은 계획, 정보수집, 아이디어 정리 등 프로젝트를 개발하고, 발표와 전시를 하거나 리포트를 제출하고 그에 따른 교사의 피드백을 받게 된다.
- **총합적 컴퓨터 적응평가**(필수): 학년말 마지막 12주 동안 의무적으로 시행되는 학년말 시험은 읽기, 쓰기, 수학에서 선택형, 서술형, 테크놀로지 이용 40~65문항으로 구성되며, 학생에 따라 컴퓨터 적응 형식으로 치루어진다.

적용 사례

11학년 수학 교과에서 마지막 12주 동안 다양한 지식과 기술을 통합하는 능력을 측정하는 수행평가가 이루어지는데, 학생들은 제시된 수행평가 과제를 단계에 따라 수행하면서 그에 따른 교사의 피드백을 받게 된다. [그림 10-6]에 제시된 과제는 Smarter Balanced 평가에서 11학년 수학의 총합적 수행과제를 번역한 것을 재인용하였다(김희경 외, 2013).

대상 및 교과	11학년 수학
유형	총합적 수행과제
목적	학생의 개념 이해도 확인, 개념의 적용 및 수행능력 파악, 강점과 약점 파악, 학습개선 방법 실행
기법	수행평가
성취기준	귀뚜라미의 우는 횟수와 온도의 관계를 공식으로 나타낼 수 있는지 알아본다.

Smarter Balanced 11학년 수학 교과의 수업과 연계된 평가(귀뚜라미 온도계)

수업활동

- 인터넷을 통해 귀뚜라미의 울음에 대해 검색하고 울음소리를 들어 본다.
- 귀뚜라미의 우는 횟수와 온도의 관계를 공식으로 나타낼 수 있는지 알아본다.

1. 도입

교사: 귀뚜라미가 우는 소리를 들어 본 적 있니? 언제 들어 봤니? 어떤 소리를 내니? (학생들이 대답하면서 경험이나 지식을 공유하도록 유도한다.)

교사: 신기하게도 귀뚜라미가 우는 횟수는 온도에 따라 달라진다고 한다. 많은 과학자들이 귀뚜라미가 우는 횟수와 온도의 관계를 공식으로 나타내려는 시도를 했단다.

교사: 앞으로 5분 동안 조별로 귀뚜라미에 대한 재미있는 정보를 인터넷 검색을 통해 찾아볼 거야. 조별로 모두 다른 질문지를 나눠 줄 건데, 질문지에 대답할 수 있도록 정보를 검색해 보고, 이후에 조별로 찾은 정보를 발표하는 시간을 가질 거야. (학생들은 조별로 주어진 질문지에 적힌 대로 귀뚜라미에

대한 정보를 검색하여 요약 자료를 만든다.)

2. 귀뚜라미에 대한 정보
   - 조별 질문지

(1조) 수컷 귀뚜라미만 울음소리를 내는데, 그 이유는 무엇일까?
(2조) 귀뚜라미는 주로 밤에 우는데, 그 이유는 무엇일까?
(3조) 귀뚜라미의 울음소리는 흔히 다리를 비벼서 내는 소리로 알고 있지만 실은 날개를 비벼서 내는 것이다. 날개를 비벼서 어떻게 소리를 내는 것일까?
(4조) 귀뚜라미는 화씨 40도 이하, 100도 이상이면 울지 않는다고 한다. 그 이유는 무엇일까?

3. 평균의 계산

(교사는 학생들에게 다음과 같은 표를 제공한다.)

		울음횟수 1	울음횟수 2	울음횟수 3	울음횟수 4	평균/1분
기온	더움	66	62	65	69	
	추움	40	38	42	39	

교사: 나눠 준 표는 귀뚜라미가 더울 때와 추울 때 울음소리 횟수를 기록한 것이야. 더운 방과 추운 방에 귀뚜라미를 넣고 20초간 우는 횟수를 세어서 기록했단다.
교사: 표를 보고, 1분 동안의 귀뚜라미 울음소리 횟수의 평균을 계산해 볼래? 더울 때와 추울 때를 따로 계산해야 한다. (3분간 학생들이 계산할 시간을 준다.)
교사: 계산이 끝났으면 정답이 적힌 표를 보여 줄게.

(다음 표를 학생들에게 보여 준다.)

		울음횟수 1	울음횟수 2	울음횟수 3	울음횟수 4	평균/1분
기온	더움	66	62	65	69	196.50
	추움	40	38	42	39	119.25

교사: 더운 방의 귀뚜라미의 울음소리 횟수를 4번 기록한 경우, 비슷하긴 하지만 똑같지 않지? 추운 방의 귀뚜라미 울음소리 횟수에 대한 기록도 마찬가지야. 이렇게 자연에서 또는 사회에서 일어나는 일들은 매번 똑같은 기록을 나타내지 않기 때문에 한 번이 아니라 여러 번 관찰하고 평균을 계산한단다.
교사: 그리고 더울 때와 추울 때의 울음소리 횟수가 1분에 약 77회 정도 차이가 있는 것을 알 수 있지? 이러한 뚜렷한 차이 때문에 사람들은 귀뚜라미가 우는 횟수로 온도를 예측해 보려는 시도를 하게 됐단다.

4. 일차방정식 구하기

이 수행평가에서는 자료를 분석하여 귀뚜라미의 우는 횟수와 온도 간의 관계를 식으로 표현하는 과정을 보고자 한다. 각자 일차방정식을 만들어 보고, 자신의 공식과 다른 학생의 공식을 비교해 보자.

• Dolbear의 법칙과의 비교

1897년 미국의 과학자 돌베어는 귀뚜라미의 우는 횟수와 온도 간의 관계를 다음과 같은 방정식으로 표현하였다. 여기에서 T=온도(°F), N=분당 귀뚜라미의 우는 횟수를 의미한다.

$$\text{돌베어의 법칙:}\quad T = 50 + \frac{N-40}{4}$$

앞서 그린 그래프에 돌베어의 법칙에 의한 공식을 그려 넣는다. 자신이 만든 방정식과의 차이를 비교한다.

[그림 10-6] 미국 차세대 평가에서의 수행평가 사례

제11장

온라인 형성평가와 결과 보고

1. 온라인 형성평가
2. 문항개발
3. 평가 시행
4. 채점
5. 결과 보고

정보기술이 급속히 발전하면서 컴퓨터와 웹을 기반으로 한 교수·학습이 점차적으로 증가하고 있고 그 사용범위 또한 확대되고 있다. 학생들의 교과서와 보충학습 자재 등 교수·학습 환경이 컴퓨터화되어 가는 시점에 있어서 평가의 방법 또한 이에 적절하게 진화되어야 한다. 컴퓨터와 전자기술의 발달은 학생의 학습과 관련한 자료를 수집·분석하고 보관하는 방법들의 발전으로 이어지며, 이는 학생의 학습에 대한 새로운 통찰력을 제공할 수 있다.

컴퓨터 기술이 빠르게 발전하면서 평가의 영역 역시 확대되고 있다. 예를 들어, 의대에서는 실제 환자를 대상으로 의대 학생이나 인턴의 수술 능력을 평가할 수 없으므로 가상현실을 이용하여 세부적인 손놀림이나 미세한 과정까지 평가할 수 있다. 또한 컴퓨터를 활용하여 그래프, 사진, 동영상, 육성 등 문항의 형태를 다양하게 개발할 수 있으며, 평가하고자 했던 목적을 보다 효과적으로 달성할 수 있고 평가의 장소와 시간에 구애받지 않으며, 특히 장애자나 노약자들의 상황에 적절한 평가환경을 제공할 수 있다(성태제, 2014). 미국에서는 2015년부터 시행되고 있는 차세대 평가 사업에서 지역에 따라 나눠지는 두 개의 평가 공동체(SBAC와 PARCC) 모두 컴퓨터를 활용한 평가 시스템을 운영하고 있다.

컴퓨터 기술을 활용하여 형성평가를 온라인으로 운영한다면 보다 다양한 문항 유형의 출제가 가능하며, 문항을 효과적으로 제시할 수 있고, 즉각적인 결과분석과 피드백을 제공할 수 있으므로 교수·학습의 효과가 보다 신속하고 원활하게 일어날 수 있다. 또한 학생 개개인의 학습수준과 학습부진 영역에 중점을 두고 평가도구를 구성할 수 있으므로 학생의 학습 향상도 촉진시킬 수 있다. 실제로 컴퓨터를 이용한 온라인 형성평가가 학생들의 학습촉진과 더 풍부한 교육적 경험을 제공하며, 학생들의 학습결과물을 향상시킬 뿐만 아니라 학습에 대한 긍정적인 태도를 유도하는 것으로 나타났다(Clariana, 1993; Peat & Franklin, 2002).

1 온라인 형성평가

1) 평가 시행 설계

평가를 시행하기 위해서는 평가의 목적에 맞춰 어떤 문항을 제작할지, 어떤 방식으로 채점할지, 그리고 어떻게 결과를 제시할지 등 전반적인 과정을 가장 먼저 설계하여야 한다. 맞춤형 온라인 형성평가의 주목적은 학생 수준에 적합한 문항을 제시하고 학생의 강·약점을 파악하는 것이라고 할 수 있다. 이러한 목적을 수행하기 위한 온라인 형성평가의 시행 과정을 제시하면 [그림 11-1]과 같다.

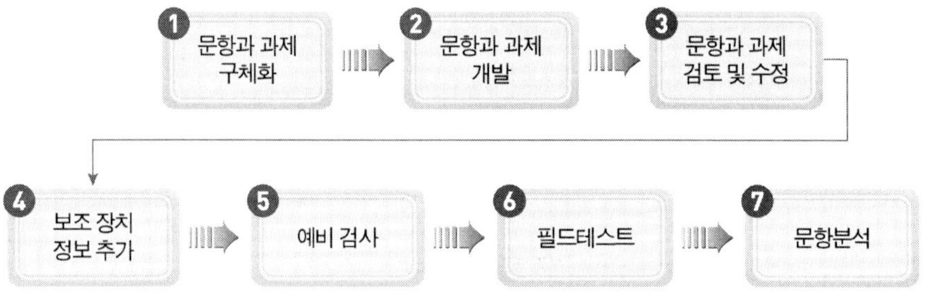

[그림 11-1] 온라인 형성평가 시행을 위한 절차

첫째, 문항이 측정하고자 하는 지식, 기술, 능력에 대한 정의를 명확히 하고 구체화한다. 이러한 문항 상세화는 평가결과 학생의 성취기준에 대한 도달도를 판단할 수 있는 증거가 될 수 있도록 문항개발 방향의 근거로 작용할 수 있다.

둘째, 문항 상세화를 바탕으로 문항을 개발한다.

셋째, 문항의 내용을 검토하고 수정·보완한다. 문항을 검토할 때는 문항의 내용뿐만 아니라 다문화적 관점에서 보았을 때 편견은 없는지, 특수 지원이 필요한 장애학생이 문항에 접근할 수 있는지에 대한 문항 접근성도 함께 고려되어야 한다.

넷째, 온라인 평가에서는 문자의 크기나 음성 등 특수 보조 장치가 가능하므로 문항의 특성에 맞게 장애 학생을 지원할 수 있는 방법들을 해당 영역 전문가와 함께 고민하여 준비한다.

다섯째, 예비검사를 통해 얻은 평가결과를 분석하여 문항이 개발 방향대로 기능하고 있는지, 향후 문항을 계속 사용할 것인지, 수정할 것인지 등을 검토한다.

여섯째, 필드테스트를 통해 온라인 평가 시스템이 계획대로 운영되고 있는지 확인한다.

일곱째, 온라인 평가를 시행 후 문항분석을 통해 학생들의 성취기준에 대한 도달도와 강·약점을 파악한다.

2) 정확한 진단을 위한 문항 설계

학생의 성취수준을 파악하기에 좋은 문항의 특징은 성취기준을 잘 반영하고 있는 문항, 즉 문항의 내용과 관련 성취기준 간 연계가 잘된 문항이라고 할 수 있다. 이렇듯 문항과 성취기준과의 연계는 중요하지만 가끔 문항이 관련 성취기준과 잘 연계되어 있음에도 불구하고 문항에 대한 응답결과가 해당 성취기준에 도달했는가를 파악하기에 애매한 경우도 있다. 예를 들어, 다음 제시된 문항은 '한 자리 수의 덧셈을 할 수 있다.'라는 성취기준과 연계된 문항이다. 그러나 이 문항은 실제 덧셈 능력이 있는지를 파악하기는 힘들다. 왜냐하면 이 문항은 $2+4=6$을 어떻게 아는가를 기술하라는 문항이기 때문에 한 자리 수의 덧셈을 할 수 있는 학생이라 할지라도 설명하거나 쓰는 것이 어렵다면 답을 할 수 없기 때문이다.

> 문항: 지혜는 $2+4=6$이라고 하였다. 왜 지혜가 맞았는지 설명하시오.

물론 단순히 덧셈을 하는 것보다 어떻게 하는지 알고 설명할 수 있는 것도 중요하지만 형성평가의 주된 목적인 학생의 부족 부분의 진단과 보정활동을 위해서는 학생이 무엇을 모르는가를 정확하게 파악하는 것이 중요하다. 따라서 형성평가에서 좋은 문항이란 각 문항이 측정하고자 하는 실제에 대한 증거로 작용하여 학생이 해당 성취기준에 도달하였는가를 판단할 수 있는 문항이다.

[그림 11-2] 정확한 진단을 위한 문항 설계 과정

[그림 11-2]에 제시된 대로 성취기준에 대한 도달 정도의 증거로서 문항을 개발한다면 앞서 제시한 예시 문항은 다음과 같이 수정할 수 있다.

〈표 11-1〉 문항개발 방향에 따른 문항내용

항목	수정 전	수정 후
성취기준	한 자리 수의 덧셈을 할 수 있다.	한 자리 수의 덧셈을 할 수 있다.
문항 개발 방향	문항과 성취기준의 연계	문항과 성취기준의 연계 + 성취기준에 대한 도달도의 증거
문항내용	지혜는 2+4=6이라고 하였다. 왜 지혜가 맞았는지 설명하시오.	2 + 4 = ____

〈표 11-1〉과 같이 성취기준에 대한 도달도의 증거로서 문항은 복합적인 사고나 추론을 요구하기보다는 성취기준에 도달하였는가를 판단할 수 있는 직접적인 증거가 될 수 있느냐를 더 강조한다.

2 문항개발

1) 새로운 문항 유형

컴퓨터 활용 문항의 경우, 물질 혹은 단위의 변화 및 관계를 측정하는 문항에서 동적 이미지나 서로 연결된 형상들을 제시하거나 공식이나 모양을 피험자가 실제로 조작해서 수정하거나 변형하는 것 등과 같이 지필평가에서 측정하거나 반영하지 못하는 기능을 적극적으로 활용하는 것이 가능하다. 또한 두 사람의 대화나 가상 시나리오를 제시할 경우 오디오나 비디오를 사용하여 실제 상황처럼 묘사하여 피험자가 문제해결 상황을 보다 효율적으로 이해할 수 있게 할 수 있다. 2015 PISA의 경우 컴퓨터에 기반을 둔 문항을 추가함으로써 학생들이 도형을 움직여서 3차원에서 기하학적 대상 사이의 관계를 해결하고, 지도를 확대하거나 도형을 회전시켜 계획한 경로를 측정하며, 시뮬레이션을 사용하여 확률적 상황을 다룰 수 있게 하는 등 기존의 지필평가 문항에서 다루기 힘든 영역으로 확대되었다.

(1) 클릭형 문항

클릭형 문항은 학생이 제시된 문장이나 그림, 그래프 등에 하나 이상의 선택지를 클릭하여 응답하는 문항이다. 클릭형 문항([그림 11-3] 참조)은 학생들에게 여러 답지를 선택하게 함으로써 깊이 있는 이해를 측정할 수 있는 장점이 있다.

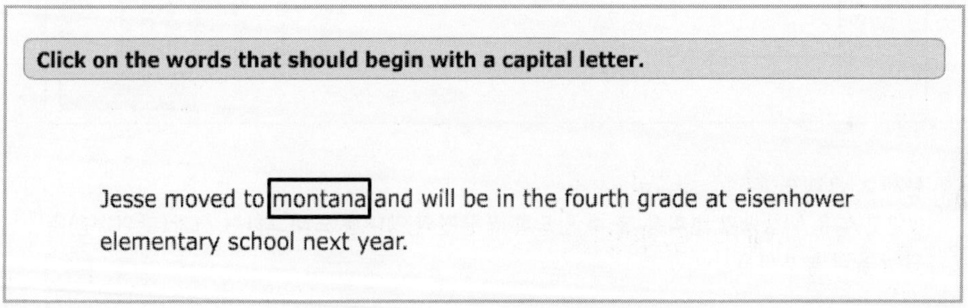

[그림 11-3] 클릭형 문항 예시

[그림 11-3]에 제시된 문항은 미국의 북동부 평가 연합(Northwest Evaluation Association, 이후 NWEA로 표기)에서 컴퓨터 적응검사와 학업향상도 평가(Measures of Academic Progrss, 이후 MAP으로 표기)의 예시 문항이다. 이 문항은 하나의 문장이 제시된 후 대문자로 시작되어야 할 단어를 선택하여 클릭하는 문항이다. 클릭형 문항은 가장 단순한 지식 위주의 문항부터 복잡한 그림이나 구조 속에서 설명하기 어려운 부분의 선택을 요구하는 문항에까지 두루 적합한 유형이다.

(2) 드래그형 문항

드래그형 문항이란 문항에서 미완성 형태의 도형이나 문장, 공식 등을 제시한 후 학생이 드래그하여 완성하도록 하는 문항이다. [그림 11-4]는 PISA의 예시 문항으로 학생들이 화면에 제시된 막대를 드래그하여 그래프를 완성하는 문항이다.

그래프
다음은 어떤 국가의 10년간 석유 매장량을 기록한 자료다.
이 국가는 이 기간에 석유를 전혀 수입하지 않았고, 새로 발견된 석유 매장량도 없다.
다음 그림에는 축에 대한 설명이 있다.
그림의 오른편에 있는 막대는 매년 석유 매장량을 나타내는데, 순서가 올바르지 않다.

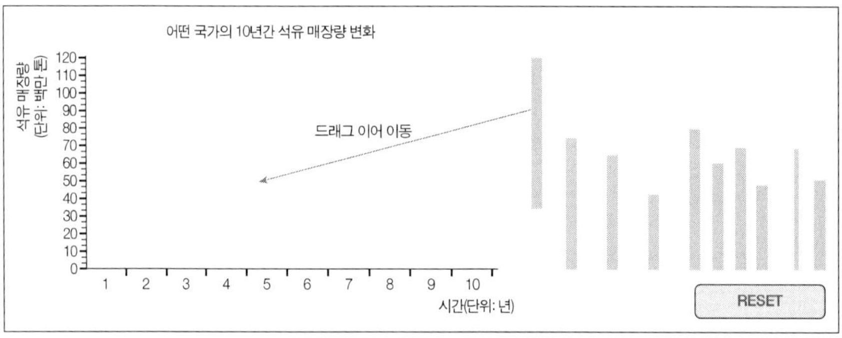

문제 2: 그래프
10년간 석유 매장량의 변화를 볼 수 있도록 오른편의 막대를 드래그하여 시간(단위: 년)축 위에 올려 놓으시오.

[그림 11-4] 드래그형 문항 예시

[그림 11-4]에 제시된 문항은 학생이 주어진 상황을 읽고 맥락에 적합한 그래프가 되도록 오른쪽의 막대를 드래그하여 좌표평면에 배열할 수 있는지를 평가하는 문항이다. 이 문항은 과학적 맥락 이해, 자료 해석, 그래프 작성 능력 등을 함께 측정할 수 있는 장점이 있다.

(3) 기기 작동형 문항

기기 작동형 문항이란 학생들이 문제를 해결하기 위해 사용하여야 할 기기를 제시하고 제시된 기기를 조작하여 답을 찾아내게 하는 문항이다. [그림 11-5]는 NWEA의 MAP 예시 문항으로 화면에서 제시된 계산기를 사용하여 정답을 찾는 문항이다.

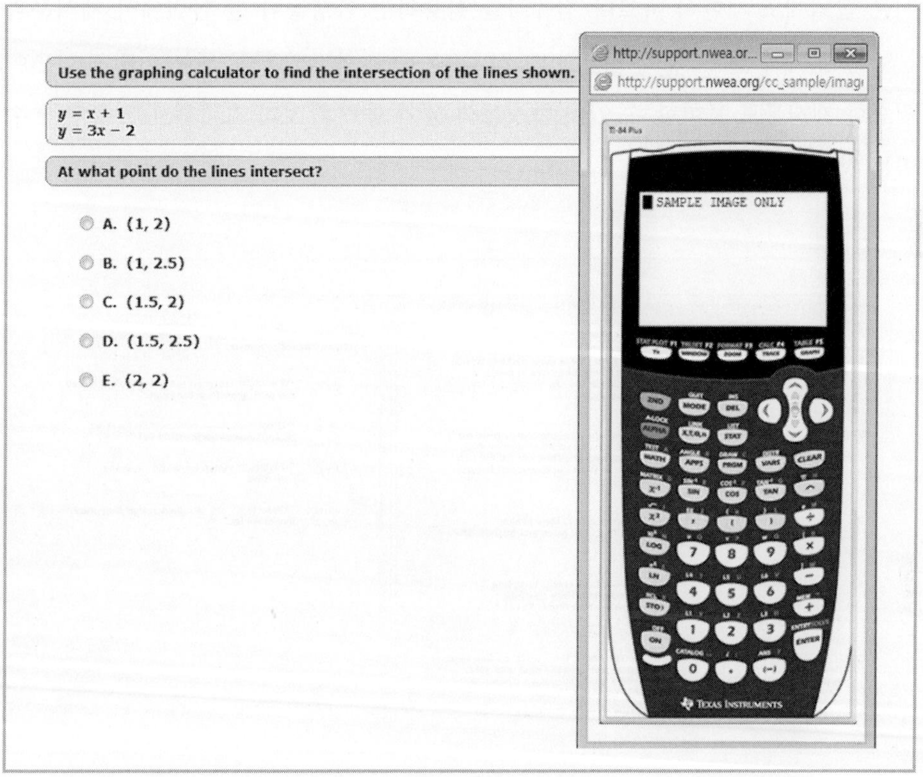

[그림 11-5] 기기 작동형 문항 예시

[그림 11-5]에 제시된 문항은 2개의 등식을 제시한 후 그래픽 계산기를 이용하여 등식에 의해 두 선이 만나는 지점을 찾게 하는 문항이다. 이러한 문항은 학생이 지필평가에서도 사용할 수 있지만 그래픽 계산기를 사용하게 함으로써 실생활에서 많이 사용되는 도구의 활용 능력까지 잴 수 있을 뿐만 아니라 학생들에게 계산기 조작 경험을 제공함으로써 학생의 평가에 대한 흥미를 유발할 수 있는 장점이 있다. 또한

실생활에 필요한 능력을 활용하여 문제를 해결하는 수행형 문항으로 개발하기에 유용하다.

(4) 공통 조건 제시형 문항

공통 조건 제시형 문항이란 여러 개의 문항이 하나의 공통 제시문과 연결된 유형으로 읽기 영역의 평가에서 자주 활용한다. 지필형 평가에서는 지면의 제약으로 제시문 선택에도 제한이 따르나 컴퓨터를 활용하면 학생들이 한 화면에서 제시문과 문항을 동시에 볼 수 있으며([그림 11-6] 참조), 길고 복잡한 구조 또는 이미지 화면이 필요한 제시문도 포함할 수 있어 학생들의 읽기 능력을 보다 효과적으로 측정할 수 있는 장점이 있다.

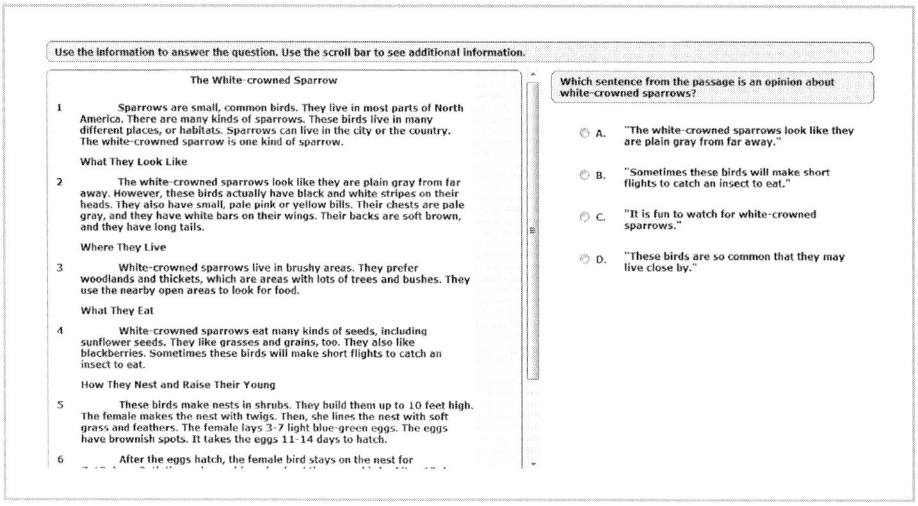

[그림 11-6] 공통 조건 제시형 문항 예시

[그림 11-6]에 제시된 문항은 NWEA의 MAP 예시 문항으로, 하나의 본문이 제시되고 이와 관련한 다수의 문제를 해결하게 되는 문항이다. 이러한 공통 조건 제시형 문항은 제시문을 많이 사용하는 국어교과에서 유용할 뿐만 아니라 복잡한 인체 구조에 대한 그림 제시로 다수의 연관 문항을 출제하는 경우가 많은 과학교과에서도 유용하게 쓰일 수 있다.

(5) 다중 능력 측정형 문항

다중 능력 측정형 문항이란 하나의 문항에서 다양한 문항 유형의 기능을 포함하여 두 개 이상의 능력의 측정이 가능하도록 설계된 문항이다. 이러한 문항은 예를 들어 주제를 파악하고 세부 정보를 활용하는 능력을 함께 측정하는 등 다양하게 출제될 수 있다. [그림 11-7]은 NWEA의 MAP 예시 문항으로, 이등변 삼각형의 개념을 파악한 후 빗변의 길이를 계산하는 능력을 함께 측정하고 있다.

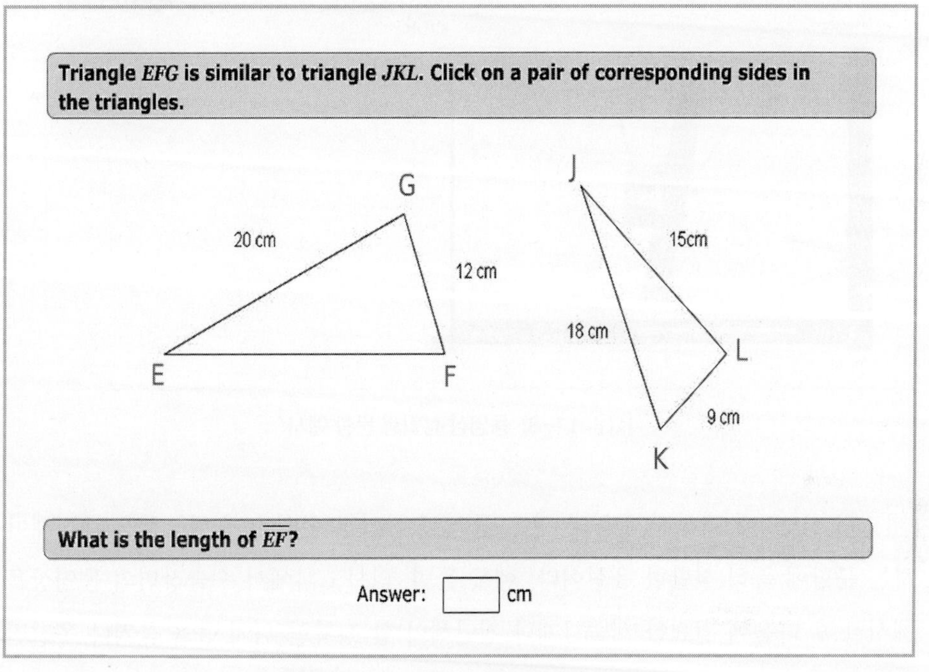

[그림 11-7] 다중 능력 측정형 문항 예시

[그림 11-7]에 제시된 문항은 크기가 다른 두 개의 닮은꼴 삼각형을 제시한 후 두 삼각형에서 대응되는 면을 각각 클릭한 후 두 삼각형의 관계를 이용하여 한 삼각형의 빗변의 길이를 계산하는 문항이다. 이러한 문항은 하나의 개념이나 정의를 먼저 이해했는가를 확인한 후 이에 따른 2차적 단계로 올라가 계산이나 추론을 묻는 문항에 적합한 유형으로 두 개 이상의 다른 능력 혹은 위계적 관계를 지닌 두 개 이상의 능력들을 측정할 수 있는 장점이 있다.

(6) 동영상 삽입형 문항

동영상 삽입형 문항은 문항의 내용을 효과적으로 전달하기 위하여 문항내용과 관련한 동영상을 사용하는 문항이다. [그림 11-8]은 PISA의 예시 문항으로 컴퍼스와 자를 사용하여 각을 이등분하는 과정을 보여 주면서 선분 AD가 각 BAC를 이등분한다고 증명하는 절차에 대해 기술하도록 하는 문항이다.

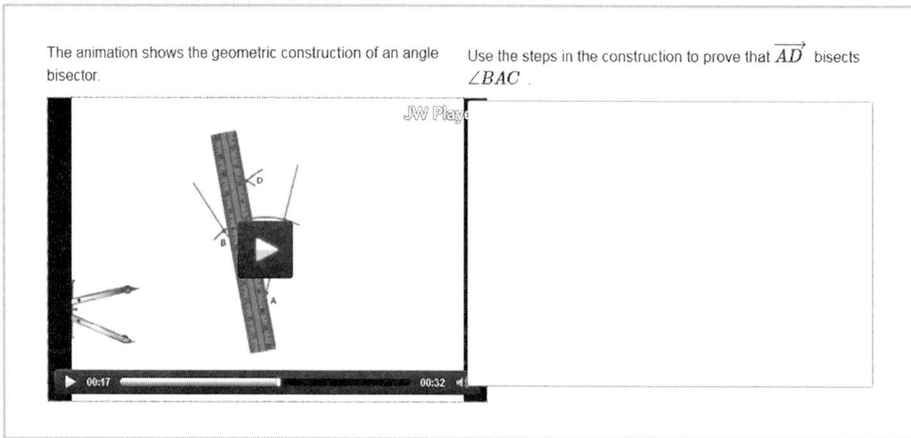

[그림 11-8] 동영상 삽입형 문항 예시

[그림 11-8]에 제시된 문항와 같은 동영상 삽입형 문항은 수행능력을 측정해야 하는 문항에 특히 적합한 유형이다. 예를 들면, 의사고시에서 수술장면의 동영상을 제시한 후 다음에 필요한 시술단계나 진단해야 할 정확한 위치 등을 묻거나 운전면허시험에서 도로주행 동영상을 제시한 후 운전자가 실수한 부분을 찾아내게 하는 문항 등을 사용할 때 적합한 유형이다.

2) 문항자동생성 방법

전통적인 평가도구, 즉 문항개발방식에 의하면 내용전문가가 개별 문항을 개발한 후 전문가 집단에 의하여 검토, 수정, 편집의 과정을 거쳐 시행하게 된다. 컴퓨터 적응검사(Computer Adaptive Testing)를 활용하거나 문항 노출을 최소화하기 위해서는 더 많은 문항개발이 요구된다. 하지만 이러한 전통적인 방식은 문항개발에 따르는 시간도 많이 걸리고 문항개발 비용 역시 만만치 않으며 문항을 많이 개발하면 할수록 더 많은 비용과 시간이 소요된다. 이러한 문제점을 개선하기 위하여 최근에 문항자동생성(Automated Item Generation) 방안에 대한 연구가 많이 진행되고 있다(예, Luecht, 2007; Alves, Gierl, & Lai, 2010).

문항자동생성이란 세부적으로 프로그램된 알고리듬을 사용하여 문항을 자동 생성하는 문항개발의 방식이다. 〈표 11-2〉에 제시된 바와 같이 개별 문항을 자동 생성하기 위해서는 문항의 원형이라 할 수 있는 문항모형이 필요한데, 이 문항모형은 문항내용, 답지, 보조 정보 등으로 구성된다. 이 문항요소들에 의하여 각각 달라질 수 있도록 변수를 사용할 수도 있고, 고정하여 모든 유사문항이 똑같은 형태를 가지도록 제한할 수도 있다.

〈표 11-2〉 문항자동생성을 위한 요소

구성요소	설명
문항모형 (Item Model)	유사문항을 생성하기 위한 문항의 일반적인 틀
문두(Stem)	문항에서 정답을 물어보기 위한 내용의 맥락을 제공하는 부분
요소(Element)	유사한 문항을 생성하기 위해 다양화될 수 있는 변수
답지(Option)	선다형 문항의 경우 정답을 포함한 여러 오답이 제시되는 부분
보조 정보 (Auxiliary Information)	표나 그림 혹은 그래프처럼 문항에 대한 설명을 위해 추가로 제공되는 부분

문항자동생성은 문항모형을 개발하고 문항요소들이 가진 조건들을 반복적으로 달리하면서 새로운 유사문항들이 생성되는 것이다. 현재까지는 주로 선다형 문항에서 폭넓게 사용되고 있으며, 대부분 수학교과 혹은 과학 일부 영역에서 활용되고 있다. Gierl 외(2009)가 사용하였던 문항모형의 예시를 제시하면 [그림 11-9]와 같다.

Ann has paid \$1525 for planting her lawn. The cost of lawn is \$45/m^2. Given the shape of her lawn is square, what is the side length of Ann's lawn?

A. 5.8

B. 6.8

C. 4.8

D. 7.3

Item Model Variables

Stem

Ann has paid \$I1 for planting her lawn. The cost of lawn is \$I2/m^2. Given the shape of her lawn is square, what is the side length of Ann's lawn?

Elements

I1 Value Range: 1525 – 1675 by 75

I2 Value Range: 30 or 40

Options

A. $= \sqrt{I1/I2}$

B. $= \sqrt{I1/I2} + 1$

C. $= \sqrt{I1/I2} - 1$

D. $= \sqrt{I1/I2} + 1.5$

Key

A

[그림 11-9] 문항자동생성을 위한 문항모형 변수들

[그림 11-9]에 제시된 문항모형에서 문항내용 중 I1과 I2는 변할 수 있는 값을 지칭하며 변하는 정도의 조건은 그 아래 보이는 요소(Elements) 부분에 제시된다. 따라서 새로운 문항이 생성될 때는 I1과 I2에 해당하는 숫자를 조건에 따라 달리해 가면서 유사한 문항이 생성될 수 있다. 나아가 앞서 잔디밭의 모양을 달리할 수 있는 변수의 요소를 더 추가하면 또 다른 형태 혹은 또 다른 난이도를 가진 문항을 생성할 수 있다. 이러한 경우는 기존 문항모형에서 새로운 형태의 문항모형으로 확대 개발할 수 있으므로 문항자동생성의 효율성을 더욱 높일 수 있다.

Model #9: **(Biology) Stem: *Mixed*; Options: *Fixed*; Auxiliary Information: *Graph***

On a newly formed island, successful populations of grasses and a species of mouse appeared. Later, a species of hawks flew in. The hawks feed on mice. The population levels of mice and hawks are represented in the graph.

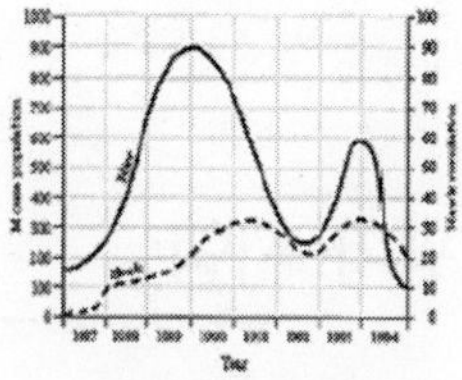

In 1991, the data for the mice indicates that

A. r is negative because $b < d$

B. r is negative because $b > d$

C. r is positive because $b < d$

D. r is positive because $b > d$

r = per capita population growth rate (b–d)
b = per capita births
d = per capita deaths

Item Model Variables

Stem	On S1 , successful populations of grasses and a species of S2 appeared. Later, a species of S3 flew in. The S3 feed on S2 . The population levels of S2 and S3 are represented in the graph. In I1 , the data for the S2 indicates that
Elements	I1 Range: "1990", "1991", "1994" S1 Range: "a newly formed island", "distant forest", "isolated jungle" S2 Range: "worms", "beetles", "mice", "snakes", "fish", "lizards", "insects", "bugs", "frogs" S3 Range: "hawks", "eagles", "ravens" As S3="hawks", then S2="worms", "beetles", "mice", "snakes", or "frogs" As S3="eagles", then S2="fish", "snakes", or "lizards" As S3="ravens", then S2="lizards", "insects", "bugs", or "frogs"
Auxiliary Information	Graph with Yearly Populations
Key	A

[그림 11-10] 문항자동생성 모형 예시

[그림 11-10]에 제시된 문항자동생성 모형은 시기에 따라 쥐와 매의 바람직한 개체 수를 나타낸 그래프를 제시한 후 출생률과 사망률을 이용하여 특정 시기에 쥐의 성장률이 어떻게 될 것인가를 묻는 문항이다. 이 모형에는 제시된 원 문항에서 장소가 되는 섬(S1), 쥐(S2), 매(S3), 특정 시기(I1) 등을 다양화시킬 수 있는 요소로 지정하여 선택 가능한 변수를 제시하고 있다. 이처럼 문항자동생성 프로그램을 활용하면 많은 수의 문항을 빠른 시간 안에 생성할 수 있고 학습자 수준에 맞춰 다양한 형

태의 문항으로 접근할 수 있으므로 학습자 맞춤형 수시평가에 매우 효과적인 방법이라고 할 수 있다.

3 평가 시행

1) 컴퓨터 적응 다단계 검사

컴퓨터 적응 다단계 검사(Computerized Adaptive Multi-Stage Test)란 검사 시행 이전에 이미 검증된 양질의 문항과 적절한 내용 및 범위로 구성된 소검사(Module)를 마련한 다음 두 개 이상의 소검사를 단계화하여 검사를 시행하는 것이다. 컴퓨터 적응 다단계 검사는 대규모 검사로서 처음으로 2004년 미국 공인회계사 시험에서 적용되었으며, 최근에는 GRE에서 컴퓨터 적응 검사를 대체하여 시행하고 있다.

컴퓨터 적응검사의 단위는 문항으로 피험자의 응답결과에 따라 다음 문항을 제시하지만 컴퓨터 적응 다단계 검사의 단위는 소검사로 소검사 결과에 따라 다음 단계의 소검사가 제시된다. 컴퓨터 적응검사는 실시간으로 다음 문항을 선택하기 때문에 문항의 질과 내용의 관리 측면에서 컴퓨터 적응 다단계 검사가 훨씬 구조화되고 발전된 형태라고 볼 수 있다(Luecht, 2007; Luecht & Nungester, 2009). 컴퓨터 적응 다단계 검사의 구성요소는 〈표 11-3〉과 같다.

〈표 11-3〉 컴퓨터 적응 다단계 검사 구성요소

구성요소	설명
소검사 합의체(Panel)	사전에 설정된 각 단계의 특성에 따라 모든 가능한 소검사로 구성된 합의체
소검사(Module)	비교적 작은 수(5~10)의 문항으로 구성된 소검사로 일반적으로 검사의 난이도로 분류
검사구성 규칙(Route)	검사를 시작하고 다음 단계의 소검사를 선택하는 규칙, 일반적으로 문항내용, 문항 노출 조건 등을 포함

컴퓨터 적응 다단계 검사는 사전에 검사의 목적에 부합하도록 다수의 소검사를 준비하고 검사 구성 규칙을 반영하여 소검사 합의체를 마련한 다음 피험자의 응답 결과를 반영하여 다단계화하여 검사를 시행한다. 컴퓨터 적응 다단계 검사의 소검사 합의체 예시를 제시하면 [그림 11-11]과 같다.

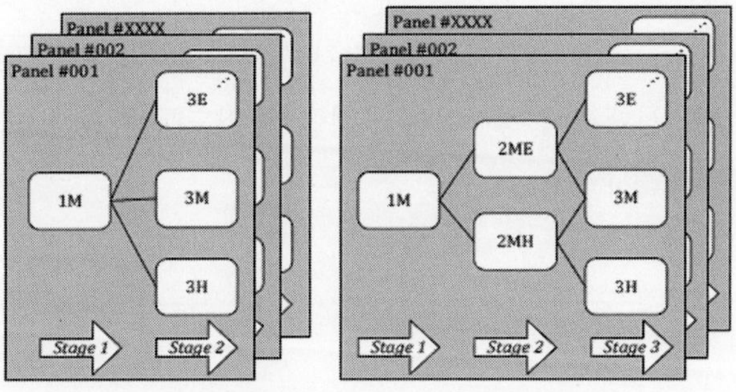

[그림 11-11] 컴퓨터 적응 2단계 검사(왼쪽)와 3단계 검사(오른쪽) 설계 예시

[그림 11-11]의 왼쪽은 컴퓨터 적응 2단계 검사로 1-3 합의체 설계 예시이고 오른쪽은 3단계 검사로 1-2-3 합의체 설계 예시다. 컴퓨터 적응 2단계 검사는 1단계에서 1개의 소검사, 2단계에서 3개의 소검사로 구성되어 있으며 2단계의 3개 소검사는 난이도 상/중/하로 구분되어 있다. 검사를 시행할 때는 검사 구성 규칙에 따라 소검사 합의체를 무작위로 선택하여 피험자에게 제시할 수 있다.

2) 학습자 선택형 검사

Rocklin(1994)은 피험자에게 동일한 문제를 제시하는 것이 아니라 많은 문항 가운데 피험자가 원하는 문항을 선택하여 해결하는 새로운 형태의 검사로 자기선택검사(self-adaptive testing)를 제안하였다. 이와 유사한 형태의 **학습자 선택형 평가**는 학습자 본인이 부족한 영역이나 수업이 이루어진 해당 영역을 선택하여 평가를 치르는 형태를 의미한다. 학생 개개인이 강점을 보이는 영역과 부진한 영역이 다르기 때문에 개별 학생의 학습수준에 따라 평가영역이나 평가문항의 선택이 가능하다면 보다 효과적인 교수·학습으로 연결될 수 있다. 학습자 선택형 평가를 구성하기 위해서는 먼저, 평가의 영역을 교수·학습의 근거가 되는 교육과정에 따라 학습영역과 성취기준으로 분류하고, 각 성취기준에 해당하는 다양한 문항을 준비한다. 학습자는 본인이 원하는 영역이나 학습부진 영역을 중심으로 문항난이도와 문항수를 조절할 수 있다. 이러한 선택은 교사의 피드백을 바탕으로 이루어질 수도 있다.

학생이 취약한 부분 또는 현재 우수하지만 더욱 심화시키고 싶은 영역을 중심으로 형성평가를 치를 수 있다면 시간이나 학습집중도 측면에서 효율적으로 활용될 것이다. 에듀넷(Edunet4u.net)에서도 학습자가 심화학습을 원하는 영역과 문항난이도에 따른 문항수를 선택하여 평가지를 구성할 수 있도록 학습자 선택형 평가를 제공하고 있다([그림 11-12] 참조).

[그림 11-12] 학습자 선택형 평가의 예

실제로 학습자 선택형 평가를 시행하고 있는 꿀맛닷컴의 문제은행 시스템은 '사이버 문제은행'에서 초1~고2 수준까지 다양한 수준의 각 교과별 문항을 제공하고 있다. 꿀맛닷컴의 문제은행 시스템에서는 [그림 11-13]에 제시된 대로 학생이 해당 학년과 과목을 선택한 후 학생 본인이 원하는 문항난이도별로 선택하여 시험지를 만들 수 있다.

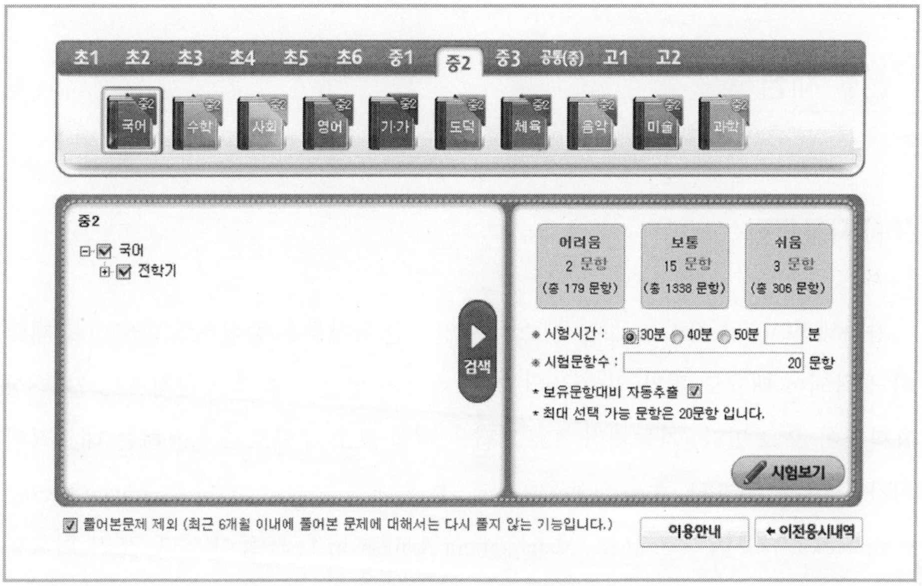

[그림 11-13] 꿀맛닷컴 3.0의 문항정보 선택 화면

[그림 11-13]은 학생이 학년과 과목, 학기를 선택한 다음 문항정보를 선택하는 화면이다. 이 그림과 같이 학생이 중학교 2학년 국어과목을 선택하고, 해당 학기를 선택한 후 '검색' 버튼을 누르면 오른쪽에 '문항수'와 '시험시간'을 선택하는 화면이 나타난다. 만약 학생이 '보유문항대비 자동추출'에 체크를 하면 학생이 선택한 문항수 내에서 '어려움-보통-쉬움' 수준별로 문항수가 자동으로 배정되고, 체크하지 않은 경우에는 학생이 원하는 대로 난이도별 문항수를 입력할 수 있다. 이처럼 꿀맛닷컴에서 제공하는 문제은행 시스템은 문항의 난이도별 문항수를 학생이나 교사가 원하는 대로 설정할 수 있고, 설정한 문항정보에 따라서 시험지가 생성된다는 장점이 있다. 그러나 아직까지 수학을 제외한 교과는 영역별(단원별)로 문항을 제공하지 않고, 학기별(또는 학년별)로 문항을 제공하기 때문에 성취기준과 연계하여 수업 진도에 따른 수시평가체제로서의 형성평가 시스템으로 활용하기에는 한계가 있다. 또한 학생의 개별 응답에 따른 피드백 제공 측면에서 오답 정보와 해설지를 제공하고 있으나, 이후의 학습에 대한 보다 상세한 정보 및 피드백을 제공하지는 못하는 단점이 있다.

4 채점

1) 자동채점

자동채점(Automated Grading) 시스템은 영어권 국가들을 중심으로 1960년에 개발이 시작되어 대규모 평가 및 컴퓨터 기반 검사의 발전과 함께 지속적으로 연구·상용화되어 오고 있다. 자동채점 프로그램을 채점 보조 수단으로 사용하는 대표적인 평가도구로는 TOEFL (Test of English as a Foreign Language), GRE(Graduate Record Examination), GMAT (Graduate Management Admission Test) 등이 있다. 또한 미국의 국가수준 학업성취도 검사인 NAEP과 인디애나 주 고등학교 학생 평가 등의 대규모 평가 자료를 통해 자동채점 프로그램의 활용 가능성을 탐색하기 위한 예비 연구들이 수행되었다. 이밖에도 미국의 차세대 평가체제 구축을 위해 구성된 PARCC와 SBAC 컨소시엄은 기존 지필 평가방식으로부터 컴퓨터 기반 평가로의 전환을 추진하면서 자동채점 시스템을 도입하여 주단위 공통핵심기준(Common Core State Standards)을 측정함에 있어 채점의 효율성과 정확성을 높일 것을 권장하고 있다.

우리나라의 경우 국가수준 학업성취도 평가의 서답형 문항과 국가영어능력평가시험(NEAT)과 같이 대규모 표준화검사에서 자동채점을 시행하고 있다. 자동채점과 관련한 대표적인 국내 연구로는 서답형 문항 자동채점 프로그램 도입 방안 연구(진경애 외, 2006)와 영작문 자동채점 시스템 개발 연구(김지은, 이공주, 진경애, 2007), 대규모 평가를 위한 서답형 문항 자동채점 방안 연구(노은희 외, 2012) 등이 있다. 최근 한국어 서답형 문항 채점을 위한 자동채점 프로그램인 KASS 2.0(Korean Automatic Scoring System 2.0)이 개발되어 국가수준 학업성취도 평가의 다양한 교과의 문항 채점에 시범 적용되고 있다.

컴퓨터 기술 기반 서답형 문항 자동채점 프로그램은 컴퓨터 자연언어 처리 기술 및 지식베이스를 이용하여 서술식으로 기술된 피험자들의 응답을 자동으로 평가하고 채점하기 위한 시스템으로 크게 단문형 채점 프로그램과 에세이형 채점 프로그램으로 분류된다. 단문형 채점 프로그램은 자연언어 처리 기술을 기반으로 피험자의 응답이 정답에 어느 정도 가깝게 기술되어 있는지 평가함으로써 내용의 정확성에 초점을 두어 채점하는 방식인 반면, 에세이형 채점 프로그램에서는 답안에 기술된 내용의 정확성보다 문단 전개의 논리 및 문장 표현 등에 초점을 둔다(Butcher & Jordan, 2010, p. 489).

단문형 자동채점 프로그램의 대표적인 예로는 ETS에서 개발된 C-rater, Sukkarieh와 Pulman 등의 옥스퍼드대학교 연구진에 의해 개발된 프로그램, Intelligent Assessment Technologies(IAT) 프로그램 등이 있다. 이러한 단문형 자동채점 프로그램들은 개발자들에 의해 독자적으로 개발되었으나 유사한 언어처리 기술을 이용하고 있으며, 단문형 답안에 대한 채점방식에 있어 일반적으로 공통적인 알고리듬을 따르고 있다. [그림 11-14]에서 보는 바와 같이, 첫 단계에서 교과 또는 내용전문가에 의해 합의된 정답(model or correct answer)을 기술하고, 학생들의 다양한 답안에 대한 오탈자 수정 및 정제, 분석을 통해 정답과 유사한 답안을 범주화한 후 채점하는 과정을 거치게 된다.

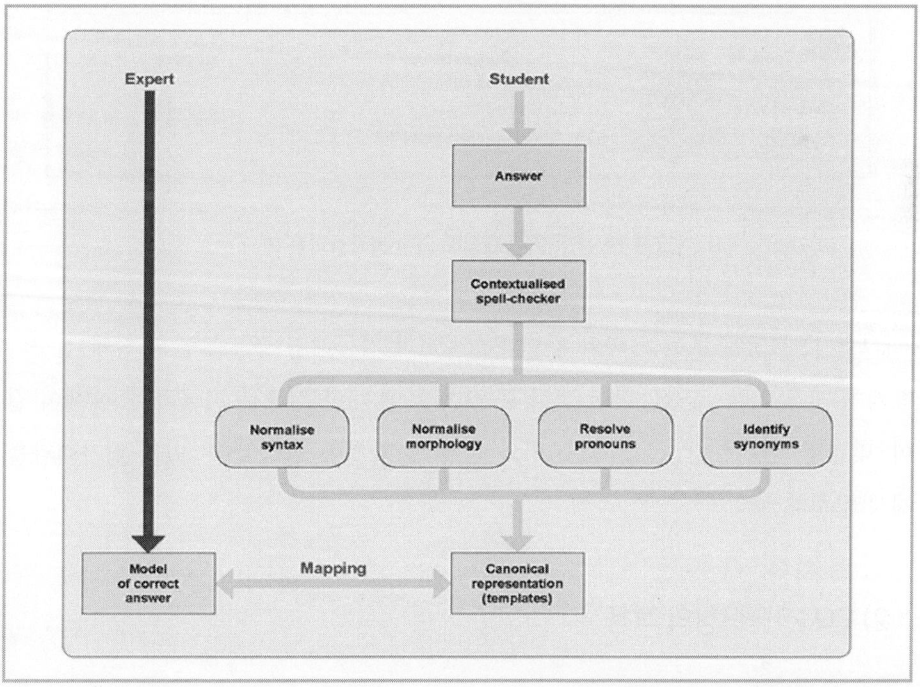

[그림 11-14] 단문형 자동채점 프로그램의 학생 답안과 정답과의 비교 과정

한편, 에세이형 자동채점 프로그램으로는 ETS의 E-Rater, Mitzel과 Lottridge에 의해 개발된 CRASE, Foltz와 Landauer의 Intelligent Essay Assessor가 대표적이다. Pearson에서 개발하여 사용하고 있는 자동채점 프로그램 Intelligent Essay Assessor에서 산출한 평가결과표를 제시하면 [그림 11-15]와 같다.

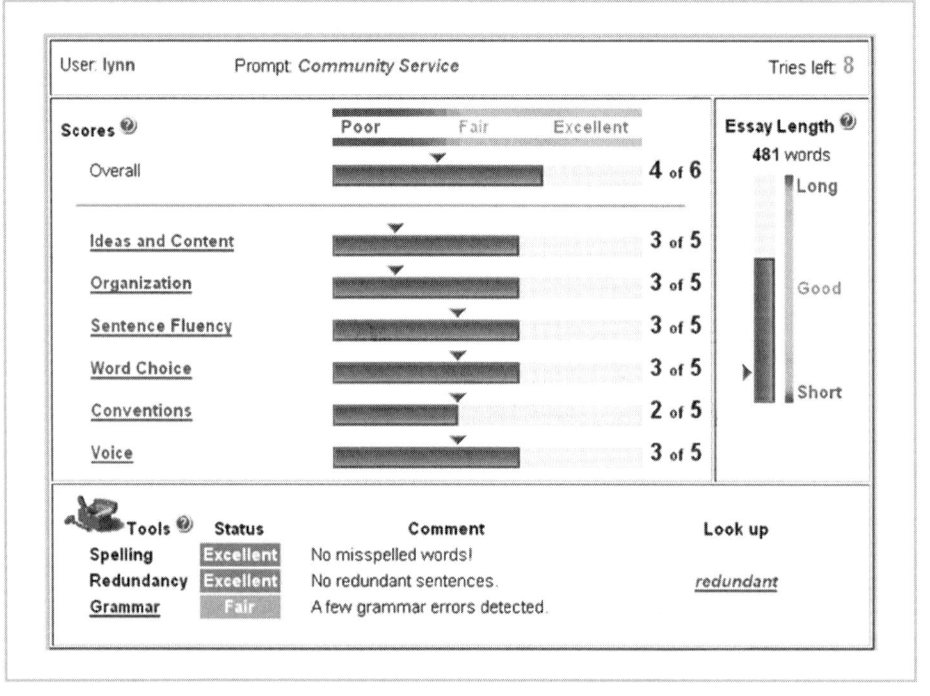

[그림 11-15] 자동채점에 의한 평가결과표 예시

[그림 11-15]에 보이는 바와 같이 Pearson의 자동채점 프로그램은 전체 점수와 함께 주제 및 내용, 조직, 단어 선택 등 각 항목에 대한 점수를 제공하며, 에세이 길이, 맞춤법, 중복문장, 문법 등 본인의 강점 및 약점을 파악할 수 있는 평가결과를 제시해 준다.

2) 인지진단모형의 적용

인지진단모형은 검사가 측정하려는 학생의 능력, 인지, 과정, 기능 등을 나타내는 속성인 인지요소에 따라 학생의 숙달 여부를 분석하는 측정학적 모형이다. 인지진단모형은 사전에 분류한 인지요소를 토대로 학생의 강점과 약점에 대한 정보를 제공함으로써 교사뿐 아니라 학생 스스로 정보를 활용하여 자신의 학습을 계획하고 전략을 개발해 나갈 수 있도록 도움을 준다.

인지진단모형을 적용하기 위해서는 기본적으로 내용 전문가에 의해 검사 제작 단계에서 측정하고자 하는 인지요소가 규명되고 이 인지요소를 기초로 문항이 개발되어야 한다. 인지요소는 각 교과에서 측정하고자 하는 세부적 특성을 의미한다. 이러한 특성은 특정 문항에 정답을 맞히기 위해 학생에게 요구되는 능력이나 인지 과정, 지식 혹은 기술 등을 의미한다. 예를 들어, 국어교과는 단어 의미 파악하기, 주제 파악하기, 논리적 관계 이해하기 등의 인지과정을, 수학교과는 용어 이해하기, 연산 적용하기, 공식 활용하기 등 문제풀이 과정이나 사칙연산, 삼각비 구하기, 제곱근 구하기 등의 계산 기능 등을 인지요소로 규명할 수 있다.

인지요소를 사용하여 채점을 하게 되면 점수뿐 아니라 [그림 11-16]과 같이 개별 학생의 각 인지요소별 숙달 정도와 인지요소 간 비교가 가능하다.

	학생	인지요소 숙달 확률												인지요소 프로파일
		1	2	3	4	5	6	7	8	9	10	11	12	
국어	A	1	1	0.95	1	0.99	1	1	1	1	1	0.95	1	111111111111
	B	0.90	0.64	0.18	0.95	0.65	0.90	0.97	0.84	0.82	0.88	0.90	0.82	110111111111
	C	0.47	0.09	0.50	0.30	0.01	0.56	0.48	0.30	0.69	0.52	0.35	0.69	001001001101
	D	0	0.11	0.45	0.19	0.11	0.30	0.01	0.04	0.48	0.30	0.42	0.48	000000000000
	E	0	0	0.50	0.20	0	0.33	0	0.40	0.50	0.33	0.40	0.50	001000001001

	학생	내용 중심							문제풀이 과정 중심								인지요소 프로파일	
		1	2	3	4	5	6	7	1	2	3	4	5	6	7	8	내용	문제풀이 과정
수학	F	1	1	1	1	1	1	1	1	1	0.99	1	0.99	1	1	1	11111111	11111111
	G	1	1	0.99	0.90	0.93	0.98	0.99	0.99	1	0.93	0.93	0.98	0.95	0.93	0.98	11111111	11111111
	H	0.88	0.03	0.08	0.62	0.90	0.59	0.81	0.52	0.32	0.52	0.37	0.67	0.77	0.78	0.35	10001111	10101110
	I	0.02	0	0.49	0.04	0.03	0.51	0.01	0.02	0.02	0.49	0.69	0.24	0.04	0.10	0.49	00000010	00010000
	J	0.11	0	0.44	0	0.02	0.45	0	0.40	0.02	0.49	0.19	0.01	0.01	0.04	0.49	00000000	00000000

[그림 11-16] 인지요소별 숙달도 프로파일 예시

[그림 11-16]에 제시된 인지요소별 숙달도 프로파일(김희경 외, 2012)은 인지요소의 숙달 여부를 '1'과 '0'으로 제시하며, 각 인지요소별 숙달 확률에 대한 정보도 함께 제공한다. 이렇게 인지진단모형을 적용하면 학생이 문제해결에 필요한 인지요소를

숙달하였는지를 파악할 수 있으므로 기존의 검사이론을 적용하는 것보다 더 구체적인 정보를 제공할 수 있으며, 성취수준별, 개인별 맞춤형 학습방법을 개발할 수 있는 계기를 마련할 수 있다. 또한 교수·학습 개선을 위한 피드백으로 효과적으로 사용할 수 있다(de la Torre, 2008; von Davier, 2010).

인지진단모형을 사용하여 각 인지요소에 대한 숙달도를 그래프로 제시한 결과표 예시는 [그림 11-17]과 같다.

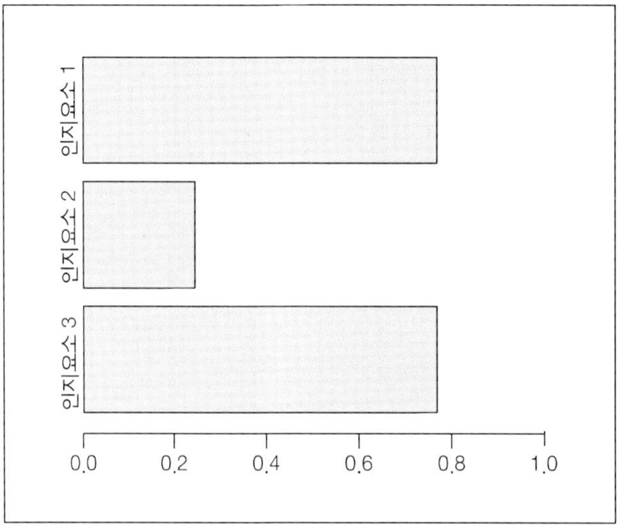

[그림 11-17] 인지요소별 숙달도에 대한 결과표 예시

5 결과 보고

1) 성취기준에 대한 숙달도

학생 중심의 맞춤형 교육과정이 구현된다면 이와 연계하여 학생 중심의 맞춤형 평가와 평가결과가 연계되어 산출되어야 한다. 이는 학생이 무엇을 얼마만큼 알고 할 수 있는가에 대한 구체적 정보를 제공함으로써 학습개선 및 향상을 위한 중요한 피드백으로 작용할 수 있다. 실제로 공통핵심기준(Common Core Standards)을 개발

하여 성취기준에 근거한 교육(Standards-Based Education) 및 성취기준에 근거한 평가(Standards-Based Assessments)를 통한 교육개혁을 꾀하고 있는 미국의 경우 뉴저지, 매사추세츠, 오하이오, 캘리포니아, 켄터키, 하와이 등 많은 주에서 성취기준에 근거한 성적통지표(Standards-Based Grading Report) 개선 연구가 활발히 일어나고 있다. 이러한 개선 연구들은 모두 기준에 근거하여 교수·학습이 이루어지고, 학생들을 평가하기 때문에 학부모와 학생들에게 학생이 어떻게 성장하고 있는가에 대하여 풍부하고 더 나은 정보를 제공한다.

Marzano(2010)는 최근 성적 보고 방법의 전환에 대한 연구나 서적들이 많이 발간되고 있다며, 성적 보고 방법의 변화가 필요한 이유를 다음과 같이 제시하였다. 첫째, 현 성적 보고체제와 시행방법들이 정확하지 않고, 둘째, 성적 보고체제가 현재 교수·학습에서 이루어지는 변화들과 연계되어 있지 않으며, 셋째, 성적통지표의 개선이 기준(Standards), 학습목표, 평가방법을 검토하는 중요한 기회가 될 수 있다는 것이다.

성취기준에 근거한 결과표는 학생의 학업성취도에 대한 정보의 성취기준에 따른 도달 여부 혹은 숙달도를 구체적으로 구분하여 제공함으로써 더 정확한 정보를 제공할 수 있다. Zagranski 외(2008)의 연구에 따르면 성취기준에 근거한 결과표가 제공하는 정보를 통해 학생과 교사는 학습과 관련하여 어떠한 부분을 개선하고, 학생의 학교생활 및 학업과 관련한 측면에서 중점을 두어야 할 부분이 무엇인지에 대해 알 수 있다고 하였다. 학생의 학습 및 경험에 관한 성취기준은 두 가지 요소를 포함한다. 첫째, 성취수준은 특정한 내용(content) 요소를 포함한다. 이는 학생들이 학교에서 여러 가지 학습 상황을 통해 구체적으로 어떤 지식을 습득할 것으로 기대되는지에 대한 결과를 의미한다. 둘째, 성취수준은 학교에서 얻은 지식과 관련한 학생의 수행(performance) 수준을 묘사한다. 이는 학생들이 학습한 내용을 활용하여 무엇을 할 것인지 기대되는 것을 의미한다. 이러한 예로는 수학이나 과학 과목에서 구체적인 사실을 알고 이를 통해 이와 관련된 간단한 기술을 수행할 수 있는 것을 들 수 있다. 또는 논리적으로 추론하거나 자료를 분석하고 문제를 해결하는 등의 복잡한 인지적 과정 등이 포함된다. Guskey와 Bailey(2010)는 교과 영역에 얼마나 많은 성취기준을 포함해야 하는지에 대한 의사결정 단계를 [그림 11-18]과 같이 세 단계로 제시하였다.

산출물, 수행과정 또는 향상도에 근거하여 성취기준의 범주화

대부분의 내용 및 성취기준은 국가단위 교육과정에 포함되어 있기 때문에 그 기준에 근거하여 성취기준을 범주화하는 것은 큰 무리가 없지만 특정한 수행과정과 향상도를 고려하여 성취기준을 구성한다.

↓

성적 보고를 위한 성취기준 재구성

교육과정과 성취목표 및 성취수준에는 학생들이 성취해야 할 기준들이 세부적으로 나열되어 있으며 그 수가 매우 많다. 이러한 성취기준들을 검토하여 폭넓고 보다 일반적인 성취기준으로 재구성하여야 한다.

↓

명확하고 정확하고 이해하기 쉬운 성취기준 진술

일반적인 교육과정 내에서 기술된 성취기준을 상세하게 재구성하여 학부모나 학생들이 보다 쉽게 이해할 수 있도록 해야 한다.

[그림 11-18] 성적통지표에 기재할 성취기준 재구성 절차

성적통지표에 제시하는 성취기준을 결정하기 위해서는 의미 있는 정보를 충분히 포함하되 정보가 지나치게 많아 혼란을 주어서는 안 된다.

2) 자기 성장 기록

지속적인 평가에 의하여 학생의 학습 향상 혹은 성장의 추이를 파악하는 것은 형성평가의 기본적인 특징 가운데 하나다(Marzano, 2010). 최근 들어 평가의 관점도 학습결과에 대한 측정보다는 성장해 나가는 과정을 중시하는 평가로 변화하고 있다. 실제 교사, 학부모, 학생 등 교육 이해 당사자들이 더욱 중요시하는 것은 학업성취도의 현재 수준이라기보다는 장기적인 관점에서 학생이 얼마나 성장하고 있는가를 보여 주는 향상도에 대한 정보라는 것은 서민희, 임황규, 구슬기(2013)가 실시한 교사 대상 설문조사와 학부모 포커스 그룹을 연구한 결과에서도 알 수 있다. 외국의 성적통지표에서도 성적 보고 발송 시기마다 단절된 학업성취도를 제시하기보다는 매 평가 시기마다 기록된 성취도를 연속적으로 제시함으로써 학생의 발달이나 성장

과정을 중시하고 있다는 것을 알 수 있다. Marzano(2010)는 학생의 발전과정을 기록하는 방법으로 다음의 네 가지 접근법을 제시하고 있다.

(1) 학기말 총합 성적 산출 방법

이 방법은 학기초부터 학기중에 배워야 할 모든 내용을 포함하여 평가를 설계하는 것이다. 학기초는 교수·학습 이전 시기이므로 대부분의 학생들이 최상의 성취도에 도달하기 어렵지만 사전 지식이 있는 학생들은 중간 정도의 성취도를 보여 줄 수 있을 것이다. 학생들의 성장과정은 다음 그림과 같이 여러 시기의 평가를 통하여 기록될 수 있다.

학생 향상도
나의 학습에 대해 파악하기

성명: 박소영

학습목표 1: 비율 계산하기

시작할 때의 내 성적: 1.5. 내 목표는 3월 30일 까지 3 점을 받는 것이다.

향상을 위해 내가 특별히 해야 할 것들: 1주일에 3번, 15분간 연습하기.

학습목표 1: 비율 계산하기

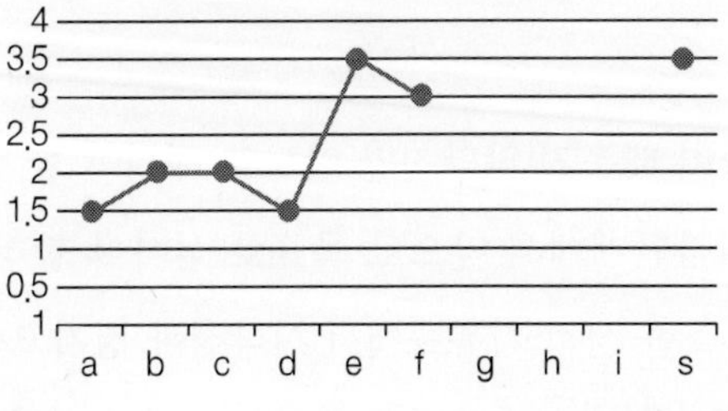

a. 2월 5일
b. 2월 12일
c. 2월 20일
d. 2월 28일
e. 3월 12일
f. 3월 26일 기말 시험
g.
h.
i.

합계 점수 3.5

[그림 11-19] 선그래프를 활용한 개별 학생의 향상도 표기 예시

학생의 총합 점수는 여러 차례 시행된 형성평가와 교사가 학생과의 상호작용 속에서 수집한 학생에 대한 정보를 참고하여 산출할 수 있다. 단, 총합 점수를 형성평가 점수들의 평균이나 마지막 형성평가의 점수로 산출하는 것은 지양하여야 한다. 물론 마지막 형성평가가 정기고사를 대부분 반영하고 대표하고 있다면 마지막 형성평가가 총합 점수를 산출하는 큰 근거는 될 수 있다. 앞의 사례에서는 학생이 정기고사에서 3.0을 받았지만 총합 점수는 3.5가 부여되었다. 정기고사 결과가 학생의 이해 및 기술 수준을 잘 반영한다고 판단되면 총합 점수를 그대로 정기고사 성적으로 산출할 수 있지만 일정 기간 시행된 형성평가 결과와 학생과의 상호작용을 통한 정보를 참고할 때 3.5가 적당하다고 판단되면 정기고사 점수보다 더 높은 점수를 총합 성적으로 부여할 수도 있다. 종종 학생들의 형성평가 점수들이 일관적이지 않고 들쑥날쑥할 수 있기 때문에 교사는 수업시간이나 면담시간을 통해 학생에 대한 정보를 꾸준히 수집하여야 한다.

① 성적 기록

학생들에게 정보를 제공할 수 있는 성적표는 단순히 성적이나 점수만 제시하는 것이 아니라 각 평가와 관련된 학습목표나 성취기준이 함께 제시되어야 한다. 학생의 성적표는 [그림 11-20]과 같이 각 성취기준에 따라 여러 형성평가 결과와 학생에 대한 정보를 바탕으로 총합 점수를 마지막에 부여한다.

② 장점 및 단점

첫 평가부터 학생들이 배우지 않았지만 앞으로 배워야 할 중요한 내용까지 포함함으로써 학생들이 시작단계에서 앞으로 목표로 삼아야 할 내용과 기술을 인식할 수 있는 장점이 있다. 또한 성적 기록표에서 시작점과 정기고사까지 명확하게 제시함으로써 학생들이 본인들의 성장과정을 확인하기에 용이하다는 장점이 있다. 반면, 현재 배우지 않은 내용까지 평가의 내용으로 포함함으로써 초기 평가에서 낮은 점수를 받는 학생들이 많을 가능성이 큰데, 이는 학생들의 동기나 의욕을 저하시킬 수 있다. 그러나 배운 내용만 다룰 경우 낮은 점수를 받으면 성취도가 낮다는 점이 극명하게 나타나지만, 이러한 경우에는 아직 배우지 않은 내용이 포함되어 점수가

이름	목표 1		목표 2	목표 3	목표 4	목표 5
최민희	1.5	2.5				
	1.5					
	2.0	2.5				
이선영	2.5					
	미완					
	3.0	3.0				
강민수	3.0					
	3.0					
	3.5	3.5				
서나래	0.5					
	2.0					
	4.0	4.0				
김영선	2.5	2.5				
	2.5					
	2.5	2.5				

[그림 11-20] 학기말 총합 성적 산출 방법을 적용한 교사의 성적 관리표 예시

낮을 수 있으므로 학생들은 지속적으로 성장해 가는 성취감과 만족도를 느낄 수 있을 것이다.

(2) 최종 성적의 지속적 보정 방법

이 방법은 지속적으로 형성평가를 시행하여 학생들의 성장을 제시하고 이러한 정보를 최종 학기말 성적에 반영한다는 점에서 첫 번째로 제시한 학기말 성적의 최종 부여 방법과 유사하지만 학기말 성적이 형성평가 결과와 함께 지속적으로 업데이트된다는 점에서 다르다. 교사는 첫 형성평가 결과를 토대로 학생에게 유용한 피드백과 학습 향상 전략에 대한 상호작용을 통하여 개별 평가를 시행할 수 있다. 평가 이후 학생이 교사에게 자신이 더 높은 성취수준을 달성했음에 대한 명확한 근거를 제시할 때 교사는 이에 부응하는 학기말 성적으로 업데이트할 수 있다. 마지막에 최종 성적을 부여하는 첫 번째 방법과 달리 지속적으로 최종 성적을 업데이트하므로 매 형성평가가 연속적인 느낌보다는 단편적인 성격으로 학생들의 성장과정은 [그림 11-21]처럼 막대그래프로 나타낼 수 있다.

학생 향상도
나의 학습에 대해 파악하기

성명: 박소영

학습목표 1: 비율 계산하기

시작할 때의 내 성적: 1.5. 내 목표는 3월 30일 까지 3.0 점을 받는 것이다.

향상을 위해 내가 특별히 해야 할 것들: 1주일에 3번, 15분간 연습하기.

학습목표 1: 비율 계산하기

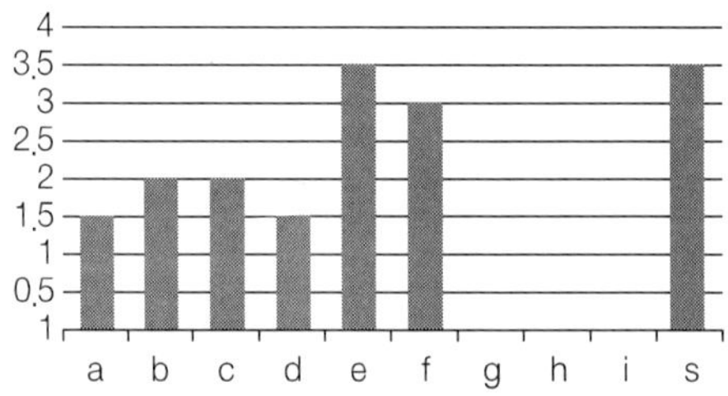

a.	2월 5일	f.	3월 26일 기말 시험
b.	2월 12일	g.	
c.	2월 20일	h.	
d.	2월 28일	i.	
e.	3월 12일		합계 점수 3.5

[그림 11-21] 막대그래프를 활용한 개별 학생의 향상도 표기 예시

① 성적 기록

총합 성적을 일회 산출하는 방법은 교사가 최종 성적 산출 시점까지 기다렸다가 총합 성적을 부여하지만 총합 성적을 지속적으로 업데이트하는 경우는 형성평가를 시행할 때마다 교사가 학생의 현재 총합 성적을 판단한다. 물론 이 접근법을 따를 때도 교사는 단순하게 마지막 형성평가 점수가 학생의 총합 성적을 가장 잘 반영한

다고 가정하는 것이 아니라 교사가 일정 기간 수집한 학생에 대한 전반적인 정보를 참고하여 총합 성적을 업데이트한다.

② 장점 및 단점

이 접근법은 초기 평가 이후 개별 학생에게 맞춤화된 평가를 시행할 수 있다는 장점이 있다. 학생은 본인이 도달할 수 있는 목표점을 수립하고 이에 달성했음을 보여줄 수 있는 결과를 제시함으로써 학생 주도적인 평가와 학습을 이룰 수 있다. 반면, 교사는 모든 학생의 수준을 살피고 정보를 수집하기 위해 개별 만남과 평가를 여러 번 시행해야 하는 시간과 노력이 뒤따라야 하는 어려움이 있다.

(3) 학급 전체의 향상도 제시

앞서 제시한 두 접근법은 학생 개별화에 초점을 두었다는 특징이 있지만 이 접근법은 학급 전체에 대한 향상도를 제시하는 데 중점을 둔다. 교사는 처음부터 전반적인 교수내용을 담아 평가하는 것이 아니라 일정 성취기준의 내용과 수준을 계획하여 평가한 후 이에 대한 도달도를 평가한다. 교사는 대부분의 학생이 평가하고 있는 내용을 성취했음을 확인한 후 다음 단계로 진행한다. 평가의 수준도 형성평가가 진행될수록 선다형에서 서답형으로 발전시켜 더욱 심화할 수 있다.

① 성적 기록

학생들의 성장과정은 앞서 제시한 [그림 11-19]와 [그림 11-21] 가운데 하나를 선택하여 사용할 수 있고 학급 전체의 성장과정은 [그림 11-22]처럼 제시할 수 있다.

학급 향상도

학습목표 1: ______________________________

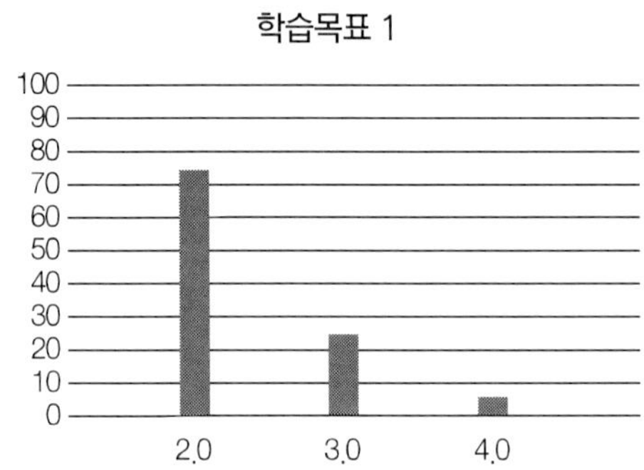

날짜: ______________

[그림 11-22] 학급 전체 향상도를 제시한 교사의 성적관리표 예시

② 장점 및 단점

학급 전체의 성장도를 제시하는 방법은 교사의 교수방법, 전략, 시기 등을 계획하기에 유용한 정보가 되고 학급의 어느 정도 학생이 계획한 목표에 도달했는지를 알고 다음 단계로 넘어갈 수 있다. 반면, 학급의 대부분의 학생이 일정 수준에 도달해야 다음 단계로 넘어갈 수 있으므로 학생 개개인의 요구나 학습수준에는 적절하게 부응하지 못하는 단점이 있다.

(4) 지속적 향상도 제시 방법

연간 향상도 제시 방법은 한 학기 동안 학생들이 어느 주제이든 필요할 때 본인의 성취도를 향상시킬 수 있는 기회를 제공할 수 있는 방법이다. 이를테면 각 교과목에 따라 해당 학년 및 학기에 교사가 가르치고 학생이 학습해야 할 내용을 진술해 놓은 교육과정 내용이 있다. 교사는 학생들이 이러한 교육과정 내용을 습득할 수 있도록 학기초에 수립한 교수·학습 계획에 따라 수업하고 이에 맞추어 형성평가를 실시한 후, 각 항목에 대한 달성도를 제시할 수 있다(〈표 11-4〉 참조).

〈표 11-4〉 지속적 향상도 성적표 예시

영역	교육과정 내용*	0	0.5	1.0	1.5	2.0	2.5	3.0	3.5	4.0
듣기	①-1. 실생활 중심의 일반적인 주제에 관한 말이나 대화를 듣고 주제 및 요지를 파악한다.									
	②-1. 실생활 중심의 일반적인 주제에 관한 말이나 대화를 듣고 세부 정보를 파악한다.									
	③-1. 실생활 중심의 일반적인 주제에 관한 말이나 대화를 듣고 내용의 논리적 관계를 파악한다.									
	④-1. 실생활 중심의 일반적인 주제에 관한 말이나 대화를 듣고 화자의 의도나 말의 목적을 파악한다.									
	④-2. 실생활 중심의 일반적인 주제에 관한 말이나 대화를 듣고 화자의 심정이나 태도를 파악한다.									
	④-3. 실생활 중심의 일반적인 주제에 관한 말이나 대화를 듣고 함축적 의미를 파악한다.									
말하기	①-1. 실생활 중심의 친숙한 일반적 주제에 관하여 듣거나 읽고 중심 내용에 대하여 말한다.									
	②-1. 실생활 중심의 친숙한 일반적 주제에 관하여 듣거나 읽고 세부 내용에 대하여 말한다.									
	③-1. 실생활 중심의 친숙한 일반적 주제에 관하여 듣거나 읽고 자신의 의견이나 감정을 말한다.									
	④-1. 실생활 중심의 친숙한 일반적 주제에 관해 필요한 정보에 대하여 묻고 답한다.									
	④-2. 주변의 인물, 사물, 사건에 관하여 간단히 설명한다.									
읽기	①-1. 실생활 중심의 일반적인 주제에 관한 글을 읽고 주제 및 요지를 파악한다.									
	②-1. 실생활 중심의 일반적인 주제에 관한 글을 읽고 세부 정보를 파악한다.									
	③-1. 실생활 중심의 일반적인 주제에 관한 글을 읽고 내용의 논리적 관계를 파악한다.									
	④-1. 실생활 중심의 일반적인 주제에 관한 글을 읽고 필자의 의도나 글의 목적을 파악한다.									
	④-2. 실생활 중심의 일반적인 주제에 관한 글을 읽고 필자의 심정이나 태도를 파악한다.									
	④-3. 실생활 중심의 일반적인 주제에 관한 글을 읽고 함축적 의미를 파악한다.									
쓰기	①-1. 실생활 중심의 친숙한 일반적 주제에 관해 듣거나 읽고 요약하는 글을 쓴다.									
	②-1. 실생활 중심의 친숙한 일반적 주제에 관해 듣거나 읽고 필요한 정보를 기록한다.									
	③-1. 실생활 중심의 친숙한 일반적 주제에 관해 자신의 의견이나 감정을 쓴다.									
	④-1. 주변의 인물, 사물, 사건에 대하여 간단히 쓴다.									
	④-2. 실생활에 필요한 간단한 서식, 이메일, 메모 등을 작성한다.									
	④-3. 실생활과 관련된 그림, 도표 등을 간단히 설명하는 글을 쓴다.									

* 2009 개정 교육과정의 실용 영어 I 과목

교사는 수업진도계획에 따라 새로운 내용을 다루더라도 이전에 수업한 내용이 반복되거나 기초 내용으로 필요한 내용이라면 평가의 내용에 포함시킬 수 있다. 또한 이러한 결과는 지난 평정결과에 누적되어 반영될 수도 있다(〈표 11-4〉 참조). 또한 가르치는 시기에 상관없이 학생이 본인의 향상도를 보여줄 수 있는 증거를 제시한다면 교사의 평가결과에 따라 학생의 점수는 이전 내용에 대해 학생들의 향상도를 확인하고 반영해 줄 수 있다.

① 성적 기록

〈표 11-4〉처럼 지속적 향상도를 제시하는 방법은, 첫째, 개별 교육과정 내용 단위에서의 성취도를 추적할 수 있고, 둘째, 높은 성취도를 보이는 교육과정의 내용이 몇 개인지를 파악할 수 있다. 일반적으로 3.0 이상의 성취도를 보이면 해당 내용을 습득한 것으로 판단할 수 있다(Marzano, 2010). 〈표 11-4〉에서 아직 평정결과가 제시되지 않은 내용들은 이후 시기에 가르치고 평가할 내용들로 볼 수 있다.

② 장점 및 단점

지속적 향상도를 제시하는 방법의 가장 큰 장점은 학생이 한 학년 동안 발전해 가는 향상도를 볼 수 있다는 점이다. 이러한 방법을 사용하는 목적은 모든 학생이 모든 교육과정 내용에 3.0 이상의 결과를 받는 것을 목표로 한다. 따라서 학생들은 성취가 부족한 내용은 다시 돌아가서 보완하여 성취도를 향상시킬 수 있도록 한다. 또한 학생들이 학습함에 있어 개인차가 있기 때문에 개개인의 속도에 맞춰 목표를 달성해 갈 수 있는 장점이 있다. 그러나 향상도를 제공하기 위해서는 성적표를 제공하는 시기가 정기적이어야 하고 개별 교육과정 내용에 따른 성취도를 파악하여 제시하여야 하기 때문에 교사의 노동이 많이 요구되는 단점이 있다. 또한 학생 스스로 본인이 부족한 내용을 보완하여 향상된 모습을 보여야 하기 때문에 자기주도적 학습에 익숙하지 않은 학생은 개별 교육과정 내용마다 성취도를 향상시키기에 어려움이 따를 수 있다.

제12장

형성평가의 성공적 적용

1. 형성평가 지원체제 구축
2. 교사의 역량 강화
3. 학습을 돕는 평가

21세기를 맞아 미국, 영국, 뉴질랜드 등 많은 나라에서는 평가를 통한 교육개혁과 교육의 질 향상을 추구해 오고 있다. 이를 위한 다양한 노력 가운데 많은 교육학자들과 연구가들이 공통적으로 강조하고 있는 부분이 형성평가의 활용이다. 형성평가의 궁극적 목표는 피드백을 통하여 교사의 교수전략을 향상시키고 동시에 학생의 내면적 동기와 학습을 향상시키는 데 있다. 교사는 형성평가를 통하여 학생의 성취수준 향상을 위해 필요한 정보를 구할 수 있다. 이에 따라 적절한 학습시간을 결정하고 교수방식을 수정·보완하는 교수법 설계의 도구로서 형성평가를 활용할 수 있다. 학생은 형성평가를 통해 성취기준에 적합한 학습목표를 이해하고 본인의 학습과정에 대해 자가진단할 수 있으며, 교사의 피드백을 바탕으로 학습의 다음 단계로 나아갈 수 있도록 학습전략을 재구성할 수 있어야 한다. 교사와 학생 모두가 평가를 통하여 능동적인 상호작용을 하며 학생의 학습수준과 교사의 교수법에 대한 정보를 지속적으로 점검 및 보완한다면 형성평가가 교수·학습의 효율적인 도구로서 기능할 수 있을 것이다.

Stiggins(2002)는 학교의 효과적 발전을 위하여 그동안 공통의 기준과 책무성 위주의 학습에 대한 평가로 인해 간과되어 온 학습지향적 평가로서의 형성평가를 강조하고 있다. Popham(2011) 역시 형성평가를 강조하면서 형성평가의 활용 방향으로 교수법의 즉각적인 수정, 교수법의 단기적 수정, 교수법의 최종 수정, 학습전략의 수정, 교실환경의 전환을 단계적으로 제시하고 있다.

1 형성평가 지원체제 구축

학교현장에서 진행되는 평가의 업무는 보편적으로 '평가문항 개발 → 시행 → 채점 → 평가결과표 제공'의 4단계로 크게 구분된다. 교사가 평가를 위해 필수적으로 수행해야 할 업무와 절차가 자동화 시스템으로 구축된다면 교사는 교수·학습의 질 개선을 위해 더 많은 시간과 노력을 투자할 수 있다.

이러한 평가를 위한 4단계의 업무 프로세스를 효과적으로 구현하기 위해서는 '형성평가 문제은행 개발', '자동 검사지 제작', '맞춤형 피드백 자동 산출'의 3가지 지원체제 구축이 필요하다.

1) 형성평가 문제은행 개발

학교현장에서 교사들이 수업 중에 또는 단원이 끝날 때마다 형성평가를 시행하고자 할 때 가장 어려운 점의 하나는 문항을 자주 출제해야 한다는 시간적·심리적 부담이라고 할 수 있다. 따라서 양질의 문항을 정리·보관하고 필요할 때 사용할 수 있는 문제은행은 형성평가 시스템 구축에 있어서 필수적인 구성요소라고 할 수 있다.

효율적인 문제은행은 문항 및 문항정보 저장하기 기능, 문항정보에 의한 문항검색·정렬 기능, 문항 이력 관리 기능이 가능해야 한다. 기본적으로 〈표 12-1〉과 같은 문항정보를 체계적으로 관리, 제공하여야 한다. 교사는 다음과 같은 문항정보를 포함한 문제은행을 이용하여 학교 급, 교과, 단원별로 문항을 검색하고, 난이도, 사용 횟수 등에 따라 문항을 정렬하여 편리하게 평가도구에 포함시킬 문항을 선택할 수 있다.

〈표 12-1〉 문제은행의 문항정보

문항정보	설명
문항 ID	• 각 문항에 주어지는 식별 가능한 고유 번호
학교급	• 초등학교, 중학교, 고등학교
교과(하위영역)	• 국어, 수학, 영어, 사회(일반사회, 역사, 지리), 과학(물리, 화학, 생물, 지구과학) 등
문항유형	• 선택형, 서답형, 서술형 문항 등의 문항유형 구분
배점	• 문항의 정답을 맞힌 경우 부여되는 점수
부분점수	• 서답형, 서술형 문항의 경우 부분점수 제공 방식: (예) 0, 2, 4, 6의 부분점수 또는 0, 1, 2, 3, 4, 5, 6의 부분점수를 허용하는지에 대한 정보
정답	• 선다형: 정답지 번호 • 서답형: 채점기준, 예시정답
성취기준	• 해당 문항의 출제 근거가 되는 성취기준
중단원	• 해당 문항이 포함되는 중단원
대단원	• 해당 문항이 포함되는 대단원
내용영역	• 해당 문항이 속하는 교과별 내용 영역 분류
행동영역	• 해당 문항이 속하는 교과별 행동 영역 분류(지식, 이해, 적용, 창안 등)
문항난이도	• 고전검사이론 및 문항반응이론에 의한 난이도
문항변별도	• 고전검사이론 및 문항반응이론에 의한 변별도
답지 반응 분포	• 답지별 응답률
유사 문항정보	• 해당 문항과 유사한 문항에 대한 정보
문항개발 일자	• 문항이 개발된 연월일
문항사용 이력	• 문항이 사용된 횟수, 사용 일시, 사용자
출처	• 지문이나 그림, 그래프 등의 출처
핵심어	• 검색에 활용할 수 있는 문항의 대표적 단어나 구

문제은행에는 이러한 문항의 정보 외에도 성취기준 유목화 및 위계구조를 그물망처럼 연결한 성취기준 맵(map) 정보가 탑재되어야 한다. 따라서 학생이 문항반응에 따라 부족한 성취기준 또는 학습요소를 파악하면, 이를 토대로 후행·반복·심화학습이 필요한 연관된 성취기준 또는 학습요소를 알려 주는 피드백을 제공할 수 있게 된다.

2) 자동 검사지 제작

자동검사지 제작은 문제은행에 축적된 다양한 특성과 수준의 충분한 문항과 효율적인 문제은행 시스템이 구축되어야 가능하다. 온라인 형성평가 시스템에서 문제은행을 이용하여 문항을 검색·선택하여 평가도구를 제작하고 저장하는 과정을 나타내면 [그림 12-1]과 같다.

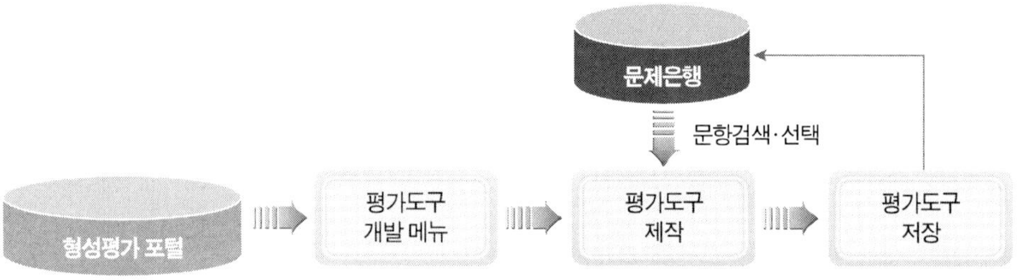

[그림 12-1] 평가도구 제작과정

[그림 12-1]과 같이 온라인 형성평가 자동 시스템에서 '평가도구 개발' 메뉴를 생성하여 문제은행에 자동적으로 링크를 시킨 후 문제은행에 저장된 문항을 분류체계에 따라 검색하고 선택하면 평가도구 제작과정을 손쉽게 진행할 수 있다. 예를 들면, 교사가 '평가도구 개발' 메뉴를 통해 개발하고자 하는 형성평가의 이름(평가명)을 설정하고, 평가도구에 포함할 문항 개수, 형성평가 시행 기간(시작 및 종료 날짜·시간), 대상 학생(또는 학급) 등을 지정하면 형성평가 검사지가 자동으로 생성되는 것이다. 김희경 외(2014a)가 제안한 자동검사지 생성 제작 화면을 제시하면 [그림 12-2]와 같다.

[그림 12-2] 온라인 형성평가 시스템에서의 자동검사지 생성 화면 시안

[그림 12-2]에서 보이는 바와 같이 교사가 형성평가 자동화 시스템에서 특정 성취기준을 클릭하면 문항 목록을 볼 수 있으며, 특정 성취기준을 근거로 출제된 문항들 중에서 문항유형, 난이도, 사용 횟수, 세부 학습요소 등을 고려하여 형성평가에 포함시킬 수 있다.

이러한 자동검사지 제작 기능을 통해 형성평가의 자동화시스템에서 교사가 자유롭게 사용할 수 있도록 개발된다면 교사의 업무부담이 많은 부분 해소될 수 있는 반면 평가도구 제작의 질 개선에도 많은 도움이 될 것이다.

3) 맞춤형 피드백 자동 산출

형성평가의 피드백은 학생이 이미 알고 있는 것이 무엇인지, 다음으로 학습해야 할 것이 무엇인지를 파악하고, 학습목표에 효율적으로 도달하기 위한 최선의 학습전략을 계획하기 위한 정보를 제공할 수 있어야 한다. 최근 교육평가 분야에서는 학생 개개인이 숙달한 학습요소를 보다 세부적으로 분석하고 보고하기 위해서 새로운 통계기법인 인지진단모형(Cognitive Diagnostic Model)에 주목하고 있다. 김희경 외

(2012)는 인지진단모형을 학생평가의 결과를 총체적인 관점으로 보고(총점 또는 석차 보고)하는 것이 아니라 분석적인 관점에서 보고(세부 학습영역에서의 숙달 수준 보고)하기 위한 통계적 기법이라고 소개하였다. 해외에서의 인지진단모형 적용 사례는 미국 SAT가 모의고사에서 학습자의 향후 학습계획에 도움을 주려는 목적으로 인지진단모형에 근거한 성적표를 제공하는 사례와 TIMSS에서 인지진단모형 분석을 통해 각 나라의 학생들의 학습상의 특징(세부 강·약점)을 탐색하는 연구를 수행한 사례가 있다. 이러한 해외 사례를 살펴보면, 인지진단모형을 적용한 평가결과 분석은 학생의 학업성취 수준을 더 잘 이해하기 위해 상세한 프로파일 정보를 제공함으로써 개별 학생들에게 가장 적합한 맞춤형 학습을 설계하고 진행하는 데 유용하다는 것을 알 수 있다.

형성평가에서 인지진단모형을 활용하여 피드백을 제공한다는 것은 개별 학생의 강·약점을 정확하게 진단하여 피드백을 제공할 수 있다는 면에서 의의가 있다. 인지진단모형을 활용한 형성평가 시스템에서 맞춤형 피드백을 제공할 때에는 크게 두 가지 면에서 피드백 방안을 구안할 필요가 있다. 첫째는 형성평가 결과를 인지진단모형으로 분석한 결과에 따라 학습요소별 숙달도를 나타내는 맞춤형 평가결과표를 제공하는 것이고, 둘째는 형성평가 문항과 연계된 성취기준이나 학습요소의 학습 순서와 관련하여 학생의 현 위치에 관한 정보를 제공하는 것이다.

컴퓨터 기술의 발전과 함께 피드백 또한 컴퓨터를 활용하여 다양한 유형으로 제공되고 있다. 평가결과에 대한 학생 개별 피드백 또한 온라인상에서 학생이 접속한 컴퓨터나 스마트 기기를 활용하여 제공될 수 있다. 이러한 온라인 기반의 피드백은 학생들의 평가 완료 후는 물론이고 평가 참여 중에도 학생 개별 특성을 고려한 즉각적인 피드백을 제공하는 것이 가능하므로 학습결과에 대한 피드백에서 더 나아가 학습과정에 대한 피드백으로 작용할 수 있다. 미국의 SCHOLASTIC 사에서는 학교 수업에서 이루어지는 오프라인 교육과 온라인 교육을 결합하는 블렌디드 러닝(Blended Learning)을 지원하기 위하여 MATH 180°를 개발하여 학생 개별 맞춤형 평가와 피드백을 제공하고 있다. MATH 180°는 학생들이 수학 성취기준을 숙달할 수 있도록 다양한 형태의 교수·학습 동영상, 맞춤형 형성평가, 수학 게임 등을 제공하는 시스템이다. 또한 각 학습내용과 관련한 공통핵심 성취기준을 기반으로 하여 'Topic GPS'를 피드백으로 제공한다([그림 12-3] 참조).

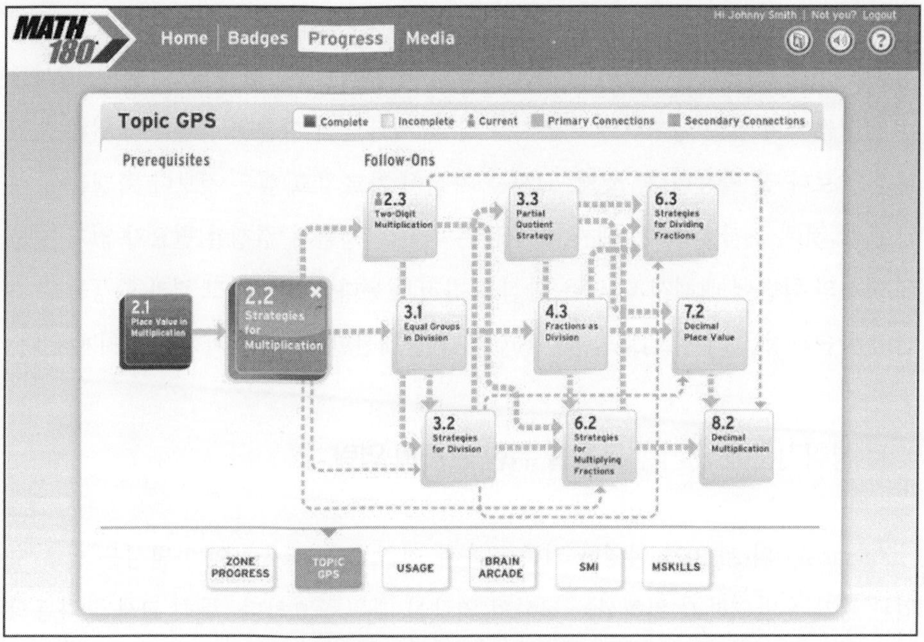

[그림 12-3] MATH 180°의 Topic GPS

'Topic GPS'는 학생이 학습 시스템상에서 어디에 위치하고 있는지를 시각적으로 보여 주기 위한 것인데, 이는 교과의 학습내용과 관련한 핵심성취기준에 대한 학생의 숙달 여부를 한눈에 보여 줄 수 있고, 학생이 현재 학습하고 있는 내용이 다음에 학습할 내용과 어떠한 관계에 있는지를 보여 줄 수 있어서 학생의 학습을 자기주도적으로 이끌고, 동시에 학습에 대한 흥미를 고취시킬 수 있다.

2 교사의 역량 강화

학생들의 학습을 향상시키기 위해서는 학생의 노력뿐 아니라 교사들의 평가 역량과 평가 문해력(Assessment Literacy)이 중요한 역할을 한다(Klenowski, 2011). 미국의 기준 중심 교육은 근본적으로 교사의 가르침보다 학생의 배움에 초점을 둠으로써 패러다임의 전환을 추구하고 있으며, 교사가 학생이 무엇을 배워야 하는가를 명확하게 이해하고 인식해야 함을 강조한다. Zagranski 외(2008)는 기준 중심 교육이 다음과 같은 측면에서 기존의 교육과 다르다는 점을 강조한다. 첫째, 학생들이 미리 성취해야 할 목표가 무엇이고, 그것을 어떻게 평가받는지에 대해 안다. 둘째, 교사들은 학생들이 무엇을 성취해야 하는지를 알고, 학생들의 학습을 촉진하기 위해 수업시간을 보다 잘 활용한다. 셋째, 교사는 자신이 가르치고 싶은 것보다 학생들이 배워야 할 것에 초점을 둔다. 넷째, 학생들은 다른 학생들과 경쟁할 필요가 없기 때문에 자신의 학습에 대해서 더 많은 관심을 가지게 된다. 다섯째, 그 결과 학생들은 자신의 학습과정을 더 잘 검토할 수 있고, 학습을 개선할 수 있는 기회를 가지게 된다.

1) 성취기준에 근거한 교육을 위한 교사의 역량

Zagranski 외(2008)가 설명한 기존 교육과 기준 중심 교육과의 차별성을 실제 수업과 평가에 반영하기 위해서는 교사의 역량이 매우 중요하다. 특히 교사가 다음의 네 가지 능력을 갖추어야 한다. 첫 번째는 기준(standards) 해석 능력으로, 이는 기준 중심 교육을 실제 수업 상황에서 실천하기 위해서 교사들이 갖추어야 하는 가장 기본적이면서 중요한 능력이다. 기준을 수업과 평가에 활용할 수 있도록 해석하기 위해 기준을 어떻게 풀어 내는지(standards unwrapping or unpacking) 혹은 어떻게 분해/해체하는지(Standards unconstructing)에 대한 안내를 통해 해당 교사의 역량을 강화하기 위해 노력해야 한다. 예를 들어, Ainsworth(2003)는 성취기준 풀어 내기 과정을 안내하며 교사들이 성취기준에서 강조하는 지식이나 기능, 그들 간의 연결성 및 위계성을 파악하고, 이를 통해 큰 아이디어(Big Idea)와 핵심질문(Essential questions)을 끌어낼 수 있어야 한다고 언급하였다. 켄터키 주 교육부의 경우 교사들이 성취기준을 분해 혹은 해체하는 과정을 순서도(flow chart)를 통해 상세하게 제시하고 있으며, 이 과정에서 성취기준이 의미하는 바에 대해서 교사들 간의 합의를 이끌어 내는 것이 중요하다는 점을 강조하고 있다.

기준 중심 교육에서 강조되는 두 번째 능력은 주(州) 단위의 기준 혹은 주 공통기준(Common Core Standards)을 바탕으로 자신의 수업을 설계하고 운영하는 능력이다. 많은 주 교육부가 기준을 어떻게 수업에 활용할 수 있는지에 대한 안내 자료 및 워크숍을 제공하고 있는데, 예를 들어 버몬트 주 교육부의 경우 「교실 수업에서 기준 활용하기」라는 교사용 안내서를 통해 성취기준을 중심으로 단원계획을 세우는 방법을 안내한다(Vermont Department of Education, 1998). 이 안내서에 따르면 기준 중심의 단원계획을 위해 고려할 요소는 기준, 교수·학습 순서 및 자료, 평가, 학습자다. 기준 중심으로 단원계획을 세울 때 교사는 우선 단원에서 가르치고 평가해야 할 기준이 무엇인지를 파악할 수 있어야 하고, 기준에 대한 이해를 바탕으로 교수·학습 활동의 순서를 정하고, 학생들이 기준에 어느 정도 도달하고 있는지를 점검하기 위해 무엇을 살펴보아야 하는지를 파악해야 하며, 성취기준 도달에 대한 정보를 제공할 수 있는 평가도구를 제작하고, 교수·학습 및 평가가 개별 학생들의 선행 지식 정도, 요구 및 수준에 맞추어 이루어질 수 있도록 해야 한다. Zagranski 외(2008)는 단원설계가 기준 중심 교육에서 필수적인 요소라고 주장하며, 교사는 하나의 주제가 개념을 다루는 단원이라는 관점에서 기준의 다양성, 교수·학습 및 평가의 다양성, 학생들의 다양성을 종합적으로 고려하며 계획을 세울 수 있어야 함을 강조한다.

기준 중심 교육에서 강조되는 세 번째 능력은 교사의 평가 문해력이다. Webb(2002)에 따르면 평가 문해력은 학생들이 무엇을 알고 할 수 있는지를 평가할 수 있는 방법을 알고, 평가의 결과를 해석할 수 있고, 그것을 학생들의 학습과 프로그램의 효과성을 개선하기 위해 활용할 수 있는 능력을 의미한다. 기준 중심 개혁이 일어나면서 평가 문해력은 다음과 같은 이유로 더 많은 관심을 받게 되었다. 첫 번째는 기준 중심 개혁이 학생들이 무엇을 알고 할 수 있어야 하는지의 기준을 명확히 하고 그 기준에 대한 달성 여부를 평가하도록 강조한다는 것이고, 두 번째는 그러한 평가를 할 때 다양한 평가방법을 활용하도록 촉구한다는 것이다. Webb(2002)은 기준 중심 교육을 실천할 때에 평가 문해력이 있는 교사들은 평가가 학습을 촉진할 수 있고, 학생들과 학부모에게 유용한 정보를 제공할 수 있다는 것을 알고, 기준에서 기대되는 학습이 무엇이고, 그 학습에 대한 정확한 정보를 제공하기 위해 적절한 평가도구를 선택하여 개발할 수 있고, 평가결과를 통해 학생의 성취수준에 대한 결정을 하고, 결과를 활용하여 수업을 개선할 수 있다고 설명한다. 또한 이러한 모든 것을 체계적으로 계획할 수 있는 평가계획을 세울 수 있다고 설명한다. 오하이오 주 교육부에서 제공하는 평가 문해력에 대한 교사 안내 자료(Ohio Department of Education, 2013)에 따르면, 평가 문해력이 있는 교사들은 다양한 평가의 종류, 목적, 평가도구가 제공해 줄 데이터가 무엇인지를 알며, 실제 수업에 대한 정보를 제공하고, 학생을 평가하고, 학생의 학습을 돕기 위해 다양한 평가도구를 활용할 수 있다.

기준 중심 교육에서 강조되는 마지막 능력은 기준 중심 성적표(Standards-based report cards)를 작성할 수 있는 능력이다. Guskey와 Bailey(2010)는 기존의 성적표가 학생의 수준에 대한 충분한 정보를 제공하지 못했고, 최근의 교육 동향에 맞지 않음을 지적했다. 그들은 기준 중심 교육의 동향에 맞추어 학생 및 학부모에게 학생의 성취수준에 대한 충분한 정보를 제공하기 위해, 점수가 아닌 기준에 대한 정보를 제공하여 기준과 관련해서 학생들의 강점과 보완점을 파악하여 발달단계에 대한 종합적인 그림을 그려 줄 수 있어야 한다고 강조한다. Zagranski 외(2008)도 기존의 성적표와 기준 중심 성적표의 차이를 설명하면서, 기준 중심 성적표는 기준에 근거하기 때문에 더 객관적이고, 피드백이 구체적이며, 학습개선을 돕기 위해 더 구체적인 데이터를 제공한다고 설명하였다.

형성평가를 성공적으로 적용하기 위해서는 교사가 성취기준을 정확하게 해석하고, 그 해석을 바탕으로 학생들의 수준에 대한 정확한 정보를 제공하는 평가를 활용하고, 평가결과를 바탕으로 기준에 근거하여 학생에 대한 구체적인 정보를 제공하는 성적표를 해석할 수 있는 능력이 요구된다.

2) 형성평가의 효과적 사용을 위한 교사의 지식과 기술의 조화

효과적인 형성평가가 이루어질 수 있는 교실이란 교사가 평가로부터 수집한 정보들을 기초로 피드백을 활용하여 모둠 혹은 개별 학생의 수준에 맞게 교수법을 수정하고, 학생들이 서로서로 피드백을 주고받을 수 있으며, 학생들이 자유롭게 과제에 대해 논의하며 질문이나 도움을 편안한 마음으로 요청할 수 있는 분위기다. 이처럼 교사가 형성평가를 효과적으로 사용하기 위해서는 교사의 지식과 기술이 충분하며, 이러한 지식과 기술을 얼마나 조화롭게 적시 적소에 사용하는가가 중요하다.

(1) 형성평가의 효과적 사용을 위한 교사의 지식

Heritage(2010)는 교사가 형성평가를 효과적으로 사용하기 위해 필요한 지식으로 다음의 다섯 가지 지식 유형을 제시하였다.

① 내용 지식(Content Knowledge)

교사는 자신이 가르치는 내용에 대하여 다음의 주요 질문에 대한 답을 할 수 있을 정도의 충분하고 깊은 지식을 갖추고 있어야 한다.

- 내 학생들이 도달해야 할 지점은 어디인가?
- 현재 학생들은 어느 지점에 있는가?
- 다음 단계는 무엇인가?

이 세 가지 질문에 답하기 위해서 교사는 학습목표와 성과의 준거(success criteria)를 명확하게 설명할 수 있어야 하고, 학생들의 반응에 기초해 학생들의 학습수준을 해석할 수 있어야 하며, 학생의 학습 발전을 위한 다음 단계가 무엇인지를 결정할 수 있어야 한다. 이러한 모든 능력은 교사가 가르치고 있는 학습내용의 충분한 이해를 바탕으로 한다. 수학교과의 '좌표그리기' 주제를 대상으로 수업의 시간 경과에 따른 성과준거와 형성평가 전략 예시를 제시하면 〈표 12-2〉와 같다.

〈표 12-2〉 형성평가 전략과 성과준거 예시

수업 초반	수업 중반	수업 후반
• 용어 확인: 무작위 질문을 한다. • 학생들에게 용어의 정의 수정 및 보완 요청한다. • 유사한 혹은 관련된 용어를 찾는다. • 그래프를 그리고 그 위에 x축, y축, 사분면 등 주요 용어를 찾아 쓴다.	• 성과준거 1: 주요 용어를 사용하여 그래프를 설명한다. • 성과지표 2: 학생들이 좌표의 각각의 지점에 이름표를 붙인다(모둠활동). • 성과지표 1과 2: 주어진 과제에 따라 개별적으로 사사분면에 각 점을 그리고 이름표를 붙인다(마을지도 그리기 등).	• 성과준거 1: 좌표에 위치한 점들을 설명하고 글로 작성한다. • 성과지표 2: 사분면에 위치한 좌표를 표나 차트로 재조직화한다. • 성과준거에 대한 자기평가를 한다.

〈표 12-2〉에 제시된 바와 같이 성과준거를 설정하고 이를 확인할 수 있는 형성평가 전략을 개발하는 활동은 교사가 가르치고자 하는 내용에 대한 지식이 충분할 때 효과적으로 이루어질 수 있다.

② 메타인지에 대한 지식(Knowledge of Metacognition)

형성평가는 평가를 통해 부족한 영역이나 내용을 파악하고 학습의 발전을 위해 교수·학습의 수정 및 보완을 목적으로 하기 때문에 학생의 메타인지는 형성평가에 있어서 매우 중요한 요소다. 효과적인 학습자는 자기주도적 학습을 수행할 수 있으며 자기주도적 학습을 위해서는 메타인지가 중요한 역할을 한다(Heritage, 2010).

자기주도적 학습을 수행할 수 있는 학생은 자신의 학습에 스스로 책임감을 가지고, 학습과정을 관찰하며 학습이 제대로 이루어지지 않고 있다고 생각할 때는 보완할 학습전략을 마련할 수 있다. 이를 위해 교사는 학생들이 메타인지능력을 습득하고 발전시킬 수 있도록 도와주어야 한다. 그렇기 위해서 교사는 메타인지에 대한 지식을 갖추어야 하고, 특히 교실의 분위기, 학습활동, 평가를 통한 동기유발 등에 대한 깊은 이해가 필요하다. Stiggins(2002)는 교수와 학습을 이끄는 원동력은 동기라고 하며, 동기가 학습 발전에 매우 중요한 요소임을 강조하였다. 이처럼 교사는 학생의 학습을 촉진시키기 위한 효과적인 형성평가의 활용법을 고민할 필요가 있다. 이는 곧 학습을 위한 동기유발로 학생을 이끌기 위함이다.

③ 교수적 내용 지식(Pedagogical Content Knowledge)

교사에게 내용, 개념, 기술 등을 어떻게 가르칠 것인가에 대한 지식, 즉 교수적 내용 지식이 매우 필수적이고 중요하다는 사실은 매우 오래전부터 알려지고 강조되어 왔다. 나아가 지식이 형성되면서 발생하는 과정인 추론, 문제해결, 협력 등을 활용하는 방법에 대한 지식은 학생들의 오개념 유형, 원인, 바로잡기 위한 방법 등을 적용할 때 중요하게 작용한다. 특히 형성평가에서 학생의 현재 학습수준과 목표와의 차이를 이해하고 이를 줄이기 위한 교수법을 수정·보완할 때, 이러한 지식 형성과정을 활용하는 방법에 대한 지식이 유용하다. 학생들마다 학습수준과 목표와의 차이가 다를뿐더러 개인 성향이나 경험도 다르다. 그렇기 때문에 형성평가의 효과적인 사용을 위해서는 교사에게 다양하고 차별화된 교수전략, 그리고 언제, 어떻게, 누구에게 적용할 것인지에 대한 지식을 교수적 내용 지식으로 가지고 있어야 한다.

④ 학생의 사전학습에 대한 지식(Knowledge of Students; prior learning)

교수의 효과는 학생의 현재 학습 상황을 고려하여 적절량의 새로운 지식이 적절한 시점에 투입될 때 극대화할 수 있다. 따라서 교사가 효과적인 교수법을 적용하기 위해서는 현재 학생의 학습수준 및 사전학습 경험을 인지하여야 한다. 다음의 다섯 가지 정보를 통해 교사는 학생의 사전학습에 대한 지식을 갖출 수 있다.

- 교수하고자 하는 내용 영역에서의 특정 주제에 대한 지식의 정도
- 교수하고자 하는 내용 영역에서 제시되는 개념들에 대한 이해의 깊이
- 교수하고자 하는 내용 영역과 관련된 기술의 수준
- 교수하고자 하는 내용 영역에 대한 관심과 학습동기
- 교수하고자 하는 내용 영역과 관련된 용어의 사용 및 익숙한 정도

교사는 학생의 사전학습 수준 및 경험에 대한 증거를 수집하여 이해하고 이에 맞추어 사전학습과 새롭게 학습할 내용을 적절하게 연결시켜 효과적으로 학습을 진행시킬 수 있다.

⑤ 평가 지식(Assessment Knowledge)

학습과 관련한 증거를 수집하기 위한 기회를 극대화하기 위해서 교사는 형성평가와 평가의 전략을 충분히 이해하여야 한다. 이전 장들에서 살펴보았듯이 관찰, 질문, 대화 등 평가의 기법들은 단지 시험에 국한되는 것이 아니라 매우 다양한 형태로 사용될 수 있다. 다양한 형성평가의 기법들은 반드시 학습목표 및 성과준거, 그리고 평가의 목적에 비추어 일관적인 연계 속에서 고려되어야 한다. 형성평가의 목적은 앞으로 이루어질 학습을 촉진시키는 것이므로 형성평가의 타당도는 이어지는 교수로 인하여 학습이 얼마나 효과적으로 이루어지는가로 평가할 수 있다(Stobart, 2006). 또한 형성평가의 목표는 학습과 관련한 신뢰성 있는 피드백을 제공하는 것으로도 볼 수 있다. 형성평가는 교사가 시간을 두고 반복적으로 학생의 수행에 대한 증거를 수집하므로 신뢰도에 대한 잣대가 다른 평가에 비하여 비교적 가볍다고 할 수 있지만(Messick, 1995), 형성평가로부터 수집한 증거를 기반으로 이에 대한 해석과 학생의 학습촉진을 위한 피드백을 제공하기 때문에 학습목표 및 성과준거의 연계를 고려한 평가의 질이 보장되어야 한다. 형성평가의 질을 관리하기 위하여 〈표 12-3〉에서 제시한 항목들을 체크해 볼 수 있다.

〈표 12-3〉 형성평가 질 관리 체크 리스트

형성평가 질 관리 항목	예	아니요
형성평가 전략이 학습목표 및 성과준거와 연계되어 있다.		
학생들이 본인의 학습수준을 다양한 방법(설명, 토론, 시범 등)으로 나타낼 수 있도록 다수의 기회를 제공하였다.		
학습목표와 관련된 증거들을 수시로 수집하였다.		
평가의 목표, 준거 등 평가와 관련된 정보들을 충분히 제시하였다.		
학생들의 다양한 학습수준(초급~고급)을 파악할 수 있는 형성평가 전략을 사용하였다.		

(2) 형성평가의 효과적 사용을 위한 교사의 기술

형성평가의 성공적 적용과 효과의 극대화를 위하여 교사는 지식뿐만 아니라 필요한 기술까지 갖추어야 한다. 형성평가의 효과적 사용을 위해 Heritage(2010)가 제시한 교사의 기술은 다음과 같다.

① 증거 해석

형성평가로부터 수집한 증거를 해석하는 능력은 형성평가의 효과성에 매우 중요한 요소다. 관찰, 작문, 대화 등 다양한 평가방법을 사용한 후 학생의 반응을 해석하여, 학생이 알고 있는 개념, 오개념, 기술 및 지식 수준을 추론하여야 한다. 이때 학습목표와 성과의 준거에 비추어 주의 깊게 분석하여야 한다. 즉, 학생의 반응을 기반으로 기대되는 목표와 현재 수준 사이의 차이에 대한 정확한 해석이 이루어져야 학습발전을 위한 교수법의 수정 및 보완으로 연결될 수 있는 것이다. 학생의 반응에 대한 분석 및 해석은 교사가 계획하지 않은 상태에서 일어날 수도 있고 수업이 끝난 후 수집된 증거를 검토하면서 이루어질 수도 있다. 학습에 대한 적절한 추론은 해당 교사가 갖추고 있는 지식의 범위와 깊이에 따라 달라질 수 있다. 교사가 가르치고 있는 내용에 대한 지식이 충분하지 못하다면 학생의 반응, 학생의 현재 학습수준과 학습목표와의 차이에 대한 해석이 부정확할 수 있으며, 학생이 나아가야 할 다음 단계를 결정하는 데 있어서 오류가 발생할 수 있다.

② 피드백 제공

형성평가로부터 증거를 수집하여 분석하면, 이를 통해 학생들에게 피드백을 제공할 수 있다. 교사는 학생이 학습의 발전을 가져올 수 있도록 성과준거와 연결하여 명확하고 설명적인 피드백을 제공할 수 있는 기술이 필요하다. 5장에서 기술한 바와 같이 피드백은 학생에게 본인의 응답이 성과준거에 비추어 무엇이 다른가를 인지할 수 있도록 제시되어야 하고 기대되는 목표와 현재 수준의 차이를 줄이기 위해서 무엇을 어떻게 해야 하는지에 대한 정보가 포함되어야 한다. 역시 교사가 가르치고 있는 내용에 대한 충분한 지식을 갖추고 있을 때 명확한 피드백을 구성할 수 있다.

③ 적절한 교수법 선택

형성평가는 기대되는 목표와 현재 수준의 격차를 줄이기 위하여 이어지는 교수법을 수정·보완하려는 목표를 가진다. 형성평가 후 교수법이나 교수단계가 학생에게 너무 어렵다면 학생이 학습 방향을 상실하게 될 것이고 반대로 이어지는 교수법이나 단계가 너무 쉽다면 학생은 학습에 대한 관심을 잃거나 지루함을 느끼게 될 것이다. 따라서 기대치와 현 수준의 격차를 성공적으로 줄이기 위해서는 교사가 형성평가로부터 수집한 증거를 학생에게 필요한 수준으로 연결하는 교수적 기술이 필요하다.

학생의 수준에 적합한 교수전략을 선정하는 기술은 교사의 교수적 내용 지식(PCK)에 기초한다. 학생들마다 기대치와 현 수준의 격차는 다르기 때문에 학생에 따라 교사의 적절한 교수전략 선정이 중요하다. 또한 적절한 교수법을 선택하였다 하더라도 학생의 학습수준에 따라 차별화된 교수·학습이 이루어지지 않고서는 실행되기가 어렵다. 그러므로 목표와 현 수준의 격차를 줄이기 위한 교수법 선택 기술은 선택하는 데서 끝나는 것이 아니라 이러한 전략을 수행하는 완료시점까지 포함하여야 그 효과를 볼 수 있다. 새로운 지식을 습득할 수 있도록 적절한 방법과 내용을 지원해야, 학생의 학습은 점차 내재화된다. 또한 독립적인 학업성취가 가능해진다.

④ 동료평가 방법 설명

형성평가를 효과적으로 사용하기 위한 교사의 기술 중에는 학생들이 향후 자신들의 학습촉진을 위해 서로서로 발전적 피드백을 주는 것을 가르치는 기술이 포함된다. 동로평가를 통한 피드백은 "~부분은 명확하지 않은 것 같아.", "나는 네가 설명한 부분 가운데 ~부분은 잘 못 알아들겠는데.", "네가 설명한 ~부분은 정말 이해하기 쉽다." 등의 단순한 수준에서 시작하여 성과의 구체적 준거와 비교해 가며 동료 학생들의 수행에 대한 자세한 분석을 통한 피드백으로 그 수준을 점차 발전시킬 수 있다. 학생이 동료평가 및 피드백 구성 능력을 갖추기 위해서는 먼저 교사가 학생들과 상호작용하며 평가결과를 분석하고 피드백을 제공하는 절차들을 구체화할 수 있는 기술을 갖추어야 한다. 이는 동료교사와 학생의 수행결과에 대한 피드백을 제공하는 역할극을 하거나 동료교사의 수업 참관 등을 통해서 발전시킬 수 있다.

3) 교사 공동체 활용

미래형 학교교육은 학교를 배움과 학습의 공동체로 만드는 일에서 출발하여 교사들이 서로 배우면서 성장하는 공동체로 만드는 것을 목표로 한다(서경혜, 2009). Stiggins와 DeFour(2009)는 같은 교과 혹은 같은 학년을 가르치는 교사들이 팀을 이루어 협력하여 개발하는 평가를 **공동평가**(Common Assessment)라 부르고 이러한 공동평가와 형성평가를 함께 사용할 것을 강조하였다. 공동 형성평가는 같은 학년에게 같은 교과를 가르칠 때 모든 교실에서 사용할 수 있다. 이로 인하여 교사들의 평가문항 개발에 대한 부담을 경감시킬 수 있고, 보다 많은 평가문항을 확보할 수 있다. 나아가 공동평가를 사용하는 교사들과의 정보교환으로 인하여 평가도구의 질은 물론 교수법을 보다 효율적으로 개선할 수 있다. 특히 학생의 학습수준과 학습 향상 방법을 이해하는 데 도움이 된다. 미국의 차세대평가 사업으로서 Smarter Balanced Assessment Consortium(SBAC)과 The Partnership for the Assessment of Readiness for College and Careers(PARCC) 모두 평가를 위한 효율적인 인적·물적 자원 활용을 위하여 여러 개의 주가 함께 평가 시스템을 공유하는 방식을 진행하고 있다. PARCC에는 22개 주 그리고 SBAC에는 24개 주가 함께 참여하여 하나의 교육 컨소시엄(consortium), 즉 교육공동체를 이루고 이들은 공통의 핵심 기준에 근거하여 평가를 시행하고 있다.

교사들이 활동하는 우리나라 학습공동체의 가장 대표적인 예시는 교사 혹은 교과 연구회로 이들은 일반적으로 교수·학습 자료나 평가문항 개발 등 교사가 학교현장에서 실질적으로 사용하고 도움을 받을 수 있는 주제를 다루고 있다. 김진규(2009)는 기존의 교육평가 관련 현직 연수의 문제점을 다음과 같이 지적하면서 교사 학습공동체를 활용한 현장적용형 혼합학습(blended learning) 교사연수 모형을 제안하였다. 첫째, 현재 시행되고 있는 대부분의 연수는 교사 개인역량 강화에 집중하고 있어 실제 학교조직의 생산성에 크게 기여하지 못하고, 둘째, 연수과정을 이수한 후 현장적용 문제를 연수생의 책임으로 전가하며, 셋째, 연수생 간 협력이나 정보공유의 문화를 형성하지 못할 뿐 아니라, 넷째, 연수 후 변화된 학습성과에 대해 피드백을 제공하는 장치가 없다는 것이다. 이러한 기존 연수의 문제점을 해결하기 위해서는 단위학교의 조직역량을 강화하는 방법을 활용하여 학교 현안 문제해결과 직결되는 현장 연계형 연수를 실시하고, 혼합학습을 유도하는 온-오프라인 학습공동체를 활용하며, 교사의 학습에 대해 지속적으로 형성평가 및 피드백을 제공하는 방향으로 연수가 전환되어야 한다고 주장했다.

Hirsh(2011)는 그동안 많은 연구에서 드러난 효과적인 교사의 역량 또는 전문성 강화(Professional Development) 방법의 특징을 정리하였는데, 그 특징에는 앞의 연구들에서 지적한 교사공동체 활용, 높은 현장적용성, 지속적인 평가나 피드백이 포함되어 있다. Hirsh에 따르면 효과적인 역량강화 프로그램의 대표적인 예는 교사공동체로서 교사들은 이를 통해 학습공동체 구성원으로 서로 우수사례를 공유하고 협력 및 문제해결을 할 수 있다. 또한 직무를 수행하는 과정에서 즉각적으로 이루어지는 전문적 지원(on-the-job professional support)을 제공받고, 배운 내용을 실제 수업에 적용한 후 재교육을 받고, 자신의 학습에 대해 전문가로부터 피드백을 받을 수 있다. Korthagen과 Lagerwerf(2001)는 교사공동체를 통하여 교사의 주도성 및 자율성을 강조하며 교사의 전문성 학습은 학습자의 내적 동기에 따라 주도될 때, 학습자 자신의 경험에 근거할 때, 학습자가 자신의 경험에 대해 반성적으로 검토할 때 효과적임을 주장했다.

한편 교사공동체와 유사한 방법으로 교수적 코치(Instructional Coach) 방법도 널리 활용되고 있다. 교수적 코치 방법에서 코치는 교사들의 문제를 해결해 주거나 답을 제시해 주며 통제권을 자신이 쥐는 컨설턴트와 달리, 교사가 지속적인 성찰 및 학습을 할 수 있도록 격려하고 통제권을 교사에게 준다. 교사가 학습의 주체가 되도록 개별적으로 지원하고 피드백하는 코칭은 교사의 역량강화에 있어 매우 중요한 역할을 한다(Aguilar, 2013). 미국의 많은 학교가 교사의 역량강화 프로그램에서 1:1 전문코치를 고용하는데, 전문코치 활용이 많아짐에 따라 이러한 코치들을 훈련시키기 위한 아카데미도 많이 생겨나고 있다. 예를 들어, 펜실베니아 주의 경우에는 Pennsylvania Institute for Instructional Coaching(PIIC)을 통해 코치들 간의 네트워킹을 촉진하며 지속적인 훈련이 이루진다.

(1) 교사공동체 유형

집단을 이루어 함께 학습하는 것은 다양한 형태를 가질 수 있지만 Caine과 Caine (2010)은 다음과 같이 스터디 그룹(Study groups), 액션 리서치 팀(Action research teams), 실습공동체(Communities of practice), 대화 동아리(Conversation circles)의 네 유형으로 분류한다.

① 스터디 그룹

스터디 그룹(Study Groups)은 일반적으로 특정한 시험이나 자격증을 위해 함께 준비하는 그룹을 말한다. 그룹의 멤버들은 공통의 목표를 가지고 학습자료를 공유한다. 교사들의 경우는 같은 교과를 가르치는 교사들이 함께 모이거나 같은 학년을 가르치는 교사들이 함께 모여 스터디 그룹을 만들 수 있다. Caine과 Caine(2010)에 따르면 스터디 그룹을 활용하는 가장 좋은 방법은 연구물이나 경험 또는 특정 과제를 수행할 때의 과정을 함께 평가하는 스터디 그룹을 형성하여 시간을 보내는 것이다.

스터디 그룹 운영에 있어서 어려운 점으로는 함께 공부할 자료들을 선별하는 것이다. 최근 기술의 발달로 다양한 자료와 정보가 넘쳐나고 있는 가운데 어떤 자료가 유익하고 적절할 것인지를 결정해야 하며 스터디 그룹에서 멤버들의 지식과 이해 정도가 다양하다면 어떠한 수준의 자료로 진행할 것인가를 선택하는 것이 어려운 과제이자 성공적인 스터디 그룹 운영에 중요한 요소가 된다.

② 액션 리서치 팀

액션 리서치는 지난 경험에 대하여 동료들과 논의한 것을 토대로 실제 상황에 적용하여 향후 다른 실행에 옮기는 것을 뜻하는 것이다. 액션 리서치 팀(Action Research

Teams)에서 가장 중요한 요소는 경험과 실행이라고 할 수 있다. Reason과 Bradbury (2007), Caine과 Caine(2010)은 경험을 통해 얻은 시사점에 대해 논의하고 이러한 결과를 실행에 옮기는 절차에서 체계적(systematically)으로 반성적(reflective)인 사고를 가지고 접근하는 것이 중요하다고 주장한다. Caine과 Caine(2010)은 액션 리서치를 적용하는 교사공동체를 활동의 목적에 따라 다음과 같이 세 유형으로 분류하였다.

- 유형 1: 교육활동 관련한 문제점을 발견하고 그 해결방안을 모색
- 유형 2: 교육활동 관련 실태를 파악하기 위한 자료수집
- 유형 3: 교실에서의 새롭고 효과적인 교수전략 실험 및 반영

액션 리서치는 앞서 제시한 유형 외에도 무엇을 연구할 것인지, 얼마나 깊이 있게 다룰 것인지에 따라 다양한 방법으로 진행될 수 있을 것이다.

③ 실습공동체(Communities of practice)

실습공동체란 직업인들이 각자의 직무를 수행할 때 다양한 문서와 매뉴얼이 있음에도 불구하고 문제나 모르는 것이 생길 때 복잡한 문서나 매뉴얼을 보기보다는 동료나 전 직무자에게 물어봄으로써 해결하는 사례가 많은 것에 착안하여 고안된 방법이다(Lave & Wenger, 1991). 실습공동체는 다양한 직업군에서 적용될 수 있으며 교사들이 학생이나 학부모, 또는 평가도구 등과 관련하여 논의하는 등 학교에서 유용하게 사용될 수 있다. Wenger 외(2002)는 실습공동체는 비형식적 과정을 통해 얻은 지식을 다른 사람들이 사용 가능하도록 보다 체계적인 구조로 조직함으로써 직무역량을 훈련시키고 강화하는 데 있어서 가장 효과적이고 강력한 방법이라고 하였다. 실습공동체는 사람들이 함께 일하는 곳 어디에서나 자유롭게 적용될 수 있는 반면 바람직한 면만 학습한다기보다는 좋은 관습과 나쁜 관습을 동시에 학습할 수도 있다.

④ 대화 동아리

대화 동아리(Conversation circles)는 다양한 전통을 가지고 있지만 일반적으로 동그랗게 둘러앉아 서로가 당면한 문제들에 대한 해결방안을 말하고 듣는 정기적 행사

를 일컫는다(Caine & Caine, 2010). 대화 동아리를 운영할 때 준수해야 할 사항은 참석자 개개인이 말할 기회를 가져야 한다는 점과 상대방이 이야기할 때 경청하는 자세다. 또한 대화 동아리를 적용할 때 어려운 점은 논의가 너무 피상적으로 또는 너무 깊이 있게 진행되는 것을 통제하기 어렵다는 것이다. 일반적으로 교사공동체를 운영할 때 대화 동아리를 활용한다면 적당히 가벼운 화두로 시작하여 참석자들이 점차 편안해지고 익숙해지면 보다 깊이 있는 대화나 과정에 들어가는 것이 바람직하다.

(2) 교사 공동체 사례

① 국내-○○ 중등영어평가문항개발연구회

우리나라에서 많은 교사연구회에서 다루고 있는 주제가 평가문항이다. ○○중등영어평가문항개발연구회는 현장중심의 연구활동을 통해 교사의 평가 전문성 신장, 자발적인 연구를 통한 교사 참여 확대 및 정보공유, 신뢰도와 타당도 및 객관도가 높은 양질의 평가도구 개발을 목적으로 형성되었다. 이 연구회에서는 평가 관련 4개의 분과(운영부, 교과연구, 수능연구, 독서토론연구)를 중심으로 운영하고 있다.

〈표 12-4〉 교사공동체의 연구회 분과와 분과의 역할

연구회 분과	역할
운영부	평가와 관련된 전반적인 활동계획을 수립 및 운영
교과연구	교과서에서 제시된 소재와 주제를 바탕으로 부가적인 읽기자료 제공 및 서술형 평가문항 개발
수능연구	EBS 교재를 활용한 평가문항 개발 및 수능형 평가문항 개발
독서토론연구	학생의 흥미와 교육적 가치를 지닌 영어 독서자료 선정 및 평가문항 개발

연구회의 활동은 크게 워크숍을 통한 전문성 신장과 분과별 모임을 통한 교사 간의 자발적 연구활동과 정보공유로 이루어졌다. 워크숍에서는 [그림 12-4]와 같이 참여 교사들의 평가 전문성 신장을 위해 교육과정의 이해 및 평가문항 개선, 평가문항 개발과 적용 등 관련 전문가를 초빙하여 강연과 논의하는 시간을 가졌으며, 분과별 소모임에서는 교과서와 관련된 보충자료를 만들고, 다양한 문항을 개발하고 검토하는 등 실습의 기회를 가졌다.

[그림 12-4] 교사공동체에서 주최한 워크숍 진행 장면

이 연구회에 참여한 교사들은 연구회 활동으로 다음과 같은 긍정적 효과를 제시하였다.

교육과정과 교수·학습, 평가와 평가결과의 활용을 유기적으로 연계하여 교과에 대한 큰 그림을 그리는 데 특히 많은 도움을 주었다. 예전에는 한 차시 수업계획을 세우는 것에만 급급했다면 이제는 교육과정을 기반으로 학기별 계획을 수립하고, 단원별 학습목표와 각 단원에서 학생들이 무엇을 배워야 하는지를 구체적으로 협의한 후 수업에 임하게 되었다.

단원별, 학기별 성취기준이 명확해지니 자연스레 학생들의 수준을 점검하는 일이 용이해졌고, 수업 간에 연계성도 높아졌다. 뿐만 아니라 언어의 네 기능의 지도과정에 있어서도 조화를 이루기 위해 노력하게 되었다. 입시 준비라는 명목하에 읽기와 듣기 중심의 수업만 해 오다가 학기초 협의한 성취기준을 바탕으로 수업을 계획하다 보니 자연스럽게 쓰기와 말하기 활동을 포함시키게 되었다. 이를테면, '상황과 목적에 맞게 글을 쓴다.'라는 성취기준에 맞춰 자기소개서나 포스터 작성과 같은 활동들을 하는 것이다. 자칫 추상적일 수도 있는 성취기준을 각 단원의 토픽과 연관지어 음식에 관한 단원에서는 요리법을, 자아존중감에 대한 단원에서는 자기소개서나 영문 이력서를 작성하는 활동으로 연결시켜 보았다. 읽기 수업에 있어서도 단순히 해석만 하는 것이 아니라, 학생들이 상향식 읽기전략과 하향식 읽기전략을 적절히 사용하도록 지도하여 중심내용과 세부내용을 파악하게 도왔다.

가장 큰 변화는 평가에서 일어났다. 동 학년을 맡은 네 분의 선생님 중 세 분이 함께 연구회를 하고 있어서 모두 평가의 중요성에 대해 공감하고, 시험 전후 수시로 모여서 문제에 대해 협의하는 것에 대해 전혀 거리낌이 없으셔서, 이런 협의과정을 통해 교사로서 많이 성장할 수 있었다. 매 시험마다 많게는 열 번이 넘는 협의회의를 거치면서 최종 문항 점검, 오답의 매력도 확인, 난이도, 정답률 추측 등을 하게 되니 평가 후에도 우리의 추측이 맞았는지 확인하게 되고, 다음 수업에서 보충해 주어야 할 것이 무엇인지를 고찰하게 되었다. 무엇보다 평가내용이 학습자에게 긍정적으로 환류되는 것을 볼 수 있었다.

② 국외-Edcamp(온라인 교사공동체)

Edcamp(http://edcamp.org)는 초·중등 교사들의 자생적, 참가자 중심적 전문성 개발을 지원하기 위해 뜻 있는 사람들이 설립한 비영리조직이다. 교사 교육에 관심 있는 사람이면 누구든지 Edcamp에 무료로 참가할 수 있다. Edcamp는 전문가로부터 강의를 듣거나 준비된 주제를 가지고 실습을 하는 것이 아니라, 프로그램 참가자들 스스로 논의 주제를 정한 후 공통된 주제를 선택한 참여자들끼리 소집단별로 토의를 진행하는 교사 중심 컨퍼런스다. 논의 주제가 본인의 필요에 맞는지 판단할 때까지 논의 테이블 주변에서 경청만 할 수 있으며, 논의 테이블에 앉아 논의에 참여하다가 본인의 필요에 맞지 않는다고 판단될 때 자리를 떠날 수 있다는 원칙을 정해 놓아 참여자의 자율성 및 자발성을 강조한다.

교사가 계획하고 주도하는 이러한 전문성 강화(Professional Development: PD) 프로그램 형태는 참가자의 필요에 맞춘 학습이 다른 교사들과의 토론 및 협력을 통해 이루어지고, 교사들 간 네트워크를 형성할 수 있다는 점에서 장점이 있다. 프로그램 주최 측에서는 논의를 위한 장소와 논의에 필요한 필기구를 제공하고 진행만 할 뿐 대부분이 참가자에 의해 프로그램이 완성된다. Edcamp 프로그램 순서는 다음과 같다.

1. 참가자들은 소집단으로 구성되어 논의할 주제를 선정한 후 탁자 위에 주제를 써 놓는다.
2. 모든 참가자가 자리에서 일어나 논의 주제를 둘러본다.
3. 본인이 관심 있는 주제를 가진 테이블에 앉아 논의에 참가한다.
4. 일정 시간 후 논의를 마치고 각자의 생각, 성찰들을 발표한다.

논의 장소와 시간 등은 [그림 12-5]와 같이 Edcamp 웹사이트에 공지하여 전문성 계발을 원하는 교사들이 참가할 수 있는 프로그램의 정보를 제공한다.

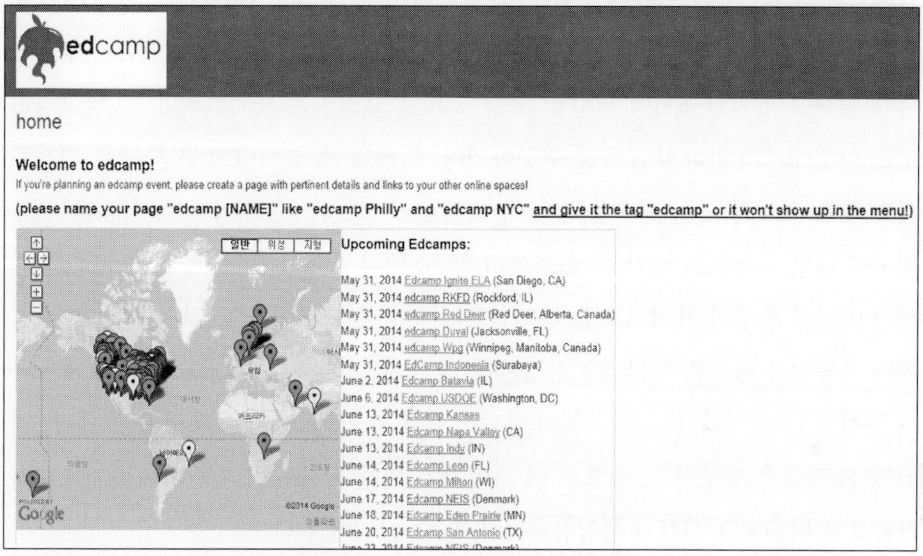

[그림 12-5] Edcamp 홈페이지 화면

이렇게 참가자에 의해 프로그램이 진행되며, 주제 역시 참가자 필요에 따라 현장에서 결정하는 Edcamp는 참가자들이 집중하며, 소요시간이 짧지만 효율적이고, 교사 네트워크를 형성할 수 있는 기회의 장으로 협력적이라는 장점이 있다.

3 학습을 돕는 평가

1) 동기유발을 위한 평가

학습에 있어서 동기는 항상 중요한 요인으로 간주되어 왔다. 1960년대와 1970년대에는 행동심리학자들에 의해 상과 벌을 언제 어떻게 부여하냐에 따라 학습이 강화되거나 감소된다는 이론이 주를 이루어 왔다(Earl, 2013). 이러한 이론하에 평가는 점수의 형태로 상과 벌을 부여하기 위한 기제가 되어 왔다. Stiggins(1997)는 평가결과가 학생들의 학습동기에 영향을 주는 중요한 요소임은 틀림없지만 그 영향력이 모든 학생에게 동일하지 않음을 주장하였다. 이를테면, 능력이 높은 학생은 평가로 인해 높은 점수를 받아 학습동기가 더 높아질 수 있지만 능력이 낮은 학생은 낮은 점수에 대한 걱정으로 평가 자체를 꺼려 할 수 있다. 평가는 단순히 상과 벌을 통해서가 아니라 학생이 가지고 있는 흥미를 자극하고 앞으로의 성장 및 발전을 위한 방향과 가능성을 제공해 주는 동기유발제가 될 수 있어야 한다. 평가는 목표에 도달하지 못함에 대한 실패감을 주는 것이 아니라 목표를 향해 달려 온 과정 및 그 동안 성취해 온 것들을 강조하고, 앞으로 더 나아가기 위한 피드백을 제공하고 자기주도적 학습으로 이끌어 자신감과 책임감을 강화할 수 있어야 한다.

① 교수·학습과의 유기적 연계

평가는 학생의 흥미와 적성을 담고 학생들 앞에 놓인 환경과 관련하여 제공할 때 학생들의 진정한 참여를 이끌어 내어 학습동기를 유발할 수 있다. 교육과정에 근거한 성취기준, 수업, 평가, 학생들의 실생활이 유기적 연계를 이루어 평가에 함께 반영될 때 학생들이 현재 알고 수행할 수 있는 것을 판단하고 강화할 수 있으며 학생들의 사고를 자극할 수 있다.

② 다양한 문항 유형 활용

학생들은 잠재적으로 다양한 사고와 무궁무진한 창의적 발상과 가능성을 가지고 있다. 학생들이 비판적 사고, 복잡한 문제해결, 지식의 새로운 상황에의 적용을 계발할 수 있도록 비구조화된 문항 유형이나 수행과제를 강조하는 평가로 전환되어야 할 것이다.

③ 적절한 도전감 부여

목표 도달을 위해 부단히 노력했다고 해서 모든 학생들이 목표한 바를 성취하는 것은 아니다. 일부 학생들에게 목표 도달은 다른 세상 혹은 다른 학생들의 이야기처럼 보일 수 있다. 형성평가는 특히 학생들이 앞으로 나아가기 위한 디딤돌 역할을 하여야 한다. 학생들 수준에 적합한 난이도와 적절한 도전의식을 부여함으로써 학생들이 해결할 수 있고 학습목표가 성취 가능한 것이라는 자신감을 심어 줄 수 있어야 한다.

2) 단계적 성취를 고려한 평가

어떤 분야든 학습은 초보적 단계에서 능숙한 단계까지의 연결선을 따라 발전이 이루어진다(Earl & katz, 2006). 학습이란 것은 무작위적으로 일어나는 활동이 아니라 구조적으로 이루어지는 것이다. 학습의 초보단계에서 학생은 많은 부분에 불확실성을 느끼고 구조적 안내를 기다리지만 고급단계로 가면서 학생 스스로 문제에 대한 이해 및 해결방법을 터득하고 보다 효율적인 방식으로 이를 창조해 나간다([그림 12-6] 참조).

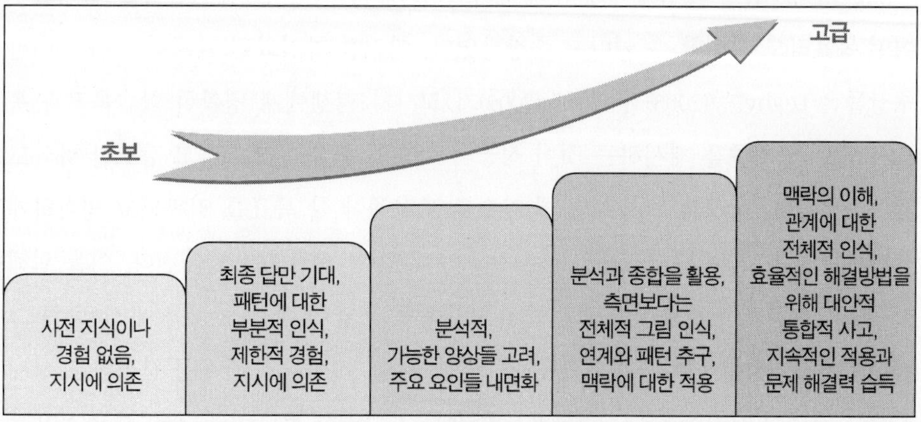

[그림 12-6] 학습의 발전 단계

Biggs와 Collis(1982)는 학생이 배운 내용을 이해하고 목표에 도달하는 것은 갑자기 이루어지는 것이 아니라 [그림 12-7]과 같이 비구조적 → 단일구조적 → 다중구조적 → 관계적 → 확장된 추상적 수준의 다섯 단계를 거쳐 순차적으로 습득해 가는 과정이라고 보았다.

비구조적 단계	새로운 지식에 대해 전혀 이해가 없으며 질문에 대해 답이 없거나 관련 없는 답을 제시한다.
↓	
단일구조적 단계	단편적 지식만 선택하여 집중하고 다른 관련 지식에 대해서 관심이 없다.
↓	
다중구조적 단계	다양한 지식에 관심이 있지만 그들 사이의 연결고리를 찾으려는 시도가 없다.
↓	
관계적 단계	주제나 유형들을 통해 여러 종류의 정보를 연관 짓는다.
↓	
확장된 추상적 단계	정보를 분류하여 새로운 영역이나 환경에 적용한다.

[그림 12-7] 학습을 통한 목표 도달 과정

Stiggins(2001)는 학생들에게 구체적이고 일관적인 목표를 제시한다면 학생들은 어떤 목표라도 달성할 수 있다고 주장하였다. 이러한 가시화된 단계적 성취에 대한 주장들은 Leahy 등(2005)과 Hattie(2009)가 교사와 학생에게 명확한 학습목적과 목표 도달에의 기준을 제시하는 것이 성공적 학습의 중요한 요소라고 강조한 바와도 일맥상통한다. 학생과 교사가 함께 앞으로 도달해야 할 목표를 일관되고 명확하게 규명하고 이를 위해 단계적으로 나아갈 때 학생들의 성취도가 높아진다. 이를 위해서 Black과 Wiliam(1998a)은 교사들이 학습목표 도달에 대한 전 과정에 대한 큰 그림을 그리고 이에 대한 구성요소들, 즉 개념, 기술, 지식들의 관계를 분석하고 상세화하는 작업이 따라야 한다고 하였다. 학생들도 그러한 큰 그림을 확인하고 목표를 성취하기 위해 어떠한 길로 가야할지를 인식해야 한다. 학생들이 학습의 목표와 방향을 인식할 때 학습하고 있는 내용과 수행하고 있는 과제들에 대한 연결을 이해할 수 있다. 이는 곧 학습에 진정으로 참여할 수 있는 동인이 된다.

① 계획된 학습과정으로서의 평가

형성평가에서는 교육과정, 교수·학습, 평가가 반복적이고 순환적으로 상호작용한다. 효과적이고 성공적인 학습을 위해서는 교육과정, 교수·학습, 평가가 일관성을 가져야 하고 교사는 교육과정에 근거하여 주제별 성취기준의 내용과 행동요소 그리고 이에 대한 평가방법을 계획할 수 있어야 한다. 물론 이러한 계획들은 학기초에 수립되는 것이지만 효율적인 교수·학습을 위해, 또 학생의 목표 도달을 위해 시시때때로 다양한 수정과 보완이 필요하다. 학생들의 학습이 계획된 대로만 일어나는 것이 아니기 때문에 학기초에 수립한 계획에 근거하되 학습과정으로서의 형성평가를 적용하여 수정·보완해 나가는 교수·학습이 필요하다.

② 학생의 특성에 따른 차별화 반영

모든 교사들은 한 학급이 다양한 요구와 배경 그리고 각기 다른 지식 및 기술 수준을 가진 학생들로 구성되어 있다는 것을 알고 있다. 그러나 그러한 다양성을 어떻게 반영하여 수업을 운영하고 평가를 시행하는가에 대해서는 명쾌한 답이 없다. 더군다나 맞춤형 교육이 강조되면서 교실현장에서 교사는 더욱 어려움을 겪는다. 차별화라는 것은 적절한 시기에 적절한 수준의 학습과제를 학생이 수행하는 것을 일컫는다. 차별화된 접근은 교사가 학생이 어느 수준의 지식 및 기술을 갖추고 있는지에 대한 이해가 있을 때 가능하다. 과거에는 한 학급을 하나의 유사한 학생집단으로 간주하고 기초학력이 부족한 학생들 위주로 차별화된 교수·학습과 평가가 강조되었다. 그러나 최근에는 학급에서의 학습이 아니라 개별 학생들의 학습을 추구하면서 평가 역시 차별화된 학습에 부합하여야 한다. Sutton(1995)은 효과적인 차별화의 주요 요소로서 학생에 대한 정확하고 적절한 정보를 강조하였다. 형성평가를 통하여 이러한 정보를 수집하는 것이 중요하다.

3) 자기주도학습으로 이끄는 평가

자기평가(self-assessment), 자기점검(self-monitoring), 자기주도(self-regulation)는 학습을 위한 평가 및 학습으로서 평가의 핵심이다(Earl, 2013). 자기주도적 학습은 학생 스스로 학습과 행동을 평가하고 조절하는 학습이다. 자기주도적 학습능력은 학습의 상위단계에서 요구되는 특성으로 자율적인 학습 성격을 습득하고 이를 기초로 한 성공적 수행에 도움이 된다. 비판적 사고와 문제해결력을 갖추기 위해선 자기평가와 자기주도학습이 뒤따라야 한다. 형성평가는 배운 내용을 실행해 보고 학습과정을 향상시키는 교수·학습의 이론과 동일하게 적용되어야 한다(Clark, 2012). 자기주도 학습자를 위한 형성평가는 다음의 사항을 고려하여야 한다.

- 학습활동에서 학생을 진정한 참여로 이끄는 것은 동기유발이다.
- 명확한 목표와 성공적인 성과가 어떤 모습인지에 대한 구체적 예시가 중요한다.
- 정답 여부를 가르쳐 주기보다 취약점과 개선점에 대해 설명하고 피드백을 해주는 것이 학생이 독립적으로 다음 단계로 전진하는 것을 도와준다.

이러한 점을 고려하여 형성평가를 계획한다면 이는 효율적이고 성공적인 학습으로 연결될 수 있다.

① 학습에 대한 기록과 보고

수업을 진행하면서 혹은 수업을 마친 후 학생이 무엇을 알고 있고 적용하고 있는지에 대해 기록하는 것도 형성평가의 좋은 방법이다. 반면, 채점이나 결과 기록 등에 교사의 시간을 할애하는 것보다 학생 스스로 무엇을 얼마나 알고, 어떠한 부분이 부족한가를 평가해서 기록하고 보고하라고 하는 것도 평가와 학습, 양 측면에서 효과적인 방법이다. 이러한 기록은 교사와 학생이 생각하고 있는 목표에 대한 차이나 학습자 관점에서의 학습 발달과정을 이해하는 데 큰 도움이 될 수 있다.

② 토론과 자기 반성

목표 도달 여부와 관계없이 상대적 서열에 의해 평가받는 경쟁적인 교실 분위기에서 학습은 개인적 활동이며 비공개적으로 이루어지게 된다. 반면, 사전에 설정된 목표에 도달하게 되면 모두가 인정받을 수 있는 학습 및 평가 환경에서는 협력적 학습이 일어나며, 학생들은 서로 논의하며 함께 발전할 수 있다. 이러한 학습과정 속에서 동료 학생들이 협력자이자 후원자가 될 수 있다. 또한 분석, 비교, 재검토 등 협력적으로 참여하며 토론하고 반성해 보는 활동 자체가 학생들의 학습을 촉진하는 평가로 기능할 수 있다.

학습은 학습자가 이미 알고 있는 내용과 현재 학습하고 있는 내용이 연결될 때, 자신의 경험과 연결될 때, 지식들의 연결고리 및 관계들이 보일 때, 자신이 학습하고 있는 것을 사용할 수 있을 때 가장 잘 이루어진다(Darling-Hammond, 1992). 이는 사고와 이해의 역동적인 과정이 머릿속에서만 일어나기보다는 학습자 자신의 실제 생활과 경험과 연결될 때 학습의 효과가 크다는 것을 의미한다. 학교에서 얻은 지식 및 정보들과 학생들의 실생활 경험이 연결될 때 학습이 최상으로 이루어진다는 것이다. 그러므로 평가의 측면에서도 추상적인 개념 이해에 대한 문제보다는 실생활과 연계된 평가가 학생의 학습성장을 촉진시킬 수 있다고 할 수 있다. 또한 학생들이 학교에서 얻은 정보와 그들의 경험을 통한 이해의 연결고리를 스스로 볼 수 있도록 도와주는 것이 중요하다. 이는 평가가 모든 학생에게 동일한 정보를 동시에 제시하기보다는 개별 학생들이 개인적 경험 속에서 자신의 개별적 학습을 발전시키는 방향으로 전환되어야 함을 의미한다. 즉, 학생들에게 성공적 학습의 경험을 제공하기 위해서는 학생의 현재 수준을 파악하고 그에 맞게 개인적 실생활 경험을 연결시켜 주는 것이 매우 중요하다.

참고문헌

강신천(2014). 성취평가제에서의 이원목적분류표 작성 실태분석과 개선 방안 연구. 교육과정평가연구, 17(2), 21-48.

경기도교육청(2013.5.13.). 참된 학력 기르는 정의적 능력 평가 출발. 경기도교육청 보도자료.

교육과학기술부(2011.12.13). 중등학교 학사관리 선진화 방안. 교육과학기술부 보도 자료.

김경희(2000). 수행평가의 타당도 검증을 위한 측정학적 접근. 이화여자대학교 대학원 박사학위논문.

김명화, 박은아, 최혁준, 김경성(2011). 컴퓨터 기반 문제해결능력 평가 모형 개발. 한국교육과정평가원 연구보고서. RRE 2011-5.

김성숙 (2014). 미국의 차세대 평가체제의 현황 분석을 통한 학생 평가방법의 개선 방향. 한국교육과정평가원 연수보고서(미발행).

김성숙, 김희경, 서민희(2013). 학습지향적 평가를 위한 형성평가 실천. 성태제 외 공저, 2020 한국 초·중등 교육의 향방과 과제: 교육과정. 교수·학습, 교육평가, 285-306. 서울: 학지사.

김성열, 이화진, 홍미영, 박선화(2010). 21세기 창의적 인재 육성 방향과 과제-학교교육을 중심으로-. 한국교육과정평가원.

김지은, 이공주, 진경애. (2007). 단문형의 영작 자동 채점 시스템 구축. 한국정보처리학회 논문지, 14-B(3), 223-230.

김진규(2013). 형성평가 101가지 기법. 서울: 교육과학사.

김진규(2009). 교사 학습공동체 활용 평가연수의 실천 전략. 교육평가연구, 제22권 제4호.

김호권(1999). 수행평가의 정당성과 문제점. 교육평가연구, 제12권 제2호, 1-10.

김희경, 한정아, 최숙기, 강부미(2012). 인지진단모형을 적용한 학업성취 프로파일 분석 및 결과 보고 방안. 한국교육과정평가원 연구보고서. RRE 2012-7.

김희경, 박종임, 박은아, 서민희, 한경택(2013). 창의인성교육의 실현을 위한 평가방법 개선 종합방안. 한국교육과정평가원 연구보고서. RRE 2013-20.

김희경, 박종임, 정연준, 박상욱, 김창환, 이채희, 최재화(2014a). 맞춤형 교육 지원을 위한 형성평가 체제 도입 (I)-온·오프라인 형성평가 시스템 설계. 한국교육과정평가원 연구보고서. RRE 2014-9.

김희경, 박종임, 박상욱, 임은영, 이광상, 이정우, 배주경(2014b). 창의인성교육을 위한 학생평가 가이드북 개발. 한국교육과정평가원 연구보고서. CRE 2014-5.

김희경, 서민희, 김인숙, 정연준, 배주경, 성경희, 이인호, 최홍원(2015). 교사용 학생평가 매뉴얼 개발. 한국교육과정평가원 연구보고서. 12월 발간 예정.

남명호(1995). 수행평가의 타당성 연구. 고려대학교 대학원 박사학위논문.

노은희, 심재호, 김명화, 김재훈(2012). 대규모 평가를 위한 서답형 문항 자동채점 방안 연구 한국교육과정평가원 연구보고 RRE 2012-6.

박은아, 이문복, 이상하, 최혁준, 서민희(2012). 컴퓨터 기반 문제해결 능력 평가 도구 개발 및 시범 적용. 한국교육과정평가원 연구보고서. RRE 2012-5-1.

박은아, 박선화, 손민정, 이채희, 서민희, 김지영(2013). 성취평가제의 고등학교 적용 방안. 한국교육과정평가원 연구보고서. RRE 2013-9.

박정(2013). 형성평가의 재등장과 교육평가적 시사. 교육평가연구, 26(4), 719-738.

서경혜(2009). 교사 전문성 개발을 위한 대안적 접근으로서 교사학습공동체의 가능성과 한계. 한국교원교육연구 제26권 제2호.

서민희, 임황규, 구슬기(2013). 성취평가제 도입에 따른 성적통지표 개선 방안. 한국교육과정평가원 연구보고 RRE 2013-21.

성경희, 서민희, 박은아, 전경희(2014). 성취평가제 적용, 이렇게 하세요-사회과. 한국교육과정평가원 연구자료. ORM 2014-59-4.

성보훈, 윤선아(2010). 행복의 정의와 발달단계별 결정요인. 뇌교육연구, 제6권, 103-134.

성태제(1995). 고등정신능력 신장을 위한 교육평가 방안 탐색. 국립교육평가원 전국교육평가 심포지엄 보고서, 제12집, 45-90.

성태제(1996). 문항제작 및 분석의 이론과 실제. 서울: 학지사.

성태제(1998). 학업성취도 평가를 수행평가의 과제와 전망. 1998 한국응용언어학회 겨울학술대회: 언어 수행평가의 과제와 전망.

성태제(1999). 수행평가의 본질과 장단점, 우리나라에서의 문제점과 원인분석 그리고 해결 방안. 한국교원대학교 제5차 교육개혁대토론회: 수행평가 어떻게 할 것인가?

성태제 역(2010). 준거설정. 서울: 학지사.

성태제(2014). 현대교육평가(4판). 서울: 학지사.

성태제, 이양락, 시기자, 이경언, 이근호, 박태준, 노원경, 박찬호, 박도영, 정은주(2013). 행복교육, 창의인재 양성을 위한 교육과정, 교수·학습, 교육평가 패러다임 전환. 성태제 외 공저. 2020 한국 초·중등 교육의 향방과 과제: 교육과정, 교수·학습, 교육평가, 25-59. 서울: 학지사.

성태제, 임현정(2014). 형성평가의 재인식에 따른 교사와 학교교육의 변화를 위한 제언. 교육평가연구, 27(3), 597-615.

송미영, 임해미, 최혁준, 박혜영, 손수경(2013). OECD 국제 학업성취도 평가: PISA 2012 결과 보고서. 한국교육과정평가원 연구보고서. RRE 2013-6-1.

정범모(1971). 교육과 교육학. 서울: 배영사.

지은림, 원효헌, 민경석, 손원숙, 김태일, 이선경, 강창혁(2014). 중학교 자유학기제 평가방안 연구. 한국교육개발원 연구보고서. CR 2014-07.

진경애, 남명호, 김명화, 오상철, 김민정, 주형미, 신효필, 반재천, 김수경(2006). 서답형 문항 자동채점 프로그램 도입 방안 연구(Ⅰ). 한국교육과정평가원 연구보고 RRI 2006-6.

최연희, 권오남, 성태제(1999). 중학교 영어·수학 교과에서의 열린 교육을 위한 수행평가 적용 및 효과 분석. 교육정책연구과제 보고서.

한국교육과정평가원(2013). 문답식으로 알아보는 성취평가제. 한국교육과정평가원. 홍보자료 PIM 2013-12.

홍원표, 이근호, 이은영(2010). 외국의 역량기반 교육과정 현장적용 사례 연구: 호주와 뉴질랜드, 캐나다, 영국의 사례를 중심으로. 한국교육과정평가원 연구보고서. RRC 2010-2.

Abrams, L. M., Wetzel, A., & McMillan, J. H. (2010, May). Teachers' formative use of benchmark test data. Paper presented at the annual meeting of the American Educational Research Association, Denver.

Aguilar, E. (2013). *The art of coaching*. San Francisco, CA: John Wiley & Sons.

Ainsworth, L. (2003). *Unwrapping the standards*. Englewood, CO: Advanced Learning Press.

Aleves, C., Gierl, M., & Lai, H. (April, 2010) *Using automated item generation to promote principled test design and development*. Paper presented at the annual meeting of the American Educational Research Association. Denver, CO.

Ames, C. (1992). Classrooms: Goals, structures, and student motivation. *Journal of Educational Psychology, 84,* 261–271.

Andrade, H. L. (2010). Students as the definitive source of formative assessment. *Handbook of formative assessment* (Ed. Andrade, H. L., & Cizek, G. J.)

ARG(2002). *Assessment for learning: 10 Principles.* (Available on the Assessment Reform Group website: www.assessment-reform-group.org.uk.

Argyle, M. (2005). *The Psychology of Happiness.* NY: Routledge.

Arter, J. (1999). Teaching about performance. *Educational Measurement: Issues and Practice, 18*(2), 30–44.

Bangert-Drowns, R. L., Kulik, C. C., Kulik, J. A., & Morgan, M. (1991). The instructional effect of feedback in test-like events. *Review of Educational Research, 61,* 213–238.

Baron, M. A., & Boschee, F. (1995). *Authentic Assessment.* Basel, Switxerland: Technomic Pub. Co Inc.

Baumeister, R. F., Bratslavsky, E., Finkenauer, C., & Vohs, K. D. (2001). Bad is stronger than good. *Review of General Psychology, 5,* 323–370.

Beeby, C. E. (1978). The meaning of evaluation. Current Issues in Education, No.4; Evaluation. *Department of Education, Wellington,* 68–78.

Bennett, R. E. (2011). Formative assessment: A critical review. *Assessment in Education: Principles, Policy, & Practice, 18*(1), 5–25.

Biggs, J. & Collis, K. (1982). *Evaluating the quality of learning: The SOLO taxonomy.* New York: Academic Press.

Binet, A., & Simon, T. H. (1905). *Methods nouvelles pour le diagnostic du niveau intelletuel des anotmaux.* L'annee Psychologique, 11.

Black, P. J. (1986). Assessment for learning. In D. L. Nuttall (Ed.). *Assessing educational achievement* (pp. 7–18). London: Falmer Press

Black, P., & Wiliam, D. (1998a). "Assessment and classroom learning" *Assessment in Education: Principles, Policy and Practice, 5*(1), 1: 7–74.

Black, P., & Wiliam, D. (1998b). Inside the black box: Raising standards through classroom assessment. *Phi Delta Kappa, 80*(2), 139–148.

Black, P., & Wiliam, D. (2004). The formative purpose: Assessment must first promote learning. In M. Wilson (Ed.). *Towards coherence between classroom assessment and accountability. 103rd Yearbook of the National Society for the Study of Education.* Chicago: University of Chicago Press.

Bloom, B. S., Hastings, J. T., & Madaus, G. F. (1971). *Handbook on formative and summative evaluation of student learning.* New York: McGraw-Hill.

Bloom, B., Englehart, M. Furst, E., Hill, W., & Krathwohl, D. (1956). *Taxonomy of educational objectives: The classification of educational goals. Handbook I: Cognitive domain.* New York: David McKay.

Boston, C. (2002). The concept of formative assessment. *Practical Assessment, Research & Evaluation, 8*(9), 2-5.

Brookhart, S. M. (2007). Expanding views about formative classroom assessment: A review of the literature. In H. H. McMillan (Ed.). *Formative Classroom Assessment: Theory into Practice* (pp.43-620). New York: Teachers College Press.

Brookhart, S. M. (2008). *How to give effective feedback to your students.* Alexandria, VA: ASCD.

Brookhart, S. M. (2010). *Formative Assessment Starategies for Every Classroom* (2nd ed.). Alexandria, VA: ASCD.

Brophy, J., & Good, T. L. (1986). Teacher behavior and student achievement. In M. C. Wittrock (Ed.), *Handbook of research on teaching.* (pp. 328-375) New York: Macmillan.

Brown, S. (2007). Feedback & feed-forward. *Center for Bioscience Bulletin 22,* The Higher Education Academy.

Butcher, P. G., & Jordan, S. E. (2010). A comparison of human and computer marking of short free-text student responses. *Computers & Education, 55,* 489-499.

Caine, G., & Caine, R. N. (2010) *Strengthening and Enriching Your Professional Learning Community.* Alexandria, VA: ASCD.

Cauley, K., & McMillan, J. (2010). Formative assessment techniques to suppert student motivation and achievement. *The Clearing House: A Journal of Educational Strategies, Issues and Ideas, 83*(1), 1-6.

Chappuis, J. (2009). *Seven strategies of assessment for learning.* Portland, OR:

Assessment Training Institute.

Chappuis, S., & Chappuis, J. (2008). The best value in formative assessment. *Educational Leadership, 65*(4), 14–19.

Clariana, R. B. (1993) A review of multiple–try feedback in traditional and computer based instruction. *Journal of Computer Based Instruction, 20*(3), 74–76.

Clark, I. (2012). *Formative assessment: Assessment is for self–regulated learning.* Thousand Oaks, CA: Corwin.

Cole, P. G., & Chan, L. K. (1987). *teaching principles and practices.* New York: Prentice Hall.

Cowie, B., & Bell, B. (1999). A model of formative assessment in science education. *Assessment in Education: Principles, Policy and Practice, 6*(1), 32–42.

Cronbach, L. J. (1960). *Essentials of Psychological testing* (2nd ed.). NY: Harper & Row.

Cronbach, L. J. (1969). Validation of Educational measures. In Proceedings of the 1969 Invitational Conference on Testing Problems: Toward a theory of achievement measurement, 35–52. Princeton, NJ: Educational Testing Service.

Crooks, T. J. (1988). the impact of classroom evaluation practices on students, *review of educational research, 58,* 438–481.

Darling–Hammond, L. (1992). Teaching and knowledge: Policy issues posed by alternative certification for teachers. *Peabody Journal of Education, 67*(3), 123–154.

De la Torre, J. (2008). An empirically–based method of Q–matrix validation for the DINA model: Development and applications. *Journal of Educational Measurement, 45*, 343–362.

Dempsey, J. V., Driscoll, M. P., & Swindell, L. K. (1993). Text–based feedback. In J. V. Dempsey & G. C. Sales (Eds.), *Interactive instruction and feedback* (pp. 21–54). Englewood Cliffs, NJ: Educational Technology Publications.

Earl, L. (2013). *Assessment as learning: Using classroom assessment to maximaize student learning.* Thousand Oaks, CA: Corwin Press.

Earl, L., & Katz, S. (2006). *Leading schools in a data–rich world.* Thousand Oaks, CA: Corwin.

Educational Testing Service. (2012). *Keeping learning on track program; Summary.*

Princeton, NJ: The Author.

Eisner, E. W. (1979). The use of qualitative forms of evaluation for improving educational practice. *Educational Evaluation and Policy Analysis, 1*, 11–19.

Elawar, M. C., & Corno, L. (1985). A factorial experiment in teachers' written feedback on student homework: Changing teacher behavior a little rather than a lot. *Journal of Educational Psychology, 77,* 162–173.

Furtak, E. M. (2009). *Formative assessment for secondary science teachers*. Thousand Oaks, CA: Corwin Press.

Gardner, H. (1983). F*rames of mind: The theory of multiple intelligences*. NY: Basic Books.

Gierl, M., Zhou, J., & Aleves, C. (2009) Developing a taxonomy of item model type to promote assessment engineering. *Journal of Technology, Learning, and Assessment, 7*(2).

Gipps, C. V., & Stobart, G. (1997). *Assessment: A teacher's guide to the issues* (3rd ed.). London, UK: Hodder and Stoughto.

Glass, G. V. (1969). *The growth of educational methodology*. Boulder, CO: University of Colo–rado, Laboratory of Educational Research.

Gordon, E. W., & Bonilla–Bowman, C. (1996). "Can Performance–Based Assessments Contribute to the Achievement of Educational Equity?" In Performance–Based Student Assessment: Challenges and Possibilities. Ninety–fifth Yearbook of the Society for the Study of Education, Chicago: University of Chicago press.

Gordon, M. (1987). *Nursing diagnosis: Process and application*. New York: McGraw–Hill.

Green, S. K., & Johnson, R. L. (2010). *Assessment is essential*. Boston: McGraw–Hill.

Guskey, T. R., & Bailey, J. M. (2010). *Developing standards–based report cards*. Thousand Oaks, CA: Corwin Press.

Harlen, W. (2003). *Enhancing inquiry through formative assessment*. San Francisco: Institute for Inquiry, Exploratorium.

Hattie, J., & Timperley, H. (2007). The power of feedback. *Review of Educational Research, 77*(1), 81–112.

Hattie, J. (2009). *Visible learning: A synthesis of over 800 meta–analyses relating to achievement*. New York: Routledge.

Heritage, M. (2007). Formative assessment: What do teachers need to know and do? *Phi Delta Kappan, 89*(2), 140-145.

Heritage, M. (2010). *Formative assesment: Making it happen in the classroom*. Thousand Oaks, CA: Corwin.

Heritage, M., & Anderson, C. (2009, April). Laying the groundwork for formative assessment. Paper presented at the 2009 Annual Meeting of the American Educational Research Association.

Heritage, M., Kim, J., Vendlinski, T., & Herman, J. (2009). From evidence to action: A seamless process in formative assessment? *Educational Measurement: Issues and Practice, 28*(3), 24-31.

Herman, J. L., Aschbacher, P. R., & Winters, L. (1992). *A Practical Guide to Alternative Assessment*. Alexadria: Association for Supervision and Curriculum Development.

Hoska, D. M. (1993). Motivating learners through CBI feedback: Developing a positive learner perspective. In J. V. Dempsey & G. C. Sales (Eds.), *Interactive instruction and feedback* (pp.105-131). Englewood Cliffs, NJ: Educational Technology Publications.

House, E. R. (1980). *Evaluating with validity*. Beverly Hills, CA: Sage.

Joaquin, T. (2010). *Assessment 2.0: "Next-Generation" Comprehensive Assessmen Systems*. The Aspen Institute Education & Society Program.

Johnson, D., & Johnson, R. (1993). Cooperative learning and feedback in technology-based instruction. In J. Dempsey & G. Sales (Eds.), *Interactive instruction and feedback* (pp. 133-157). Englewood Cliffs, NJ: Educational Technology Publications.

Joint Committee on Standards for Educational Evaluation (1981). *Standards for Evaluation of Educational Programs, Projects and Materials*. NY: McGraw-Hill.

Kahl, S. (2005). Wherer in the world are formative tests? Right under your nose! *Education Week, 25*(4), 11.

Khattri, N., & Sweet, D. (1996). Assessment reform: Promises and Challenges. In M. B. Kane & R. Mitchell (Eds.), *Implementing Performance Assessment*. Mahwah, NJ: Lawrence Erlbaum Associates.

King. J. (2011). http://www.acenet.edu/news-room/Documents/Implementing-the-

Common-Core-State-Standards-2011.pdf

Klenowski, V. (2011). Assessment for learning in the accountability era: Queensland, Australia. *Studies in Educational Evaluation, 37*(1), 78-83.

Kluger, A. N., & DeNisi, A. (1996). The effects of feedback interventions on performance: A historical review, a meta-analysis, and a preliminary feedback intervention theory. *Psychological Bulletin, 119*(2), 254-284.

Knapp, M. L., & Hill, J. A. (2009). *Nonverbal communication in human interaction* (7th ed.). Florence, KY: Wadsworth Cengage Learning.

Korthagen, F. & Lagerwerf, B. (2001). Teachers' professional learning: How does it work? In F. Korthagen, Linking Practice and Theory: The Pedagogy of Realistic Teacher Education. Mahwah, NJ: Lawrence Erlbaum Associates.

Kulik, J. A., & Kulik, C. C. (1988). Timing of feedback and verbal learning. *Review of Educational Research, 58*, 79-97.

Lave, J., & Wenger, E. (1991). *Situated learning: Legitimate peripheral participation.* New York, NY: Cambridge University Press.

Leahy, S., Lyon, C., Thompson, M. Wiliam, D. (2005). Classroom assessment: Minute-by-minute and day-by-day. *Educational Leadership, 63*(3), 18-24.

Leathers, D. G., & Eaves, M. H. (2008). *Successful nonverbal communication: Principles and applications* (4th ed.). New York: Macmillan.

Lepper, M. R., Drake, M. F., & O'Donnell-Johnson, T. (1997). Scaffolding techniques of expert human tutors. In K. Hogan & M. Pressley (Eds.), *Scaffolding student learning: Instructional approaches and issues.* Cambridge, MA: Brookline Books.

Linn, R. L., & Baker, E. L. (1996). Can performance-based student assessment be psychometrically sound, In J. B. Babon, & D. P. Wolf (Eds)., *Performance-based Student Assessment: Challenges and Possibilities.* Chicago, IL: University of Chicago.

Lord, F. M. (1970). Some test theory for tailored testing. In W. H. Holtzman (Ed.), *Computer-assisted instruction, testing, and guidance.* NY: Harper & Row.

Losada, M. (1999). The complex dynamics of high performance teams. *Mathematical and Computer Modelling, 30*, 179-192.

Losada, M., & Heaphy, E. (2004). The role of positivity and connectivity in the performance of business teams: A nonlinear dynamics model. *American Behavioral Scientist, 47*(6), 740–765.

Luecht, R. (2007). *Assessment engineering in language testing: From data models and templates to psychometrics*. Invited paper presented at the annual meeting of the National Council on Measurement in Education, Chicago, IL.

Luecht, R. & Nungester, R. (2009). Computer–Adaptive Sequential Testing. In W. J. van der Linden & Cees A. W. Glas (Ed.), *Computerized Adaptive Testing: Theory and Practice*. New York: Kluwer Academic Publishers.

Madison–Harris, R., & Muoneke, A. (2012). *Using formative assessment to improve student achievement in the core content areas*. Briefing Paper, Southeast Comprehensive Center at SEDL.

Marzano R. J. (2000). *Formative Assessment & Standards– Based Grading*. Bloomington, IN: Marzano Research Laboratory.

McMillan, J. H. (2014). *Classroom Assessment: Principles and Practice for Effective Instruction* (6th ed.). Boston: Pearson.

McNaughton, S., & Leyland, J. (1990). The shifting focus of maternal tutoring across different difficulty levels on a problem–solving task. *British Journal of Development Psychology, 8*, 147–155.

McTighe, J., & Wiggins, G. (2005). Understanding by design: Professional development workbook. Alexandria, VA: Association for Supervision and Curriculum Development.

Messick, S. (1995). Standards of validity and the validity of standards in performance assessment. *Educational Measurement: Issues and Practice, 14*(4), 5–8.

Meyer, C. A. (1992). What's the difference between authentic and performance assessment? *Educational Leadership, 49*(8), 39–40.

Mislevy, R. J. (1997). Assessing student learning. In H. J. Walberg & G. D. Haertel (Eds.), *Psychology and Educational Practice*. Berkeley: MrCutrhan Publishing Corporation, 176–195.

More, A. (1969). Delay of feedback and the acquisition and retention of verbal materials in the classroom. *Journal of Educational Psychology, 60*, 339–342.

Mottet, T. P., & Richmond, V. P. (2000). Student nonverbal communication and its influence on teachers and teaching: A review of literature. Paper presented at the

Annual Meeting of the National Communication Association.

Murray, R. T. (2005). *High Stakes Testing: Coping with Collateral Damage*. New Jersey: Lawrence Erlbaum. Associates, Publishers.

Nevo, D. (1983). The conceptualization of edu-cational evaluation: An analytical review of the literature. *Review of Educational Research, 53*(1), 117-128.

OECD. (2005). *Formative assessment: Improving learning in secondary classroom*. Paris: The Author.

Ohio Department of Education (2013). *Assessment literacy: Identifying and developing valid and reliable assessments. Battelle for Kids*. Retrieved from http://education.ohio.gov/getattachment/Topics/Teaching/Educator-Evaluation-System/How-to-Design-and-Select-Quality-Assessments/AL-Training-PPT-FINAL-for-Distribution.pdf.aspx

Oosterhof, A. (1994). *Classroom Applications of Educational Measurement*. NY: Maxwell Macmillan International.

Parr, J. M., & Limbrick, L. (2009). Conceptualizing practice: Hallmarks of effective teachers of writing. *Teaching and Teacher Education, 26*(3), 583-590.

Pashler, H., Cepeda, N. J., Wixted, J. T., & Rohrer, D. (2005). When does feedback facilitate learning of words? *Journal of Experimental Psychology: Learning, Memory, and Cognition, 31*, 3-8.

Payne, D. A. (2003). *Applied Educational Assessment* (2nd ed.). Belmont, CA: Wadsworth.

Peat, M. & Franklin, K. (2002). Supporting student learning: the use of computer-based formative assessment modules. *British Journal of Educational Technology, 33*(5), 515-523.

Phye, G. D. (1991). Advice and feedback during cognitive training: Effects at acquisition and delayed transfer. *Contemporary Educational Psychology, 16*, 87-94.

Phye, G. D., & Sanders, C. E. (1994). Advice and feedback: Elements of practice for problem solving. *Contemporary Educational Psychology, 19*, 286-301.

Pollock, J. E. (2011). *Feedback: The hinge factor that joins teaching and learning*. Thousand Oaks, CA: Corwin.

Popham, W. J. (2008). *Transformative assessment*. Alexandria, VA: ASCD.

Popham, W. J. (2011). *Transformative assessment in action.* Alexandria, VA: ASCD.

Popham, W. J. (2014). *Classroom Assessment* (7th ed.). Alexandria, VA: ASCD.

Ramaprasad, A. (1983). On the definition of feedback, *Behavioral Science, 28,* 4−13.

Reason, R. & Bradbury, H. (2007). *The sage handbook of action research: Participative inquiry and practice.* Thousand Oaks, CA: Sage Publications.

Reckase, M. D. (1995). Portfolio assessment: A theoretical estimate of score reliability. *Educational Measurement: Issues and Practice, 14*(1), 12−14.

Rocklin, T. R. (1994). Self−adaptive testing. *Applied Measurement in Education, 7*(1), 3−14.

Roth, W. M. (2001). Gestures: Their role in teaching and learning. *Review of Educational Research, 71*(3), 365−392.

Sabatini, J., O'Reilly, T., & Deane, P. (2014). Preliminary reading literacy assessment framework: Foundation and Rationale for assessment and system design. *ETS Research Report Series, 2013* (2), 1−50.

Sadler, D. R. (1983). Evaluation and the improvement of academic learning. *Journal of Higher Education, 54,* 60−79.

Sadler, D. R. (1989). Formative assessment and the design of instructional systems. *Instructional Science, 18*(2), 119−141.

Scriven, M. (1967). *The methodology of evaluation.* In R. W. Tyler, R. M. Gagné, & M. Scriven (Eds.), *Perspectives of curriculum evaluation*, 39−83. Chicago, IL: Rand McNally.

Seligman, M. (2004). *Authentic happiness: Using the new positive psychology to realize your potential for lasting fulfillment.* New York: Atria paperback.

Seligman, M., & Pawelski, J. (2003). Positive psychology: FAQs. P*sychological Inquiry, 14*(2), 159−163.

Shepard, L. A. (2009). Commentary: Evaluating the Validity of Formative and Intrim Assessment. *Educational Measurement: Issue and Practice, 28*(3), 32−37.

Shute, V. J. (2007). *Focus on formative feedback.* ETS Research Report, RR−07−11. Princeton, NJ: Educational Testing Service.

Smith, G. (2007). How does student performance on formative assessment relate to learning assessed by exams? *Journal of College Science teaching, 36*(7), 28−34.

Stake, R. (1967), *The Coutenance of Educational Evaluation*. The Teachers College.

Stecher, B. M., & Klein, S. P. (1997). The cost of science performance assessments in large-scale testings programs. *Educational Evaluation and Policy Analysis, 19*(1), 1-14.

Sternberg, R. J. (1985). *Beyond IQ: A triarchic theory of human intelligence*. NY: Cambridge University Press.

Stiggins, R. (1997). *Student-centered classroom assessment* (2nd ed.). Columbus, OH: Merrill.

Stiggins, R. (2001). *Student-involved classroom assessment* (3rd ed.). Upper Saddle River, NJ: Prentice Hall.

Stiggins, R. (2002) Assessment crisis: The absence of assessment for learning, *Phi Delta Kappan, 83*(10), 758-765.

Stiggins, R. (2005). From formative assessment to assessment for learning: A path to success in standards-based schools. *Phi Delta Kappan, 87*(4), 34-328.

Stiggins, R., & Chappuis, J. (2005). Using student-involved classroom assessment to close achievement gaps. *Theory into Practice, 44*(1), 11-18.

Stiggins, R., & DeFour, R. (2009). Maximizing the power of formative assessment. *Phi Delta Kappan, 90*(9), 640-644.

Stiggins, R., & Popham, W. J. (2008). *Assessing students' affect related to assessment for learning*. Washington, DC: The Council of Chief State School Officers.

Stobart, G. (2006). The validity of formative assessment. In J. Gardner (Ed.), *Assessment and Learning*. London: Sage Publications.

Stufflebeam, D. L. (1967). The use and abuse of evaluation. *In Theory into Practice, 6*, 126-133.

Stufflebeam, D. L. (1971). *Educational evaluation and decision making*. Ithaca, Illinois: Peacock.

Sutton, R. (1995). *Assessment for learning*. Manchester: RS Publications.

Taras, M. (2005). Assessment-summative and formative-some theoretical reflections. *British Journal of Educational Studies, 53*(4), 466-478.

Tatsuoka, K. (2009). *Cognitive assessment: an introduction to the rule space method*. New York: Taylor & Francis Group.

Thalheimer, W. (2008). *Providing Learners with Feedback – Part 1: Research-based recommendations for training, education, and e-learning.* Retrieved from http://willthalheimer.typepad.com/files/providing_learners_with_feedback_part1_may2008.pdf.

Thomas, R. E., Croal, B. L., Ramsay, C., Eccles, M., & Grimshaw, J. (2006). Effect of enhanced feedback and brief educational reminder messages on laboratory test requesting in primary care: a cluster randomised trial. *Lancet, 367,* 1990–1996.

Thompson, M., & Wiliam, D. (2008). Tight but loose: A conceptual framework for scaling up school reform(p. 43). In E. C. Wylie (Ed.), *Tight but loose: Scaling up teacher professional development in diverse contexts.* Princeton, NJ: Educational Testing Service.

Thurstone, L. L. (1938). *Primary Mental Abilities.* Chicago: University of Chicago press.

Tyler, R. W. (1942). General statement on evaluation. *Journal of Educational Researcher, 35,* 492–501.

Tyler, R. W. (1949). *Basic principles of curriculum and instruction.* Chicago: University of Chicago Press.

Van-Dijk, D., & Kluger, A. N. (2004). Feedback sign effect on motivation: Is it moderated by regulatory focus? *Applied Psychology: An International Review, 53*(1), 113–135.

Vermont Department of Education. (1998). *Using standards in the classroom: A teacher resource guide.* Montpelier, VT: Author.

Vispoel, W. P., & Austin, J. R. (1995). Success and failure in junior high school: A critical incident approach to understanding students' attributional beliefs. *American Educational Research Journal, 32*(2), 377–412.

von Davier, M. (2010). Hierarchical mixtures of diagnostic models. *Psychological Testing and Assessment Modeling, 52*(1), 8–28.

Wainer, H. (2000). *Introduction and history.* In H. Wainer (Ed.), Computerized adaptive testing: Theory and practice. A Primer (pp. 1–20). Mahwah, NJ: Lawrence Erlbaum Associates.

Ward, A. W., & Murray-Ward, M. (1999). *Assessment in the classroom.* Belmont, CA: Wadsworth Publishing Company.

Webb, N. (2002). *Assessment literacy in a standards-based urban education setting.* Paper presented at the annual meeting of the American Educational Research Association, New Orleans.

Wenger, E., McDermott, R. A., & Snyder, W. (2002). *Cultivating communities of practice: A guide to managing knowledge.* Boston: Harvard Business School publishing.

Wiggins, G. (1989). A true test: toward more authentic and equitable assessment . *Phi Delta Kappan, 70*(9), 703-713.

Wiliam, D. (2007). Content then process: Teacher leaning communities in the service of formative assessment. In D. B. Reeves (Ed.), *Ahead of the curve: The power of assessment to transform teaching and learning* (pp. 183-204). Bloomington, In: solution Tree.

Wiliam, D. (2007). Changing classroom practice. *Educational Leadership, 65*(4), 36-42.

Wiliam, D. (2011). *Embedded formative assessment, bloomington.* In: Solution Tree.

Wolfe, E. W., & Miller, T. R. (1997). Barriers to the implementation of portfolis assessment in secondary education. *Applied Measurement in Education, 10*(3), 235-251.

Wylie, E. C. (2008). *Tight but loose: Scaling up teacher professional development in diverse contexts.* Princeton, NJ: Educational Testing Service.

Wylie, E. C., Goe, L., Leusner, D. M., Lyon. C. J., Tocic, C., Wylie, E. C., Cleland. D., Gannon, M., Ellsworth. J., Heritage, M., Maher, J., Mardy, D., Pophanm, W. J., Snodgrass, D., Taylor, G., Thompson, M., & Wiliam, D. (2008). *Tight but loose: Scaling up teacher professional development in diverse contexts. ETS Research Report Series, 2008*(1), 1-141.

Zagranski, R., Whigham, W., & Dardenne, P. (2008). *Understanding standards-based education: A practical guide for teachers and administrators.* Thousand Oaks, CA: Corwin.

Zimmerman, B. (2000). Attaining self-regulation: A social cognitive perspective. In M. Boekaetrts, P. Pintrrich, & M. Zeidner (Eds.), *handbook of reslf-regulation* (pp. 13-41). New York: Academic.

찾아보기

저자 소개

김성숙(金星淑, Sungsook KIM)
University of Virginia, Ph.D.(교육측정 및 평가 전공)
University of California, Berkeley BEAR센터 교수
(현) 한국교육과정평가원 선임연구위원

김희경(金熙卿, Heekyoung KIM)
University of Iowa, Ph.D.(교육측정 및 평가 전공)
미국 ACT, Inc. 부연구위원
(현) 한국교육과정평가원 연구위원

서민희(徐慜熙, Minhee SEO)
University of Illinois, Urbana-Champaign, Ph.D.(교육측정 및 평가 전공)
University of North Carolina, Greensboro 교육연구방법론학과 조교수
(현) 한국교육과정평가원 부연구위원

성태제(成泰濟, Taeje SEONG)
University of Wisconsin, Madison, Ph.D.(교육측정 및 평가 전공)
한국교육과정평가원 원장
(현) 이화여자대학교 교육학과 교수

교수 · 학습과 하나되는 형성평가

Formative Assessment for Classroom Practice

2015년 9월 10일 1판 1쇄 발행
2021년 8월 20일 1판 3쇄 발행

지은이 • 김성숙 · 김희경 · 서민희 · 성태제
펴낸이 • 김 진 환
펴낸곳 • (주) 학지사
04031 서울특별시 마포구 양화로 15길 20 마인드월드빌딩 5층
대표전화 • 02) 330-5114 팩스 • 02) 324-2345
등록번호 • 제313-2006-000265호

홈페이지 • http://www.hakjisa.co.kr
페이스북 • https://www.facebook.com/hakjisabook

ISBN 978-89-997-0735-3 93370

정가 **20,000원**

이 도서의 국립중앙도서관 출판시도서목록(CIP)은 서지정보유통지원시스템 홈페이지(http://seoji.nl.go.kr)와 국가자료공동목록시스템(http://www.nl.go.kr/kolisnet)에서 이용하실 수 있습니다.
(CIP제어번호: CIP2015022209)